Hans Akkerboom

Wirtschaftsstatistik im Bachelor

Hans Akkerboom

Wirtschaftsstatistik im Bachelor

Grundlagen und Datenanalyse

3., überarbeitete Auflage

Bibliografische Information der Deutschen Nationalbibliothek
Die Deutsche Nationalbibliothek verzeichnet diese Publikation in der
Deutschen Nationalbibliografie; detaillierte bibliografische Daten sind im Internet über
<http://dnb.d-nb.de> abrufbar.

Prof. Dr. Hans Akkerboom lehrt Statistik an der Hochschule Niederrhein in Mönchengladbach.

1. Auflage 2008
2. Auflage 2010
3. Auflage 2012

Alle Rechte vorbehalten
© Gabler Verlag | Springer Fachmedien Wiesbaden GmbH 2012

Lektorat: Irene Buttkus

Gabler Verlag ist eine Marke von Springer Fachmedien.
Springer Fachmedien ist Teil der Fachverlagsgruppe Springer Science+Business Media.
www.gabler.de

Das Werk einschließlich aller seiner Teile ist urheberrechtlich geschützt. Jede Verwertung außerhalb der engen Grenzen des Urheberrechtsgesetzes ist ohne Zustimmung des Verlags unzulässig und strafbar. Das gilt insbesondere für Vervielfältigungen, Übersetzungen, Mikroverfilmungen und die Einspeicherung und Verarbeitung in elektronischen Systemen.

Die Wiedergabe von Gebrauchsnamen, Handelsnamen, Warenbezeichnungen usw. in diesem Werk berechtigt auch ohne besondere Kennzeichnung nicht zu der Annahme, dass solche Namen im Sinne der Warenzeichen- und Markenschutz-Gesetzgebung als frei zu betrachten wären und daher von jedermann benutzt werden dürften.

Umschlaggestaltung: KünkelLopka Medienentwicklung, Heidelberg
Druck und buchbinderische Verarbeitung: Ten Brink, Meppel
Gedruckt auf säurefreiem und chlorfrei gebleichtem Papier

ISBN 978-3-8349-3322-5

Vorwort zur 3. Auflage

Die dritte Auflage habe ich sorgfältig durchgesehen, korrigiert und überarbeitet. Dabei waren mir die Hinweise der Studierenden und Tutoren wieder eine große Hilfe, ebenso wie der professionelle Austausch mit meinem Kollegen Prof. Dr. Siegfried Kirsch.

Sittard (Niederlande), im August 2011   Hans Akkerboom

Vorwort zur 2. Auflage

Die zweite Auflage habe ich dazu genutzt, einige inhaltliche Fehler und Druckfehler der Erstauflage zu beseitigen. Den Studierenden, Tutoren und Kollegen, die mir die Hinweise gaben, sei an dieser Stelle ganz herzlich gedankt. Außerdem habe ich das komplette Manuskript durchgesehen und - wo es zum besseren Verständnis beitragen konnte - Umformulierungen sowie geringfügige Ergänzungen und Kürzungen vorgenommen. Die behandelten Themen sind dennoch die gleichen geblieben.

Das Abbildungs- und Tabellenverzeichnis habe ich nun auf die allgemeinen Schemata, Abbildungen und Tabellen beschränkt, die beim Nachschlagen der statistischen Verfahren und Formeln benötigt werden. Neben den Formelsammlungen gibt es in den Tabellen noch einige Übersichten zu mehrfach verwendeten Datensätzen.

Die Übungen zu den Kapiteln 6 bis 10 (beschreibende Statistik) wurden durch frei verfügbare, zusätzliche Übungen auf den Internetseiten des Gabler Verlags ergänzt (siehe www.gabler.de; die Online Plus-Möglichkeit kann man zum angezeigten Buch anklicken, das man am einfachsten unter dem Namen des Autors findet). Insbesondere die im Buch mehrmals verwendeten Datensätze zu Immobilienanzeigen und einige andere Datensammlungen stehen hier zusammen mit den zusätzlichen Übungen zum Download bereit.

Ich wünsche Ihnen viel Erfolg beim Durcharbeiten der Datenbeispiele und -auswertungen. Die Datenanalyse bildet den Kern des Stoffes und sollte den Zugang zu den abstrakteren Begriffen und Verfahren der Statistik erleichtern!

Sittard (Niederlande), im März 2010   Hans Akkerboom

Vorwort

Mit diesem Lehrbuch sollen Sie befähigt werden, sich die Grundlagen der Wirtschaftsstatistik anschaulich und zusammenhängend anzueignen.

In den vielen Abbildungen und Tabellen steckt die Anschaulichkeit: Der technische Hintergrund und die notwendigen Formeln zu den vorgestellten statistischen Tricks und Kniffen werden im Haupttext durch konkrete Datenbeispiele und Berechnungen entschärfend begleitet. Die Formeln werden jeweils am Ende der wichtigsten Kapitel in Formelsammlungen zusammengefasst. Anschaulich und realistisch mag es auch wirken, dass viele Macken und Unannehmlichkeiten der statistischen Datenanalyse - „fehlende Daten", „Umcodierungen", Auswahl von „Analysegruppen", „Ausreißer" usw. - nicht verschwiegen, sondern als wichtiger Bestandteil der anfänglichen Datenaufbereitung und -auswertung aufgezeigt und behandelt werden.

Lösungen zu den vielen Übungen ermöglichen ein ständiges Feedback zum Lernfortschritt. Der Aufgabenkatalog eines jeden Kapitels deckt den gesamten Stoff ab. Dabei wird auf die Datensätze des Haupttextes eingegangen.

Einige mathematische Grundlagen können Sie nach Bedarf über die einführenden Kapitel 1 bis 4 auffrischen: Die „beschreibende Statistik" beginnt erst im Kapitel 5 und dieser schließt sich die „schließende Statistik" ab Kapitel 11 an. In den Kapiteln 1 bis 4 wird den elementaren Fähigkeiten des strukturierten Denkens mehr Aufmerksamkeit gewidmet als den zähen Regeln und Gesetzen der Arithmetik. Auf diese Art werden Sie auf eigene empirische Untersuchungen vorbereitet, vorrangig im Rahmen Ihrer Bachelorarbeit. Spätestens zum Zeitpunkt eigener Datenanalysen wird es um das „Woher, Warum und Wozu" der statistischen Verfahren gehen. „Wie man sich mit dem Know-how statistischer Berechnungen zu beschäftigen hat" ist eine andere Frage, die heutzutage auf die erste Begegnung mit der Statistik begrenzt werden kann. Die Datenbeispiele und Übungen können Sie mit Hilfe eines einfachen, wissenschaftlichen Taschenrechners durchrechnen. So wird zwar eigenständiges Rechnen gefördert, aber dies stellt nur eine vorübergehende Lernhilfe dar. Ab und zu gibt es im Buch Kennzahlen und Ergebnisse, die weiteren Überlegungen als Ausgangspunkt dienen, ohne dass man sie selbst nachrechnen kann. Im Allgemeinen sollten Sie in Erfahrung bringen, wie und wann Sie bei der statistischen Datenanalyse Routinearbeit auf Statistikprogramme oder fortgeschrittene grafische Taschenrechner abschieben können.

Vorwort

Nach dem heutigen Stand des Englischen als Sprache des weltweiten wirtschaftlichen und wissenschaftlichen Austauschs ist es sinnvoll, über ein entsprechendes Vokabular an statistischen Fachbegriffen zu verfügen. Im Buch gibt es dazu Übersetzungen aus dem Deutschen (kursiv; *in italics*).

Abkürzungen und mathematische Symbole sind leider in jedem Statistikbuch wieder anders. Schauen Sie nach Bedarf im diesbezüglichen Verzeichnis nach! Zum Anfang gibt es ein Verzeichnis zu Abbildungen und Tabellen, so dass Sie das ganze Buch hindurch darauf zurückgreifen können. Wenn gar nichts mehr geht, hilft womöglich das Stichwortverzeichnis am Ende!

In der statistischen Datenanalyse steckt, so meine ich, am meisten die Verständlichkeit dieses Lehrbuchs. So wie man Sprachen leicht durchs Sprechen lernt, so hilft die Betrachtung konkreter Daten bei der Aneignung der abstrakteren Inhalte der Wirtschaftsstatistik.

Rege Diskussionen mit Studierenden und Tutoren waren ein wertvoller Nährboden zur Konzeption dieses Lehrbuches. In diesem Zusammenhang möchte ich meiner langjährigen studentischen Hilfskraft Thomas Schlossmann, Diplom-Kaufmann (FH) und Controller, meinen großen Dank für seine begeisterte Hilfe bei der Erstellung der vielen Skriptteile aussprechen, die diesem Buch als erster Ausgangspunkt gedient haben. Ich verdanke ihm auch wohlüberlegte didaktische Hinweise zur Rezeption und Bewältigung der Wirtschaftsstatistik unter den Lernenden, das sorgfältige Zuarbeiten bei der Datensammlung zu einigen Hauptbeispielen und nicht zuletzt das akribische Korrekturlesen der Konzepttexte.

Im Allgemeinen kann man beim Schreiben eines wissenschaftlichen Lehrbuches die dauerhafte Unterstützung eines gut organisierten Fachbereichs genau so wenig entbehren wie den regen Austausch mit Kollegen innerhalb und außerhalb der eigenen Hochschule. Stellvertretend für viele andere Kollegen möchte ich in diesem Zusammenhang Prof. Dr. Ingo Bieberstein und Prof. Dr. Thomas Statzkowski nennen, wie auch die Dekane des Fachbereichs Wirtschaftswissenschaften der Hochschule Niederrhein, die mich bei meiner Arbeit bis heute vorbehaltlos unterstützt haben.

Schließlich bedanke ich mich bei den Mitarbeitern und Mitarbeiterinnen im Gabler Verlag für die hilfreiche Unterstützung bei der Umsetzung dieses Buchprojekts.

Sittard (Niederlande), im Herbst 2007   Hans Akkerboom

Inhaltsverzeichnis

Vorworte V

Abbildungs- und Tabellenverzeichnis XIII

Symbolverzeichnis XV

1	Vorkenntnisse für statistische Datenanalyse 1
2	Mathematische Grundlagen 3
	2.1	Verknüpfung logischer Aussagen 4
	2.2	Mengen und Zahlenbereiche 8
	2.3	Eigenheiten statistischer Berechnungen 15
3	Begriff der Wahrscheinlichkeit 17
	3.1	Verknüpfung von Ereignissen 18
	3.2	Diskrete Verteilungsfunktionen und die Binomialverteilung 23
4	Statistische Argumentation 25
	4.1	Übliche statistische Argumentation 25
	4.2	Toulminsches Argumentationsschema für eine „Zerlegung" 27
5	Wirtschaftswissenschaftliche Daten im empirischen Projekt 29
6	Statistische Grundbegriffe 33
	6.1	Woher kommt die Datenmatrix und was enthält sie? 34
	6.2	Datenaufbereitung: Sichtung der Daten 37
	6.3	Vor der Datenanalyse Datentyp und Skala festlegen 41
	6.4	Übungen 44
7	Häufigkeitsverteilungen 45
	7.1	Wie beschreibt man eine eindimensionale Häufigkeitsverteilung? 45
	7.2	Gruppierung und Klassierung 59

Inhaltsverzeichnis

7.3	Wie beschreibt man eine zweidimensionale Häufigkeitsverteilung?	70
7.4	Ein- und zweidimensionale Tabellen	76
7.5	Übungen	79
8	**Kennzahlen für Lage, Streuung und Zusammenhang**	83
8.1	Lage und Streuung für qualitative Variablen	84
8.2	Lage und Streuung zu klassierten Daten	88
8.3	Lage und Streuung für metrische Variablen	99
8.4	Korrelation als Zusammenhangsmaß für metrische Variablen	105
8.5	Wahl und Berechnung der Lage- und Streuungsparameter	109
8.6	Übungen	112
9	**Auffälligkeiten in Häufigkeitsverteilungen**	117
9.1	Box-Plot = Verteilungsprofil + Ausreißer	118
9.2	Kennzahlen für die Verteilungsform einer metrischen Variablen	125
9.3	Verteilungsvergleich zwischen mehreren Gruppen	135
9.4	Relative Konzentration	138
9.5	Verteilungsdiskussion	142
9.6	Übungen	144
10	**Verhältnis- und Indexzahlen**	149
10.1	Verhältniszahlen	149
10.2	Zusammengesetzte Indexzahlen	155
10.3	Übungen	158
11	**Verallgemeinernde Analyse statistischer Daten**	159
12	**Berechnung von Wahrscheinlichkeiten für Zufallsvariablen**	163
12.1	Grundbegriffe der schließenden Statistik	164
12.2	Die Normalverteilung	167
12.3	Verteilung zu Mittelwertschätzungen	173
12.4	Verteilung des Anteilswerts p_x	176
12.5	Übungen	176

Inhaltsverzeichnis

13	Schätzverfahren	179
13.1	Toleranzbereiche und Kontrollbereiche	180
13.2	Herleitung und Vertrauensniveau einer Intervallschätzung	184
13.3	Vertrauensbereiche für den Mittelwert	189
13.4	Vertrauensbereiche für den Anteilswert	199
13.5	Vertrauensbereiche und andere Schätzverfahren	202
13.6	Übungen	204
14	Testverfahren	207
14.1	Prinzip der Hypothesenprüfung	208
14.2	Vergleich eines Mittelwerts (eines Anteilswerts) mit einem angenommenen Wert	217
14.3	Vergleich zweier Parameter mittels unabhängiger Stichproben	225
14.4	Vergleich mehrerer Mittelwerte und Argumentation	234
14.5	Testablauf und ausgewählte Tests	239
14.6	Übungen	243
15	Zusammenhang zweier Variablen in Kreuztabellen und in linearer Regression	247
15.1	Zusammenhang in Kreuztabellen	247
15.2	Zusammenhang in der linearen Regression	253
15.3	Übungen	258
Musterlösungen		259
Tabellen A bis E		287
Literaturverzeichnis		299
Stichwortverzeichnis		301

Abbildungs- und Tabellenverzeichnis

Kästen und Schemata

Inhalt	Seite
Logische Aussagenverbindungen	6
Mengenoperationen	11
Intervalle reeller Zahlen	13
Messniveau und Skala	43
Wahl der Grafik. Fallunterscheidung nach der Skala	51

Abbildungen

Nr.	Inhalt	Seite
2-1	Zahlenbereiche	14
4-1	Argumentationsschema zur Zerlegung eines Wertebereichs	28
5-1	Empirischer Forschungszyklus mit untergeordneten Teilprojekten	30
6-3	Unterscheidung der Variabeln nach Messniveau und Skala	43
13-4	Dichtefunktion der $\chi^2(f)$-Verteilung mit f Freiheitsgraden; $f = 4$, $f = 29$	192
13-5	Teil der $t(f)$-Verteilung mit f Freiheitsgraden; $f = 4$, $f = 29$ bzw. $f = \infty$	193
13-6	Argumentationsschema zum Mittelwert μ_0 außerhalb des V.-Bereichs	198
13-7	Argumentationsschema zu einem Vertrauensbereich, der μ_0 enthält	206
14-1	Irrtumswahrscheinlichkeit (Vertrauensbereich) vs. Signifikanzniveau	213
14-2	Argumentationsschema zu einer abgelehnten Nullhypothese (F-Test)	237

Abbildungs- und Tabellenverzeichnis

Tabellen

Nr.	Inhalt	Seite
2-1	Passantenbefragung: Stichprobe nach 3 Identifikationsmerkmalen	5
3-1	Verteilung nach x = „(Nicht)Nutzer" und y = „PC-Konfiguration"	20
4-1	Mittelwerte für „#Tage", „#Min.", „Zufr." nach „Sehdauerklasse"	26
7-7	Formelsammlung zur eindimensionalen H.-Verteilung	76
7-8	Formelsammlung zur Umcodierung bzw. zur Klassierung	77
7-9	Formelsammlung zur zweidimensionalen H.-Verteilung	78
7-11	Kreuztabelle für x = „Haushalttyp", y = „Mietpreisklasse" (Zeilen-%)	82
8-2	Kumulierte prozentuale Häufigkeiten zu x = „Zimmerzahl"	87
8-3	Häufigkeitstabelle zu x_K = „Altersklasse"	95
8-4	Formelsammlung für Lage- und Streuungsparameter allgemein	109
8-5	Formelsammlung für klassierte oder metrische Variablen	110
8-6	Wahl der Lage- und Streuungsparameter in Abhängigkeit der Skala	111
8-9	Kombinierte Urliste für y = „Stückpreis" und x = „Absatzmenge"	116
9-3	Geordnete Urliste mit Rangzahlen zu x = „Kurswert"	128
9-7	Umsatzanteile von 13 Größenklassen am Jahresgesamtumsatz	139
9-8	Formelsammlung: Verteilungsdiskussion zur (quasi)stetigen x	142
9-10	Flugabhandlung in „Personen-(x) und Frachtvolumen (y)" pro Land	148
10-1	Wachstumsraten und -faktoren zu 5 sukzessiven Kurswerten	153
11-1	Beschreibende vs. schließende Verfahren in 3 Statistikprogrammen	160
13-1	2-seitiger Vertrauensbereich: Vertrauensniveau, oberes z-Quantil	190
13-2	Unterscheidung von Toleranz-, Kontroll- bzw. Vertrauensgrenzen	202
13-3	Formelsammlung zur Berechnung von Vertrauensgrenzen	203
14-1	Zweiseitige und rechts bzw. links einseitige Testprobleme	211
14-2	Übliche Kombinationen von Signifikanzniveau und 2 z-Quantilen	214
14-3	Übliche Kombinationen von Signifikanzniveau und 1 z-Quantil	215
14-6	Formelsammlung für Einstichprobentests zum Signifikanzniveau α	240
14-7	Formelsammlung für Zweistichprobentests zum Niveau α	241
14-8	Formelsammlung für den Vergleich mehrerer Erwartungswerte	242

Symbolverzeichnis

Symbole im lateinischen Alphabet (Trennungszeichen | zwischen Symbolen)

a	Achsenabschnitt (Regression); a, b, …, x, y allgemein für Aussagen, Variablen usw.
b	Steigungsparameter (Regression)
e | e_i	Fehlermarge | Messfehler zum Fall i
$F(f_1 ; f_2)$	F-Verteilung zu f_1 bzw. f_2 Freiheitsgraden
$F(x)$ | $f(x)$	Theoretische Verteilungsfunktion | Dichte- oder Regressionsfunktion
f_j	Absolute Häufigkeit zum Wert j, Anzahl
f	# (Anzahl der) Freiheitsgrade
$f_{+,j}$ | $f_{i,+}$	Absolute Summenhäufigkeit (in der Summenzeile | in der Summenspalte einer Kreuztabelle)
$f_{i,j}$	2-dimensionale absolute Häufigkeit (Zeile i, Spalte j)
g_j | g'_j	Gliederungszahl (als rel. Anteil | in %)
(H_0, H_1)	Testproblem: (Nullhypothese, Alternativhypothese)
$H(x)$ | $H'(x)$	Empirische Verteilungsfunktion (als rel. Anteil | in %)
H_j | H'_j	Kumulierte relative Häufigkeit (relativ | in %)
h_j | h'_j	Relative Häufigkeit zum Wert j, relativer Anteil | Prozentuale Häufigkeit, %-Anteil
$h_{+,j}$ | $h_{i,+}$	Relative Summenhäufigkeit (in der Summenzeile | in der Summenspalte einer Kreuztabelle)

Symbolverzeichnis

$h'_{i,j}$	Gesamtprozente (in einer Kreuztabelle)
h_{iSj} | h_{iZj}	Bedingte Spaltenhäufigkeit | Bedingte Zeilenh.
K_j | B_j | m_j	Klasse (Intervall) j | Klassenbreite | Klassenmitte
KS | KW $-$ 3	Koeffizient für die Schiefe | Standardisierte Wölbung
k-mal-ℓ	Dimensionen (#Zeilen, #Spalten) einer Kreuztabelle
m | n	Anzahl der Werte (#W_x) | Stichprobenumfang
N	#U: Umfang der Grundgesamtheit
P(A) | P_0(A)	Wahrscheinlichkeit zum Ereignis A | ... *unter H_0*
PSA	Pseudo-Standardabweichung (= Q' / 1,35)
p | p_0 | p_x | p_x | B(n;p)	Erfolgswahrscheinlichkeit | ... *unter H_0* | Schätzfunktion für p | (relativer) Anteil der Erfolge (Stichprobe) | Binomialverteilung (n Versuche; Erfolgsquote p)
p | 1 $-$ p	Ausschlusswahrscheinlichkeit | Trefferw.
p	Empirische Signifikanz, p-Wert
Q (= $Q_3 - Q_1$) | Q'	Quartilsabstand | Feinberechneter Quartilsabstand
Q_1 (Q'_1) | Q_2(Q'_2) | Q_3(Q'_3)	Unteres | mittleres | oberes Quartil (Q': feinberechnete Quartile)
r | r(Spearman)	Korrelationskoeffizient | Rangkorrelation
r_i | r_t	Rangzahl in Bezug auf x_i | Wachstumsrate zur Zeit t
S	Schätzfunktion für die Standardabweichung σ
s | s_x | s_y	Standardabweichung (Stichprobe) | ... zu x | ... zu y
t(f)	t-Verteilung zu f Freiheitsgraden
T | t	Prüfgröße | Ergebnis zum t-Test
T | *t*	Prüfgröße | Ergebnis eines Tests
T_x | T_x	Theoretische Anzahl der Erfolge (als Zufallsvariable) | Anzahl der Erfolge (Stichprobe)

Symbolverzeichnis

U	Ereignisraum, Grundgesamtheit, Universum
VK	Variationskoeffizient
v_t | $v_t = x_t / y_t$	Element einer Zeitreihe zur Zeit t | Verhältniszahlen
$v^L_{0,t}$ | $v^P_{0,t}$	Laspeyres-Preisindex | Paasche-Preisindex
$v^U_{0,t}$	Umsatzindex, Wertindex
W_x	Möglicher Wertebereich zu x
w_t	Wachstumsfaktor zur Zeit t ($w_t = 1 + r_t$)
X	Gesamte Merkmalssumme
X | X ~ | x	Zufallsvariable | X verteilt nach | Variable
x_i	Wert für Fall i in der Variablen x
x_K	Klassierte Variable
x_{Me} | x_{Mo}	Median = Q_2 | Modalwert, Modus
x_O | x_U	Obere | untere Vertrauensgrenze

Symbole im griechischen Alphabet

α	Alpha (Griechisches a); Irrtumswahrscheinlichkeit; Signifikanz(niveau); Theoretischer Regr.-Parameter
$1 - \alpha$	Vertrauensniveau
β | β_0, β_1	Beta (b) | Theoretische Regressionsparameter
χ | $\chi(f)$	Chi (Griechischer Buchstabe) | Chi-Quadratverteilung zu f Freiheitsgraden
μ | μ_x | μ_x | μ_0	My (m) | Mittelwertschätzfunktion | Mittelwert zu x (Stichprobe) | Angenommener μ-Wert *unter H_0*
$(\mu_x - ks, \mu_x + ks)$	k-Standardstreubereich
$N(\mu; \sigma)$	Normalverteilung mit Parametern μ und σ
$N(0;1)$	Standardnormalverteilung mit $\mu = 0$ und $\sigma = 1$
$f_N(x;\mu,\sigma)$	Dichtefunktion zur $N(\mu; \sigma)$-Verteilung

Symbolverzeichnis

π | Π	Die irrationale Zahl Pi | Produktzeichen
ϕ, Φ | $\Phi(z)$	Phi (f: klein, groß) | Verteilungsfunktion $N(0;1)$
ϱ	Rho (r) | Theoretischer Korrelationskoeffizient
σ | $\sigma(\mu) = \sigma_\mu$	Sigma (Griechisches s klein); Theoretische Standardabweichung | Theoretischer Standardfehler zu μx
Σ	Sigma (Griechisches s groß) | Summenzeichen
$s(\mu) = s_\mu$	Standardfehler (Stichprobe)
$\sigma(p) = \sigma_p$	Theoretischer Standardfehler zu px
$t_{½\alpha}(f)$ | $z_{½\alpha}$	Quantil $t(f)$ | $N(0;1)$ zur kumulierten Häufigkeit $½\alpha$
$t_{1-½\alpha}(f)$ | $z_{1-½\alpha}$	Quantil $t(f)$ | $N(0;1)$ zur kum. Häufigkeit $1 - ½\alpha$
V	Cramérs V

Mathematische Symbole: Zahlen, Intervalle

# | ∞	Anzahl (der Elemente), Umfang | Unendlich
0 bzw. 1	(Aussagenlogik) Logisch falsch bzw. wahr
(a, b) | [a, b]	offenes Intervall | geschlossenes Intervall
[a,b) , (a,b]	teils offene, teils geschlossene Intervalle
$a \approx b$	a ungefähr gleich b
m!	m-Fakultät: $1 * 2 * 3 * \ldots * m$
$\binom{n}{k}$	Binomialkoeffizient (n über k): $\binom{n}{k} = \dfrac{n!}{k!(n-k)!}$
☐ | ☐	Menge der natürlichen | ganzen Zahlen
☐	Menge der Bruchzahlen (der rationalen Zahlen)
☐	Menge aller reellen Zahlen auf dem Zahlenstrahl
|x|	Betrag von x: $= x$ wenn $x \geq 0$, $= -x$ wenn $x<0$

Noch einige statistische Symbole

$\overline{m}_G$	Geometrisches Mittel
$\overline{x}$ | $\overline{p}$	μ_x | p_x: Stichprobenmittelwert (zu x) | -anteilswert
$\overline{Z}$	Standardisierte Mittelwertschätzfunktion

1 Vorkenntnisse für statistische Datenanalyse

So, wie man Fremdsprachen am besten durch den direkten Kontakt mit Muttersprachlern kennenlernt, so macht man sich mit den Methoden und Verfahren der angewandten Statistik am besten durch die statistische Datenanalyse vertraut. Es wird der (zum Teil) abstrakte und formale Charakter der Statistik leicht durch konkrete, anschauliche Daten ergänzt und erhellt.

Statistische Datenanalyse ist nicht an erster Stelle eine mathematische Tätigkeit! Die Begriffe und Vorgänge aus der beschreibenden Statistik (Kap. 5 bis 10) und aus der schließenden Statistik (Kap. 11 bis 15), die in diesem Buch vorgestellt werden, basieren nur zum (kleineren) Teil auf rechnerischen und sonstigen mathematischen Methoden. Die Voraussetzungen, Berechnungen und Schlussfolgerungen, um die es geht, sind letztendlich auf sachlogische Umstände, Fragestellungen und Interpretationen zurückzuführen, die aus der realen Welt stammen und nicht aus einem Mathebuch.

Statistische Datenanalyse ist keine Mathematik!

Warum macht der Student der Wirtschaftsstatistik sich dann wegen mangelhafter Vorkenntnisse im mathematischen Bereich womöglich doch Sorgen, sogar bevor er eine einzige „Datenmatrix", eine „statistische Variable" oder eine „statistische Kennzahl" ins Auge gefasst hat? Oder warum würden Sie umgekehrt nicht einfach mit der Einführung in die beschreibende Statistik anfangen (Kap. 5)? Im Hauptteil des Buches wird zumindest versucht, alles, was aus den Grundlagen in den ersten 4 Kapiteln gebraucht wird, noch einmal anschaulich und verständlich in die zu erhellenden Aufgabenstellungen, Datenbeispiele und Lösungswege einfließen zu lassen. Also gleich mit Kapitel 5 anfangen? Stimmen Sie im Titel von POGUNTKE (2010) dem Leitsatz *Keine Angst vor Mathe* vorbehaltlos zu, wenn es darum geht, den erforderlichen Statistikschein zu schaffen? So einfach ist es vielleicht doch nicht!

Angst vor Mathematik kann real sein ...

Real empfundene Wissenslücken in der Schulmathematik usw. können Sie durchaus zu Vorsicht, Zweifel oder gar Verzweiflung dem bisher meist unbekannten Terrain der statistischen Datenanalyse gegenüber veranlassen. Es kommt aber hinzu, dass traditionsbedingt an so mancher Schule oder Hochschule die Statistik - quasi als eins der „notwendigen Übel" im Studium der Wirtschaftswissenschaften - nicht selten ins falsche Licht gerückt wird. Zu Unrecht mag sie uns, überspitzt formuliert, als Sammelsurium undurchsichtiger Rechentricks ohne Ziel und Richtung vorkommen. So gesehen kann einem das „Woher, Warum und Wozu" egal sein, wenn nur alle Energie sich

... aber zumindest gilt: Statistik ≠ Rechnen

1 Vorkenntnisse für statistische Datenanalyse

auf das „Wie und Wann" richtet. Einziges Ziel ist dann, die nicht ganz verstandene Formel im günstigen Augenblick fehlerfrei und folgerichtig durchzurechnen. Die Gleichung „Statistik = (eigenständiges) Rechnen" geht heutzutage aber nicht mehr auf, wenn sie überhaupt jemals gepasst hat! Die Statistik ist weniger aus der Mathematik hervorgegangen, als vielmehr aus der genauen Erforschung praktischer Fragen durch Vermögensschätzung, Ermittlung von Erkrankungs- und Sterberaten usw. Im Computerzeitalter muss der gebildete Sachbearbeiter oder die informierte Führungskraft um so mehr planen, überlegen, abwägen und weiterdenken, je mehr ein „Statistikprogramm" o. Ä. effizient und effektiv beauftragt wird, für ihn zu rechnen.

Welche mathematischen Fähigkeiten sollte man sich notfalls wieder aneignen bzw. ins Gedächtnis rufen, bevor es an die eigentliche Statistik geht?

Logik und Mengenlehre; statistische Argumentation

Als Erstes handelt es sich beim „Aufwärmen" um die mathematischen Grundlagen strukturierten und strukturierenden Denkens (Kap. 2). Strukturiert sollte die statistische Datenanalyse schon deshalb sein, da in eigenen Befragungen oder in der Suche nach Daten(quellen) Fragestellungen oft so kompliziert gestaltet werden, dass man in der späteren Datenmatrix den Wald vor lauter Bäumen nicht mehr sieht. Ein praktisches Beispiel liefert die Formulierung korrekter Auswahlbedingungen, um überhaupt die richtige „Teilstichprobe" zum richtigen Problem in die Hand zu bekommen! Oft müssen mehrere Bedingungen in Computerprogrammen logisch korrekt verknüpft und fehlerfrei eingegeben werden. Ein weiteres Beispiel bilden die verschiedenen Zahlenbereiche (Mengen!), denen die Werte „statistischer Variablen" zugeordnet werden können. Im Allgemeinen handelt es sich im Kap. 2 um die knappe und korrekte Darstellung, Verknüpfung und Anwendung mehrerer „Denkbausteine". Die Methoden dafür liefern die intuitive „Mengenlehre" bzw. die elementare „Aussagenlogik" sowie einige Arten der „spezifisch statistischen Argumentation" (Kap. 4).

Wahrscheinlichkeitsbegriff

Für die schließende Statistik, insbesondere die Wahrscheinlichkeitsberechnungen im Kap. 12 und die Beurteilung von Kreuztabellen im Kap. 15, werden die Grundregeln der Wahrscheinlichkeitsrechnung im Kap. 3 vorgestellt.

Ganz ohne Arithmetik geht es eben nicht!

Der Grundstock gewöhnlicher Rechenfähigkeiten sollte schon deshalb da sein, weil man nicht nur den Launen des Computers ausgeliefert sein möchte. Von Zeit zu Zeit schadet (vereinfachtes) Nachrechnen nicht! Zur Auffrischung der schulmathematischen Kenntnisse lassen sich viele gute Einführungen empfehlen, z. B. POGUNTKE (2010), MÜLLER-FONFARA UND SCHOLL (2004), PETERS (2009, Kap. 1) und AKKERBOOM UND PETERS (2008, Kap. 1). Sehr motivierend ist m. E. die moderne Sichtweise auf den „Matheinstinkt", eine Errungenschaft (*asset*), die DEVLIN (2005, vgl. auch 2003) jedem „mit ein wenig Mühe" zubilligt, sogar dem Chihuahua oder der siamesischen Katze!

2 Mathematische Grundlagen

Lernziele

- Im Vergleich zum eigenständigen Rechnen verstehen Sie die größere Wichtigkeit von Logik und Mengenlehre für statistische Datenanalyse.

- Sie beherrschen die Regeln zur Verknüpfung elementarer logischer Bedingungen, so dass Sie z. B. „statistische Fälle" für „(Teil)Stichproben" korrekt auswählen und „Variablen richtig (um)codieren" können.

- Sie können elementare „Mengenbeziehungen und -operationen" angemessen und sicher einsetzen und interpretieren, z. B. im Umgang mit dem „Wertebereich einer Variablen", mit dessen „Zerlegung" in Teilbereiche, mit „Wahrscheinlichkeiten" und mit „statistischen Hypothesen".

- Sie erkennen in Zusammenhang mit verschiedenen „Datentypen" unterschiedliche Intervalle reeller Zahlen sowie die wichtigsten „Zahlenbereiche". Diese Begriffe verbinden Sie mit „Teilmengen" des Zahlenstrahls.

- Sie können die Gesetze und Regeln der Arithmetik auf jene statistischen Berechnungen korrekt anwenden, die Sie – meistens als Ergänzung zu Computerberechnungen - zum Training, zur Nachprüfung oder zum Weiterrechnen selbst durchführen möchten. Sie können gegebenenfalls Summenzeichen und Laufindizes korrekt interpretieren und anwenden.

- Sie entwickeln ein Gespür für die Anzahl der „signifikanten Ziffern", die man für gewisse statistische Größen braucht, um sie sowohl fein wie auch übersichtlich darstellen zu können. Sie können die Anzahl der Nachkommastellen in Übereinstimmung mit der Anzahl der signifikanten Ziffern wählen. Sie können Daten von einer Maßeinheit in die andere umrechnen, z. B. im Falle von „Anteilswerten" und Prozentzahlen.

- Für spezifische statistische Anwendungen beherrschen Sie die wichtigsten Rechenregeln im Umgang mit Potenzen, Wurzeln, Logarithmen und Exponentialfunktionen. Sie können einfachere (Un)Gleichungen lösen.

2 Mathematische Grundlagen

2.1 Verknüpfung logischer Aussagen

Elementare Aussagenlogik und Mengenlehre für statistische Datenanalyse wichtiger als eigenständiges Rechnen!

Wegen des umfassenden Einsatzes von Statistikprogrammen steht das eigenständige Rechnen (von Hand) heutzutage bei der Analyse statistischer Daten weniger im Vordergrund als die Auswahl der Auswertungsmethoden und die Interpretation der Analyseergebnisse. Anders als in der Wirtschaftsmathematik ist für die Anwendung der in diesem Buch vorgestellten statistischen Verfahren nur eine beschränkte Auswahl solider mathematischer Vorkenntnisse gefragt und zwar in folgenden Bereichen:

1. „Aussagenlogik", insb. elementare Aussagenverbindungen (Kap. 2.1); wir verzichten hier übrigens auf die übliche formale Darstellung und Überprüfung mit Hilfe von „Wahrheitstafeln" (*truth tables*).

2. „Mengenlehre", insb. der elementare Vergleich von „Mengen" und die elementaren Mengenoperationen sowie die „Zahlenbereiche" (Kap. 2.2).

3. „Arithmetik": die übliche Punkt- und Strichrechnung (* für multiplizieren; / für dividieren; + für addieren; – für subtrahieren) sowie Rechengenauigkeit und Umrechnung von Maßeinheiten (Kap. 2.3).

Aussagenlogik: Den Wahrheitswert einer Verknüpfung aus den Wahrheitswerten der zugrunde liegenden Aussagen herleiten

Fangen wir mit der (zweiwertigen) **Aussagenlogik** (*Sentential Logic*) an. Diese kann aus elementaren Sätzen - Behauptungen, Bedingungen oder Aussagen - mittels einer oder mehrerer „logischer Verknüpfungen" einen neuen, zusammengesetzten Aussagensatz bilden. *Jede der verwendeten Aussagen kann nur* **falsch** (*false*; mit 0 bezeichnet) *oder* **wahr** (*true*; 1) *sein*. Die entsprechende logische Argumentation besteht nun daraus, den Wahrheitswert einer zusammengesetzten Aussage (falsch oder wahr) aus den Wahrheitswerten (falsch oder wahr) der zugrunde liegenden Aussagen herzuleiten, ganz abgesehen von der inhaltlichen Bedeutung dieser Aussagen. **Aussagenverbindungen** oder **-verknüpfungen** (*sentence connectives*) kommen in der Statistik regelmäßig vor, z. B. beim „Umcodieren" einer statistischen „Variablen" oder bei der Auswahl der in Betracht kommen „Stichprobenfälle", d. h. einer gewissen Teilstichprobe (Datenaufbereitung). Zur Datenanalyse braucht man Logik oder Mengenlehre bei der „Klassierung von Variablen" und bei der „Formulierung statistischer Hypothesen".

Formale Logik braucht man vor allem dann, wenn die Argumentation entgleist!

In der statistischen Argumentation müssen die nachfolgenden formalen Eigenschaften der Aussagenlogik nicht unbedingt explizit zum Ausdruck gebracht werden: Man sollte vielmehr ein Gespür für mögliche Ausrutscher entwickeln. Ein Beispiel dafür ist die inkorrekte Auswahl von n Fällen zwischen 20 und 30 Jahren alt ($20 \leq x < 30$ für x = „Alter") dadurch, dass die Teilklassen „$20 \leq x < 25$" und „$25 \leq x < 30$" durch die „Auswahlbedingung"

2.1 Verknüpfung logischer Aussagen

$$a = a(x) = (20 \leq x < 25) \text{ und } (25 \leq x < 30)$$

kombiniert werden, so dass die gesamte Altersklasse A aus den Fällen besteht, die $a(x)$ erfüllen. Der Irrtum dabei ist, dass kein einziger x-Wert *beide* Bedingungen gleichzeitig erfüllt: A ist leer! Richtig wäre es dagegen, die 2 Teilklassen mittels folgender Auswahlbedingung zu A zu vereinigen:

$$a = a(x) = (20 \leq x < 25) \text{ oder } (25 \leq x < 30)$$

Die Wirkung der üblichen logischen Verknüpfungen demonstrieren wir durch Beispiele anlässlich einer Passantenbefragung in einer deutschen Großstadt. Es ging in dieser Untersuchung darum, den Bekanntheitsgrad, den Seherkreis, die Werbung, die Inhalte und die allgemeine Zufriedenheit in Bezug auf Sendungen des ausschließlich über Kabel erreichbaren Stadtfernsehens zu evaluieren. Es gab folgende Zusammenstellung der „netto Stichprobe" von 503 Befragten im Hinblick auf 3 **Identifikationsmerkmale**: x = „Einwohnerschaft", y = „Kabelanschluss", z = „Wann zuletzt gesehen"[1].

Tabelle 2-1. Passantenbefragung nach x = „Einwohnerschaft" („Lebt in dieser Stadt ... ja oder nein"), y = „Kabelanschluss" (ja oder nein) und z = „Wann zuletzt gesehen" (0: Keine Angabe; <1, 1 - 2, 3 - 4, > 4 Wochen her; 5: Gar nicht gesehen)

Auswahl der Fälle nach 3 Merkmalen

x ↓ y → (absolute Angaben)	Ja (mit Kabel)	Nein (ohne Kabel)	Summe
Ja (Einwohner)	303	192	495
Nein (kein Einwohner)	2	6	8
Summe	305	198	503

Fragen zum Seherkreis ↓

z ↓ nur unter Einwohnern mit Kabel	Code	Anzahl	
Keine Angabe	0	50	*Fragen zur Bekanntheit (ja: 276)*
< 1 Woche	1	42	← *Fragen zu Sehdauer, Werbung, Zufriedenheit usw.*
1 - 2 Wochen	2	48	
3 - 4 Wochen	3	21	
> 4 Wochen	4	52	
Gar nicht gesehen	5	90	

---

[1] In der „brutto Stichprobe" von 533 Befragten gab es 503 Fälle mit gültigen Antworten zu x *und* zu y. Für z zählen die Antworten 1 bis 4 als gültig.

2 Mathematische Grundlagen

Wir nehmen hier den Begriff „absolute Häufigkeit" für die Kombination zweier möglicher Antworten zu den Variablen x und y (vgl. Kap. 7.3) bzw. für eine Antwort zur Variablen z (vgl. Kap. 7.1) vorweg. Nach der Tabelle gibt es z. B. 192 Befragte, die in der Stadt leben *und* keinen Kabelanschluss haben (x = „ja", y = „nein"). Von 303 Einwohnern mit Kabel gibt es 42, die bis vor weniger als einer Woche mal eingeschaltet haben (z = „< 1 Woche").

Der Bekanntheitsgrad bezieht sich auf die 495 Einwohner (Bedingung x = „ja"): 276 davon (55,76 %) geben an das Stadtfernsehen zu kennen. Unter den 303 Einwohnern mit Kabelanschluss (x = „ja" und y = „ja") wird der *weiteste Seherkreis* gesucht. Dieser besteht aus 163 Einwohnern mit Kabelanschluss, die sich die Sendungen überhaupt mal angesehen haben (x = „ja" und y = „ja" und „$1 \leq z \leq 4$": unterstrichene Zahlen; der weiteste Seherkreis wird übrigens häufig auf „z = 1 oder z = 2" beschränkt.) Diesen Befragten, die 33 % *aller* befragten Einwohner ausmachen, gelten die Fragen zu Sehdauer, Werbung und Zufriedenheit. In den Auswahlbedingungen kommt die Verknüpfung **und** vor, die zusammen mit 4 weiteren elementaren Verbindungen in folgender Liste definiert und erläutert wird.

Verknüpfungen	*Logische Aussagenverbindungen; a, a_1 und a_2 stehen für logische Aussagen*
$\neg$ a *vertauscht die Wahrheitswerte von* a	■ **Negation** (Verneinung; *negation*). Aussage **nicht a** (*not a*; auch $\neg$ a geschrieben) *ist genau dann wahr, wenn* **a** *falsch ist*. Entsprechend ist $\neg$ a genau dann falsch, wenn a wahr ist. Beispiel: Das Gegenstück zur Aussage a = „Bei diesem Fall fragt man nach der Bekanntheit des Stadtfernsehens" - wenn wahr gehört der Fall zu den 495 befragten Einwohnern - ist eine Aussage wie $\neg$ a = „Dieser Fall ist für den Bekanntheitsgrad unerheblich" - wenn wahr sind wir bei den 8 nicht in der Stadt lebenden Befragten. Es ist a wieder das Gegenstück zu $\neg$ a, da $\neg$ ($\neg$ a) genau dann wahr ist, wenn a wahr ist: „Minus mal Minus ergibt Plus" oder zweimal nacheinander verneinen heißt bejahen!
$a_1 \wedge a_2$ *wahr, wenn sowohl* a_1 *wie* a_2 *wahr*	■ **Konjunktion** (*conjunction*). Aussage a_1 **und** a_2 (a_1 *and* a_2; auch $a_1 \wedge a_2$ geschrieben) *ist genau dann wahr, wenn die Aussagen* a_1 *und* a_2 *beide wahr sind*. Entsprechend ist $a_1 \wedge a_2$ genau dann falsch, wenn *mindestens* eine der beiden Aussagen falsch ist. Der weiteste Seherkreis wird durch die **und**-Verknüpfung von 3 Bedingungen ausgewählt: $a_1 \wedge a_2 \wedge a_3$, wobei a_1 für x = „ja", a_2 für y = „ja" bzw. a_3 für „$1 \leq z \leq 4$" steht (163 Fälle). Unter der Bedingung „$a_1 \wedge a_2$" handelt es sich um mehr Einwohner, nämlich die 303 mit Kabelanschluss. Wenn $a_1 \wedge a_2$ falsch ist, gibt es 3 Möglichkeiten: (1) weder a_1 noch a_2 ist wahr: 6 Fälle wohnen nicht in der Stadt und haben kein Kabel; (2) a_1 ist wahr, aber a_2 nicht: 192 Einwohner ohne Kabel; (3) a_2 ist wahr, a_1 nicht: 2 Fälle mit Kabel, die nicht in der Stadt leben.

Verknüpfung logischer Aussagen | **2.1**

- **Disjunktion** (*disjunction*). *Aussage* **a₁ oder a₂** (a₁ *or* a₂; auch **a₁ ∨ a₂** geschrieben) *ist genau dann wahr, wenn mindestens eine der beiden Aussagen, a₁ oder a₂, wahr ist.* Entsprechend ist a₁ ∨ a₂ genau dann falsch, wenn beide Aussagen falsch sind. Es bedeutet **a₁ oder a₂** nicht „entweder a₁ oder a₂": a₁ und a₂ dürfen auch gleichzeitig wahr sein (*inklusives oder*). Die 2 zusammengesetzten Aussagen ¬ **(a₁ ∧ a₂)** und **(¬ a₁) ∨ (¬ a₂)** haben offensichtlich stets den gleichen Wahrheitswert: Es sind a₁ und a₂ nicht gleichzeitig wahr genau dann, wenn mindestens eine falsch ist! Innerhalb des weitesten Seherkreises wählt man die 111 Befragten, die bis vor höchstens 4 Wochen schon mal eingeschaltet haben, durch die Auswahlbedingung a₁ ∨ a₂ ∨ a₃ aus, wobei aⱼ nun für die Aussage „z = j" steht, j = 1, 2, 3.

    a₁ ∨ a₂ *wahr, wenn* a₁ *wahr oder* a₂ *wahr oder beide wahr*

- **Implikation** (Folgerung; *implication*). *Aussage* **wenn a₁ dann a₂** (a₁ *implies* a₂, auch **a₁ ⇒ a₂** geschrieben) *ist genau dann wahr, wenn a₂ nicht falsch sein kann, ohne dass auch a₁ falsch ist.* Eine andere Formulierung ist **aus a₁ folgt a₂** (a₁ *hinreichend für* a₂). Umgekehrt wird **wenn a₂ dann a₁** sowohl durch a₂ ⇒ a₁ wie durch a₁ ⇐ a₂ wiedergegeben (a₁ *notwendig für* a₂). Für den Fall, dass a₁ wahr ist, ist die Bedeutung der wahren Folgerung a₁ ⇒ a₂ leicht nachvollziehbar: Aus der wahren Aussage a₁ folgt, dass auch a₂ zutrifft. Weniger selbstverständlich ist es, dass die Wahrheit der Implikation a₁ ⇒ a₂ nicht durch a₂ beeinflusst wird, solange a₁ falsch ist: Für die Richtigkeit der Folgerung a₁ ⇒ a₂ tut das Nichtzutreffen von a₁ nicht zur Sache! Beispiel: Aus der Aussage a₁ = „Dieser Fall gehört zum weitesten Seherkreis" folgt a₂ = „Der Fall betrifft einen Einwohner mit Kabel". Am einfachsten lässt sich dies durch „Kontraposition" beweisen, d. h. durch Nachweis der gleichwertigen Folgerung ¬ a₂ ⇒ ¬ a₁. Ist ein Fall kein Einwohner der Stadt oder ohne Kabel (oder beides), so gehört er nicht zum weitesten Seherkreis: Eine Antwort z kommt erst gar nicht vor, da die Frage zum Seherkreis nur Einwohnern mit Kabel vorgelegt wird.

    a₁ ⇒ a₂ *wahr, wenn* ¬ a₂ ⇒ ¬ a₁ *wahr*

- **Äquivalenz** (*equivalence*). *Aussage* **a₁ genau dann wenn a₂** (a₁ *logically equivalent to* a₂; auch **a₁ ⇔ a₂** geschrieben) *trifft genau dann zu, wenn die Aussagen a₁ und a₂ immer mit dem Wahrheitswert übereinstimmen,* d. h. entweder sind a₁ und a₂ beide wahr oder beide sind falsch. In anderen Worten, die Richtigkeit der Aussage **a₁ gleichwertig zu a₂** bedeutet, dass a₁ und a₂ einander gegenseitig bedingen. Die logische Äquivalenz a₁ ⇔ a₂ entspricht dem gleichzeitigen Auftreten der Implikationen a₁ ⇒ a₂ und a₁ ⇐ a₂. Die Richtigkeit von **a₁ gleichwertig zu a₂** gibt es genau dann, wenn (**aus a₁ folgt a₂**) und (**aus a₂ folgt a₁**) zutrifft! Zum Thema „Disjunktion" gab es schon als Beispiel: ¬ **(a₁ ∧ a₂)** ⇔ **(¬ a₁) ∨ (¬ a₂)**! Zusammen mit ¬ **(a₁ ∨ a₂)** ⇔ **(¬ a₁) ∧ (¬ a₂)** heißt dies „Gesetz von De Morgan".

    a₁ ⇔ a₂ *heißt, dass* a₁ *und* a₂ *stets identische Wahrheitswerte haben*

2

Mathematische Grundlagen

2.2 Mengen und Zahlenbereiche

Es geht nicht um die Frage „was" Mengen sind; es kommt vielmehr darauf an, „wie" man sie abgrenzt bzw. bearbeitet!

So wie Sätze aus Wörtern und Buchstaben zusammengestellt sind, so werden mathematische und statistische Größen und Begriffe anhand von **Mengen** (*sets*) und deren Teilbereichen beschrieben. Die elementaren Bausteine der Mengen - die „Elemente" - sind wie die Buchstaben der Wörter. Mengen erscheinen meistens als unauffällige Werkzeuge der statistischen Argumentation. Im Weiteren fassen wir den Begriff „Menge" als „Gesamtheit" auf. Auf eine widerspruchsfreie Definition des Mengenbegriffs wollen wir verzichten, so wie es die moderne Mathematik macht. Vielmehr geht es darum, dass man elementare Mengenbeziehungen und -operationen angemessen und sicher einsetzen und interpretieren kann. Obwohl wir die für die Statistik wichtigen Zahlenbereiche erst in §2.2.2 besprechen, setzen wir hier den intuitiven Begriff der „natürlichen Zahlen" 1, 2, 3, ... voraus - der Zahlenmenge $\mathbb{N}$ - genau wie den Begriff der „reellen Zahlen" - der Zahlenmenge $\mathbb{R}$ -, die man als dimensionslose Punkte auf dem **Zahlenstrahl** auffasst:

Natürliche Zahlen 1, 2, 3 ...($\mathbb{N}$); unbegrenzter Zahlenstrahl für $\mathbb{R}$

$$\longleftarrow \text{---------------------------------} | \text{---------------------------------} \longrightarrow$$
$$0$$

2.2.1 Mengenbeziehungen und -operationen

Universum U enthält die unterscheidbaren Objekte, woraus eine Menge A bestehen kann (Reihenfolge in A beliebig); #A = Umfang A (= Größe = Anzahl Elemente)

Eine „Menge A von unterscheidbaren Objekten", z. B. die Sammlung der möglichen Antworten zu einer Frage, fassen wir als *eine Gesamtheit mit beliebiger Reihenfolge* auf, in der etwaige Wiederholungen der gleichen Sache zu ignorieren sind. Gibt es z. B. bei einer Statistikklausur 5 Teilnehmer mit Ergebnissen 4, 5, 3, 3 bzw. 5, dann besteht die „Ergebnismenge" aus 4, 5 und 3, egal wie die vorkommenden Noten angeordnet sind. Entscheidend ist, dass die Menge die Noten 4, 5 und 3 enthält (3, 4 und 5). Der **Umfang** #A (Größe, *size*) einer Menge A ist die Anzahl der Elemente (hier #A = 3). Für eine bestimmte Untersuchungsfrage wird jede Menge A im Rahmen eines vorgegebenen **Universums** (*universe*) U definiert - auch **Grundmenge** genannt. Im Beispiel der runden Noten besteht U aus 1, 2, 3, 4 und 5. Es bestimmt U „das, worüber man redet": Es darf A nur Elemente aus U enthalten. Handelt es sich um quantitative Merkmale, so wählt man für U z. B. die reellen Zahlen ($\mathbb{R}$)!

Fangen wir mit den 3 Methoden an, die es für die Umschreibung bzw. Abgrenzung einer konkreten Menge A gibt. Wir verwenden ein Beispiel aus der obigen Passantenbefragung, worin es darum geht die möglichen Antworten auf die „offene Frage" *„Wie viele Minuten am Tag schauen Sie die Sendung des Stadtfernsehens?"* mathematisch zu beschreiben (Merkmal Sehdauer). Als Antwort kommt im Prinzip jede runde, nicht-negative Minutenzahl in Betracht oder vielleicht nur eine solche Zahl bis zu 120 Minuten (die Dauer der

Mengen und Zahlenbereiche

täglichen Sendung). Die Menge A der Antwortmöglichkeiten zu einer Frage heißt der „Wertebereich" der entsprechenden Variablen. Im Beispiel der Sehdauer besteht dieser aus den natürlichen Zahlen plus 0 (evtl. bis 120).

Im Allgemeinen gibt es 3 Arten um innerhalb U eine Menge A abzugrenzen:

1. **Grafische Darstellung**. Beziehungen zwischen mehreren Mengen werden häufig durch ein „Venn-Diagramm" wiedergegeben, in dem jede kreisförmige oder ovale Fläche eine Menge darstellt, vgl. die Zahlenbereiche in §2.2.2. Im Beispiel der Sehdauer sieht Wertebereich A so aus:

   -|----|----|----|----|----|----|----|----|----|----|----|----|----|----|----|-
    0   1   2   3   4   5   6   7   8   9   10 11 12 13 14 15 usw.

Grafik, Aufzählung oder Auswahlbedingung

2. **Aufzählung** zwischen geschweiften Klammern[2]. im Beispiel der Sehdauer gibt es den Wertebereich

   $A = \{0, 1, 2, 3, 4, 5, 6, 7, 8, 9, 10, 11, 12, 13, 14, 15, ...\}$, evtl. $A = \{0, 1, 2, ..., 120\}$.

   Dabei entspricht ... *links* dem „usw." der Abbildung unter Punkt 1 und *rechts* den natürlichen Zahlen zwischen 3 und 119. Die Aufzählung links ist unbegrenzt und A ist eine „unendliche Menge" (#A = ∞), rechts dagegen ist A „endlich". Im obigen Beispiel der runden Klausurnoten gibt es die Ergebnismenge {3, 4, 5} und den Wertebereich U = {1, 2, 3, 4, 5}. In der Regel werden die Elemente durch Kommata getrennt. Sind die Elemente Zahlen mit Nachkommastellen, so verwenden wir als Trennzeichen das Semikolon (den Strichpunkt) anstatt des Kommas, z. B. im Wertebereich {1,0; 1,3; 1,7; 2,0; 2,3; 2,7; 3,0; 3,3; 3,7; 4,0; 5,0} für feinere Klausurnoten.

Ergebnismenge und Wertebereich

3. **Auswahlbedingung a = a(x)** in Abhängigkeit von x. Man schreibt

   $A = \{x \mid x \text{ erfüllt die Auswahlbedingung } a(x)\}$,

   so z. B. $A = \{x \mid (20 \leq x < 25) \text{ oder } (25 \leq x < 30)\}$ für die Kombination zweier Teilklassen in Bezug auf x = „Alter". Es besteht $A = \{x \mid a(x)\}$ aus allen x-Werten, die der Bedingung $a = a(x)$ genügen: Man wählt für A die x-Werte aus, für die a(x) zutrifft. Im Beispiel der Sehdauer gibt es

   $A = \{x \mid x = 0 \text{ oder } x \in \mathbb{N}\}$, evtl. $A = \{x \mid x = 0 \text{ oder } (x \in \mathbb{N} \text{ und } x \leq 120)\}$,

   wobei die Bezeichnung ∈ für **Element von** (*element of*) steht; ∉ für **kein Element von**. Manchmal wird die Grundmenge explizit - links vom vertikalen Strich - erwähnt: „x ∈ U " („x Element von U" oder „x gehört zu U"). So enthält A „genau die Elemente x in U, für die a(x) gilt", z. B.

   $A = \{x \in U \mid a(x)\} = \{x \in U \mid x = 0 \text{ oder } x \in \mathbb{N}\}$.

Mengenzugehörigkeit:
x ∈ A heißt „x Element von A",
„x in A";
x ∉ A:
„x nicht in A"

---

[2] Wir schreiben Intervalle reeller Zahlen anders (s. §2.2.2): (1, 2), [1, 2), (1, 2], [1, 2].

2 | *Mathematische Grundlagen*

Die einfachsten Beziehungen zwischen 2 Mengen A und B innerhalb U werden durch **Gleichheit** (*equality*) und in einander **Enthaltensein** (**Inklusion**; *inclusion*) ausgedrückt. Es gibt 3 sich zum Teil überlappende Möglichkeiten:

A eine Teilmenge von B, wenn für alle x in U gilt
$x \in A \Rightarrow x \in B$

- (a) A enthalten in B, d. h. A **Teilmenge** (*subset*) von B, man schreibt $A \subset B$; es ist A genau dann eine Teilmenge von B, *wenn jedes Element von A auch Element von B ist*[3] (sind die Mengen endlich, so folgt #A ≤ #B).

- (b) B enthalten in A, d. h. B Teilmenge von A, man schreibt außer $B \subset A$ auch $A \supset B$; dies gilt genau dann, *wenn jedes Element von B in A liegt*.

Gleichheit: Für alle x in U gilt
$x \in A \Leftrightarrow x \in B$

- (c) $A = B$, d. h. **A gleich B** (*equality*), wenn A und B dieselben Elemente haben (so dass #A = #B). Gleichheit ist gleichwertig zu $A \subset B$ und $B \subset A$, genau so wie $a_1 \Leftrightarrow a_2$ logisch äquivalent ist zu $a_1 \Rightarrow a_2$ und $a_1 \Leftarrow a_2$.

Universum U und leere Menge $\emptyset$ oder { }

Die Menge A, die keine Elemente enthält, heißt **leere Menge** (*empty set*); man schreibt A = { } oder A = $\emptyset$, so gab es {x| (20 ≤ x < 25) **und** (25 ≤ x < 30)} = $\emptyset$ im Kap. 2.1. Nach dem Umfang ist U die größte Teilmenge eines jeden Universums U und die leere Menge $\emptyset$ die kleinste Teilmenge (#$\emptyset$ = 0; für alle x in $\emptyset$ gilt, dass x in U liegt; diese Implikation ist wahr, da es *kein* x in $\emptyset$ gibt).

Echte Teilmenge

Gleichheit und Vergleichbarkeit von Mengen sind nicht das gleiche: Man schreibt $A \neq B$, d. h. **A ungleich B**, *sobald es auch nur ein x gibt, das nicht zu beiden Mengen gehört*. Es gibt ungleiche Mengen, die vergleichbar sind: Unter der Bedingung $A \subset B$ **und** $A \neq B$ ist A eine **echte Teilmenge** (*proper subset*) von B. Dagegen heißen A und B **nicht direkt vergleichbar** (*incomparable*), wenn *in beiden Mengen Elemente vorkommen - jeweils mindestens eins -, die es in der anderen Menge nicht gibt*. Unvergleichbare Mengen sind ungleich.

Gute Beispiele für diese Mengenbeziehungen liefern die in Tabelle 2-1 angedeuteten Teilstichproben. Die Einwohner der Stadt bilden die Stichprobe C (n = 495 für den Bekanntheitsgrad). Den Umfang #C der Menge C, der für eine (Teil)Stichprobe auch „Fallzahl (*sample size*)" genannt wird, deuten wir hier mit n an. Als erste in C enthaltene Teilstichprobe gibt es die Einwohner mit Kabelanschluss, die Menge B (n = 303 für Fragen zum Seherkreis). Als echte Teilmenge von B gibt es den weitesten Seherkreis A (n = 163). Es bilden A bis C eine hierarchische Abfolge echter Teilmengen:

Folge echter Teilmengen

$$(A \subset B \subset C) \text{ und } (A \neq B) \text{ und } (B \neq C)$$

Gleichheit zweier Mengen beruht in unseren Anwendungen stets auf unterschiedliche Darstellungen derselben Menge. So haben wir den weitesten Seherkreis als A = { Befragte i | x_i = „ja" **und** y_i = „ja" **und** „1 ≤ z_i ≤ 4" }

---

[3] Wir verwenden $A \subset B$ *nicht nur* für das *strikte* Enthaltensein, wobei es mindestens ein Element in B geben muss, dass nicht in A liegt: $A \subset B$ kann A = B bedeuten!

Mengen und Zahlenbereiche | **2.2**

definiert, wobei i jeweils einen Befragten aus der netto Stichprobe darstellt. Der **Laufindex** i geht von 1 bis 503 (n); x_i steht für den Wert, den Fall i in der Variablen x hat. Die Menge A ist ebenso gut gleich { i ∈ B | z_i ≠ 0 **und** z_i ≠ 5} und besteht aus den Einwohnern mit Kabelanschluss (B), die auf die Frage *„Wann zuletzt (eine Sendung) gesehen?"* eine gültige Antwort geben; weder fehlt die Antwort („keine Angabe") noch lautet sie „Gar nicht gesehen"!

In der statistischen Datenanalyse wird die „Potenzmenge", d. h. die Menge *aller* Teilmengen von U, selten gebraucht. Wohl sollte man den *Umfang der Menge aller Teilmengen mit genau k Elementen* berechnen können, *wenn U n Elemente hat* (k eine fixe Zahl zwischen 0 und n). Es handelt sich hier um die Anzahl der **Kombinationen** von k aus n Elementen, ungeachtet der Reihenfolge. In diesem Falle sollen die Kombinationen keine Wiederholungen enthalten: In einer Teilmenge zählt jedes Element nur einmal. Die Anzahl von k aus n unterscheidbaren Elementen heißt **Binomialkoeffizient** und ist gleich

$$\binom{n}{k} = \frac{n!}{k!(n-k)!}$$ (man liest *n über k*), wobei $0! = 1$, $m! = 1 * 2 * 3 * ... * m$ (m > 0);

Binomialkoeffizient: Anzahl von k unterscheidbaren Elementen aus Grundmenge U (k = 0, ..., n = #U)

dabei wird m! - man liest **m-Fakultät** (*m factorial*) - als Produkt von fortlaufenden Faktoren berechnet. Betrachten wir als Beispiel die 3 Auswahlbedingungen a_1 für x = „ja", a_2 für y = „ja" bzw. a_3 für „z = 1 ∨ z = 2 ∨ z = 3 ∨ z = 4", d. h. für „z gültig". Das Universum U = {a_1 wahr, a_2 wahr, a_3 wahr} besteht hier aus den 3 logischen Aussagen in Bezug auf das Zutreffen von a_1, a_2 bzw. a_3. Eine Teilmenge von U mit genau k = 2 Elementen bedeutet das Zutreffen von genau 2 dieser Bedingungen. Um nun die Anzahl der Kombinationen mit zweimal „wahr" und einmal „falsch" zu berechnen, betrachte man jede Aussage genau einmal, egal in welcher Anordnung. Diese Anzahl ist

$$\binom{3}{2} = \frac{3!}{2!(3-2)!} = \frac{3*2*1}{(2*1)*1} = 3.$$

In folgender Liste werden 3 elementare Mengenoperationen zusammengefasst, die man anhand logischer Auswahlbedingungen definieren kann.

Mengenoperationen; V und W stehen für Teilmengen der Grundmenge U | *Verknüpfungen*

- **Durchschnitt** (Schnittmenge; *intersection*). V ∩ W, man liest *V geschnitten mit W*, enthält genau diejenigen Elemente, die sowohl zu V gehören wie zu W. Zur Passantenbefragung ist z. B. die Menge B = C ∩ D der Einwohner mit Kabelanschluss (n = 303) genau die Schnittmenge von C = { i | x_i = „ja"} - die 495 Einwohner - und D = { i | y_i = „ja"} - die 305 Befragten mit Kabel. Im oberen Teil der Tabelle 2-1 kreuzen sich Einwohnerzeile und Ka-

V ∩ W = {x | x ∈ V ∧ x ∈ W}

2 Mathematische Grundlagen

belspalte genau in dem Feld, das B repräsentiert. Entsprechend wird B im Kap. 2.1 durch die Auswahlbedingung x = „ja" **und** y = „ja" bedingt; B = C ∩ D ist nicht leer. Wir werden auch Verfahren kennen lernen, in denen es gerade auf **überschneidungsfreie Mengen** V und W ankommt:

$$V \cap W = \emptyset$$

(z. B. „Klassierung" im Kap. 4.2 und 7.2; „Hypothesentests" in §14.1.1).

V ∪ W = {x | x ∈ V ∨ x ∈ W}

■ **Vereinigung** (*union*). **V ∪ W**, man liest *V vereinigt mit W*, enthält genau die Elemente, welche mindestens zu einer der beiden Mengen gehören. Natürlich stellt das im Kap. 2.1 behandelte Beispiel für die **oder**-Verknüpfung auch ein Beispiel für die Vereinigung dar (111 = 42 + 48 + 21 Befragte). Wir nehmen uns noch ein anderes Beispiel vor und zwar zur Umcodierung der Antworten auf die Frage *„Sind Sie mit dem Stadtfernsehen zufrieden?"*. Dazu gab es folgende „Fünferskala": Note 1: „Vollkommen zufrieden"; Note 2: „Sehr zufrieden"; Note 3: „Zufrieden"; Note 4: „Weniger zufrieden" und Note 5: „Unzufrieden". Kombiniert man nun (a) Note 1 mit 2 bzw. (c) Note 4 mit 5 und lässt man (b) Note 3 unverändert, so bekommt man eine vereinfachte Bewertung anhand der 3 neuen „Codes" (a) „Mehr als zufrieden", (b) „Zufrieden" und (c) „Eher unzufrieden". Diese Umcodierung lässt sich anhand der Mengen a = {1, 2}, b = {3} und c = {4, 5} beschreiben (vgl. Tabelle 15-1). Sie ist insofern korrekt, dass

Umcodierungen: überschneidungs- freie und erschöp- fende Codes

- (i) die Codes sich genau wie die Noten klar von einander unterscheiden - sie sind „überschneidungsfrei" - und

- (ii) der alte Wertebereich W = {1, 2, 3, 4, 5} durch den neuen abgedeckt wird, d. h. W ⊂ {a} ∪ {b} ∪ {c} - die neue Codierung ist „erschöpfend" -; es gilt hier sogar Gleichheit.

Den gleichen 2 Bedingungen werden wir im Kap. 4.2 in einem Argumentationsschema für „Zerlegungen" aller Art begegnen.

V \ W = {x | x ∈ V ∧ ¬(x ∈ W)} = {x | x ∈ V ∧ x ∉ W}

In Bezug auf V gilt W′ = V \ W

■ **Differenzmenge** (Restmenge; *difference set*). **V \ W** oder *V ohne W*, enthält genau diejenigen Elemente, die zu V, aber nicht zu W, gehören. Ein Beispiel ist V \ W mit V = {1,0; 1,3; 1,7; 2,0; 2,3; 2,7; 3,0; 3,3; 3,7; 4,0; 5,0} und W = {5,0}. Lässt man die Fünf weg, so bleiben die Noten fürs Bestehen! Mann nennt **V \ W** auch die **Komplementärmenge zu W in Bezug auf V** (*complement*) und man schreibt **W′ = V \ W**. In Bezug auf obige V enthält W′ = {4,0}' die Fünf sowie die Noten besser als 4,0. Allgemein sind W′ und W komplementär zueinander genau dann, wenn W′∩W = ∅ **und** W′∪W = V !

2.2.2 Intervalle und Zahlenbereiche

Bereits in den Vorbereitungen auf die Auswertung statistischer Daten spielen „Zahlenbereiche" eine wichtige Rolle. Beim Bestimmen des „Datentyps" eines Merkmals geht es vor allem um das Vorkommen „diskreter" oder „(quasi)stetiger" Ausprägungen. Bei der Wahl der „Skala" (Maßeinteilung) einer „Variablen in der Datenmatrix" geht es u. a. um das Ausmaß der möglichen Rechenoperationen (siehe Kap. 6.3). Als Beispiel gehen wir näher auf den Wertebereich, d. h. die möglichen Antworten, zur Frage *„Wie viele Minuten am Tag schauen Sie die Sendung des Stadtfernsehens?"* ein. Aus dem Merkmal Sehdauer leiten wir Variablen mit unterschiedlichem Wertebereich her. Die hier betrachteten Zahlenbereiche sind alle Teilmengen zur Menge $\mathbb{R}$ der **reellen Zahlen** (*real numbers*), die wir hier als Grundmenge U wählen. Zunächst definieren wir unterschiedliche **Intervalle** (*intervals*) reeller Zahlen:

Zahlenbereiche wichtig für „Datentyp" („Messniveau") und „Skala"!

***Intervalle** reeller Zahlen in Abhängigkeit des wohl oder nicht Einbeziehens einer unteren (oberen) Grenze a (b) ([x, y] kann auch ein Punkt im 2D-Raum sein!)*

- $(a, b) = \{x \in \mathbb{R} \mid a < x < b\}$: *Offenes Intervall*: z. B. (0, 120)
- $[a, b) = \{x \in \mathbb{R} \mid a \leq x < b\}$: *Rechtsoffen-linksabgeschlossenes Intervall*: [0, 120)
- $(a, b] = \{x \in \mathbb{R} \mid a < x \leq b\}$: *Linksoffen-rechtsabgeschlossenes Intervall*: (0, 120]
- $[a, b] = \{x \in \mathbb{R} \mid a \leq x \leq b\}$: *Geschlossenes Intervall*: [0, 120]
- $(-\infty, b) = \{x \in \mathbb{R} \mid x < b\}$, $(-\infty, b] = \{x \in \mathbb{R} \mid x \leq b\}$: *Nach unten unbegrenzt*
- $(a, \infty) = \{x \in \mathbb{R} \mid a < x\}$, $[a, \infty) = \{x \in \mathbb{R} \mid a \leq x\}$: *Nach oben unbegrenzt*
- $(-\infty, \infty) = \{x \in \mathbb{R} \mid x \text{ unbegrenzt}\} = \mathbb{R}$: *Der gesamte Zahlenstrahl*

Intervalle auf dem Zahlenstrahl:
(a, b),
[a, b)={a}$\cup$(a, b),
(a, b]=(a, b)$\cup${b},
[a, b]=
{a}$\cup$(a, b)$\cup${b}

Intervalle auf der reellen Zahlengeraden werden mit dem Komma als Trennzeichen zwischen unterer (linker) und oberer (rechter) Intervallgrenze geschrieben. Gibt es eine Grenze als Dezimalzahl (mit Nachkommastellen), so verwenden wir als Trennzeichen das Semikolon anstatt des Kommas, z. B. [0; 7,5) für 0 bis unter einer halben Viertelstunde (alle Werte in Minuten).

Im Universum U = $\mathbb{R}$ sind die Rechenoperationen *, /, + und – alle mit den gewöhnlichen Regeln und Gesetzen durchführbar, vgl. Kap. 2.3. Für statistische Größen mit entsprechendem Wertebereich (etwa „Gewinn") können die Ausprägungen im Prinzip überall auf dem Zahlenstrahl auftauchen oder zumindest überall in einem begrenzten Intervall. Für jede Variable x, die in der deskriptiven Statistik betrachtet wird, muss ein sachlogisch sinnvoller Wertebereich W_x definiert werden. Für die Variable x = „Sehdauer" zum Beispiel wäre $W_x = [0, \infty)$ oder $W_x = [0, 120]$, falls x sehr genau gemessen

Für viele (quasi)stetig variierende Merkmale eignet sich U = $\mathbb{R}$

2 Mathematische Grundlagen

wird (bis auf die Sekunde genau, in gebrochenen Minuten). Die möglichen Werte liegen in dem Falle so dicht nebeneinander, dass man sie als „stetig" variierend auffassen darf, obwohl W_x mathematisch gesehen „diskret" ist.

Die Zahlenbereiche innerhalb $\mathbb{R}$ bilden eine Hierarchie von Teilmengen, so dass jede Zahlenmenge strikt in der nächstgrößeren Menge enthalten ist:

$\mathbb{N} \subset \mathbb{Z} \subset \mathbb{Q} \subset \mathbb{R}$: *jede Zahlenmenge eine echte Teilmenge der nächsten!*
($\mathbb{N} \neq \mathbb{Z} \neq \mathbb{Q} \neq \mathbb{R}$)

Abbildung 2-1. Hierarchische Abfolge der Zahlenbereiche

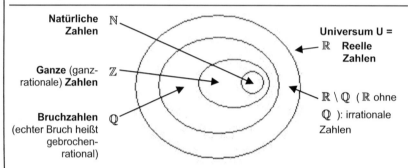

- **Natürliche Zahlen** (*natural numbers*): $\mathbb{N} = \{1, 2, 3, ...\}$

  Beispiel: Die Sehdauer in runden, nicht-negativen Minuten hat den Wertebereich $W = \{0\} \cup \mathbb{N}$, evtl. $W = \{0\} \cup ((0, 120] \cap \mathbb{N}) = \{0, 1, 2, ..., 120\}$.

- **Ganze Zahlen** (*integers*): $\mathbb{Z} = \{..., -3, -2, -1, 0, 1, 2, 3, ...\}$

  Man kommt mit $\mathbb{N}$ nicht mehr aus, wenn man Differenzen braucht. Berechnet man pro Befragten die Variable „Sehdauer pro Tag am Wochenende – tägliche Sehdauer von Montag bis Freitag", so braucht man $\mathbb{Z}$. Genau wie bei den natürlichen Zahlen ist diese Zahlenmenge diskret.

- **Bruchzahlen** (*fractional numbers*): $\mathbb{Q} = \{ q \mid q = \dfrac{a}{b} \text{ für } b \neq 0; a, b \in \mathbb{Z} \}$

  $\mathbb{Q}$ besteht aus Quotienten von jeweils 2 ganzen Zahlen; man bezeichnet die Bruchzahlen auch als **rationale Zahlen** (*rational numbers*; im Latein steht „ratio" für Quotient). Mit $\mathbb{Z}$ kommt man nicht mehr aus, wenn man dividieren muss. Ermittelt man pro Befragten das Verhältnis der Sehdauer für Sportsendungen zur Sehdauer für Politik ($\neq 0$), so braucht man $\mathbb{Q}$. „Verhältniszahlen" können sich in einem gewissen Intervall so dicht streuen, dass man es mit einer (quasi)stetigen Zahlenmenge zu tun hat. Es kommen darunter auch die ganzen Zahlen vor. Es gibt viele echte Brüche wie $0{,}25 = ¼$ (a/b = ¼ ist nicht so zu vereinfachen, dass b = 1). Dazu zählen auch unendliche periodische Dezimalbrüche wie ⅓ = 0,33333…

Irrationale Zahlen (*irrational numbers*). Die übrigen Zahlen auf dem Zahlenstrahl sind unendliche nicht-periodische Dezimalbrüche. $\mathbb{R} \setminus \mathbb{Q}$ ist sogar „zahlreicher" als $\mathbb{Q}$! Die Eulersche Zahl e und die Kreiszahl π sind Beispiele, die in statistischen Berechnungen vorkommen können, wohl kaum aber in statistischen Rohdaten. Da gibt es als irrationale Zahlen eher Wurzelzahlen wie $\sqrt{2} \approx 1{,}4142$.

2.3 Eigenheiten statistischer Berechnungen

Für die statistische Datenanalyse werden die Gesetze und Regeln der gewöhnlichen arithmetischen Operationen (*, /, +, –) genau so gebraucht wie etwa in der Wirtschaftsmathematik. Durch den Einsatz eines Statistikprogramms kann man allerdings viele Rechenfehler vermeiden. Man sollte die arithmetischen Regeln natürlich dann korrekt anwenden können, wenn man Berechnungen zum Training, zur Nachprüfung einiger Computerberechnungen oder zum Weiterrechnen selbst durchführen möchte. Es kommen in der Statistik, anders als in der Wirtschaftsmathematik, nur *vereinzelt* spezifische Anwendungen vor, in denen der sichere Umgang mit Potenzen, Wurzeln, Logarithmen und Exponentialfunktionen gefragt ist; genauso die Beherrschung von Lösungsmethoden für einfachere (Un)Gleichungen. Für eine ausführliche Behandlung dieser mathematischen Grundlagen verweisen wir auf PETERS (2009, Kap. 1) und AKKERBOOM UND PETERS (2008, Kap. 1). In diesem Abschnitt beschränken wir uns auf einige wichtige Besonderheiten.

In statistischen Formeln macht man vielfach von **Laufindizes** (häufig i oder j) und **Summenzeichen** (Σ) Gebrauch. Im Beispiel der 5 Klausurnoten (§2.2.1) gibt es den Laufindex i, der mit i = 1 bis i = 5 die 5 Fälle andeutet. Allgemein gibt es zu n Fällen die Aufzählung der Stichprobenergebnisse

$$x_i, i = 1, ..., n \text{ oder } \{x_i \mid i = 1, ..., n\}$$

Laufindex i für Fall i (i = 1, ..., n)

für die Variable x (hier x = „Note"; n = 5; x_1 bis x_5 gleich 4, 5, 3, 3 bzw. 5). Für den „Mittelwert" und für die „Standardabweichung" gibt es die Formeln

$$\mu_x = \frac{\sum_{i=1}^{n} x_i}{n} = \frac{x_1 + x_2 + ... + x_n}{n}, \text{ im Beispiel } \mu_x = \frac{x_1 + x_2 + ... + x_5}{5},$$

Summe der vom Laufindex angedeuteten Terme

$$s = \sqrt{\frac{1}{n-1} \sum_{i=1}^{n} (x_i - \mu_x)^2} = \sqrt{\frac{(x_1 - \mu_x)^2 + (x_2 - \mu_x)^2 + ... + (x_n - \mu_x)^2}{n-1}};$$

2 Mathematische Grundlagen

Klammersetzung und die Grundrechenarten

man summiert die Terme vom ersten (i = 1) bis zum letzten (i = n) Indexwert! So ist in unserem Beispiel die mittlere Note (Durchschnittsnote) gleich

$$(4+5+3+3+5)/5 = 4 \quad \text{oder} \quad \frac{4+5+3+3+5}{5} = 4$$

(Punkt- vor Strichrechnung beachten!); die Standardabweichung ist

$$\sqrt{\frac{(4-4)^2 + (5-4)^2 + (3-4)^2 + (3-4)^2 + (5-4)^2}{5-1}} = 1$$

Priorität der Operationen in Arithmetik und Logik

(Potenzen zuerst!), vgl. die Formeln in Tabelle 8-5. Im Allgemeinen ist der korrekte Gebrauch einer hinreichenden Anzahl von Klammern hilfreicher als die präzise Beachtung der „Bindungsstärke" oder „Priorität" der Rechenoperationen, nach der zuerst Hochzahlen ausgewertet werden und dann „Punkt vor Strich": zunächst * und /, dann + und − . Ähnliches gilt in der Logik – mit Prioritätsfolge ¬, ∧ , ∨ , ⇒ , ⇔ – und in der Mengenlehre.

Statistische Daten und Zwischenergebnisse statistischer Berechnungen gibt man am besten *mit einer oder zwei Nachkommastellen zuviel* an, damit Endergebnisse genau genug sind. Wir betrachten hier ein finanzmathematisches Beispiel: Es sei der Zinssatz(t) im Jahre t gleich 3,00; 3,25; 3,50; 4,25 bzw. 5,00 (t = 1, ..., 5). Eine Kapitalanlage gleich x_0 = 10.000 € vermehrt sich so auf x_1 =10.300; x_2 = 10.634,75; x_3 = 11.006,9663; x_4 = 11.474,7624; x_5 = 12.048,5005 €. Nahezu das gleiche Ergebnis erhielte man zum gleichbleibenden Zinssatz

Multiplikation von 5 mit dem Index t versehenen Faktoren, t = 1, ..., 5

$$\left(\prod_{t=1}^{5} (1+\text{Zinssatz}(t)) \right)^{\frac{1}{5}} - 1 = \sqrt[5]{1,03 * 1,0325 * 1,035 * 1,0425 * 1,05} - 1 = 0,037974;$$

der Aufzinsungsfaktor 1,037974 ist das „geometrische Mittel" der 5 Faktoren 1,03 bis 1,05 (vgl. §10.1.2); in der Tat ist 10.000*(1,037974)⁵ = 12.048,4832. Das **Produktzeichen** Π steht für Multiplikation.

Rechengenauigkeit: Anzahl der signifikanten Ziffern bzw. der Nachkommastellen

Im Endergebnis 12.048,50 € gibt es 5 **Dezimalpositionen** vor dem Komma und 2 danach. Die Anzahl der **signifikanten Ziffern** beträgt hier 7, die Anzahl der **Nachkommastellen** 2. In der Zahl 12.048,50 gibt es 0 „Hunderter", 4 „Zehner" und 8 „Einser".

Wichtig ist auch die Umrechnung von Maßeinheiten oder von „Raten" in „Faktoren" und umgekehrt (vgl. §10.1.1). Der oben berechnete, konstante Zinssatz kann als 3,7974 % wiedergegeben werden, gemäß der Formel

Umrechnung von Anteilswerten in Prozente und umgekehrt

Prozentzahl (*percentage*) = **Anteilswert** (*proportion*) * **100**.

Umgekehrt erhält man aus einer Prozentzahl den Anteilswert:

Anteilswert = Prozentzahl / 100 (z. B. 0,038 aus 3,8 %)

3 Begriff der Wahrscheinlichkeit

Lernziele

- Die „(statistische) Wahrscheinlichkeit" $p(x_0)$ eines Elementarereignisses x_0 verstehen Sie als den relativen Anteil $\frac{\#\text{Versuche "}x_0\text{ tritt ein"}}{\#\text{Versuche insgesamt}}$ der „günstigen Versuche" - bezogen auf insgesamt n unabhängige, gleichartige Versuche -, falls n gegen unendlich strebt ($n \to \infty$). Auf ähnliche Art gibt es die Wahrscheinlichkeit P(A) für das zusammengesetzte Ereignis A.

- In der Wahrscheinlichkeitsrechung verstehen Sie die „Grundmenge" U als „Ereignisraum", der aus Elementarereignissen besteht. Ist U endlich, so berechnen Sie für $A \subset U$ die Wahrscheinlichkeit P(A) als die Summe der p(x) für alle x in A. Ist A ein Elementarereignis, so schreiben Sie p(A).

- Sie verstehen die „komplementäre Wahrscheinlichkeit" P(A′) als die Wahrscheinlichkeit dafür, dass A *nicht* eintritt: P(A′) = 1 − P(A).

- Für 2 Ereignisse A und B können Sie die allgemeine Additionsregel anwenden: P(A **oder** B) = P(A ∪ B) = P(A) + P(B) − P(A ∩ B). Wenn A und B sich gegenseitig ausschließen - P(A **und** B) = 0 - gilt P(A ∪ B) = P(A)+P(B).

- Sie können P(A|B), die bedingte Wahrscheinlichkeit für A unter der Bedingung B, aus P(A **und** B) und P(B) berechnen, gemäß der Multiplikationsregel für beliebige Ereignisse: P(A **und** B) = P(A ∩ B) = P(A|B)*P(B).

- Sie verstehen „statistische Unabhängigkeit" von A und B als das Zutreffen der Multiplikationsregel für unabhängige Ereignisse, so dass P(A|B) nicht von B abhängt: P(A|B) = P(A); und umgekehrt P(B|A) nicht von A.

- Für die „Zufallsvariable" X mit endlichem Wertebereich $W_x = \{x_1, ..., x_m\}$ leiten Sie die Wahrscheinlichkeit zusammengesetzter Ergebnisse aus den „elementaren Wahrscheinlichkeiten" ab. Die „Verteilungsfunktion" $F(x_0)$ ist die Summe der Wahrscheinlichkeiten p(x) für alle x-Werte $\leq x_0$.

- Sie kennen die wichtigsten Eigenschaften der Binomialverteilung *B(n; p)* mit Erfolgswahrscheinlichkeit *p* für n unabhängige, gleichartige Versuche.

3 Begriff der Wahrscheinlichkeit

3.1 Verknüpfung von Ereignissen

Zahlen-analphabetismus

Im Alltagsleben wird man oft mit „Wahrscheinlichkeiten" konfrontiert. Eine umfangreiche Literatur beschäftigt sich mit den vielen möglichen Fehleinschätzungen, z.B. DUBBEN UND BECK-BORNHOLDT (2005) und KRÄMER (2011b). Bahnbrechend auf dem Gebiet des so genannten „Zahlenanalphabetismus" (*innumeracy*) ist PAULOS (2000), der es so beschreibt: „Mathematische Analphabeten neigen dazu, die Häufigkeit von Zufällen drastisch zu überschätzen und Übereinstimmungen aller Art große Bedeutung einzuräumen, während schlüssige, nicht so spektakuläre statistische Beweise wesentlich weniger Eindruck auf sie machen". Paulos definiert *innumeracy* als „*an inability to deal comfortably with the fundamental notions of number and chance*[1]".

Für manche wirtschaftswissenschaftliche Probleme sind außer der fehlerfreien Anwendung der Grundregeln der Wahrscheinlichkeitsrechnung tiefer schürfende Kenntnisse gefragt, z. B. wenn es darum geht durch Zufallsfaktoren beeinflusste Erträge und Risiken einzuschätzen. Für die Grundlagen der schließenden Statistik reicht es, die einfacheren Beziehungen und Operationen zu „elementaren und zusammengesetzten Ereignissen" zu verstehen.

3.1.1 Die Wahrscheinlichkeit des Eintretens eines Ereignisses

Den Wahrscheinlichkeitsbegriff brauchen wir in diesem Buch vor allem im Rahmen einer Reihe gedanklich oder tatsächlich wiederholter, gleichartiger **Versuche** (*trials*) oder **Zufallsexperimente**. Die grundlegende Idee ist, dass in jedem Versuch verschiedene Ereignisse mit unterschiedlichen Wahrscheinlichkeiten eintreten können, gemäß einer der folgenden Definitionen: Es tritt **Ereignis** (*event*) A mit **Wahrscheinlichkeit** (*probability*) P(A) ein, wenn

Wahrscheinlichkeit P(A): a priori oder statistisch

$$(a\ priori = \text{vorab})\ P(A) = \frac{\#\text{ für A günstige Elementarereignisse}}{\#\text{Elementarereignisse insgesamt}}\ \text{oder}$$

$$(\text{statistisch})\ P(A) = \lim_{n \to \infty} \frac{\#\text{Versuche, in denen A eintritt}}{n}\ (n = \#\text{Versuche}; \# = \text{Anzahl}).$$

(Wir ignorieren den *subjektiven* Wahrscheinlichkeitsbegriff.) Es heißt hier A ein Ereignis, wenn A eine Teilmenge des **Ereignisraums** U (*sample space*) aller möglichen **Elementarereignisse** (*simple events*) ist; $\lim_{n \to \infty}$ deutet den Grenzwert für den Fall an, dass die Anzahl n der wechselseitig unabhängigen,

---

[1] Die Unfähigkeit zum bequemen Umgang mit den grundlegenden Konzepten von Zahl und Zufall - PAULOS (2000, p. ix).

3.1 Verknüpfung von Ereignissen

wiederholten Versuche gegen unendlich strebt (n → ∞). Als Beispiel besprechen wir das Experiment des *doppelten Münzwurfs*, d. h. den zweimal unabhängig von einander durchgeführten Wurf mit jeweils 2 möglichen Ergebnissen, Kopf (Code 0) oder Zahl (1). Ein Elementarereignis gehört hier zu

$$U = \{x_1, x_2, x_3, x_4\} = \{(0,0), (0,1), (1,0), (1,1)\}$$

Der endliche Ereignisraum U besteht aus m Elementarereignissen (m = #U)

(eins von m = 4 geordneten Paaren): U definieren heißt die Elementarereignisse als Elemente von U festlegen und umgekehrt! Das Elementarereignis x_3 etwa bedeutet, dass es zuerst Zahl gibt und dann Kopf. Die Ergebnisse 0 und 1, die man beim *einfachen Münzwurf* als Elemente des Ereignisraums {0, 1} definiert, stellen für den *doppelten Münzwurf* überhaupt kein Ereignis dar! An die Stelle der Grundmenge U im Kap. 2.2 tritt in der Wahrscheinlichkeitsrechnung der Ereignisraum U, der aus Elementarereignissen besteht.

Die **Wahrscheinlichkeitsverteilung** (*probability distribution*) zum Ereignisraum $U = \{x_1, ..., x_m\}$ wird i. Allg. durch m Wahrscheinlichkeiten festgelegt: $p(x_j)$, j = 1, ..., m. Wenn die Münze im Beispiel des doppelten Münzwurfs unverfälscht ist, wird es bei jedem Einzelwurf mit Wahrscheinlichkeit $p = ½$ (= 0,5) Zahl geben (bzw. Kopf). Beim doppelten Münzwurf hat jedes Elementarereignis somit die gleiche Wahrscheinlichkeit $p(x_j) = ¼ = ½ * ½$. Definieren wir Ereignis A als „der Versuch liefert mindestens einmal Zahl", dann sind x_2, x_3 und x_4 die für A günstigen Elementarereignisse: A hat *a priori* Wahrscheinlichkeit ¾. Wiederholen wir aber, um die Fairness der Münze ($p = ½$) zu überprüfen, den doppelten Münzwurf n mal, so zählen wir im Nachhinein die Anzahl der Versuche, in denen A eintritt. Teilen wir diese Anzahl durch n, so erhalten wir die „relative Häufigkeit" des Eintretens von A. Für n → ∞ (n sehr groß) ergibt sich die *statistische* Wahrscheinlichkeit

Wahrscheinlichkeitsverteilung zu $U = \{x_1, ..., x_m\}$: $p(x_j)$, j = 1, ..., m

$$P(A) = \lim_{n \to \infty} \frac{\#\text{Versuche mit mindestens einmal Zahl}}{n} = ¾,$$

wenn in der Tat $p = ½$ (Gesetz der großen Zahlen). In der schließenden Statistik wird vor allem der *statistische* Wahrscheinlichkeitsbegriff verwendet.

Für die Teilmenge A eines endlichen Ereignisraums $U = \{x_1, ..., x_m\}$ errechnet sich die Wahrscheinlichkeit P(A) als die Summe der p(x) für alle x in A:

$$\mathbf{P(A)} = \sum_{x \in A} \mathbf{p(x)}\text{; es gilt } P(U) = \sum_{x \in U} p(x) = \mathbf{p_1 + ... + p_m = 1}$$

Ist A = {x} ein Elementarereignis, so schreiben wir oft p(x) anstelle von P({x}). Im Allgemeinen ist der Ereignisraum U das **sichere Ereignis** (*certain event*) mit P(U) = 1. Im Beispiel ist U die so genannte Produktmenge {0, 1}×{0, 1}, welche aus Folgen (Paaren) von 2 Ergebnissen aus {0, 1} besteht. Die leere Teilmenge ∅ entspricht dem **unmöglichen Ereignis** (*impossible event*) mit P(∅) = 0; dies trifft wohl auf A = „die Münze balanciert zweimal auf der Kante" zu. Für jedes Ereignis $A \subset U$ gilt $0 \leq P(A) \leq 1$!

$P(\emptyset) = 0$,
$P(U) = 1$,
$0 \leq P(A) \leq 1$
für alle $A \subset U$

3 Begriff der Wahrscheinlichkeit

3.1.2 Rechenregeln für verknüpfte Ereignisse

Zusammengesetzte Ereignisse entstehen durch die Kombination von Elementarereignissen in größeren Mengen. Über die üblichen Mengenoperationen (§2.2.1) gehen aus Ereignissen neue Ereignisse hervor. In diesem Zusammenhang folgen nun die Grundregeln der Wahrscheinlichkeitsrechnung.

Als Beispiel betrachten wir „Teilstichproben" von u. a. 169 Nutzern bzw. 178 Nichtnutzern eines Telebankingsystems bei einer großstädtischen Privatbank. Diese bilden eine Teilstichprobe von 347 Personen mit der erforderlichen PC-Konfiguration aus einer „Zufallsstichprobe" von n = 484 Befragten (aus der „Grundgesamtheit" von N = 3350 Privatkunden). Nach Nutzern und Nichtnutzern zu unterscheiden ist hier sinnvoll, da im Fragebogen gruppenspezifische Fragen zur Information über das System (zur technischen Kundenbetreuung, Ingebrauchnahme, Zufriedenheit) vorkommen.

In folgender Tabelle wird die Zusammenstellung von 8 Teilstichproben mit absoluten Anzahlen („Häufigkeiten") wiedergegeben, bezogen auf insgesamt n = 484 „Versuche" (einzelne Fragebögen). Das Ereignis A_0 = „besitzt die richtige PC-Konfiguration und benutzt das System" tritt mit „relativer Häufigkeit" $P(A_0) = \dfrac{169}{484} = 0,349$ ein. Wenn auch die Kundschaft keine *unendliche* Menge von möglichen Versuchen repräsentiert, so fassen wir dennoch $P(A_0)$ als gute Schätzung für die statistische Wahrscheinlichkeit auf!

Ereignisse definiert durch Klassifizierung von Fragebogenergebnissen

Tabelle 3-1. *Verteilung nach x = „(Nicht)Nutzer" und y = „PC-Konfiguration"*

x ↓ y → (absolute Angaben)	Nicht im Besitz der richtigen PC-Konfiguration	Im Besitz der richtigen PC-Konfiguration	Summe
Nichtnutzer	133	178	311
Nutzer	4	169	173
Summe	137	347	484

3.1.3 Komplementäre Wahrscheinlichkeit

Betrachtet man nun die gesamte Stichprobe als Ereignisraum U (#U = 484), dann besteht die Differenzmenge A_0' = U \ A_0 aus den Befragten, die kein Nutzer, nicht im Besitz der richtigen Konfiguration oder sogar weder Nutzer noch im Besitz der richtigen Konfiguration sind. Es lässt sich $P(A_0')$ zwar als

Verknüpfung von Ereignissen | **3.1**

Summe der relevanten Wahrscheinlichkeiten berechnen, wie in §3.1.1. Aber mit der **komplementären Wahrscheinlichkeit**, d. h. allgemein mit

$$P(A') = 1 - P(A) \quad \text{(für Ereignis } A \subset U\text{)}$$

- mit der Wahrscheinlichkeit, dass A *nicht* eintritt -, rechnet es sich einfacher:

$$P(A_0') = 1 - P(A_0) = 1 - 0,349 = 0,651 \quad (= \frac{178+4+133}{484})$$

Beim einfachen Münzwurf folgt aus p(Zahl)= p = ½, dass p(Kopf) = 1 – p = ½!

Wahrscheinlichkeit eines komplementären Ereignisses

3.1.4 Wahrscheinlichkeit einer Vereinigung

Die Befragten, die Nutzer sind, im Besitz der richtigen Konfiguration oder beides, bilden die Vereinigung von N = { i | Nutzer} und K = {i | PC ist O.K.}, wobei i = 1, …, 484 der Laufindex für die Befragten ist. In Tabelle 3-1 ist klar zu erkennen, wie man auf die „Menge N ∪ K von 351 Personen" kommt: 4 + 169 + 178 = 351. Die Anzahl 351 kann man aber auch als 173 (alle Nutzer) + 347 (alle mit richtigem PC) – 169 (alle Nutzer mit richtigem PC) berechnen: Es wird die Anzahl 169 einmal abgezogen, da sie in den Häufigkeiten 173 und 347 doppelt gezählt wird! Eine ähnliche Berechnung findet sich in folgender **allgemeinen Additionsregel** (*general addition rule*) wieder:

$$P(A \cup B) = P(A) + P(B) - P(A \cap B) \quad \text{(für Ereignisse } A \subset U \text{ und } B \subset U\text{)}$$

Wahrscheinlichkeit P(A oder B)

Es gilt P(N ∪ K) = $\frac{173}{484} + \frac{347}{484} - \frac{169}{484}$ = 0,357 + 0,717 - 0,349 = 0,725 $(= \frac{351}{484})$!

Unter der **Additionsregel für sich gegenseitig ausschließende Ereignisse** (*mutually exclusive events*) verstehen wir die Additionsregel für den Fall, dass die Schnittmenge von A und B Wahrscheinlichkeit P(A ∩ B) = 0 hat:

$$P(A \cup B) = P(A) + P(B) \quad \text{(für sich ausschließende - unvereinbare - Ereignisse)}$$

Wahrscheinlichkeit P(A oder B) für überschneidungsfreie Ereignisse

Im Beispiel des doppelten Münzwurfs sind die Ereignisse H = {(1, 1)} und G = {(a, b)| a ≠ b: ungleiche Würfe} unvereinbar: P(G ∪ H) = P(G) + P(H) = ¾.

3.1.5 Bedingte Wahrscheinlichkeiten und Unabhängigkeit

Der „Nutzungsgrad" unter den Kunden mit der richtigen Konfiguration beträgt $\frac{169}{347}$ = 0,487, gegen $\frac{4}{137}$ = 0,029 für die Kunden ohne richtige Konfiguration (die 4 im Zähler benutzen vielleicht ein Telebankingsystem bei

3 Begriff der Wahrscheinlichkeit

einer anderen Bank). Für den Nutzungsgrad ist es hier unumgänglich, nach der Bedingung „PC ist O.K." (i ∈ K) bzw. „PC nicht O.K." (i ∉ K) zu unterscheiden. Allgemein definieren wir die **bedingten Wahrscheinlichkeiten**

Wahrscheinlichkeit für B unter der Bedingung A (und umgekehrt)

$$P(B \mid A) = \frac{P(A \cap B)}{P(A)} \text{ (unter Bedingung A) bzw. } P(A \mid B) = \frac{P(A \cap B)}{P(B)} \text{ (unter B)}$$

(*conditional probabilities*; $P(A) \neq 0$ bzw. $P(B) \neq 0$). Im Beispiel haben wir soeben $P(N \mid K)$ und $P(N \mid K')$ berechnet, wobei $N = \{ i \mid \text{Nutzer}\}$, $K = \{i \mid \text{PC ist O.K.}\}$ usw. Für beliebige Ereignisse gilt die allgemeine **Multiplikationsregel**

Wahrscheinlichkeit P(A und B)

$$P(A \cap B) = P(B \mid A) * P(A) = P(A \mid B) * P(B) \text{ (für Ereignisse } A \subset U \text{ und } B \subset U)$$

(*general multiplication rule*). Für A_0 = „benutzt das System und hat die richtige PC-Konfiguration" ist die *kombinierte Wahrscheinlichkeit* $P(N \cap K) = P(A_0) =$

$$\frac{169}{347} * \frac{347}{484} = 0,487 * 0,717 = 0,349 \text{ (bedingte W. } P(N \mid K) \text{ mal W. der Bedingung } P(K));$$

dabei heißt $P(K)$ *marginale Wahrscheinlichkeit* oder „Randwahrscheinlichkeit".

Statistische Unabhängigkeit

Die Ereignisse A und B sind **statistisch unabhängig** (*statistically independent*) von einander, wenn $P(B \mid A)$ nicht von A abhängt und $P(A \mid B)$ nicht von B:

$$P(B \mid A) = P(B) \quad \text{und} \quad P(A \mid B) = P(A) \text{ (für Ereignisse } A \subset U \text{ und } B \subset U)$$

Multiplikationsregel für unabhängige Ereignisse

Unter Unabhängigkeit geht die allgemeine Multiplikationsregel über in

$$P(A \cap B) = P(A) * P(B) \text{ (für unabhängige Ereignisse } A \subset U \text{ und } B \subset U).$$

Für die Unabhängigkeit von A und B reicht *eine* Bedingung, z. B. $P(B \mid A) = P(B)$; daraus folgt $P(A \mid B) = P(A)$! Für die Teilmengen A und B eines *endlichen* Ereignisraums ist $P(A \cap B) = 0$ gleichwertig zu $A \cap B = \emptyset$. Unter Unabhängigkeit macht es für die Berechnung von $P(B)$ nichts aus, ob man sich auf den ganzen Ereignisraum U bezieht - d. h. $P(B)$ direkt berechnet - oder sich auf solche Elementarereignisse beschränkt, für die Bedingung A zutrifft: $P(B \mid A) = P(A \cap B)/P(A)$ (es können A und B die Rollen tauschen). Unabhängigkeit zweier „diskreter Merkmale" wird in §15.1.1 anhand von Kreuztabellen weiter untersucht. Unabhängigkeit zweier „stetiger, normalverteilter Merkmale" ist gleichwertig zu „Korrelation $\rho = 0$", falls auch die kombinierte Verteilung normal ist.

Bei m sich gegenseitig ausschließenden und den gesamten Ereignisraum erschöpfenden Bedingungen $A_1, A_2, ..., A_m$ kann man die **totale Wahrscheinlichkeitsregel** anwenden um $P(B)$ zu berechnen:

$$P(B) = P(B \mid A_1) * P(A_1) + P(B \mid A_2) * P(A_2) + ... + P(B \mid A_m) * P(A_m)$$

(kombinierte Anwendung von Additionsregel und Multiplikationsregel).

3.2 Diskrete Verteilungsfunktionen und die Binomialverteilung

Die wichtigste Anwendung von Wahrscheinlichkeiten in der schließenden Statistik bezieht sich auf die (**Wahrscheinlichkeits**)**Verteilung** (*probability distribution*) einer so genannten „Zufallsvariablen" X. Kann man deren Ergebnisse auf dem Zahlenstrahl anordnen, so wird die X-Verteilung durch

$$F(x) = P(X \leq x) \text{ (für beliebige } x \in \mathbb{R}\text{)},$$

Verteilungsfunktion F(x)

die so genannte **Verteilungsfunktion** (*cumulative distribution*), komplett festgelegt. Später interpretieren wir F(x) als „theoretische kumulierte Häufigkeitsfunktion". Im jetzigen Abschnitt geht es um Eigenschaften der Verteilungsfunktion für den Fall eines endlichen Wertebereichs $W_x = \{x_1, ..., x_m\}$.

Gibt es endlich viele mögliche Ergebnisse zur „Zufallsvariablen" X mit Wertebereich $W_x = \{x_1, ..., x_m\}$, so wird die entsprechende diskrete Wahrscheinlichkeitsverteilung durch die m Wahrscheinlichkeiten $p(x_j)$, $j = 1, ..., m$, festgelegt. Ein Ereignis A tritt als Teilmenge von W_x mit Wahrscheinlichkeit

$$P(A) = \sum_{x \in A} p(x)$$

ein, wie wir in §3.1.1 beim doppelten Münzwurf gesehen haben. Wir interessieren uns nun besonders für den Fall, dass die x_j auf dem Zahlenstrahl in einer sinnvollen Reihenfolge angeordnet sind, z. B. so dass $x_1 < x_2 < ... < x_m$. Für fixes $x_0 \in \mathbb{R}$ errechnet sich $F(x_0)$ nun als die Summe der Wahrscheinlichkeiten $p(x)$ für $x \leq x_0$. Ist x_0 genau einer der m x-Werte, so gilt unter Einbeziehung aller „vorangehenden x_j": $F(x_0) = p(x_1) + ... + p(x_0)$. Es lässt sich die Wahrscheinlichkeit $P(a < X \leq b)$ als Differenz zweier F(x)-Werte schreiben:

$$P(a < X \leq b) = P(X \leq b) - P(X \leq a) = F(b) - F(a)$$

Da $F(\infty) = 1$ folgt für $b = \infty$ und $x = a$ die komplementäre Wahrscheinlichkeit

$$P(X > x) = 1 - F(x).$$

3.2.1 Eigenschaften der Binomialverteilung

Wichtige Beispiele für diskrete Wahrscheinlichkeitsberechnungen liefert das *n-stufige Bernoulli-Experiment*, das wir hier durch den n-malig wiederholten einfachen Münzwurf mit „Erfolgswahrscheinlichkeit" *p* verdeutlichen (nur für die unverfälschte Münze ist $p = \frac{1}{2}$). Es wird hier relativ beliebig das Ergebnis „Zahl" als **Erfolg** (günstiges Ereignis; *success*) bezeichnet. Aus dem Ereignisraum {0, 1} für den einfachen Münzwurf entsteht nun der Ereignisraum $U = \{0, 1, ..., n\}$ für die Anzahl der Erfolge $t = x_1 + ... + x_n$. Es können

3 Begriff der Wahrscheinlichkeit

n unabhängige Realisierungen der „dichotomen Variablen" X mit Erfolgswahrscheinlichkeit
$p = p(X = 1)$

überhaupt kein Erfolg (t = 0), genau *ein* Erfolg (t = 1) usw. bis zu n Erfolgen (t = n) eintreten. Die Anzahl T_X der Erfolge ist nach der so genannten **Binomialverteilung** *(binomial distribution)* $B(n; p)$ verteilt mit Parametern n = „Anzahl der Versuche" und $p = p(X = 1) =$ **Erfolgswahrscheinlichkeit** *(probability of success)*. Allgemein errechnet sich die Wahrscheinlichkeit für t Erfolge als

$$p(t) = p(T_X = t) = \binom{n}{t} p^t (1-p)^{n-t} = \frac{n!}{t!(n-t)!} p^t (1-p)^{n-t}$$

(t = 0, ..., n). In p(t) fließt der Binomialkoeffizient „n über t" ein, vgl. §2.2.1. Im Anhang haben wir auf Tabellen von p(t)-Werten verzichtet, da es höchstens für eine beschränkte Auswahl von Kombinationen (t, n) Platz gibt: Wir verweisen auf die Excel-Funktion BINOMVERT. Die Binomialverteilung wird im Kap. 12.4 allgemein auf die Anzahl T_X der Erfolge in n unabhängigen, gleichartigen Versuchen angewandt, in denen es sich jeweils um die **dichotome Variable** *(dichotomous variable)* X mit 2 möglichen Werten handelt. Bei einer „0-1 Variablen" interessiert vorrangig die mit 1 codierte, „günstige" Ausprägung! Der zugehörige **Anteilswert** errechnet sich als $p_X = T_X/n$.

Es gelten für die $B(n; p)$-Verteilung folgende Eigenschaften:

Erwartungswert
$n*p$

- Der **Erwartungswert** oder der theoretische Mittelwert einer binomialverteilten Variablen T_X - mit Parametern n und p - ist $n*p$. Untersucht man z. B. die Nutzung des Telebankingsystems unter n = 347 Kunden mit der richtigen PC-Konfiguration, dann sind zum *theoretischen* Nutzungsgrad $p = ½ = 0,5$ ca. 347 * 0,5 = 173,5 Nutzer zu erwarten.

Theoretische Standardabweichung
$\sqrt{n*p*(1-p)}$

- Die **theoretische Varianz** oder die „theoretische Standardabweichung zum Quadrat" zur obigen Variablen T_X ist $n*p*(1-p)$. Die theoretische Standardabweichung ist $\sqrt{n*p*(1-p)}$. Für $p = ½$ erreicht diese bei vorgegebenem Parameter n den maximalen Wert $0,5*\sqrt{n}$.

Symmetrie für Ergebnis 1 (mit p) und 0 (mit 1 – p)

- Es können die beiden Ausprägungen 0 und 1 ihre Rolle tauschen, wenn man die „Erfolgswahrscheinlichkeiten" p und $(1 - p)$ ebenfalls vertauscht: $Y = n - X$ folgt $B(n; 1 - p)$-Verteilung $\Leftrightarrow$ X folgt $B(n; p)$-Verteilung.

Symmetrie wenn p = ½

- Wenn $p = ½$ ist es egal, ob man Erfolge (#Zahl) oder deren Gegenteil (#Kopf) zählt: Mit $Y = n - X$ genügen T_Y sowie T_X der $B(n; 0,5)$-Verteilung.

Normalapproximation für die T_X-Verteilung

- Unter der Bedingung $n*p*(1 - p) > 9$ kann man die $B(n; p)$-Verteilung für T_X annähernd durch eine „Normalverteilung" mit Erwartungswert $n*p$ und Standardabweichung $\sqrt{n*p*(1-p)}$ ersetzen. Eine ähnliche Eigenschaft verwenden wir im Kap. 12.4 usw. für die Zufallsvariable $p_X = \dfrac{T_X}{n}$!

4 Statistische Argumentation

Lernziele

- Sie beherrschen die „allgemeinen Argumentationsregeln", welche aus den im Kap. 2 behandelten mathematischen Grundlagen hervorgehen.

- In Bezug auf die „statistische Argumentation" beherrschen Sie die Regeln der Wahrscheinlichkeitsrechnung nach Kap. 3 und Kap. 12 und die *üblichen* „fachspezifischen Regeln". Letztere haben unmittelbar mit der Anwendung der statistischen Begriffe und Verfahren zu tun, die u. a. in den Formelsammlungen des Buches zusammengefasst werden.

- Sie können den Begriff „Zerlegung" auf die „Klassierung" eines Wertebereichs anwenden. Sie können ein diesbezügliches „Argumentationsschema nach Toulmin" korrekt aufstellen und interpretieren.

- Für die gelegentlich vorkommenden, *aufwendigeren* fachspezifischen Regeln der „statistischen Argumentation" können Sie ein „toulminsches Argumentationsschema" sinnvoll einsetzen.

4.1 Übliche statistische Argumentation

Argumentation (*argumentation*) im Fachgebiet der angewandten Statistik kann man generell als die *Anwendung allgemeiner und fachspezifischer Argumentationsregeln* definieren und zwar *zur Herleitung und Begründung von Eigenschaften und Aussagen bei der Beschreibung und Analyse statistischer Daten*. Zur *fachspezifischen Argumentation* rechnen wir wahrscheinlichkeitstheoretische und statistische Überlegungen, die den Hauptgegenstand des Buches bilden. Die *allgemeine Argumentation* hat mit der Anwendung der logischen Aussagenverbindungen (Kap. 2.1), der Mengenbeziehungen und -operationen (Kap. 2.2) und der arithmetischen Gesetze und Regeln (Kap. 2.3) zu tun. Betrachten wir als Beispiel folgende Tabelle mit Durchschnittswerten, d. h. „Mittelwerten", für 141 der 163 Befragten im weitesten Seherkreis aus der Passantenbefragung, die im Kap. 2.1 und 2.2 vorgestellt wurde. Diese Werte errechnen sich aus den Antworten zu folgenden Fragen: (a) „#Tage":

Übliche statistische Argumentation nach allgemeinen und fachspezifischen Regeln

4 Statistische Argumentation

„An wie vielen Tagen der Woche schauen Sie das Stadtfernsehen?"; (b) „#Min.": „Wie viele Minuten am Tag schauen Sie die Sendung des Stadtfernsehens?"; (c) „Zufr.": „Sind Sie mit dem Stadtfernsehen zufrieden?" mit einer Benotung von 1 („Vollkommen zufrieden") bis 5 („Unzufrieden"), vgl. die Erläuterung zu V ∪ W in §2.2.1. Es gibt Mittelwerte für jede der Antwortkategorien

(1) 0 - 14 Min.; (2) 15 - 29 Min.; (3) 30 - 59 Min.; (4) 60 - 120 Min.

zur Frage (b') „Sehdauerklasse": „Wie lange schauen Sie am Tag die Sendung des Stadtfernsehens?" Die b'-Kategorien entstehen durch „Klassierung" von b!

Mittelwerte für 4 Klassen

Tabelle 4-1. *Durchschnittswerte für (a) „#Tage", (b) „#Min." und (c) „Zufr." (Note 1 bis 5 wie in §2.2.1), pro Antwortkategorie der Frage (b') „Sehdauerklasse"*

Sehdauer-Klasse ↓ Ergebnisse → #Befragte ↓	Durchschnittliche „#Tage" 5 ohne Antwort	Durchschnittliche „#Min." 0 ohne Antwort	Durchschnittliche „Zufr." 3 ohne Antwort
(1) 0 - 14 Min.	55	1,26	9,58	3,12
(2) 15 - 29 Min.	51	1,90	26,39	2,71
(3) 30 - 59 Min.	18	2,50	55,56	2,39
(4) 60 -120 Min.	17	3,65	115,88	2,12
Insgesamt	141	1,96	34,35	2,75

Zum einen gibt es zur Tabelle 4-1 den fachspezifischen Schluss, dass die Anzahl der „Sehtage" pro Woche *und* die Zufriedenheit mit den Sendungen des Stadtfernsehens im Schnitt „mit zunehmender Sehdauerklasse" größer werden: Je länger man am Tag schaut, um so mehr Tage pro Woche und mit um so größerer Zufriedenheit schaut man auch! Dass die mittlere Sehdauer in Minuten mit zunehmender Sehdauerklasse ansteigt, ist nicht eine neue Erkenntnis, sondern eine Bestätigung der Zuverlässigkeit der Datenaufbereitung. Zum anderen ermöglichen logische und mengentheoretische Überlegungen wie im Kap. 2 und 3 eine Untermauerung der Ergebnisse, so z. B. die Identifikation des weitesten Seherkreises und des Wertebereichs der Sehdauer. In Tabelle 2-1 kann man den weitesten Seherkreis nach den 4 gültigen Antworten zu z aufteilen: Diese „Zerlegung" entspricht 4 sich gegenseitig ausschließenden und ergänzenden logischen Auswahlbedingungen, siehe Kap. 4.2. Arithmetische Fehler sind durch saubere Argumentation zu vermeiden: Wegen einiger fehlender Angaben und wegen ungleicher „Klassengrößen" - Anzahl der Befragten pro Kategorie zur Frage b' - darf man einen Durchschnittswert für die untere Zeile („Insgesamt") nicht durch einfache Mittelung der übrigen Werte in der gleichen Spalte herleiten (vgl. §8.2.4)!

4.2 Toulminsches Argumentationsschema für eine „Zerlegung"

In der Regel ist die Anwendung statistischer Methoden auf wirtschaftswissenschaftliche Daten nicht so kompliziert, dass man mit der üblichen statistischen Argumentation nicht auskommt. Einige vielvorkommende, aufwendige Verfahren erfordern aber mehrfache Kontrollen und Begründungen, insb. in der schließenden Statistik. Dazu ist es hilfreich, die fachspezifische Argumentation schematisch wiederzugeben. Wir verwenden dazu ein in TOULMIN (1958) und TOULMIN ET AL. (1984) vorgeschlagenes Werkzeug, das wir hier am Beispiel der „Zerlegung" einer Grundmenge U in eine begrenzte Anzahl (m) von Teilmengen $K_1, \ldots, K_m$ illustrieren ($K_j \subset U$ für $j = 1, \ldots, m$).

Die *nichtleeren* Teilmengen $K_1, \ldots, K_m$ des Universums U bilden eine **Zerlegung** (*partition*) von U, wenn

(1) $K_i \cap K_j = \emptyset$ für jedes Paar (i, j) mit $i \neq j$ (i, j = 1, ..., m);

(2) $K_1 \cup K_2 \cup \ldots \cup K_m = U$ (oder zumindest $K_1 \cup K_2 \cup \ldots \cup K_m \supset U$).

Zerlegung: m Klassen (1) überlappen sich wechselseitig nicht, (2) decken zusammen U ab

Die Teilmengen einer Zerlegung nennt man Klassen (*classes*). Jede denkbare Kombination von 2 Klassen muss **überschneidungsfrei** sein (Bedingung 1; *mutually exclusive*) und die Klassen zusammen müssen U völlig abdecken, d. h. sie **erschöpfen U** (Bedingung 2; *collectively exhaustive*). Die einfachste Zerlegung besteht aus einer nichtleeren, echten Teilmenge W und deren Komplement W′, siehe die Erläuterung zur Differenzmenge in §2.2.1 (W′ = U \ W). Eine wichtige Anwendung dazu gibt es in der Hypothesenprüfung mit den komplementären Parameterbereichen für „Nullhypothese" und „Alternativhypothese", vgl. Übung **14.6-12**. Als Beispiel behandeln wir hier die Zerlegung des Wertebereichs zur Frage b in die 4 b′-Kategorien.

Das toulminsche Argumentationsschema der Abb. 4-1 enthält Folgendes:

■ Die „Hauptargumentationskette" oben im Schema, in der die

- **Schlussfolgerung** (*conclusion*) ganz rechts - die Sehdauerklassen (b′) bilden eine Zerlegung der Sehdauer (b) -

 aus der

- **Begründung** (*ground*) ganz links - jede mögliche Antwort zur Frage b gehört zu höchstens einer Klasse (keine Überschneidungen) und zu mindestens einer (keine Lücken) -

 hergeleitet wird; darunter im linken Teil des Schemas:

Folgerung, Schluss

Grund, Hauptgrund

4 Statistische Argumentation

Rechtfertigung des Hauptgrundes

■ Eine **Rechtfertigung** (Rechtfertigung 1.er Ordnung; *warrant*) für das in der Begründung enthaltene Hauptargument - mit $U = \{0\} \cup ((0, 120] \cap \mathbb{N})$, $K_1 = \{0\} \cup ((0, 14] \cap \mathbb{N})$, $K_2 = [15, 29] \cap \mathbb{N}$, $K_3 = [30, 59] \cap \mathbb{N}$ und $K_4 = [60, 120] \cap \mathbb{N}$ sind die obigen Bedingungen (1) und (2) erfüllt - ;

Weitere Untermauerung des Hauptgrundes

■ Eine **Rechtfertigung 2.er Ordnung** (*backing*) für die obige Rechtfertigung - es handelt sich in der Tat um eine Aufteilung jener Grundmenge U, die aus den runden Zahlen zwischen 0 und 120 besteht - ; dann rechts unten

Gegenargumente

■ Eine Liste der wichtigsten, denkbaren **Widerlegungen**; ein solcher **Einwand** (*rebuttal*) könnte in unserem Beispiel sein, dass

- die Grundmenge U zu eng definiert ist (vielleicht gibt es Antworten zur Frage b über das theoretische Maximum 120 hinaus; oder es kann eine Sendung länger dauern);
- Antworten zur Frage b genauer sind als angenommen, etwa in gebrochenen Minuten;

Daraus werden in der Mitte der Hauptargumentationskette womöglich

Weitere Voraussetzungen

■ **Vorbehalte** oder Einschränkungen (*qualifiers*), welche die Reichweite der Argumentation näher eingrenzen - im Beispiel in Bezug auf U.

Argumentation zur Zerlegung eines Wertebereichs

Abbildung 4-1. Argumentationsschema zur Zerlegung eines Wertebereichs (Beispiel: Klassierung (b') der Anzahl der Min. (b) „die man am Tag schaut")

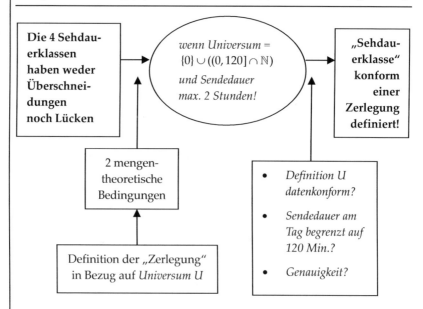

5 Wirtschaftswissenschaftliche Daten im empirischen Projekt

Im Mittelpunkt der statistischen Datenanalyse steht in der Regel eine **Datenmatrix** (*data matrix*), in der im Prinzip für jede vorkommene „Variable" (jede Spalte) die beobachteten oder gemessenen Werte verzeichnet sind für jeden „Fall" (jede Zeile), für den Daten gesammelt wurden. Die Grundbegriffe der „beschreibenden Statistik", die wir im Kap. 6 vorstellen - etwa Fall und Variable -, kann man unmittelbar zur Interpretation der Datenmatrix heranziehen. Sie bedeuten den Ausgangspunkt für das „Wie und Wann" der weiteren Auswertung. Die statistische Datenanalyse würde aber in der Luft schweben, wenn sie sich nicht ständig am „Woher, Warum und Wozu" der Untersuchung orientiert. Darum fangen wir mit der Beschreibung des möglichen Umfelds der Datenaufbereitung und -analyse an und zwar anhand eines wiederholbaren Planungs- und Kontrollablaufs (*planning-and-control cycle*) für empirische Projekte. Das entsprechende Modell, das auf ähnliche Modelle in den Sozialwissenschaften zurückgeht - insb. auf VAN STRIEN (1986) -, wird in Abb. 5-1 schematisch wiedergeben. Die Hauptphasen sind:

Die Datenmatrix steht nicht auf sich!

Phasen eines Modells für den empirischen Forschungszyklus

1. **Problemerkennung und –definition**

   Wichtige Unterscheidungen in der Analyse wirtschaftswissenschaftlicher Daten hängen u. a. davon ab, welche die Hauptziele des Projekts sind:

   - Mit den deskriptiven Methoden im Kap. 5 bis 10 Informationen zu einem Sachverhalt in Zahlen und Grafiken übersichtlich *darzustellen* und zu *beschreiben* - **beschreibende Statistik** -, z. B. in Bezug auf Umfang und Zusammensetzung der Umsätze in der betrieblichen Umsatzstatistik oder in Bezug auf die Preise auf dem Immobilienmarkt;

     Daten darstellen und beschreiben („Deskription")

   - Mit den induktiven Methoden im Kap. 11 bis 15 von Aussagen, die direkt auf Auswertung der Stichprobendaten beruhen, *verallgemeinernd* auf Eigenschaften der größeren „Grundgesamtheit" zu *schließen* - **schließende Statistik** -, z. B. in Bezug auf die Bekanntheit des Stadtfernsehens oder in Bezug auf die Akzeptanz von Telebanking;

     Ergebnisse verallgemeinern („Induktion")

   - Die charakteristischen Eigenschaften gewisser Prozesse - für Beschaffung, Lagerung, Fertigung, Vertrieb oder Finanzierung - aufgrund von „Kontrollstichproben" oder von Daten, die „unter kontrollierten experimentellen Bedingungen" erhalten wurden, zu *überprüfen* und zu *verbessern*, z. B. mit dem Ziel gewisse Verschleißdauerwerte zu ver-

     Experimente auswerten oder Prozessstandards überprüfen

5 Wirtschaftswissenschaftliche Daten im empirischen Projekt

Ablauf eines empirischen Projekts

Abbildung 5-1. *Empirischer Forschungszyklus mit untergeordneten empirischen Teilprojekten; darin P = Problemerkennung und -analyse; DS = Datensammlung; DA = Datenanalyse; R = Rückkoppelung*

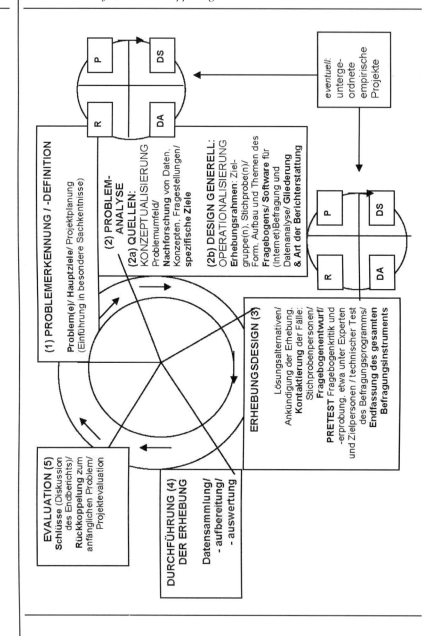

Wirtschaftswissenschaftliche Daten im empirischen Projekt

längern (vgl. Kap. 9.2 und 15.2) oder den Anteil nichtkonformer Teile im Hinblick auf gewisse Qualitätsstandards zu verringern (Kap. 13.1);

- Zukünftige Eigenschaften eines Prozesses oder Sachverhalts aus aktuellen oder früheren Informationen *vorherzusagen*; z. B. Prognosen im Rahmen von „Zeitreihen" (vgl. Kap. 10 und Kap. 15.2).

Zukünftige Ergebnisse vorhersagen

2. **Problemanalyse**

Ohne ausführlich auf die in Abb. 5-1 angeführten Aspekte einzugehen, möchten wir für die Datenanalyse Folgendes hervorheben:

- Zum einen können „neue Daten zu neuen Fragestellungen" auf Basis eigener Erhebungen gebraucht werden, so dass eine **primäre Datenquelle** (*primary source*) erschlossen wird. Zum anderen kann ausschließlich oder zusätzlich auf eine **sekundäre Datenquelle** (*secondary source*) zurückgegriffen werden, z. B. aus amtlichen oder betrieblichen Statistiken; „Statistik" heißt hier *Aufstellung statistischer Daten in Form von Tabellen und Grafiken*. Der eigens ermittelte Bekanntheitsgrad des Stadtfernsehens kann z. B. mit dem entsprechenden „relativen Anteil" in einer früheren Umfrage oder mit veröffentlichten Zahlen zum Bekanntheitsgrad konkurrierender Werbeträger verglichen werden.

Primäre bzw. sekundäre Daten

- Einer der wichtigen Punkte beim Erstellen eines ersten Fragebogenkonzepts ist die Vorwegnahme der Auswahl bestimmter Teilstichproben, die man als „Gruppen" in der späteren Analyse braucht. Die Zufriedenheit etwa mit der technischen Information in Bezug auf ein Telebankingsystem kann man schwer für Nutzer und Nichtnutzer gesondert auswerten, wenn im Fragebogen überhaupt nicht nach der Benutzung (ja oder nein) gefragt wird. Eine vorläufige Gliederung des späteren Analyseberichts kann auf Informationen aufmerksam machen, die im ersten Fragebogenentwurf unberücksichtigt blieben.

Vorwegnahme der entscheidenden Merkmale im ersten Entwurf des Fragebogens

- Heutzutage gibt es eine große Auswahl an Befragungsprogrammen, die unterschiedliche Umfragearten (mündlich, schriftlich, online) bewältigen können. Für eine angemessene statistische Analyse ist es wichtig, dass die Daten ausgeführt („exportiert") und mitsamt Datendokumentation - Frageformulierungen, Antwortkategorien, Identifikationsmerkmale der Fälle usw. - in ein leistungsstarkes Statistikprogramm eingeführt („importiert") werden können. Für die meisten Auswertungen in diesem Buch wurden NSDstat® und SPSS® verwendet[1], vereinzelt auch Microsoft Office Excel 2003®, vgl. Punkt 5.

Befragungs- bzw. Statistikprogramm

---

1 Wegen der Benutzerfreundlichkeit passt NSDstat gut zu diesem Buch, vgl. Kap. 11 (www.gesis.org unter „Unser Angebot"; benutzte Version 1.3.1 Pro). Für SPSS vgl. www-01.ibm.com/software/analytics/spss/ (benutzte Version 12.0.1).

Wirtschaftswissenschaftliche Daten im empirischen Projekt

3. Erhebungsdesign

Entwurf und Pretest des Fragebogens

Die Umwandlung des ersten Fragebogenentwurfs in den endgültigen Fragebogen ist eine Kunst für sich! Durch mindestens einen *„Pretest"* (Probelauf o. Ä.) sollte der Fragebogen im Hinblick auf Informationsnachfrage und -angebot optimiert werden. Die Umsetzung der gesuchten Merkmale in verständliche, logisch angeordnete Fragen sollte auf die Fähigkeit und Bereitwilligkeit der Befragten abgestimmt werden, sie hinreichend genau und eindeutig zu beantworten. Die Merkmale entsprechen Variablen in der Datenmatrix (vgl. §6.1.1), von denen es unterschiedliche Sorten gibt:

Zielvariable, Gruppenvariable usw.

- **Ziel- oder Analysevariable**: Hauptgegenstand einer (Teil)Analyse;
- **Gruppenvariable**: Eine Variable, nach der die Analyse einer Zielvariablen heruntergebrochen werden soll, z. B. die Analyse der technischen Information zum Telebankingsystem nach „(Nicht)Nutzer";
- **Vergleichsvariable**: Eine Variable, nach der 2 oder mehr Gruppen verglichen werden sollen - eine Art Zielvariable also;
- **Hilfsvariable**: Eine Variable, die einem technischen Zweck dient, z. B. um die erwünschte „Codierung" einer Zielvariablen abzuleiten;
- **Identifikationsmerkmal**: Eine Hilfsvariable mit dem Ziel, die Stichprobenelemente zu kennzeichnen (kann, aber muss nicht, ein „Merkmalsindikator" oder „0-1 Variable" im Sinne des Kap. 6.3 sein).

4. Durchführung der Erhebung

Datenreduktion heißt: Datensatz zum größeren Verständnis auf wenige Zahlen zurückführen!

Die Datenauswertung ist Teil der eigentlichen Durchführung des empirischen Projekts. Schon bei der Datensammlung und Datenaufbereitung soll man bestimmte Aspekte der Auswertung im Auge behalten, z. B. die Behandlung fehlender Daten (Fälle oder Variablen), vgl. Kap. 6.1 und 6.2. Hauptanliegen der eigentlichen Auswertung ist i. Allg. eine sinnvolle **Datenreduktion** oder Verdichtung im Hinblick auf die Hauptziele und die spezifischen Ziele des Projekts. Komplexe oder umfangreiche Datensätze sollen anhand von „Häufigkeiten", „Kennzahlen" usw. übersichtlich zusammengefasst werden, so dass die wichtigsten Eigenschaften der interessierenden Variablen, Gruppen usw. klar herausgestellt werden.

5. Evaluation

Im Kap. 1 haben wir die Gleichung „Statistik ≠ Rechnen" und die Sklavenarbeit des Computers im Dienste der wohlüberlegten Datenanalyse befürwortet. Computer bzw. Statistikprogramme können aber ungenau oder gar fehlerbehaftet sein: Als Beispiel nennen wir die Ergebnisse für „Kurtosis" und „Schiefe" über NSDstat- vs. SPSS-(Excel-)Berechnungen zum „Stückpreis" (§12.2.2): KS = 0,92 bzw. 0,98; KW − 3 = 0,70 bzw. 1,10!

6 Statistische Grundbegriffe

Lernziele

- Sie können die „Fälle" oder die „statistischen Einheiten", welche den Zeilen einer statistischen Datenmatrix entsprechen, einer „Stichprobe" aus einer wohl definierten „Grundgesamtheit" zuordnen. Teilstichproben entsprechen dabei gewissen „Gruppen" oder „Teilgesamtheiten".

- Sie erkennen die „brutto Fallzahl" n als den Umfang der gesamten Stichprobe. Die „netto Fallzahl" n ist der Umfang einer reduzierten Stichprobe, die man nach Ausschluss gewisser Fälle für eine bestimmte Auswertung braucht. So kann man *fehlende* oder *ungültige* Daten ausschließen.

- Sie können die „(statistischen) Variablen", welche den Spalten einer Datenmatrix entsprechen, gewissen „Merkmalen" oder Eigenschaften der Fälle zuordnen. Bei einer Befragung etwa kann ein Merkmal zur Definition mehrerer Variablen führen, z. B. bei *Mehrfachnennungen*. Umgekehrt können mehrere Merkmale in eine zusammengesetzte Variable münden, z. B. wenn daraus pro Fall ein Durchschnittswert gebildet wird.

- Sie können aus den Rohdaten in einer Spalte der Datenmatrix eine „geordnete Urliste" bzw. ein „Stamm- und Blattdiagramm" herleiten bzw. dies als Ausgangspunkt für weitere Auswertungen interpretieren.

- Anhand der m *möglichen* Ausprägungen einer Variablen x können Sie das „Messniveau" (den „Datentyp": „quantitativ" vs. „qualitativ"; „diskret" vs. „stetig") bestimmen: *Welche „x-Kategorien" oder „x-Werte" kann es im Prinzip geben?*

- Sie können in Abhängigkeit Ihrer Analyseziele für eine Variable x eine „Skala" als Methode wählen, nach der den *vorkommenden* x-Werten die Zahlen eines Codierungssystems bzw. einer Maßeinteilung zugeordnet werden. Für die Auswahl späterer Verfahren ist der Unterschied zwischen „nominal", „ordinal" bzw. „metrisch skalierten" Variablen wichtig.

6

Statistische Grundbegriffe

6.1 Woher kommt die Datenmatrix und was enthält sie?

Datenaufbereitung: Definition und Kontrolle der statistischen Daten als Vorbereitung auf die Auswertung

Im jetzigen Kapitel fokussieren wir auf die Vorbereitungen für Beschreibung und Analyse der statistischen Daten, welche in einer empirischen Untersuchung in der Form einer Datenmatrix auftauchen. Zunächst erörtern wir die benötigten Grundbegriffe anhand eines Beispiels aus einer Befragung unter 56 Studenten der Wirtschaftswissenschaften. Diese beschäftigen sich im Zuge eines Fortgeschrittenenkurses „Business English" mit interkulturellen Kontakten zu Mitstudenten und mit Möglichkeiten eines Auslandsaufenthalts an einer Partnerhochschule, d. h. eines Auslandssemesters. Zur Entschlüsselung der Datenmatrix muss im Allgemeinen die **Dokumentation der Daten** (*data definition*) herangezogen werden. Damit ergeben sich konkrete Antworten auf die Frage, wo die (erste Version der) Datenmatrix herkommt und was sie darstellt (Kap. 6.1; ein vergleichbares Beispiel gab es schon im Kap. 2.1 und 2.2, siehe Tabelle 2-1).

Anschließend werden wir einige Methoden für die erste Sichtung der Daten vorstellen. Aus dieser Dateninspektion können gewisse Korrekturen bzw. eine Anpassung oder Erweiterung der Datenmatrix hervorgehen, als Teil der Phase der **Datenaufbereitung** im engeren Sinne (*data editing*; Kap. 6.2).

Je nach Messniveau und Skala sehen statistische Verfahren anders aus!

Zum Schluss werden zur **Vorbereitung auf die Datenauswertung** alle „Variablen" („Merkmale"), welche für eine (Teil)Analyse gebraucht werden, nach dem objektiv vorliegenden „Messniveau" („Datentyp") und nach der Genauigkeit der gewählten „Skala" unterschieden (Kap. 6.3). Die Wahl der Auswertungsmethode hängt entscheidend von Messniveau und Skala ab!

6.1.1 Datenmatrix = Fälle mal Variablen (Merkmale)

Statistische Grundbegriffe, um die Bedeutung von Zeilen und Spalten bzw. die Inhalte einer Datenmatrix zu erklären

Wenn statistische Zahlen und sonstige Angaben in einer Matrix von **Rohdaten** (*raw data*) vorliegen, braucht man einige „Schlüssel", um Struktur und Inhalte der Matrix für weitere Beschreibung und Analyse entziffern, einordnen und aufbereiten zu können. Die Entschlüsselung beschreibt man mit Hilfe statistischer Grundbegriffe. Diese stellen wir in Zusammenhang mit der Matrixstruktur vor, insb. den Begriff der „statistischen Fälle" bzw. den Begriff der „Merkmale" oder „Variablen". In den einfacheren Datenmatrizen, auf die wir uns in diesem Buch beschränken, gibt es jeweils **einen Fall pro Zeile** und **eine Variable** (*Item*) **pro Spalte**. Manchmal beansprucht ein Merkmal mehrere Spalten, wie bei „Mehrfachnennungen", wenn bei einer Frage mehrere Antworten zur Wahl stehen, vgl. §9.1.3. Das Merkmal wird dann in eine entsprechende Anzahl neuer Variablen unterteilt, die jeweils angeben, ob die zugehörige Antwortmöglichkeit gewählt wurde oder nicht.

6.1 Woher kommt die Datenmatrix und was enthält sie?

Bevor wir die in den Lernzielen enthaltenen Definitionen erläutern, gehen wir auf das Beispiel der 56 Business-English-Studenten ein. Folgende Tabelle enthält Angaben zu 7 Variablen - siehe Spaltenüberschrift - für 13 Befragte:

- (v1) „Geschlecht" („*What is your gender?*");
- (v2) „Altersklasse" („*What is your age?*");
- (v3) „Ethnische Herkunft" („*What is your ethnic background?*");
- (v4) „Nähere Angabe der ethnischen Herkunft" zur v3-Restkategorie „Sonstige, nämlich" („*other, that is ...*");
- (v5) bis (v7) „Note - nach eigener Einschätzung - für Deutsch, Englisch bzw. Spanisch" („*To what extent can you talk in the following languages?*").

Die Fälle werden in der Regel durch einen Laufindex („ID-Nr.") - als Zeilenüberschrift - nummeriert, der nicht als Variable aufgefasst wird.

Tabelle 6-1. Teil einer Datenmatrix (für insgesamt n = 56 Fälle und 61 Variablen)

Ausschnitt aus Datenmatrix: 13 Zeilen (Fälle), 7 Spalten (Variablen)

ID-Nr.	v1 = Geschlecht	v2 = Altersklasse	v3 = ethnische Herkunft	v4 = sonstige ...	v5 = Deutsch-note	v6 = Englisch-note	v7 = Spanisch-note
1	Male	26 – 35	White	*	Perfectly	3	Not at all
2	Male	36 – 45	White	*	Perfectly	2	Missing
3	Male	26 – 35	White	*	Perfectly	2	5
4	Male	26 – 35	White	*	Perfectly	3	Not at all
5	Male	26 – 35	White	*	Perfectly	Perfectly	Missing
6	Female	26 – 35	White	*	Perfectly	3	Missing
7	Male	18 – 25	White	*	2	5	Missing
8	Male	26 – 35	White	*	2	4	Missing
9	Male	26 – 35	White	*	2	3	Missing
10	Male	26 – 35	White	*	Perfectly	4	Not at all
11	Male	26 – 35	Asian	Asian & White	Perfectly	2	Not at all
12	Male	46 and above	White	*	Perfectly	2	Missing
13	Female	26 – 35	Asian	*	Perfectly	Perfectly	Missing

6 Statistische Grundbegriffe

Codebuch:
Wertelabels
→ Codes

Um die Datenmatrix im Computer bequem bearbeiten und auswerten zu können, muss jedes *mögliche* - zumindest jedes *vorkommende* - **Wertelabel** (*category label*; ein Kürzel für die Antwort oder die Ausprägung) in Zahlen - **Codes** - umgesetzt werden. Eine Ausnahme bildet die „offene Frage", falls die eingegebenen Antworttexte nicht unbedingt klassifiziert werden müssen. Für stetig variierende Werte wird die Anzahl der signifikanten Ziffern oder die Anzahl der Nachkommastellen angegeben (vgl. Kap 2.3). Im Codebuch (*codebook*) werden diese Informationen dokumentiert, oft zusammen mit den „Extremwerten" (Minimum = kleinstmöglicher Wert und Maximum = größtmöglicher Wert) und den Codes für „fehlende bzw. (un)gültige Daten".

6.1.2 Grundbegriffe zur Datenmatrix

Wir erläutern nun anhand unseres Beispiels die wichtigsten Grundbegriffe.

Grundgesamtheit

Die **Grundgesamtheit** (*population*) ist die Menge aller in Frage kommenden Untersuchungsobjekte für eine bestimmte Fragestellung oder für ein bestimmtes Analyseziel. Sie besteht aus allen **sachlich, räumlich und zeitlich interessierenden „statistischen Einheiten"**. So zielt die Befragung „hinter Tabelle 6-1" auf alle fortgeschrittenen Business-English-Studenten am untersuchten Fachbereich im betreffenden Semester ab. Es hätten Studenten weiterer Sprachkurse (sachlich gesehen) in mehreren Fachbereichen (räumlich) und in mehreren Semestern (zeitlich) eingeschlossen werden können.

Statistische
Einheiten (Fälle)
und deren
Merkmale

Die **statistische Einheit** oder der **Fall** (*case*) ist das Untersuchungsobjekt, d. h. die Person, die Gruppe oder die Sache, an der bestimmte Eigenschaften oder **Merkmale** (*attributes*) beobachtet, gemessen oder verzeichnet werden. Die Fälle heißen auch „Merkmalsträger". Im Beispiel gibt es den einzelnen Befragten als statistische Einheit. Es sind als Fälle u. U. auch übergeordnete statische Einheiten denkbar, z. B. Gruppen von Personen. In der Datenmatrix ersetzen wir den Begriff „Merkmal" durch (**statistische**) **Variable** (*variable*):

Variable ≈ Liste
der Ergebnisse in
einer Spalte

Eine veränderliche Größe mit einem vorgegebenen Bereich *möglicher Werte* - der Wertebereich -, von denen die bei den Fällen *vorkommenden Ergebnisse* in einer bestimmten Spalte der Datenmatrix aufgelistet werden

Eine Variable gehört in der Regel zu einem einzigen Merkmal. Als zusammengesetzte Variable kann sie aber auf mehrere Merkmale zurückgehen, z. B. wenn pro Fall ein Durchschnittswert oder eine Summe gebildet wird. Aus einem Merkmal können mehrere Variablen hervorgehen. Betrachten wir z. B. die Frage *„Was ist Ihre ethnische Herkunft?"* mit den Antwortkategorien

(Code 0) *Missing*; (Code 1) *Black*; (Code 2) *Asian*;

(Code 3) *White*; (Code 4) *Latino*; (Code 5) *Other, that is …*

Datenaufbereitung: Sichtung der Daten

Außer v3 („Ethnische Herkunft") entsteht so Variable v4, zwecks näherer Angabe der ethnischen Herkunft zur Restkategorie (5) der Variablen v3.

Die Wertelabels bzw. Codes sollten alle möglichen **Ausprägungen** (**Werte** = *values*; **Kategorien** = *categories*) einer Variablen abdecken. Häufig wird eine Variable x mit dem **Wertebereich** - mit der Menge der x-Werte, die es bezüglich der untersuchten Eigenschaft *im Prinzip* geben kann - gleichgesetzt. Im Beispiel handelt es sich für v5 bis v7 grundsätzlich um eine Notenskala, d. h. eine Note zwischen 1 und 6, abgesehen von fehlenden Angaben („*Missing*"). Der Umfang des Wertebereichs wird mit **m** bezeichnet. Für Variablen mit relativ vielen, „(quasi)stetig" variierenden, Werten gibt es quasi $m = \infty$.

Wertebereich aller möglichen Ausprägungen einer Variablen x: m x-Werte oder m x-Kategorien (m Codes)

Aus pragmatischen Gründen wird häufig nur ein (kleiner) Teil der Grundgesamtheit, d. h. eine **Stichprobe** (*sample*), untersucht. Die Stichprobe besteht aus den untersuchten Einheiten oder Fällen. Der Stichprobenumfang (*sample size*) oder die **brutto Fallzahl** wird mit **n** angedeutet. Im Beispiel gab es n = 56 Business-English-Studenten, die am Tag der Befragung die Vorlesung besuchten. Für spezifische Auswertungen kann man bestimmte Fälle ausschließen, etwa wegen **fehlender** oder **ungültiger Daten** (*missing or invalid data*). Der Umfang n der reduzierten Stichprobe heißt **netto Fallzahl**.

Stichprobe, Fallzahl n (brutto, netto)

Ähnliches gilt für den Umfang n einer **Teilstichprobe** (*subsample*), die man für bestimmte Auswertungen auswählt. So werden wir im nächsten Kapitel für unseres Beispiel einige Analysen auf die in Deutschland lebenden Befragten (n = 49) beschränken. Eine Teilstichprobe entspricht einer **Teilgesamtheit** (*subpopulation*), d. h. einer **Gruppe** innerhalb der Grundgesamtheit.

Teilstichprobe gemäß einer Teilgesamtheit (Gruppe)

6.2 Datenaufbereitung: Sichtung der Daten

Die Datenmatrix kann man zeilenweise untersuchen, so dass man alle Variablenwerte pro Fall zu Gesicht bekommt, oder aber auch spaltenweise, so dass man sich für jede Variable eine **Urliste** anschauen kann, d. h. eine Liste der *vorkommenden* Ausprägungen einer Variablen für die n sukzessiven Fälle.

Pro Spalte eine Urliste

6.2.1 Kontrolle und Korrektur der Daten

Die erste Sichtung der Daten bedeutet eher Rückblick auf die Datensammlung als Vorausblick auf die Datenauswertung. Sie gehört zur Datenaufbereitungsphase auf dem Niveau der Rohdaten und bereitet anhand einfacher Mittel (z. B. Grafiken) auf die eigentlichen Verfahren der beschreibenden Statistik vor. Die anfängliche Dateninspektion hat folgende Ziele:

Datenaufbereitung: Anpassung und Erweiterung der Datenmatrix

Statistische Grundbegriffe

- (1) Vorgesehene Eigenschaften der untersuchten Stichprobe oder Zufallsstichprobe (etwa von Personen oder Unternehmen) zu kontrollieren;

- (2) Unmittelbar ins Auge fallende Eigenheiten der betrachteten Variablen auf Plausibilität hin zu überprüfen;

- (3) Die für unterschiedliche Auswertungen erforderlichen Fälle und Variablen festzusetzen und auszuwählen sowie gegebenenfalls

    - (3.1) Fälle in gewissen Teilstichproben zu gruppieren,

    - (3.2) für bestehende Variablen die Codierung zu ändern - überschneidungsfreie, erschöpfende Codes, vgl. die Erläuterung zu V ∪ W in §2.2.1 - oder die Antworten zu einer **offenen Frage** zu „klassifizieren", d. h. in Kategorien einzuteilen und entsprechend zu codieren,

    - (3.3) weitere (abgeleitete) Variablen zu berechnen.

Einige Verfahren der beschreibenden Statistik - z. B. ein- oder zweidimensionale Häufigkeitstabellen nach Kap. 7 und Streudiagramme nach Kap. 8.4 - können bereits in der Datenaufbereitungsphase zur Überprüfung der Qualität der Rohdaten verwendet werden. Wenn es zur Änderung oder Erweiterung der Datenmatrix kommt, so schlägt sich dies auch im Codebuch nieder.

In Bezug auf die Business-English-Studenten gab es folgende Aufgaben:

- (1) Die Zusammenstellung der gesamten Stichprobe nach Geschlecht und Altersklasse bzw. nach Herkunft - Land wo man lebt - zu überprüfen (vgl. Tabelle 7-3 und für n = 49 Tabelle 7-5 und 7-6);

- (2) Fehlende Daten (Keine Angabe) bzw. nicht vorkommende Variablenwerte zu überprüfen; z. B. fehlende Angabe „*" zu v4 und „*Missing*" zu v5 bis v7; die nirgends vergebene Note „6" zu v5 bis v7 - an Stelle von „6" gab es wohl „keine Angabe", vgl. Tabelle 6-1;

- (3.1) Die n = 49 in Deutschland lebenden Befragten auszuwählen;

- (3.2) Für Variablen wie v2, v5, v6 und v7 (Tabelle 6-1) über eine vereinfachte Codierung neue Versionen abzuleiten; z. B. das Zusammenlegen der Altersklassen [36, 45] und „ab 46" zu „ab 36" (vgl. Tabelle 7-5); bzw. das Reduzieren der „Sechserskala" für die Englischnote usw. zu einer „Dreierskala" - d. h. neue Kategorien „1 - 2", „3" und „4 - 5" (vgl. Tabelle 8-7), an Stelle von 1 = „Perfekt" bis 6 = „Überhaupt nicht";

- (3.3) Die Variable x = *Anzahl der genannten positiven Gründe − Anzahl der genannten negativen Gründe* zu berechnen und zwar aus 9 vorgegebenen Argumenten *für* einen Auslandsaufenthalt bzw. aus 9 jeweils parallel dazu formulierten Gegenargumenten (vgl. Übung **9.6-8** und **9.6-9**).

Datenaufbereitung: Sichtung der Daten

6.2.2 Stamm- und Blattdiagramm

Manche Auffälligkeit einer Variablen x erkennt man direkt an der „geordneten Urliste", d. h. an den Stichprobendaten x₁, ..., xₙ, wenn die Fälle nach Größe des x-Werts angeordnet sind. Die geordnete Urliste läuft von Minimum bis Maximum oder umgekehrt. Man erkennt die Genauigkeit der Wiedergabe an der Anzahl der signifikanten Ziffern pro x-Wert. Wenn es relativ viele (nicht allzu viele) unterschiedliche Ausprägungen gibt, hilft die Darstellung der geordneten Urliste in der Form eines **Stamm- und Blattdiagramms** (*Stem-and-Leaf Display*), das wir anhand zweier Beispiele vorstellen.

Geordnete Urliste

Ein Stamm- und Blattdiagramm ist eine *gegliederte Urliste* für die von Minimum bis Maximum aufsteigend angeordneten x-Werte x₁, ..., xₙ. Betrachten wir als Beispiel folgende geordnete Urliste zum Personalumfang in einer Stichprobe von n = 27 deutschen Unternehmen (* = „fehlende Angabe"):

Gliederung der geordneten Urliste über den Wert der vorderen Dezimalposition(en)

04; 08; 20; 22; 23; 24; 25; 25; 35; 38; 55; 63; 75; 90; 95;

100; 100; 110; 133; 140; 180; 230; 250; 320; 803; 850; *

Fasst man die Positionen für die Hunderter und Zehner zusammen, so sieht die Urliste *in Einheiten von jeweils 10 Mitarbeitern* annähernd wie folgt aus:

0; 0; 2; 2; 2; 2; 2; 3; 3; 5; 6; 7; 9; 9; 10; 10; 11; 13; 14; 18; 23; 25 (; 32; 80; 85; *)

Im Stamm- und Blattdiagramm schreibt man die 26 gültigen Angaben (ohne *) zwar in dieser Reihenfolge hintereinander, aber

▪ (a) Es werden nur einige Ziffern pro Zahl verwendet und zwar werden

- als Erstes **die signifikantesten Ziffern bis zu einer fixen vorderen Dezimalposition** notiert: die **Stufe** des **Stamms** (im Beispiel eine Ziffer - k = 1 - in der Position der Hunderter, so dass 2 für 2*100 = 200 steht; die 3 größten Zahlen werden gesondert in der letzten Zeile erwähnt);

- als Zweites nur **die folgende Ziffer** notiert (im Beispiel die Position der Zehner); dahinter wird die Zahl abgeschnitten, jede weitere Dezimalposition wird vernachlässigt;

▪ (b) Alle Zahlen in einer Zeile des Diagramms haben eine gemeinsame Ziffer für die vordere Dezimalposition (manchmal Ziffern für mehrere Positionen) im Stamm. Man notiert diese ganz vorne in der Zeile einmal für alle Zahlen zugleich und bildet so die entsprechende Stufe (z. B. 2 für 2 Hunderter). Hinter dieser Ziffer werden die sukzessiven Werte für die nächste Ziffer (3 bzw. 5) in gleichen Abständen von einander aufgelistet, für jeden x-Wert (230 bzw. 250) eine Ziffer: die **Blätter** (3 und 5). Die übrigen Dezimalpositionen werden ignoriert (0 und 0). So erhält man

Statistische Grundbegriffe

Stamm	Blätter
0	0 0 2 2 2 2 2 2 3 3 5 6 7 9 9
1	0 0 1 3 4 8
2	3 5
-	320 ; 803 ; 850

Als Variante des obigen Stamm- und Blattdiagramms kann man auch

▪ (a') am Anfang k Ziffern (k = 2 oder mehr) für **k fixe vordere Dezimalpositionen** wählen bzw.

▪ (b') **jede Stufe durch 2 Zeilen repräsentieren**, derart dass in der oberen Zeile die Ziffer eines jeden Blatts < 5 ist und in der unteren Zeile ≥ 5.

Das Stamm- und Blattdiagramm soll so gestaltet werden, dass es weder zu viele Stufen - im Schnitt zu wenig Blätter pro Stufe - noch zu wenig Stufen - zu viele Blätter pro Stufe - hat. Variante a' ist z. B. angebracht für eine Folge von n = 47 Absatzmengen wie in Tabelle 8-9. Hier kann man k = 2 mit den 3 Stufen „40", „41" und „42" wählen oder k = 3 mit maximal 16 Stufen. Über 2 Stamm- und Blattdiagramme kann man 2 geordnete Urlisten pauschal vergleichen, so etwa Abb. 6-1 und 6-2 für x = „Personalumfang" (Variante b'; in §7.2.2 folgt eine Erläuterung der Abb. 6-1 als klassierte Verteilung):

Stamm- und Blattdiagramm

Abbildung 6-1. Stamm- und Blattdiagramm zu x = „Personalumfang" für n = 26 deutsche Unternehmen; 2 Zeilen pro Stufe; die Stufe definiert durch die Hunderter

0	0 0 2 2 2 2 2 2 3 3
0	5 6 7 9 9
1	0 0 1 3 4
1	8
2	3
2	5
-	320 ; 803 ; 850

Stamm- und Blattdiagramm

Abbildung 6-2. Stamm- und Blattdiagramm zu x = „Personalumfang" für n = 71 niederländische Unternehmen; 2 Zeilen pro Stufe (definiert durch die Hunderter)

0	0 0 0 0 1 1 1 1 1 1 1 1 1 1 1 1 1 1 1 1 1 1 1 1 2 2 2 2 2 2 2 2 2 2 2 2 2 2 2 2 3 3 3 4 4
0	5 5 6 6 6 6 7 7 8 8 9
1	0 1 1 1 1 3
1	6 6 8
2	2
2	5 5
-	450 ; 463 ; 4500

Allgemein springt beim Stamm- und Blattdiagramm Folgendes ins Auge:

- die „Extremwerte" (Minimum und Maximum) sowie die „Spannweite" (Max. – Min.), d. h. die Breite des **Streubereichs** der *vorkommenden* Werte,
- die Anzahl der Blätter (Fälle) pro Stufe des Stamms,
- die Zahl zum häufigsten Blatt (vgl. den „Modalwert" im Kap. 8.1).

6.3 Vor der Datenanalyse Datentyp und Skala festlegen

Zu Beginn der **Datenanalyse** (*data analysis*) wird für jede untersuchte Variable nach relativ objektiven Kriterien der **Datentyp** (das **Messniveau**; *data type, measurement level*) bestimmt, in Abhängigkeit vom Wertebereich - von den *möglichen* Ausprägungen. Danach wird durch die **Skala** (*measurement scale*) den *vorkommenden* Ausprägungen - der **Ergebnismenge** einer Variablen - ein subjektiv gewähltes Codierungssystem bzw. eine Maßeinteilung zugeordnet.

Objektives Messniveau (Datentyp) und subjektive Skala

Als Beispiel verwenden wir hier Varianten der Frage „*Wie lange schauen Sie am Tag die Sendung des Stadtfernsehens?*" (Merkmal Sehdauer). Eine solche Frage kam in einer Passantenbefragung in einer deutschen Großstadt vor. Diese Befragung wurde im Kap. 2.1 (s. Tabelle 2-1) vorgestellt. Da wurde die Frage „offen" oder „ungestützt" formuliert: „*Wie viele Minuten am Tag usw.?*" Als Antwort kam jede runde, nicht-negative Minutenzahl in Betracht, womöglich wegen der Dauer der täglichen Sendung auf 120 begrenzt (nachfolgende Variante 4). Wir variieren nun Frageformulierung und Antwortformat derart, dass es zu unterschiedlichen Messniveaus und Skalen kommt:

1. „*Was halten Sie von der täglichen Dauer der Sendungen des Stadtfernsehens?*"
(a) Zu kurz; (b) Egal, ich schaue mir nur bestimmte Dinge an; (c) Genau richtig; (d) Egal, die Sendung ist abwechslungsreich genug; (e) Zu lange; (f) Trifft nicht zu, ich schaue mir die Sendungen kaum an.

2. „*Wie lange schauen Sie am Tag die Sendung des Stadtfernsehens?*"
(1) Nur ganz kurz; (2) Eher kurz; (3) Eher lange; (4) Möglichst lange.

3. „*Wie lange schauen Sie am Tag die Sendung des Stadtfernsehens?*"
(1) 0 - < 15 Min.; (2) 15 - < 30 Min.; (3) 30 - < 60 Min.; (4) 60 - 120 Min.

4. „*Wie viele Minuten am Tag schauen Sie die Sendung des Stadtfernsehens?*"

Nach dem Datentyp kann eine Variable **quantitativ** (*numerical*) oder **qualitativ** (*categorical*) sein und **diskret** (*discrete*) oder **stetig** (*continuous*). Das erste Kriterium richtet sich danach, ob eine Zahl als Antwort in der Natur der

6 Statistische Grundbegriffe

Datentyp: qualitativ vs. quantitativ, diskret vs. stetig

Variablen liegt (quantitativ) oder vor allem einem technischen Zweck dient (Codes für qualitative Ausprägungen). Das letzte Kriterium beruht im Wesentlichen auf Ähnlichkeit des Wertebereichs zu einem bestimmten Zahlenbereich: diskret wenn ähnlich zu den natürlichen oder ganzen Zahlen - $\mathbb{N}$ oder $\mathbb{Z}$ - und (quasi)stetig wenn ähnlich zu den rationalen oder reellen Zahlen - $\mathbb{Q}$ oder $\mathbb{R}$, vgl. §2.2.2. In unserem Beispiel sind Variante 1 und 2 qualitativ, Variante 4 (Minutenzahl) quantitativ. Variante 3 ist zwar aus einer quantitativen Variablen hergeleitet, aber die Zusammenfassung ("Klassierung") der Werte in 4 Intervallen macht sie qualitativ! Qualitative Variablen sind immer diskret, so auch die Varianten 1 bis 3. Variante 4 ist eher annähernd stetig, d. h. **quasi-stetig** ($m = \infty$: m sehr groß).

Für 2 Ausprägungen x_1 und x_2 in der Variablen x gibt es desto mehr Vergleichs- und Bearbeitungsmöglichkeiten, je feiner die zutreffende Skala ist:

Nominal und ordinal: ohne bzw. mit Reihenfolge, bewertbar aber nicht messbar; metrisch: messbar!

- **Nominale Skala** (=, ≠ ; *nominal scale*): "x_1 (un)gleich x_2"; x *nicht messbar*;
- **Ordinale Skala** (=, ≠, <, ≤, >, ≥ ; *ordinal scale*): "x_1 (un)gleich x_2"; "x_1 kleiner (größer) als x_2"; "x_1 kleiner (größer) gleich x_2"; x *nicht messbar*, höchstens *abzählbar*; eine sachlogisch zwingende *Reihenfolge* der x-Werte;
- **Metrische Skala** (=, ≠, <, ≤, >, ≥, +, – ; *interval scale*): "x_1 (un)gleich x_2"; "x_1 kleiner (größer) als x_2"; "x_1 kleiner (größer) gleich x_2"; "x_1 plus x_2", "x_1 minus x_2"; x ist *messbar*, d. h. in cm, kg, Min., € o. Ä. auszudrücken; es werden *(quasi)stetig variierende x-Werte* vorausgesetzt: Zwischen den vorkommenden Werten gibt es im Prinzip *unbegrenzt viele Zwischenwerte* (bei geringer Anzahl signifikanter Ziffern ist u. U. die *Messbarkeit beschränkt*).

Hierarchie statistischer Verfahren nach der Skala (von nominal über ordinal bis metrisch stets feiner)

Manchmal wird die metrische Skala weiter unterteilt, in Abhängigkeit davon, ob auch Multiplikation und Division ($x_1 * x_2$, x_1 / x_2) möglich und sinnvoll sind. Wenn ja, so kann es sich z. B. um eine „Verhältnisskala (*ratio scale*)" handeln, für die ein natürlicher Nullpunkt existiert, wie bei Kosten oder Volumina. Für unsere Zwecke reicht allerdings die Unterscheidung zwischen „nominalen, ordinalen und metrischen Variablen". Dabei ist folgende Hierarchie zu beachten: „*Was nominal geht, geht auch ordinal! Was ordinal geht, geht auch metrisch!*" Verfahren für eine gröbere Skala sind auf eine feinere Skala übertragbar. Dagegen gibt es für metrische (bzw. ordinale) Variablen spezifische Verfahren, die auf niedrigerem Niveau nicht funktionieren!

Im Beispiel ist Variante 1 nur nominal zu skalieren, da es keine zwingende Reihenfolge für die Kategorien gibt, anders als bei Variante 2 und 3. Letztere sind höchstens ordinal zu skalieren, da sie nicht (mehr) messbar sind. Bis auf die Reihenfolge sind die zugehörigen Codes beliebig; diese Variablen haben eine **ordinale Verschlüsselung**. Zur Variante 4 passt eine ordinale, annähernd sogar eine metrische Skala. Folgende Schemata erläutern die Bestimmung des Messniveaus und der Skala, wobei es gewisse Grenzfälle gibt:

Vor der Datenanalyse Datentyp und Skala festlegen

6.3

Abbildung 6-3. Unterscheidung der Variablen nach Messniveau und Skala

Messniveau und Skala

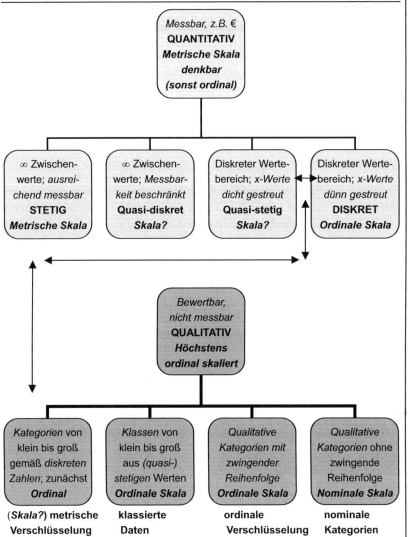

(*Skala?* heißt, dass die Wahl der Skala subjektiv ist.) Die Doppelpfeile verbinden 3 sich überschneidende Möglichkeiten! Beispiele für einen Grenzfall sind Variante 4 (in Minuten, nicht sekundengenau) und die Noten von 1,0; 1,3 bis 3,7; 4,0; 5,0. Die ordinale Notenskala hat eine **metrische Verschlüsselung**, d. h. Addition bzw. Subtraktion der Codes ist halbwegs interpretierbar.

Ein Sonderfall einer nominalen Variablen ist die **dichotome Variable** mit 2 Antwortkategorien, z. B. „ja" bzw. „nein" zur Frage *„Dauert die Sendung zu*

6 Statistische Grundbegriffe

lange?". Um eine bestimmte Antwort hervorzuheben, codiert man diese mit 1, die andere mit 0: So ergibt sich ein **Merkmalsindikator (0-1 Variable)**.

6.4 Übungen

Wertebereich, Urliste, Ergebnismenge

6.4-1. *Aufgabe:* Erklären Sie den Unterschied zwischen dem Wertebereich {1, 2, 3, 4, 5}, der Urliste (4, 5, 3, 3, 5) und der Ergebnismenge {3, 4, 5} für die Statistiknoten der 5 Studenten im Beispiel zum Anfang von §2.2.1!

Frage: Welcher Buchstabe steht in der Regel für den Umfang von {1,2,3,4,5}? Und welcher steht für #(4,5,3,3,5), die Anzahl der Elemente in der Urliste?

Wertebereich, Messniveau und Skala

6.4-2. Ein Personalchef zählt für jeden Mitarbeiter eines Unternehmens die Anzahl x der im vergangenen Jahr beanspruchten Urlaubstage, in *halben Tagen* gemessen. Pro Jahr beträgt der maximale Urlaubsanspruch 20 Tage. Der nicht beanspruchte Urlaub aus früheren Jahren bleibt unberücksichtigt.

Fragen: Wie sieht der Wertebereich für x aus, wenn der Personalchef jedem mindestens 15 Tage Urlaub in Rechnung bringt, egal ob er die Tage genommen hat oder nicht? Welches Messniveau und welche Skala passen zu x?

Mit dem Antwortformat Messniveau und Skala beeinflussen

6.4-3. *Aufgabe:* Beurteilen Sie das Messniveau und wählen Sie die am besten passende Skala für die 3 Identifikationsmerkmale x, y und z der Tabelle 2-1. Für z ignorieren Sie die Codes 0 und 5 als Antwort auf die Frage *„Wann zuletzt gesehen?"*. Ändern Sie für z das Antwortformat derart, dass z als qualitativ mit (a) ordinaler bzw. (b) metrischer Verschlüsselung anzusehen ist!

Zweidimensionale Urliste und Wertebereich

6.4-4. In Tabelle 2-1 werden die Merkmale x und y in einer einzigen Tabelle mit (2-dimensionalen) absoluten Häufigkeiten 303, 192, 2 bzw. 6 kombiniert.

Fragen: Wie sieht der Wertebereich für die (x, y)-Kombinationen aus? Wie sah die zugrunde liegende *„zweidimensionale"* geordnete Urliste in etwa aus?

Erschöpfende und überschneidungsfreie Klassen; Code 0

6.4-5. *Fragen:* Welche Menge gibt den Wertebereich der Variablen v2 (Altersklasse) wieder, insofern Tabelle 6-1 darüber Aufschluss gibt? Erfüllt die entsprechende „Klassierung" die Bedingungen einer Zerlegung nach Kap. 4.2? Wie ist „0" als mögliche Ausprägung von v2 wohl zu interpretieren?

Antwortformat variieren

6.4-6. *Aufgabe:* Wählen Sie die am besten passende Skala für die Variablen v1, v2, v3, v5 bis v7 der Tabelle 6-1 (abgesehen von der Kategorie *„Missing"* für v7). Formulieren Sie für die Frage zur Variablen v2 (*„What is your Age?"*) alternative Antwortformate, derart dass v2 als (a) durchweg qualitativ mit ordinaler Verschlüsselung bzw. annähernd als (b) metrisch anzusehen ist!

7 Häufigkeitsverteilungen

Lernziele

- Sie können für eine Variable mit nicht allzu vielen Ausprägungen die „Häufigkeitsverteilung" korrekt tabellieren und interpretieren.
- Sie können mit „absoluten, relativen, prozentualen bzw. kumulierten Häufigkeiten" angemessen arbeiten.
- Sie können eine Variable mit relativ vielen Ausprägungen durch angemessene „Klassierung" für eine Häufigkeitsanalyse fit machen.
- Sie verstehen die „Kreuztabelle" als kombinierte Häufigkeitsverteilung für 2 Variablen mit nicht allzu vielen Ausprägungen. Sie erkennen die eindimensionalen Verteilungen an den Rändern der Tabelle. Sie können mit den „Spaltenprozenten" der „bedingten Häufigkeitsverteilung" zu einer fixen Kategorie der horizontal ausgelegten Variablen umgehen.
- Sie können aus den üblichsten grafischen Darstellungen einer Häufigkeitsverteilung die richtige(n) in Abhängigkeit der Skala wählen und interpretieren. Sie können den „Modus" im Balkendiagramm erkennen.

7.1 Wie beschreibt man eine eindimensionale Häufigkeitsverteilung?

Statistische Daten zu einem bestimmten Merkmal liegen nach einer Befragung (Erhebung) erst einmal in einer unsortierten Form vor. Es stellt sich also die Frage: „Wie bekomme ich meine Daten in eine sortierte und aussagekräftige Form, so dass ich mit diesen arbeiten kann?" In diesem Kapitel geht es darum, die erhobenen Daten für eine weitere Analyse „urbar zu machen", d. h. sie in einer Häufigkeits- oder Frequenzverteilung darzustellen, zunächst mit jeweils einer Variablen (eindimensional) und dann in Bezug auf 2 Variablen zugleich (zweidimensional). Ein Sonderfall ist die klassierte Verteilung, dort wird zur Vereinfachung der Auswertung eine Vielzahl von (quasi)stetig variierenden Werten durch Klassierung, oder Klassenbil-

Die Rohdaten urbar machen

dung, übersichtlicher gemacht. Für diese Fälle erläutern wir die verschiedenen Typen von Häufigkeiten, die in einer Häufigkeitstabelle vorkommen können.

7.1.1 Kontext: Häufigkeiten sind so alt wie der zählende Mensch

Im ZEIT-LEXIKON (2005) heißt es: „**Häufigkeit**, *Stochastik:* die Zahl *m* (**absolute H.**), die angibt, wie oft ein bestimmtes Merkmal bei *n*-maliger Möglichkeit seines Eintreffens (bei *n*-maliger Messung) auftritt; der Quotient *m/n* ist die **relative H.** dieses Ereignisses." Es hat in der Entwicklungsgeschichte der menschlichen mathematischen Fähigkeiten wohl lange gedauert, bevor es zu solch einer allgemeinen und umfassenden Beschreibung kommen konnte.

Dass einem vor Tabellen nicht schwindlig wird!

In den ersten Schritten der Datenaufbereitung und -Auswertung tauchen fast ausnahmslos Häufigkeitstabellen auf. Dabei ist es nicht immer leicht, das richtige Maß der Dinge zu finden. Zum Beispiel kann der arglose Endnutzer der statistischen Ergebnisse mit einer Überdosis an unmotivierten, schlecht strukturierten und zusammenhanglosen Häufigkeitstabellen so richtig überdonnert werden. In solchen Fällen wird man gerade die eine Tabelle „die man wirklich braucht" gar nicht finden: Entweder ist sie im Dschungel der absoluten und relativen Häufigkeiten gar nicht zu erkennen, oder sie stellt gerade eine der wenigen Tabellen dar, welche zufällig *nicht* ausgedruckt wurden. Unter Umständen gibt es zu den vorhandenen Häufigkeitstabellen nicht mal einige visuell unmittelbar ansprechende Grafiken!

Die ersten Fragen, welche man sich bei der Auswertung von Rohdaten stellen sollte, sind:

- „Welche Häufigkeitstabellen brauche ich auf jeden Fall für eine Übersicht der erhobenen Daten und welchen Zweck haben sie?"

- „Auf welche Eigenheiten sollte ich bei deren Gestaltung achten?"

Das Auflisten von Häufigkeiten, nach denen gewisse Variablenwerte oder Merkmalsausprägungen unter einer Menge von n gezählten oder beobachteten Personen, Gegenständen oder sonstigen Fällen eintreffen, stellt eine uralte Beschäftigung des denkenden und handelnden Menschen dar. Häufigkeitstabellen haben womöglich die Entwicklung von Zahlensystemen und bestimmten Grundrechenarten entscheidend gefördert, vgl. MCLEISH (1991, Ch. 3) und FISCHER (1999, p. 97). Bei McLeish heißt es:

Wie beschreibt man eine eindimensionale Häufigkeitsverteilung?

7.1

„*The economical need for carefully registering (accounting, bookkeeping) amounts of wine, olive oil and other products (or areas of cultivated land) contained in clay pots or containers urged the rise of the first ‚literature' in the world (not even reserved to religion and priests), that of cuneiform tokens which developed into a written form of the Sumerian language (since 3100 before Christ) and, by the way, also stimulated the Sumerians to invent the first positional number system, using numbers to the base 60: e.g.* **3, 1; 5** *meant* 3*60 + 1 + 5/60 = 181 *plus* 1/12 ≈ 181,0833. *The Sumerians lived in Mesopotomia from the 4th to the 2nd Millenium before Christ and the only thing they really missed in developing a number system was the zero*[1].*"*

7.1.2 Beispiel einer eindimensionalen Häufigkeitsverteilung

Betrachten wir hier als Beispiel die Antworten auf die Frage „Hätten Sie Interesse daran ein Semester im Ausland zu verbringen?" unter den 49 Befragten aus der Stichprobe der „Business-English-Studenten", die in Deutschland leben (vgl. Tabelle 6-1). Dabei gehen wir zunächst von den Rohdaten für *alle* 56 Befragten aus, für die es laut folgender Urliste 7 unterschiedliche Ausprägungen gab, siehe Tabelle 7-1 (Code - steht für „systemdefinierte fehlende Daten": hier wurde die Frage nicht mal gestellt). Unterscheiden Sie sorgfältig zwischen dem Symbol n für die Fallzahl (n = 56) und dem Symbol m für die Anzahl der verschiedenen Werte oder Kategorien zur statistischen Variablen „ExchProp" (Einstellung, oder Disposition, zum Auslandssemester; m = 7).

In Tabelle 7-1 wird hinter der Nummer des Falles („ID-Nr.") der jeweilige Wert der Variablen „ExchProp" durch das Wertelabel wiedergegeben[2]:

---

[1] Die wirtschaftliche Notwendigkeit einer sorgfältigen Registrierung (Rechnungslegung, Buchhaltung) der in den Tongefäßen oder Behältern enthaltenen Produktmengen an Wein, Olivenöl usw. (oder der bebauten Flächen) ließ die erste „Literatur" auf der Welt entstehen. Diese Literatur war nicht mal der Religion oder den Priestern vorbehalten. Als „Keilschriftliteratur" hat sie sich zu einer schriftlichen Form der Sumerischen Sprache herausgebildet (seit 3100 vor Christi Geburt) und die Sumerer, nebenbei, auch zur Erfindung des ersten positionellen Zahlensystems verholfen und zwar mit Zahlen zur Basis 60. So bedeutete **3, 1; 5** etwa 3*60 + 1 + 5/60 = 181 plus 1/12 ≈ 181,0833. Die Sumerer lebten in Mesopotamien vom 4.en bis zum 2.en Jahrtausend vor Christi Geburt und das einzige was ihnen zur Entwicklung eines Zahlensystems noch fehlte war die Null.

[2] „ExchProp" (exchange propensity) ist die Variable zur Frage „*Would you be willing to spend a semester abroad?*", von der Fälle mit dem Code - („nicht in D") ausgeschlossen waren! Für die 49 befragten Fälle entspricht Keine Angabe (*missing*) dem Code 0! Auf English lauteten die Antwortmöglichkeiten: (Code 1) *Does not apply (I am spending a semester abroad just now or already did so)*; (Code 2) *No way!*; (Code 3) *Perhaps, but not before I finish my studies here*; (Code 4) *It depends on circumstances*; (Code 5) *Almost surely*; (Code 6) *Absolutely surely, I am going to do it!*

7 Häufigkeitsverteilungen

Urliste

Tabelle 7-1. *Urliste zur Variablen „ExchProp", für die ursprüngliche Stichprobe von 56 Befragten (n = 56)*

1) Kommt darauf an	2) Trifft nicht zu	3) Kommt darauf an
4) Kommt darauf an	5) Vielleicht	6) Kommt darauf an
7) Vielleicht	8) Vielleicht	-
10) Kommt darauf an	11) Kommt darauf an	12) Kommt darauf an
-	14) Kommt darauf an	15) Vielleicht
16) Auf keinen Fall!	17) Kommt darauf an	18) Vielleicht
19) Nahezu sicher	20) Kommt darauf an	21) Kommt darauf an
22) Kommt darauf an	23) Nahezu sicher	24) Vielleicht
-	-	27) Kommt darauf an
28) Vielleicht	29) Nahezu sicher	30) Vielleicht
31) Absolut sicher	32) Kommt darauf an	33) Vielleicht
34) Kommt darauf an	35) Nahezu sicher	36) Trifft nicht zu
37) Kommt darauf an	38) Keine Angabe	39) Vielleicht
40) Auf keinen Fall!	41) Kommt darauf an	-
-	44) Absolut sicher	45) Kommt darauf an
46) Kommt darauf an	47) Auf keinen Fall!	48) Kommt darauf an
49) Kommt darauf an	50) Kommt darauf an	51) Nahezu sicher
52) Kommt darauf an	53) Absolut sicher	-
55) Kommt darauf an	56) Vielleicht	

Von der Urliste bis zur Häufigkeitstabelle

Um diese Daten übersichtlich darzustellen und im Computer aufzubereiten, sollten (1) die relevante Teilstichprobe zur weiteren Analyse bestimmt, (2) die Daten in Zahlen umgesetzt sowie (3) in eine zusammenfassende Tabelle eingetragen werden (vgl. Kap. 6.2).

Die 7 Fälle, für die zur Zeit der Befragung nicht mit Sicherheit bekannt war, dass sie in Deutschland lebten, sind zunächst zu entfernen bzw. außer Betracht zu lassen. In der Urliste betrifft dies Fall 25, für den der Wohnort nicht auszumachen war, und die 6 Austauschstudenten mit den Nummern 9, 13, 26, 42, 43 und 54. Für die verbleibende Teilstichprobe von 49 Befragten (n = 49) sind nun die Wertelabels, gemäß Fußnote 2, durch Zahlen oder *Codes* zu ersetzen. Die Anzahl der unterschiedlichen Werte bleibt dabei un-

7.1 Wie beschreibt man eine eindimensionale Häufigkeitsverteilung?

verändert (m = 7). Die Daten fasst man schließlich pro Antwortkategorie bzw. Code zusammen, unter Angabe der jeweiligen Häufigkeit der Fälle mit der gleichen Antwort. Bei diesen Umformungen dient die Manipulation der Wertelabels und Codes bloß einem technischen Zweck, während es statistisch auf die übersichtliche Zusammenfassung der „eindimensionalen Daten", d. h. der Antworten zu genau einer Variablen, ankommt.

Das Ergebnis ist eine so genannte **Häufigkeitsverteilung** *(frequency distribution)*, hier in der Form einer eindimensionalen **Häufigkeitstabelle** *(one-way table)*. Darin sind zunächst im Vergleich zur Urliste keine Informationen verloren gegangen, abgesehen von der genauen Zuordnung der Antworten zu den Fällen. Vergleichen Sie dazu Tabelle 7-1 mit der folgenden Tabelle!

Tabelle 7-2. Einstellung (Disposition) zum Auslandssemester („ExchProp") für die Teilstichprobe der 49 in Deutschland lebenden Befragten (n = 49)

Häufigkeitstabelle

Wert (Wertelabel)	Code (j)	Anzahl (f_j)	%-Anteil (h'_j)
Keine Angabe *(missing)*	0	1	2,0
Trifft nicht zu	1	2	4,1
Auf keinen Fall!	2	3	6,1
Vielleicht, aber nach dem Studium	3	11	22,4
Kommt darauf an	4	24	49,0
Nahezu sicher	5	5	10,2
Absolut sicher	6	3	6,1
Summe		49	100,0

Beachten Sie in der obigen Tabelle den Code 0 für eine **fehlende Antwort** (Keine Angabe); dies betrifft nach Tabelle 7-1 einzig und allein den Fall 38. Abgesehen von den Codes 0 und 1 (die man als *ungültig* ansehen kann) können die Antworten zur Variablen „ExchProp" nach zunehmend positiver Einstellung zu einem Auslandssemester angeordnet werden. Daher werden auch die Zeilen der Tabelle in dieser sachlogischen Reihenfolge angeordnet. (Die Codes 0 und 1 kann man aber auch in den untersten Zeilen aufnehmen.) Die Codes j, die in Tabelle 7-2 von 0 bis m – 1 = 6 laufen (m = 7), sind nicht nur nützlich als computergerechte Platzhalter für die 7 möglichen Antworten, sondern auch als Werte des Laufindex j zur Kennzeichnung der entsprechenden **absoluten Häufigkeit** f_j *(frequency;* Spalte „Anzahl"). So gibt es $f_1 = 2$ Fälle mit der Antwort „Trifft nicht zu" (Code 1) und $f_2 = 3$ Fälle mit

7 Häufigkeitsverteilungen

„Auf keinen Fall!" (Code 2). Zusammen mit den ungültigen Werten j = 0 und 1 durchläuft der Laufindex hier die Zahlen 2, 3, 4, 5 bis 6 (so dass j = 0, ..., 6).

Bezogen auf die Summe n aller betrachteten Fälle wird auch die **relative Häufigkeit** (*relative frequency*)

Relative Häufigkeit

$$h_j = \frac{f_j}{n}$$

für Antwort j berechnet, d. h. der relative Anteil der Antwortkategorie j unter den insgesamt n Antworten (hier n = 49). Für die verschiedenen Werte insgesamt bilden die h_j die relative Häufigkeitsverteilung (*relative frequency distribution*). Mit relativer Häufigkeit $h_2 = \frac{f_2}{n} = \frac{3}{49} = 0{,}0612$ gibt es die Antwortkategorie 2, d. h. in ca. 6,1 % der Fälle. Statt als Bruchzahl ($0 \leq h_j \leq 1$) wird die relative Häufigkeit oft als **prozentuale Häufigkeit** (*percentage*)

Prozentuale Häufigkeit

$$h'_j = 100 * h_j = 100 * \frac{f_j}{n}$$

wiedergegeben (Spalte „%-Anteil"; $0 \leq h'_j \leq 100\%$), so dass die prozentuale Häufigkeitsverteilung (*percentage distribution*) entsteht (j = 0, ..., m – 1)!

Mit oder ohne ungültige Werte?

Häufig ist eine praktische Entscheidung über die Basis der relativen Häufigkeitsberechnungen erforderlich: Soll man nur die gültigen x-Werte einbeziehen oder auch ungültige wie „Keine Angabe" oder „Trifft nicht zu"?

7.1.3 Grafiken und Berechnungen zur Häufigkeitsverteilung

Die grafische Darstellung von eindimensionalen Häufigkeitsverteilungen ist grundsätzlich nach der zutreffenden oder gewählten Skala zu unterscheiden (vgl. Kap. 6.3). Eine diesbezügliche Fallunterscheidung gibt es im folgenden Schema, das anschließend an Beispielen erörtert wird. Dabei können für verschiedene Beispiele unterschiedliche zusätzliche Berechnungen anfallen!

Im Schema gibt es Fall (1) für qualitative Variablen ohne zwingende Reihenfolge der Antworten (nominale Skala). Fall (2) ist typisch für qualitative Variablen mit ordinaler Verschlüsselung, Fall (3.1) dagegen für qualitative Variablen mit metrischer Verschlüsselung. Fall (3.2) und Fall (3.3) sind typisch für quantitative Variablen und zwar (3.2) für eine „klassierte Version" einer ursprünglich metrisch skalierten Variablen, siehe Kap. 7.2, bzw. (3.3) für eine metrische Variable, siehe Kap. 8 und 9. (Durch Klassierung wird eine quantitative Variable qualitativ!)

Wie beschreibt man eine eindimensionale Häufigkeitsverteilung? | **7.1**

Wahl der Grafik. *Fallunterscheidung nach der Skala*
Hinweis: In den Fällen 1 und 2 sollte die Variable nicht zu viele Ausprägungen haben, damit die Darstellung übersichtlich und die Interpretation möglichst einfach bleibt.

Häufigkeitsverteilungen grafisch

1. Für eine **nominal** skalierte Variable:
   Vorrangig ein „Kreisdiagramm", oder „Kuchendiagramm (*pie chart*)", mit relativen Häufigkeiten in beliebiger Reihenfolge; für eine angemessene Interpretation muss die Fallzahl n erwähnt werden!

2. Für eine **ordinal** skalierte Variable:
   Vorrangig ein horizontal ausgerichtetes „Balkendiagramm (*bar chart*)" oder „Stabdiagramm" mit absoluten oder relativen Häufigkeiten, wobei die Balken in der gleichen Reihenfolge wie die sachlogisch angeordneten Kategorien erscheinen; bei relativen Häufigkeiten ist n zu erwähnen!

3. Für eine **metrisch** skalierte Variable (bzw. ordinal skaliert mit metrischer Verschlüsselung) je nach Handhabbarkeit der Anzahl der Ausprägungen:

   - (3.1) Wie unter Punkt 2, aber mit vertikal ausgerichteten Balken oder Stäben, d. h. mit Säulen: „Säulendiagramm (*column chart*)";

   - (3.2) Wie unter Punkt 2 mit vertikal ausgerichteten Balken, aber erst nach „Klassierung";

   - (3.3) Methoden für nahezu stetige (zumindest quasi-stetige) Variablen mit relativ vielen Ausprägungen, z.B. ein „Häufigkeitspolygon" oder eine Grafik der „Summenhäufigkeitsfunktion".

   Als Alternative zum Säulendiagramm bietet sich für (3.1) und (3.2) das „Histogramm" an, siehe §7.2.4. Die Summenhäufigkeitsfunktion stellt sich für (2), (3.1) und (3.2) als „Treppenfunktion" dar, siehe §7.2.5.

7.1.3.1 Beispiel einer nominal skalierten Variablen

Das erste Beispiel betrifft eine schematische Aufteilung der ursprünglichen Stichprobe der „Business-English-Studenten" (vgl. Tabelle 6-1; n = 56) und zwar unter dem Gesichtspunkt der reinen Verfügbarkeit und Interpretierbarkeit einer gültigen Antwort zur Variablen „ExchProp". Als gültig werden die Codes 2 bis 6 angesehen, in allen anderen Fällen gibt es keine gültige Antwort (siehe Tabelle 7-2). Die folgende Beschreibung dient lediglich einer quantitativen Übersicht über die Befragten, für die es verwertbare Informationen in Bezug auf die Einstellung zum Auslandssemester gibt! Die entsprechende „Hilfsvariable Stichpro" hat die folgenden Kategorien (m = 4):

7 Häufigkeitsverteilungen

- „Keine Angabe" (zur Frage zur Einstellung zum Auslandssemester),
- „Trifft nicht zu" (zur Frage zur Einstellung zum Auslandssemester),
- Verwertbare Antwort „Einstellung Ausland" (d. h. zum Auslandssemester; irgendeine gültige Antwort),
- „Lebt nicht in Deutschland" (oder wenigstens ist darüber nichts bekannt; der Befragte gehört nicht eindeutig zur Zielgesamtheit, oder Teilstichprobe, der in Deutschland lebenden Studenten).

Die so definierte Variable „Stichpro" kann man nur nominal skalieren, da die sachlogische Reihenfolge der gültigen Antworten zur Variablen „ExchProp" in die pauschale dritte Kategorie aufgegangen ist! Die entsprechende Tabelle 7-3 wird zum Teil durch Abb. 7-1 widerspiegelt; zum Teil heißt, dass zumindest die relativen Anteile als Flächenanteile sichtbar sind.

Häufigkeitstabelle zu einer nominalen Variablen

Tabelle 7-3. *Verfügbarkeit und Interpretierbarkeit einer gültigen Antwort zu „ExchProp" (zu „ExchProp" gehörende Hilfsvariable „Stichpro", n = 56)*

Wertelabel (Code j)	Anzahl (f_j)	%-Anteil (h'_j)
■ Keine Angabe (0)	1	1,8
■ Trifft nicht zu (1)	2	3,6
■ Verwertbare Antwort „Einstellung Ausland" (2)	46	82,1
■ Lebt nicht in Deutschland (3)	7	12,5
Summe	56	100,0

Kreisdiagramm: Verhältnis der Flächen nach den relativen Häufigkeiten

Zur Tabelle 7-3 gehört die grafische Darstellung eines Kreisdiagramms. Im Kreisdiagramm wird der gesamte Kreis nach den verschiedenen Kategorien in m Tortenstücke aufgeteilt (hier gibt es m = 4 Segmente für n = 56 Fälle), siehe die nachfolgende Abb. 7-1. Diese Darstellung bringt im Verhältnis der Flächen relative Unterschiede zum Ausdruck: Jede Fläche ist proportional zur entsprechenden relativen Häufigkeit h_j. Gegen den Uhrzeigersinn, angefangen bei der positiven y-Achse, gibt es in Abb. 7-1 j = 0, ..., 3; die Reihenfolge ist aber unerheblich. So umfasst die Kategorie „Nicht in D" den Anteil

$$h_3 = \frac{12{,}5}{100} = \frac{1}{8}$$

des Kreises. Der Mittelpunktswinkel α_j eines Kreissegments wird durch die Multiplikation der relativen Häufigkeit mit 360° ermittelt:

7.1 Wie beschreibt man eine eindimensionale Häufigkeitsverteilung?

$$\alpha_j = h_j * 360°,$$

so dass es für „Nicht in D" (Code j = 3) den Mittelpunktswinkel $\alpha_3 = 45°$ gibt. Bei Verwendung eines Statistikprogramms braucht man die Formel für α_j aber weniger als die generelle Einsicht, dass die Größe des Tortenstücks den relativen Anteil einer Ausprägung an den gültigen Antworten widerspiegelt: je größer die Fläche, desto häufiger die Antwort!

Abbildung 7-1. Kreisdiagramm zu „Stichpro": (Un)Gültige Antwort zur Einstellung zum Auslandssemester (n = 56)
Hinweis: Die 4 Kreissegmente oder Tortenstücke sind im Uhrzeigersinn ab „Nicht in D" (Code 3; dunkelgrau) bis „Keine Angabe" (0; weiß) angeordnet.
Weißes Segment (links von der positiven y-Achse): Fehlende Daten.

Kreisdiagramm

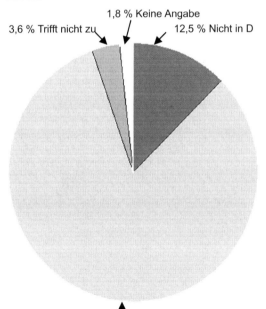

Weitere Berechnungen fallen hier nicht an, bis auf die Feststellung, dass in der ursprünglichen Stichprobe die Mehrzahl der Befragten (82,1 %) aus den in Deutschland lebenden Studenten mit einer gültigen Antwort besteht: Für die zugrunde liegende Frage war die „gültige Rücklaufquote" ca. 4 aus 5. Diese Interpretation sagt hier wohl mehr aus als die ebenfalls zutreffende Bezeichnung der Kategorie „Einstellung Ausland" als „Modalwert", eine

7 Häufigkeitsverteilungen

Kennzahl, die wir bald im Kap. 8 als die häufigste Kategorie kennen lernen. Kombiniert mit n = 56 erkennt man am Kreisdiagramm, dass es nur sehr wenige Befragte gibt mit der Antwort „Keine Angabe" bzw. „Trifft nicht zu".

Andere Variablen aus der gleichen Befragung, die man auf ähnliche Art darstellen kann, sind „Geschlecht" (dichotom: männlich oder weiblich) und „Ethnische Herkunft" (schwarz, asiatisch, weiß, „Latino" bzw. „sonstige"). Offensichtlich ist ein Kreisdiagramm für eine Variable wie „Geschlecht" häufig nicht ausreichend informativ, wenn die Angabe der Fallzahl n fehlt.

Wegen der Kategorien „Keine Angabe" (Code 0) bzw. „Trifft nicht zu" (Code 1) kann die Variable „ExchProp" der Tabelle 7-2 zunächst nur nominal skaliert werden. Im folgenden Abschnitt formen wir sie durch Weglassen der Fälle mit ungültigen Codes und durch eine knappe Gruppierung der übrigen Codes in eine aussagekräftige, ordinal skalierte Variable um!

7.1.3.2 Beispiel einer ordinal skalierten Variablen

Wir fokussieren nun auf die 49 in Deutschland lebenden Studenten; den 7 im Ausland lebenden Studenten wurde die Frage zum Auslandssemester nicht mal vorgelegt. Das zweite Beispiel betrifft die noch etwas kleinere Teilstichprobe der 46 Befragten mit einer klaren Stellungnahme, d. h. ohne die 3 Fälle mit der Antwort „Keine Angabe" oder „Trifft nicht zu". Diese Antworten werden als ungültige Daten behandelt! Die 5 Kategorien 2 bis 6 der Tabelle 7-2 werden auf 3 neue, gültige Werte reduziert (m = 4).

---

7 Codes auf 4 Codes reduziert

Umcodierung *bis hin zur „verkürzten Form" der Variablen „ExchProp"*

- Codes 0 (Keine Angabe) und 1 (Trifft nicht zu) → „Ungültig" (neuer Code 0)
- Codes 2 (Auf keinen Fall!) und 3 (Vielleicht) → „Eher nicht" (neu 1)
- Code 4 (Kommt darauf an) → „Kommt darauf an" (neu 2)
- Codes 5 (Nahezu sicher) und 6 (Absolut sicher) → „Eher wohl" (neu 3)

Unter Einbeziehung der ungültigen Daten gibt es zwar brutto n = 49 Fälle, aber die netto Fallzahl, die zum Zwecke der statistischen Auswertung verwendet wird, beträgt n = 46. Die netto Fallzahl kann im Allgemeinen pro Variable variieren, da sie von der Anzahl der gültigen Antworten abhängt!

Dem Umcodierungsschema entsprechend fehlen in der nachfolgenden Häufigkeitstabelle, zugunsten der Übersichtlichkeit, die genaueren Details der Tabelle 7-2. Zum einen werden ungültige Antworten zwar erwähnt, aber in den Häufigkeitsberechnungen ignoriert: Die Häufigkeiten beziehen sich auf

Wie beschreibt man eine eindimensionale Häufigkeitsverteilung?

die Teilstichprobe mit n = 46 gültigen Fällen. Zum anderen wird in der verkürzten Darstellung mit nur 3 gültigen Antwortkategorien auf die vorherige Differenzierung nach den Kategorien „Auf keinen Fall" und „Vielleicht" (→ „Eher nicht"), bzw. „Nahezu sicher" und „Absolut sicher" (→ „Eher wohl") verzichtet.

Tabelle 7-4. Häufigkeitsverteilung zur verkürzten Variablen „ExchProp" (n = 49)

Wertelabel (neu)	Code (j)	Anzahl (f_j)	%-Anteil von „gültig" (h'_j)	Kumulativer %-Anteil von „gültig" (H'_j)
■ Ungültig	0	3	-	-
■ Eher nicht	1	14	30,4	30,4
■ Kommt darauf an	2	24	52,2	82,6
■ Eher wohl	3	8	17,4	100,0
Summe		49	100	

Häufigkeitstabelle zu einer „verkürzten" ordinalen Variablen

Die prozentualen Häufigkeiten der Spalte „%-Anteil (von ‚gültig')" werden auf ähnliche Art berechnet wie zuvor, jetzt aber bezogen auf die 46 gültigen Fälle.

Da die für die relativen Häufigkeiten verbliebenen 3 Kategorien einer sachlogischen Reihenfolge entsprechen (nämlich einer zunehmend positiven Einstellung zum Auslandssemester), ist die verkürzte Variable als ordinal (skaliert) anzusehen. Wegen dieser Anordnung bietet sich eine weitere Spalte mit den so genannten **kumulierten relativen Häufigkeiten** (*cumulative relative frequencies*) an, welche ebenfalls auf die 46 gültigen Fälle beschränkt wird. Dabei bedeutet

Addiert man die relativen Häufigkeiten der Reihe nach, so ergeben sich kumulierte relative H.

■ $H_1 = h_1 = 0,304$ der relative Anteil der Fälle mit Antwortcode ≤ 1,

■ $H_2 = h_1 + h_2 = 0,826$ der relative Anteil der Fälle mit Antwortcode ≤ 2,

■ $H_3 = h_1 + h_2 + h_3 = 1,0$ der relative Anteil der Fälle mit Antwortcode ≤ 3.

Der zweite kumulative Anteil $H_2 = 0,826$ etwa kann durch die Aussage umschrieben werden, dass 82,6 % der gültigen Fälle nicht oder nur zögernd einen Auslandsaufenthalt anstreben würden (man kann $H_0 = h_0 = 0,0$ setzen).

„Kumulation" bedeutet Anhäufung und zwar mit zunehmender Zahl der Fälle, falls diese (wie hier) sinnvoll nach zunehmendem Wert der Variablen

7 Häufigkeitsverteilungen

angeordnet werden können. Die Skala muss also zumindest ordinal sein. Es werden die Häufigkeiten zu den geordneten Variablenwerten einfach der Reihe nach addiert. Wie bei den relativen Häufigkeiten h_j definiert man die kumulierten relativen Häufigkeiten H_j zunächst als kumulativen *Anteil*, d. h. als Bruchzahl oder Dezimalzahl. Man kann die Ergebnisse in beiden Spalten aber auch als Prozentzahl schreiben (vgl. Kap. 2.3).

So gibt es in Tabelle 7-4, an Stelle von kumulierten Häufigkeiten H_j, in der Spalte „Kumulativer %-Anteil" **kumulierte prozentuale Häufigkeiten**

$$H'_j = H_j * 100\ \%\quad (j = 1, \ldots, m - 1;\ \text{hier}\ j = 1, 2, 3;\ j = 0\ \text{ungültig}).$$

Abgesehen von einer Antwortkategorie $j = 0$ („ungültig"), errechnen sich für $m - 1$ gültige Antwortkategorien die kumulierten prozentualen Häufigkeiten (*cumulative percentages*) nach der Formel

Kumulierte prozentuale Häufigkeit

$$H'_j = h'_1 + \ldots + h'_j\quad (j = 1, \ldots, m - 1;\ m > 1;\ j = 0\ \text{ungültig}),$$

wobei immer $H'_1 = h'_1$ gilt, sowie $H'_{m-1} = 100\ \%$ für die höchste Kategorie. Wenn j ohne die Kategorie „ungültig" von 1 bis m läuft, so gilt $H'_m = 100\ \%$:

$$H'_j = h'_1 + \ldots + h'_j\quad (j = 1, \ldots, m;\ \text{keine ungültigen Werte})$$

Jede ordinale Variable genügt automatisch auch einer nominalen Skala, so dass die Verfahren von §7.1.3.1 im Prinzip anwendbar wären. In der Regel möchte man aber die sachlogische Reihenfolge der Antwortkategorien ausnutzen, z. B. durch Verwendung der kumulierten Häufigkeiten[3]. Als grafische Darstellung passt zu den Anzahlen (oder Anteilen) der Tabelle 7-4 das Balkendiagramm der Abb. 7-2, in der man die Reihenfolge der Variablenwerte leichter erkennt als im Kreisdiagramm.

Es werden die 3 Wertelabels auf der y-Achse eingetragen und die zugehörige Anzahl, sprich die absolute Häufigkeit der Ausprägung, auf der x-Achse, welche die Länge des Balken (des Stabes) bestimmt. Der Wert oder die Kategorie mit dem längsten Balken kommt (absolut) am häufigsten vor („Modus" oder „Modalwert", siehe Kap. 8.1). Die Stabbreite und die Entfernung zwischen den Stäben spielen statistisch keine Rolle.

Ersetzt man die absoluten Häufigkeiten durch relative bzw. prozentuale Häufigkeiten, so ändern sich die Verhältnisse zwischen den Balkenlängen nicht. Der nicht-negative Wertebereich auf der x-Achse wird entsprechend durch eine Teilstrecke im Intervall [0, 1] bzw. [0, 100] ersetzt (für Anteile bzw. %-Anteile). Solange auch n abgebildet wird oder wenigstens bekannt ist, bieten die unterschiedlichen Formen des Balkendiagramms den gleichen Informationsgehalt.

---

[3] Auf die grafische Darstellung der kumulierten Häufigkeiten mittels einer „Treppenfunktion" werden wir erst in §7.2.5 eingehen.

Wie beschreibt man eine eindimensionale Häufigkeitsverteilung?

7.1

Abbildung 7-2. *Balkendiagramm zur verkürzten Variablen „ExchProp":* *absolute Häufigkeiten bezogen auf n = 46 gültige Antworten*
Hinweis: Die 3 Balken sind von oben bis unten in der Reihenfolge der gültigen Codes (j = 1, 2, 3) angeordnet.

Balkendiagramm

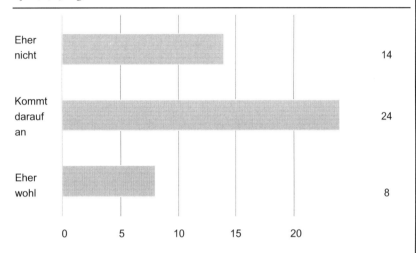

Typisch ordinale Variablen, die man auf ähnliche Art darstellen kann, entstehen aus **Fragen mit gestuften Antwortmöglichkeiten** (*rating scales*). In der gleichen Befragung wie oben wurde z.B. danach gefragt, wie man seine Englischkenntnisse[4] einschätzt. Dazu gab es eine Reihe von *Radio Buttons* oder Knöpfe, so dass jeweils nur eine Antwort angeklickt werden konnte. (Stehen dagegen mehrere Antworten zur Wahl - sind „Mehrfachnennungen" erlaubt -, so werden in der Regel *Check Boxes*, d. h. Checkboxen zum Abhaken, verwendet.) Die Buttons waren mit der Notenskala 6, 5, 4, 3, 2, 1 versehen, mit Beschriftungen zu den Extremen: „Überhaupt nicht" (*„Not at all"*) für 6 bzw. „Perfekt" (*„Perfectly"*) für 1. Je kleiner die Zahl, desto besser!

---

[4] Die Frage war allgemein „Inwieweit können Sie sich in den folgenden Sprachen mündlich ausdrücken?" (*„To what extent can you talk in the following languages?"*)

Häufigkeitsverteilungen

7.1.3.3 Für metrisch skalierte Variablen eignet sich die Häufigkeitstabelle in der Regel nicht!

Zu viele signifikante Ziffern und schon verliert man sich in Häufigkeiten zu einzelnen Werten!

Jede metrische Variable genügt automatisch auch einer ordinalen Skala, so dass die Verfahren von §7.1.3.2 im Prinzip anwendbar wären. In der Regel sind aber die vorkommenden Ausprägungen einer solchen Variablen so zahlreich, dass sich eine Darstellung der Daten durch Häufigkeitstabelle oder Balkendiagramm (Säulendiagramm) nicht lohnt. Triviale Beispiele sind eine sehr genau bestimmte Altersverteilung der Befragten (etwa in Monaten) oder eine sehr genau bestimmte Jahresumsatzverteilung der untersuchten Unternehmen. Es kommt hier nicht auf die Anzahl der Nachkommastellen an, sondern vielmehr auf die Anzahl der signifikanten Ziffern (vgl. Kap. 2.3); so ist die Wiedergabe „3245 Millionen" genauer als „3,2 Milliarden"! In der Praxis werden metrische Variablen in der Regel über Klassenbildung vereinfacht („Klassierung", siehe Kap. 7.2) oder mit „stetigen Methoden" analysiert, d. h. mit Methoden für nahezu stetige Variablen, siehe Kap. 8 und 9!

Säulendiagramm

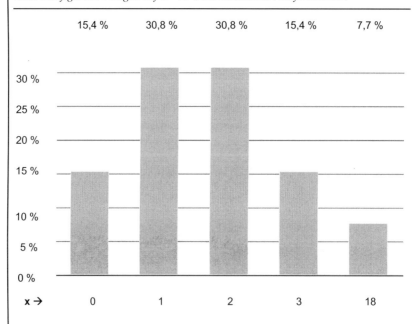

Abbildung 7-3. Säulendiagramm zur Variablen x = „Jahresgesamtumsatz": prozentuale Häufigkeiten bezogen auf n = 13 „Umsatzklassen (Größenklassen)"

Wenn eine nahezu metrische Variable nur wenige Werte aufweist, so ist die interessanteste Frage in der Regel nicht, wie die Verteilung in der entsprechenden Häufigkeitstabelle genau aussieht, sondern warum es überhaupt zu

Gruppierung und Klassierung — **7.2**

einer solchen diskreten Verteilung gekommen ist. Betrachten Sie etwa obiges Säulendiagramm zu den gesamten Jahresumsatzwerten für n = 13 statistische Untersuchungseinheiten. Die geringe Fallzahl trägt sicherlich zum diskreten Aussehen der Grafik bei. Dennoch sind die wichtigsten Fragen:

- „Auf welche statistischen Einheiten beziehen sich die prozentualen Häufigkeiten?"
- „In welchen Maßeinheiten (nach welchem Maßstab) werden die x-Werte oder Jahresgesamtumsätze dargestellt?"

Auf die Antworten gehen wir in Übung **9.6-2** ein!

7.2 Gruppierung und Klassierung

Bevor die Häufigkeitsverteilung einer statistischen Variablen wiedergegeben wird, erfolgt oft zunächst eine „Umcodierung (*recoding*)" der Daten, um eine übersichtlichere oder in der Praxis als Standard verwendete Maßeinteilung zu erhalten. Dabei unterscheiden wir 2 Verfahren:

- **(Um)Gruppierung** (*regrouping*) der Kategorien einer bereits vorliegenden nominalen oder ordinalen Skala zu einem neuen System mit weniger Kategorien. Durch die entsprechende Umcodierung werden bestimmte Kategorien zusammengelegt (die neuen Codes seien überschneidungsfrei und erschöpfend, vgl. §2.2.1). Ein Beispiel ist der Übergang von Tabelle 7-2 auf Tabelle 7-4 durch Umcodierung der ordinalen Variablen „ExchProp". Die Reihenfolge einer ordinalen Skala wird, wie im Beispiel, in der Regel beibehalten: Es entsteht eine verkürzte ordinale Skala.

    Umgruppierung

- **Klassierung** (*classification* oder auch *grouping*) oder Klassenbildung aus einer Vielzahl von Werten einer quasi-stetigen oder stetigen Variablen, mit einer ursprünglich metrischen Skala. Ein im Prinzip dicht besetzter Wertebereich wird in nicht allzu viele Teilbereiche, meistens Intervalle, unterteilt (gemäß den Bedingungen einer Zerlegung, vgl. Kap. 4.2). Die metrische Skala wird so auf eine ordinale Skala reduziert. Die neuen Kategorien nennen wir **Klassen** (*classes* oder *intervals*). Die ebenfalls geläufige Bezeichnung „Gruppen (*groups*)" möchten wir für Teilgesamtheiten bzw. Teilstichproben vorbehalten. Beispiele klassierter Variablen gibt es etwa in Bezug auf Umsatzklassen, Preisklassen oder Altersklassen, die aus einer Variablen „Umsatz", „Preis" bzw. „Alter" hervorgehen, welche zunächst relativ präzise verzeichnet wird. Es gibt auch klassierte Variablen, wobei von vornherein auf eine präzise Antwort verzichtet und gleich nach der zutreffenden Klasse gefragt wird. Bei empfindlichen Merkma-

    Klassierung: Zerlegung eines (quasi)stetigen Wertebereichs

7

Häufigkeitsverteilungen

len wie etwa dem persönlichen Monatseinkommen fällt u. U. die Rücklaufquote um einiges höher aus, da dem Befragten - durch die Klassierung der Antwortmöglichkeiten - nicht zuviel abverlangt wird.

In §7.2.1 gehen wir auf den Unterschied zwischen der Klassierung einer metrischen Variablen und der „Klassifikation (*classification*)" einer Vielzahl von Ausprägungen in klar definierte Kategorien und Teilkategorien ein. (Im Englischen gibt es hier keine klaren Begriffsunterscheidungen.)

Umgruppierte Kategorien können genau so behandelt werden wie die ursprünglichen Daten (nach Kap. 7.1). Dagegen stellt sich für eine Variable mit relativ vielen Ausprägungen bei der Berechnung und Darstellung von „klassierten Häufigkeiten" (§7.2.2) die Frage nach der Methode der Klassierung, sowie nach der Berücksichtigung von Klassen unterschiedlicher Breite.

7.2.1 Kontext: Klassifikation vs. Klassierung

Klassifikations-systeme

Klassierung ist ein Instrument der statistischen Datenaufbereitung, durch welches eine metrisch skalierte Variable zu einer ordinalen Variablen vereinfacht wird. In der beschreibenden Statistik beziehen sich dagegen „Klassifikationssysteme" oder „Taxonomien (*taxonomic systems*)" vielmehr auf nominale oder ordinale Variablen und haben zum Ziel, für deren Ausprägungen eindeutige und klar geordnete Begriffsbestimmungen festzulegen.

In vielen wissenschaftlichen Disziplinen begegnet man Klassifikationen und Gruppierungen von Konzepten, Verfahren und Daten. In den meisten empirischen Wissenschaften, wie auch in der „amtlichen Statistik (*official statistics*)", gibt es massenweise Tabellen mit gruppierten oder klassierten Daten, sogar da wo man sie am wenigsten erwartet, vgl. GINSBORG (1990) und GINSBORG (2001). Dennoch ist es häufig möglich eine Statistikklausur zu bestehen, ohne einen einzigen Blick auf die Fülle von Daten geworfen zu haben, die durch das Statistische Bundesamt oder die Statistischen Landesämter gesammelt, aufbereitet, ausgewertet und veröffentlicht werden.

Bundesamt für Statistik

Besuchen Sie mal die Homepage (www.destatis.de) des Bundesamts für Statistik und bald verirren Sie sich in ein Dickicht von statistischen Tabellen über Gott und die Welt! Da werden aus wirtschaftswissenschaftlicher Sicht wichtige, bundesdeutsche und länderspezifische Daten zu den volkswirtschaftlichen Gesamtrechnungen - z. B. zum Bruttoinlandsprodukt und zur Bruttowertschöpfung - veröffentlicht, wie auch detaillierte Daten aus den Produktions- und Handelsstatistiken sowie Daten zu Dienstleistungen, Preisen, Löhnen, Gehältern, Finanzen und Steuern. Außerdem sorgen sich das europäische Statistikamt („Eurostat" in Luxemburg) und die statistischen Ämter des Bundes und der Länder um Bevölkerungsstatistiken, Um-

Gruppierung und Klassierung

weltstatistiken, Strukturdaten zu Unternehmen, Daten zur Erwerbstätigkeit und zu Sozialleistungen, und noch um einiges mehr.

Klassifikation bedeutet hier die Benennung, Einteilung und Zuordnung unzähliger möglicher Ausprägungen für nominale Variablen wie „Wirtschaftszweig", „Außenhandelsware" und „Produktionsgut", in der Regel aufgrund einer hierarchisch gegliederten Systematik. Klicken Sie z. B. auf den Destatis-Link „Klassifikationen" und schauen Sie sich über eine weitere Verlinkung die inter- und supranationalen Klassifikationssysteme des diesbezüglichen Eurostat Metadata Servers (http://ec.europa.eu/eurostat/ramon) an: *CPC - Central Product Classification, NACE - General Industrial Classification of Economic Activities, CN - Combined Nomenclature* usw.

Weniger schwindlig wird es einem vielleicht bei Klassifikationen einiger ordinaler Variablen. Zum Thema *Bauen und Wohnen* - unter „Weitere Themen" - etwa veröffentlicht das Bundesamt für Statistik eine Tabelle zur „deutschen *Wohnsituation* für Eigentümer- und Mieterhaushalte". Es werden hier u. a. je nach Größe des Haushalts die prozentualen Anteile der Eigentümer, Hauptmieter und Untermieter wiedergegeben. Die Einteilung der Haushalte nach Haushaltsgröße geschieht über folgende einfache Umgruppierung: Haushalte mit 3 oder mehr Personen werden zu einer Gruppe zusammengelegt, so dass es insgesamt 3 Kategorien gibt (1, 2, ≥ 3 Personen).

7.2.2 Klassierte Häufigkeiten

Wenn die Werte einer nahezu stetigen Variablen x mit relativ vielen Ausprägungen (noch) bekannt sind, sollten auf jeden Fall die Methoden der Kapitel 8 und 9 in Erwägung gezogen werden. Ergänzend kann man Tabellen und Diagramme für eine klassierte Version x_K der ursprünglichen Variablen x verwenden. Falls man aber die originalen x-Werte überhaupt nicht (mehr) kennt, bleibt einem nur die klassierte Variable x_K.

Klassenbildung gibt es schon im Stamm- und Blattdiagramm (Klasse = Stufe)

In §6.2.2 haben wir im Zuge der Darstellung der geordneten Urliste mit dem Stamm- und Blattdiagramm schon eine Form der Klassenbildung kennen gelernt (s. Abb. 6-1 und 6-2). Für die Variable „Mitarbeiterzahl" (x) für (netto) 26 deutsche bzw. 71 niederländische Unternehmen wurden die Klassen als verschiedene Stufen des Stamms festgelegt. So gab es etwa

| 0 | 5 6 7 9 9 | ← Klasse K_2 in Zeile 2 |
| 1 | 0 0 1 3 4 | ← Klasse K_3 in Zeile 3 |

für die deutschen Unternehmen, wobei die Ziffern 0 und 1 in der linken Spalte für die Stufen „0*100" bzw. „1*100" stehen. Die zu einer Stufe gehö-

7 Häufigkeitsverteilungen

rende Klasse enthält als Blätter in der rechten Spalte einzelne x-Werte, die pro Stichprobenfall mit nur einer Ziffer aufgezeichnet sind (hier der Zehner). Die zweite Zeile enthält 5 Blätter mit einem Zehner größer gleich 5, welche zunächst als die Zahlen 50, 60, 70, 90 und 90 aufzufassen sind. Die Blätter der dritten Zeile betreffen Zahlen mit einem Zehner kleiner als 5, zunächst 100, 100, 110, 130 und 140. In Wahrheit muss es sich nicht genau um 50, 60 usw. handeln, da die Einer vernachlässigt wurden. In der Urliste gab es tatsächlich die Zahlen 55, 63, 75, 90 und 95, bzw. 100, 100, 110, 133 und 140. Die Klassen K_2 und K_3 umfassen im Prinzip die ganzen Zahlen von 50 bis 99 bzw. von 100 bis 149. Durch Zählen der Blätter ergibt sich pro Zeile die „klassierte absolute Häufigkeit": f_2 = 5 für K_2, f_3 = 5 für K_3.

Zu diesen Daten (x = „Mitarbeiterzahl") lassen sich nun 2 Säulendiagramme mit jeweils m = 5 „klassierten prozentualen Häufigkeiten" zur Variablen x_K konstruieren, siehe Abb. 7-4 und 7-5. Die 3 höchsten Stufen im Stamm- und Blattdiagramm werden jeweils in eine Klasse zusammengefasst: „ab 200". Diese vereinfachte Darstellung beider Häufigkeitsverteilungen zeigt, dass in Bezug auf den Personalumfang die deutschen Unternehmen in der Stichprobe gleichmäßiger verteilt sind als die niederländischen Unternehmen.

Eine Klasse K_j wird i. Allg. durch „von ... bis ..." beschriftet, zum Beispiel „von 0 bis 49 Mitarbeiter" (j = 1 in Abb. 7-4 und 7-5). Der Anfangs- bzw. Endwert des jeweiligen Intervalls wird als „Klassengrenze (*class boundary*)" bezeichnet. Für den j-ten Teilbereich heißt a_j **Klassenuntergrenze** und b_j **Klassenobergrenze** (j = 1, ..., m). Bei stetigen Daten gilt a_{j+1} = b_j, so dass die Klassen aneinander stoßen. Auf ähnliche Art kann man in Abb. 7-4 und 7-5 die Klassen auch durch „von 0 bis unter 50" usw. definieren. Die Klassen dürfen einander nicht überlappen und müssen den möglichen Wertebereich W_x komplett abdecken, so dass die Klassierung eine Zerlegung ist, d. h. überschneidungsfrei (Bedingung 1; *mutually exclusive*) und erschöpfend (Bedingung 2; *collectively exhaustive*). Aus Bedingung 1 folgt, dass die Zuordnung eindeutig ist. Bedingung 2 garantiert, dass jeder x-Wert irgendeiner Klasse zugeordnet werden kann. Unsere Klassen erfüllen die Bedingungen.

Zu jedem Intervall gehört konsequent die untere Grenze oder konsequent die obere Grenze, aber nicht beide!

Zur korrekten Aneinanderreihung der Intervalle gibt es 2 Möglichkeiten: Entweder hat jedes Intervall j die Form **[a_j, b_j)** „*von* der unteren Grenze a_j *bis unter* der oberen Grenze b_j" - z. B. [50, 100): von 50 bis unter 100 -, oder jedes Intervall j hat die Form **(a_j, b_j]** „*von über* der unteren Grenze a_j *bis zur* oberen Grenze b_j" - z.B. (50, 100]: von über 50 bis 100. Unsere 2 Säulen-Diagramme zeigen Intervalle des Typs „von a_j bis unter b_j". Es gibt hier die 5 Klassen mit Grenzen a_1 = 0, a_2 = b_1 = 50, a_3 = b_2 = 100, a_4 = b_3 = 150, a_5 = b_4 = 200 und b_5 = ∞ (m = 5); genau genommen enthalten K_1 = [0,50) ∩ $\mathbb{N}$, K_2 = [50, 100) ∩ $\mathbb{N}$, K_3 = [100, 150) ∩ $\mathbb{N}$, K_4 = [150, 200) ∩ $\mathbb{N}$ und K_5 = [200, ∞) ∩ $\mathbb{N}$ nur ganze Zahlen, vgl. Übung **7.5-9**.

Gruppierung und Klassierung | **7.2**

Abbildung 7-4. Säulendiagramm zur klassierten Variablen x_K = „Mitarbeiterzahl" für n = 26 deutsche Unternehmen

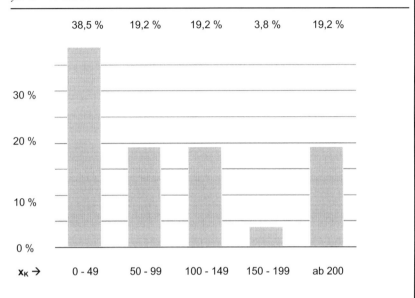

(D) Klassierte prozentuale Häufigkeiten im Säulendiagramm

Abbildung 7-5. Säulendiagramm zur klassierten Variablen x_K = „Mitarbeiterzahl" für n = 71 niederländische Unternehmen

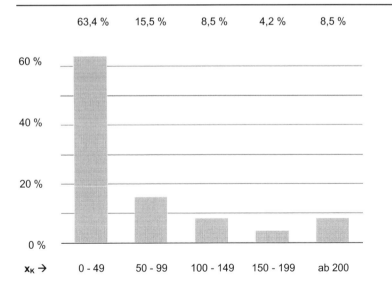

(NL) Klassierte prozentuale Häufigkeiten im Säulendiagramm

7 Häufigkeitsverteilungen

Klassenbreite

Die **Klassenbreite** (*interval width*)

$$B_j = b_j - a_j$$

gibt die Größe des Intervalls wieder, in unserem Beispiel gibt es, bis auf die „Restklasse" K_5, Klassen mit konstanter Breite $B_j = B = 50$ (j = 1, ...,4). Die Breite von K_5 ist dagegen unbeschränkt: $B_5 = \infty$. Für die Berechnung der Klassenbreite ist die Form der Intervalle im Prinzip egal. Die **Klassenmitte**

Klassenmitte

$$m_j = \frac{a_j + b_j}{2}$$

(*class midpoint*) wird oft als Repräsentant der Klasse j aufgefasst. Im obigen Beispiel sind die ersten 4 Klassenmitten $m_1 = 25$, $m_2 = 75$, $m_3 = 125$ und $m_4 = 175$. Dagegen ist m_5 hier nicht sinnvoll oder eindeutig zu bestimmen ($B_5 = \infty$!). Die Verwendung von m_j als Durchschnittswert für die nunmehr unbekannten, in die Klasse j fallenden x-Werte ist in vielen Fällen nicht absolut zwingend, manchmal sogar nicht plausibel! Ist x zum Beispiel ein Verkaufspreis der beim Feilschen zustande kommt, so häufen sich die x-Werte in der Regel um runde Zahlen herum und entspräche eine Klassierung eher „punktiert (isoliert)" als „gleichmäßig verteilten" x-Werten pro Intervall.

7.2.3 Wahl der Klassen

Im Prinzip gibt es 3 Ansätze um zu einer sinnvollen Klassenbildung zu kommen:

Klassen mit nahezu konstanter Breite; Standardaufteilung aus der Praxis; Klassen mit gleichmäßigen Häufigkeiten

1. Es wird der x-Wertebereich W_x oder ein etwas größerer Bereich W ($W_x \subset W$) in m nahezu gleich breite Intervalle unterteilt. Dieser Ansatz knüpft ohne großen Aufwand an den vorliegenden Daten an, insb. wenn man an Stelle von W_x den Streubereich der *vorkommenden* x-Werte wählt.

2. Es wird W_x (oder W) nach einer möglicherweise ungleichmäßigen „Standardklassifizierung" gegliedert, die sich in der beschreibenden Statistik durchgesetzt hat. Für bestimmte, viel vorkommende Klassierungen, z.B. nach Altersklasse oder nach Umsatzgrößenklasse (vgl. Tabelle 9-7), ist es ratsam, sich konsequent an die gängigsten Einteilungen zu halten.

3. Es richtet sich die Aufteilung des Wertebereiches W_x eher nach der Häufigkeitsverteilung von x als nach x selbst. Über diesen Ansatz werden wir einen plausiblen Bogen zur stetigen Häufigkeitsverteilung der zugrunde liegenden Variablen x spannen, siehe Kap. 8.2 (insb. Ende §8.2.4).

Gruppierung und Klassierung

7.2

Zu jedem Verfahren gibt es die zusätzliche Frage, wie man m, die Anzahl der Klassen, wählen soll. Zu wenige Klassen bedeuten in der Regel einen zu großen Informationsverlust, zu viele Klassen einen Verlust an Übersichtlichkeit. Anstatt sich an der Scheingenauigkeit von in der Literatur vorkommenden Formeln[5] zu orientieren, hantiere man besser die Faustregel von minimal 4 bis maximal 15 Klassen und sucht sich die Anzahl m dann so aus, dass eine grafische Darstellung weder zu sehr zergliedert noch zu sehr vereinfacht wirkt (Ansatz 3 bedeutet oft m = 4: „Quartile" als Klassengrenzen).

4 bis 15 Klassen

Am Beispiel der Abb. 7-4 bzw. 7-5 betrachten wir hier zunächst Ansatz 1 und 2 (Ansatz 3 folgt in §8.2.4). Ansatz 1 ist für die 26 deutschen Unternehmen akzeptabel, aber bei den 71 niederländischen Unternehmen stört das Ungleichgewicht der Häufigkeiten: Man würde sich mehr Details bei den kleinsten Unternehmen und vielleicht weniger Klassen bei den umfangreichsten Unternehmen wünschen. Ein Vorteil der gewählten Einteilung ist, dass sie den direkten Vergleich beider Häufigkeitsverteilungen ermöglicht, weil ihr W = [0, ∞) zugrunde liegt. Geht man dagegen von W_x selbst oder vom vorliegenden Streubereich aus, etwa von m = 4 gleich breiten Intervallen zwischen Minimum und Maximum[6], so ergeben sich nach der Formel

Gleich breite Intervalle nicht bei „sehr schiefer" H.-Verteilung

$$B = \frac{\text{Maximum} - \text{Minimum}}{m}$$

2 gänzlich verschiedene Klassenbreiten, nämlich 212,5 und 1125 (s. Abb. 6-1 und 6-2). Ansatz 1 wirkt sich generell für „sehr schiefe" Verteilungen unvorteilhaft aus, was sich besonders bei den NL-Unternehmen bemerkbar macht.

Besser dagegen sieht die Einteilung nach den Größenklassen des Statistischen Bundesamtes aus (Ansatz 2), siehe folgendes Diagramm für die niederländischen Firmen (n = 71). Wegen der Wahl ungleicher Klassenbreiten entsteht ein differenziertes Bild der kleinsten Unternehmen. Nachteil dieses Ansatzes ist, dass die ungleichmäßige Skalierung der x-Achse deren Interpretation als Kontinuum aller möglichen Ausprägungen erschwert oder gar ausschließt, vgl. den nächsten Abschnitt in Bezug auf das Histogramm bzw. auf die Berücksichtigung ungleicher Klassenbreiten!

---

[5] Wie $m = \sqrt{n}$ oder $m = 10 * \log(n)$. In bestimmten Anwendungsbereichen wird die DIN-Norm 55302 eingehalten: m ≥ 10 wenn n ≤ 100, m ≥ 13 wenn 100 < n ≤ 1000 und m ≥ 16 wenn 1000 < n ≤ 10000.
[6] Minimum und Maximum in der Regel bezogen auf den Streubereich der *vorkommenden* Werte (vielmehr als auf den Wertebereich W_x der *möglichen* Werte).

Häufigkeitsverteilungen

Säulendiagramm mit ungleichmäßiger Klassierung

Abbildung 7-6. „Standardklassierung" für den Personalumfang (x_K = „Mitarbeiterzahl") für n = 71 niederländische Unternehmen

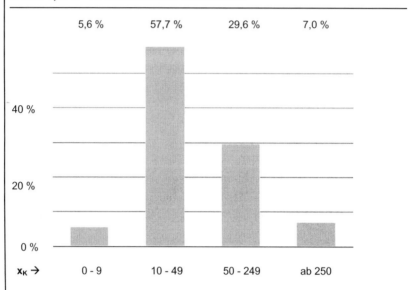

7.2.4 Histogramm für eine klassierte Variable

Auf der x_K-Achse der Säulendiagramme in Abb. 7-4 und 7-5 sollte es rechnerisch gesehen keine Lücken zwischen den sukzessiven Klassen geben: Es schließt sich etwa das Intervall [50, 100) nahtlos dem Intervall [0, 50) an. Der Wertebereich W_x = [0, ∞) für die zugrunde liegende quasi-stetige Variable x („Mitarbeiterzahl") kann in der Tat als ein Kontinuum angesehen werden, abgesehen davon, dass es sich hier bei x nur um die nicht-negativen *ganzen* Zahlen handelt.

Ein Häufigkeitsdiagramm

- mit sich anschließenden Säulen und
- mit der Säulenfläche proportional zur jeweiligen relativen Häufigkeit

nennt man ein **Histogramm** (*histogram*). Bei den bisherigen Diagrammen war die Balkenlänge oder die Säulenhöhe für Kategorie j proportional zur relativen Häufigkeit h_j bzw. zur absoluten Häufigkeit $f_j = n*h_j$ (j = 1, ..., m). Im Histogramm gilt vielmehr, dass sich die Fläche für irgendeine Konstante als

$$\text{Fläche}_j = \text{Breite}_j * \text{Höhe}_j = \text{Konstante} * \text{relative Häufigkeit } h_j$$

7.2 Gruppierung und Klassierung

schreiben lässt. Man kann das Histogramm sowohl mit den absoluten als auch mit den relativen bzw. prozentualen Häufigkeiten darstellen. Die Darstellung mit relativen Häufigkeiten sollte so aussehen, dass die Gesamtfläche der Säulen gleich 1 ist (Konstante = 1). Gilt Konstante = 100, so gleicht die j-te Fläche der prozentualen Häufigkeit h'_j. Folgende Abbildung enthält das Histogramm für den Personalumfang der 71 niederländischen Unternehmen gemäß Abb. 7-5.

Abbildung 7-7. Histogramm für den Personalumfang (oder x_K = „Mitarbeiterzahl") für n = 71 niederländische Unternehmen, mit der x-Skalierung nach Abb. 7-5

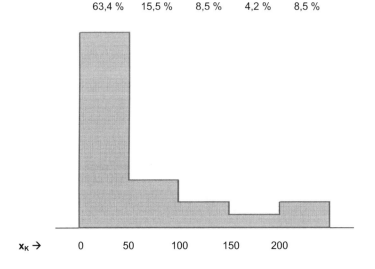

Histogramm: Fläche proportional zur relativen Häufigkeit

Der einzige Unterschied zum Säulendiagramm ist hier, dass die Flächen an einander grenzen: Die x-Achse ist gleichmäßig skaliert, d. h. mit konstanter Breite pro Säule, so dass die prozentuale Häufigkeit proportional (auch) zur *Höhe* der jeweiligen Säule ist (nur die Breite der Restklasse ganz rechts weicht ab von den tatsächlich vorhandenen x-Werten).

Einen neuen Ansatz bietet das Histogramm erst bei einer Klassierung mit ungleichen Klassenbreiten B_j (j = 1, ..., m). Aus der obigen Forderung - dass die Fläche $B_j*Höhe_j$ proportional zur jeweiligen relativen Häufigkeit h_j sei - folgt, dass für Säule j gilt:

$$Höhe_j = B * \frac{h_j}{B_j},$$

7 Häufigkeitsverteilungen

wobei B eine frei wählbare positive Konstante ist, die wir „Normierungsbreite" nennen. Da die h_j sich auf 1 summieren (j = 1, ..., m), entspricht B genau der Gesamtfläche des Histogramms (siehe Tabelle 7-8)!

Multipliziert man beide Glieder dieser Gleichung mit n, so ergibt sich

$$n * \text{Höhe}_j = B * \frac{n * h_j}{B_j} = \frac{B}{B_j} * f_j,$$

so dass n mal die Höhe proportional ist zu einer gewichteten absoluten Häufigkeit, nämlich zu der so genannten **Besetzungsdichte**:

$$\frac{B}{B_j} * f_j = \text{Dichte}_j$$

Ungleiche Klassenbreiten: Besetzungsdichte macht Fläche proportional zur Häufigkeit

für Klasse j (j = 1, ..., m; *weighted frequency*). Durch eine Besetzungsdichte wird, im Vergleich zu einem „Standardintervall" mit Normierungsbreite B, die Häufigkeit jener Fälle doppelt so stark gewichtet, welche in ein halb so großes Intervall j fallen. (In ein Standardintervall der Breite B fiele die gleiche Menge an Datenpunkten, im Vergleich zum Intervall der Breite $B_j = \frac{1}{2}B$, mit doppelter Wahrscheinlichkeit.) Es fällt so die Säule bei gleich bleibender Häufigkeit desto höher aus, je kleiner die Klassenbreite ist! Für die Klassierung nach Abb. 7-6 - abgesehen von der Restklasse K_4 - erhält man mit B = 10 Besetzungsdichten gleich $1 * f_1 = 4; \frac{1}{4} * f_2 = 10,25; \frac{1}{20} * f_3 = 1,05$, nämlich umgekehrt proportional zu den Klassenbreiten, vgl. Übung **7.5-10**.

Das Histogramm eignet sich für eine ordinale Variable x nur dann, wenn sie metrisch verschlüsselt ist, so dass die x-Achse sich als fiktives oder zugrunde liegendes Kontinuum interpretieren lässt. Für den Fall einer klassierten Variablen x_K stoßen die unterschiedlichen Intervalle nicht nur so zufällig aneinander, da x_K auf eine konkrete, nahezu stetige Variable x zurückgeht.

Die Proportionalität der Säulenfläche zur jeweiligen relativen Häufigkeit bedeutet, dass die Summe der Säulenflächen, oder die gesamte „Verteilungsmasse", gleich 1 (100 %) ist wenn B gleich 1 (100) ist. Diese Verteilungsmasse werden wir in der schließenden Statistik als „gesamte *empirische* Wahrscheinlichkeitsmasse" interpretieren, im Vergleich zur gesamten *theoretischen* Wahrscheinlichkeit. Wie wir in §8.2.2 sehen werden, stellt ein Histogramm für eine klassierte Variable x_K die Häufigkeitsverteilung annähernd so dar, wie es das „Häufigkeitspolygon" für x_K oder gar die „Häufigkeitsdichte" für die zugrunde liegende metrische Variable x tut.

Gruppierung und Klassierung | 7.2

7.2.5 Die kumulierte Häufigkeitsverteilung

Zu bestimmten Zwecken lohnt sich die Darstellung einer Verteilung mittels kumulierter Häufigkeiten, an Stelle der Häufigkeiten an sich: So kann man in Tabelle 7-4 statt der vorletzten Spalte („%-Anteil") die letzte Spalte („Kumulativer %-Anteil") verwenden. Die „kumulierte prozentuale Häufigkeitsverteilung *(cumulative percentage distribution)*" wird grafisch als „Treppenfunktion" dargestellt. Ist x (quasi)stetig, so stellt sich die Grafik als geschmeidig verlaufende „Summenhäufigkeitskurve *(ogive* = Spitzbogen)" dar.

Abbildung 7-8. Kumulierte prozentuale Häufigkeiten zur verkürzten Variablen „ExchProp" (nach Tabelle 7-4); der Intervallcharakter der Kategorien täuscht aber!

Treppenfunktion (x nahezu stetig: geschmeidige Summenhäufigkeitsfunktion)

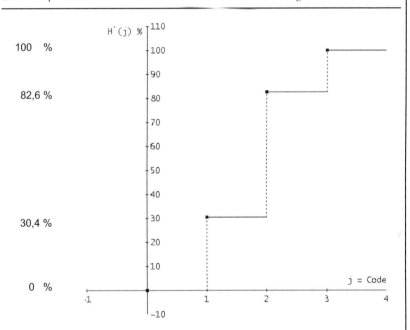

Als Beispiel zeigt obige Abbildung diese Kurve für die verkürzte Variable „ExchProp", für die nur die Laufindexwerte 1, 2 und 3 gültigen Codes entsprechen. Eine eindeutige Anordnung der Ausprägungen einer Variablen wird vorausgesetzt, so dass die Skala zumindest ordinal sein muss. Solange es sich um eine begrenzte Anzahl von Kategorien oder Klassen handelt, hat die Summenhäufigkeitsfunktion die Form einer **Treppenfunktion**. Im Beispiel werden die Kategorien K$_1$ („Eher nicht"), K$_2$ („Kommt darauf an") und K$_3$ („Eher wohl") mit den Codes 1, 2 bzw. 3 wiedergegeben. Man kann sie

7 Häufigkeitsverteilungen

wegen der ordinalen Verschlüsselung nicht so recht mit den Intervallen [1, 2), [2, 3) bzw. [3, 4) gleichsetzen, wenn auch die Grafik der Treppenfunktion solche Intervalle vortäuscht. Für eine klassierte Variable dagegen ist diese Grafik schon angemessener, da man sich hier ein Kontinuum als Hintergrund zu den verschiedenen Datenwerten, etwa zu den Klassen $[a_j, b_j)$ ($j = 1, \ldots, m$), vorstellen kann!

Die kumulierte prozentuale Häufigkeitsverteilung eignet sich für Fragestellungen wie

- „Für wie viel Prozent der Fälle gibt es eine Antwort(kategorie) kleiner gleich einer bestimmten, vorgegebenen Antwort?" oder

- „Bis zu welcher Antwort(kategorie) erreicht die kumulierte Häufigkeit eine bestimmte, vorgegebene Prozentzahl?"

Sprung h'_j in der Treppenfunktion zur Klasse j

Besonders im Falle einer klassierten Variablen ist für die Treppenfunktion klar zu definieren, welche Intervallgrenze zur jeweiligen Klasse gerechnet wird, die obere oder die untere! Häufig gilt die Absprache, dass die gesamte Anzahl der Fälle mit Werten im Intervall $[a_j, b_j)$ der unteren Grenze a_j zugerechnet wird, so dass die prozentuale Häufigkeit h'_j zur Klasse j schon über dem Punkt a_j einen **Sprung** in der Summenhäufigkeitskurve verursacht. Zu der bisherigen kumulierten prozentualen Häufigkeit H'_{j-1} - von der ersten Klasse bis zur vorigen Klasse (j – 1) gerechnet - kommt unmittelbar die gesamte prozentuale Häufigkeit h'_j der Klasse j dazu!

7.3 Wie beschreibt man eine zweidimensionale Häufigkeitsverteilung?

Eine zweidimensionale **Kreuztabelle** ist ein rechteckiges Schema, in dem Häufigkeiten zu den möglichen oder in der Stichprobe vorkommenden Kombinationen von Ausprägungen zweier statistischer Variablen dargestellt werden. Jede Kombination entspricht einem bestimmten Wert der **Zeilenvariablen** x mit "vertikal ausgelegten Kategorien" und einem bestimmten Wert der **Spaltenvariablen** y mit "horizontal ausgelegten Kategorien": So ergeben sich Datenpaare (x, y). Die Skala von x bzw. y sollte nominal oder ordinal sein; x bzw. y darf eine klassierte Variable sein. Struktur und Darstellung einer Kreuztabelle sollten in Abhängigkeit des Verwendungszwecks verstanden werden, je nach Bedeutung und Rolle der Variablen x bzw. y.

Wie beschreibt man eine zweidimensionale Häufigkeitsverteilung? **7.3**

Zum Zwecke eines Verteilungsvergleichs einer Zielvariablen (x) zwischen mehreren Gruppen (y-Kategorien) wird das „gruppierte Balkendiagramm" vorgestellt. Dabei taucht der Begriff einer „bedingten Häufigkeitsverteilung" auf, die über „Spaltenprozente" ausgedrückt wird, wenn x die Vergleichsvariable und y die Gruppenvariable ist (s. Kap. 5 für Bezeichnungen wie Ziel-, Gruppen- und Vergleichsvariable). Bei vertauschten x- und y-Rollen wird eine bedingte Verteilung in der Form von „Zeilenprozenten" dargestellt. Eine bedingte Häufigkeit wird aus der absoluten Häufigkeit als prozentualer Anteil innerhalb einer fixen Spalte bzw. Zeile berechnet. Davon zu unterscheiden sind die „Gesamtprozente", die aus den absoluten Häufigkeiten als prozentuale Anteile, bezogen auf die gesamte Fallzahl, berechnet werden.

7.3.1 Die (zweidimensionale) Kreuztabelle

Eine **zweidimensionale Kreuztabelle** (*two-way table, cross-classification table, cross tabulation table, contingency table*) enthält die Anzahl der Antworten pro Merkmalskombination für 2 Variablen mit nicht allzu vielen Ausprägungen (oder auch einen bestimmten Anteil, siehe §7.3.2 und §7.3.3). So gab es zur Befragung unter den 49 in Deutschland lebenden Business-English-Studenten folgende kombinierte Verteilung nach x = „Geschlecht" und y = „Altersklasse". In dieser „2-mal-3 Tabelle" ist „Geschlecht" die Zeilenvariable mit 2 Kategorien und „Altersklasse" die Spaltenvariable mit 3 Kategorien. In anderen Worten: Die Kreuztabelle hat die „Dimensionen" 2 und 3.

Tabelle 7-5. Verteilung nach x = „Geschlecht" und y = „Altersklasse"

x ↓ y → (absolute Angaben)	18 - 25	26 - 35	ab 36	Summe
Männlich	16	19	2	37
Weiblich	5	7	0	12
Summe	21	26	2	49

Kreuztabelle mit absoluten H.

Zweidimensionale Häufigkeiten werden allgemein in einer **k-mal-ℓ Kreuztabelle**[7] nach einer vertikal ausgelegten Variablen **x mit k Kategorien** (Werten) und nach einer horizontal ausgelegten Variablen **y mit ℓ Kategorien** (Werten) eingeteilt. Die **Dimensionen k = Anzahl der Zeilen** und **ℓ = Anzahl der Spalten** bestimmen die „Tafelgröße". Man leitet die absoluten Häu-

Dimensionen k und ℓ

---

[7] Das Symbol ℓ steht für den Buchstaben l zwischen k und m.

7 Häufigkeitsverteilungen

figkeiten zu den vorkommenden (x, y)-Paaren aus einer „zweidimensionalen Urliste" (vgl. Übung **6.4-4**) genau so ab, wie man die Häufigkeiten zu den Ausprägungen einer einzigen Variablen anhand der eindimensionalen Urliste zusammenzählt. Falls in der Stichprobe nur ein einziger x-Wert (y-Wert) vorkommt, so reduziert sich die Kreuztabelle auf eine eindimensionale Häufigkeitstabelle, nämlich auf eine 1-mal- ℓ (k-mal-1) Tabelle.

Absolute Häufigkeit $f_{i,j}$ zum x-Wert der Zeile i und zum y-Wert der Spalte j

Um absolute Häufigkeiten mit einer knappen Formel andeuten zu können, verwenden wir den Laufindex i für die Zeilen, i = 1, ..., k, sowie den Spaltenindex j, j = 1, ..., ℓ ; (i, j) steht für das entsprechende Feld oder die Zelle. So verweist das Indexpaar (1, 2) auf die Zelle für „männlich und 26 - 35", d. h. auf die Antwortkombination zur Zeile i = 1 und zur Spalte j = 2. Im „Tabelleninneren" gibt es insgesamt **k-mal- ℓ Felder (Zellen,** *cells*) für ebenso viele Antwortkombinationen. Jede Zelle (i, j) enthält die **zweidimensionale absolute Häufigkeit** $f_{i,j}$ zur entsprechenden Antwortkombination. In der Tabelle 7-5 erkennt man unter den 6 Feldern die Zelle (1, 2) als die Kombination mit maximaler Häufigkeit $f_{1,2} = 19$! Später werden wir dem Wertepaar (männlich, 26 - 35) übrigens als „Modalwert" begegnen, vgl. Übung **8.6-1**.

Die Häufigkeiten können außer absolut ($f_{i,j}$) auch relativ oder prozentual wiedergegeben werden, siehe §7.3.2 und §7.3.3. Da die zugehörigen Formeln erst später gebraucht werden, stellen wir die meisten im Kap. 15.1 vor.

Eindimensionale Verteilungen für x und y am Rande: Randhäufigkeiten

Außerhalb des Tabelleninneren zeigt die Kreuztabelle 2 „Randverteilungen (*marginal distributions*)", nämlich in der Summenzeile (ganz unten) die y-Randverteilung und in der Summenspalte (ganz rechts) die x-Randverteilung. Summenzeile und Summenspalte enthalten also **Randhäufigkeiten** (*marginal frequencies*). Diese bilden eine eindimensionale Häufigkeitsverteilung für genau jene Variable, welche übrig bleibt, nachdem Häufigkeiten über die Kategorien der anderen Variablen summiert wurden.

Zweidimensionale Häufigkeitsverteilungen können verschiedene Zwecke erfüllen:

1. Die Zusammenstellung der Stichprobe nach 2 Identifikationsmerkmalen überprüfen (vgl. Tabelle 2-1 bzw. 7-5; oder etwa nach „Größenklasse" und „Branche" eines Unternehmens).

2. In der Datenaufbereitung die Umcodierung einer bestimmten Variablen überprüfen („vor" vs. „nach"; vgl. „ExchProp" aufgrund der Tabellen 7-2 und 7-4; vgl. auch Tabelle 15-1).

3. Den Zusammenhang zwischen 2 Zielvariablen erkunden, siehe Kap. 15.1 (z.B. Tabelle 15-2: zwischen „Sehdauerklasse" und „Zufriedenheit" für den weitesten Seherkreis aus der Passantenbefragung im Kap. 2.1).

Wie beschreibt man eine zweidimensionale Häufigkeitsverteilung?

4. Die Verteilung einer Ziel- oder Vergleichsvariablen nach den Kategorien einer Gruppenvariablen - eines Gruppierungsmerkmals - herunter brechen, etwa „Mitarbeiterzahl" nach „Land", siehe §7.3.2.

5. Zweidimensionale Aspekte mehrdimensionaler Zusammenhänge hervorheben (Häufigkeitsverteilungen für Kombinationen von 3 oder mehr Variablen sprengen zwar den Rahmen des Buches, aber bestimmte Ergebnisse kann man unter Vorbehalt in Kreuztabellen verdeutlichen).

7.3.2 Bedingte prozentuale Häufigkeiten

Von den relativen bzw. prozentualen Häufigkeiten gibt es 3 Sorten, abhängig davon ob sie sich auf fixe Spalten, auf fixe Zeilen, oder auf die Tabelle insgesamt beziehen! Zunächst diskutieren wir die „bedingten Häufigkeiten" („Spaltenprozente" oder „Zeilenprozente"), danach in §7.3.3 die gesamten prozentualen Häufigkeiten („Gesamtprozente").

Als Beispiel betrachten wir nun den Personalumfang für die 26 deutschen Unternehmen und die 71 niederländischen Unternehmen, auf ähnliche Art wie in Abb. 7-4 und 7-5, jetzt aber über zweidimensionale Häufigkeiten nach der Standardklassierung der Mitarbeiterzahl (k = 4; vgl. Abb. 7-6) und nach „Land" (ℓ = 2). Ein visueller Vergleich gesonderter Balkendiagramme kann wegen unterschiedlicher Skalierung der Prozente zur vertikalen Achse in die Irre führen, vgl. Abb. 7-4 und 7-5. In der nachfolgenden Abb. 7-9 dagegen gibt es ein **gruppiertes Balkendiagramm** (*side-by-side bar chart*), d. h. je ein Balkendiagramm pro Gruppe = „Land" (Spalte). Die Skalierung der Spaltenprozente zur vertikalen Achse ist in dieser Grafik für beide Gruppen gleich. Im jeweiligen Balkendiagramm werden die Spaltenprozente für die x-Kategorien [0, 10), [10, 50), [50, 250) bzw. [250, ∞) wiedergegeben.

Bedingung = fixe Kategorie für y; bedingte prozentuale Verteilung = Spaltenprozente der x-Verteilung bei vorgegebenem y-Wert

In der Praxis wird ein gruppiertes Balkendiagramm zuweilen durch ein „gestapeltes Balken- oder Säulendiagramm (*stacked bar chart*)" ersetzt, in dem die Säulenflächen der x-Kategorien pro Gruppe aufeinander gestapelt werden, anstatt nebeneinander. Zwar erkennt man im letzteren Diagramm auch kumulierte Häufigkeiten, aber diese Variante des gruppierten Balkendiagramms ist für den Verteilungsvergleich wohl weniger durchsichtig.

Wir reden in der Regel von bedingten *Spalten*häufigkeiten, da in der Kreuztabelle die Kategorien der Gruppenvariablen (hier y = „Land") üblicherweise horizontal ausgelegt werden, die Kategorien der Vergleichsvariablen (hier x = „Personalumfang") dagegen vertikal. Achten Sie darauf, dass in der Kreuztabelle die Zeilenvariable x (vertikal) und die Spaltenvariable y (horizontal) anders ausgelegt sind, als es im zweidimensionalen Koordinatensystem mit einer horizontalen x-Achse und einer vertikalen y-Achse üblich ist!

7 Häufigkeitsverteilungen

Gruppiertes Balkendiagramm mit bedingten prozentualen H.

Abbildung 7-9. „Personalumfang" (oder x_K = „Mitarbeiterzahl") nach „Land", für $n_1 = 26$ deutsche bzw. $n_2 = 71$ niederländische Unternehmen, gemäß der Standardklassierung der Abb. 7-6

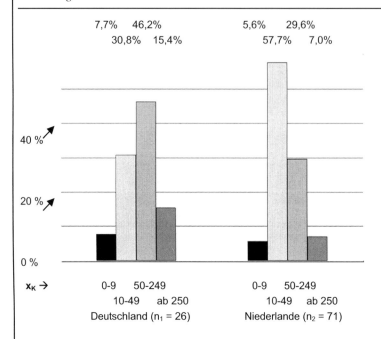

Setzt man bei fixem y-Wert (Spaltenindex j = 1 für y_1 = D, j = 2 für y_2 = NL) die absoluten Häufigkeiten zu der entsprechenden y-Randhäufigkeit ($n_1 = 26$ bzw. $n_2 = 71$) ins Verhältnis, dann stellen die resultierenden relativen Häufigkeiten in der gewählten Spalte j die bedingte x-Verteilung für y-Kategorie j dar. Achten Sie darauf, dass die Festlegung eines bestimmten y-Wertes durch die Bedingung „y = y_j" zu einer bedingten Verteilung von x-Werten führt! Würde man dagegen für fixen x-Wert (x = x_i) die Zeilenprozente berechnen, so gäbe es eine bedingte y-Verteilung!

Aus dem Vergleich der beiden **bedingten Häufigkeitsverteilungen** (*conditional frequency distributions*) geht hervor, dass die D-Stichprobe sich von der NL-Stichprobe für die sehr kleinen bzw. sehr großen Unternehmen nicht stark unterscheidet. Im zentralen Bereich [10, 250) des Personalumfangs überwiegen in der NL-Stichprobe die „kleinen und mittelgroßen Unternehmen" (10 bis 49 Mitarbeiter), in der D-Stichprobe dagegen die etwas größeren Unternehmen (50 bis 249 Mitarbeiter). Der Vergleich ist wegen der ungleichen Stichprobenumfänge allerdings nicht ganz ausgeglichen, wird aber im Kap. 8.3 vertieft anhand von 87 der 97 originalen x-Werten.

Wie beschreibt man eine zweidimensionale Häufigkeitsverteilung?

7.3.3 Gesamtprozente

Die Spaltenprozente und die Zeilenprozente sind klar zu unterscheiden von den **Gesamtprozenten**

$$h'_{i,j} = \frac{f_{i,j}}{n} * 100\,\% \quad (i = 1, ..., k; j = 1, ..., \ell),$$

wobei n die gesamte Fallzahl darstellt (ganz rechts unten in der Kreuztabelle). Bezogen auf die 49 Fälle der Tabelle 7-5 enthält folgende Tabelle die 6 Gesamtprozente, die sich in der Tat auf 100 % summieren, abgesehen von Rundungsfehlern:

Tabelle 7-6. Gesamte prozentuale Verteilung nach x = „Geschlecht" und y = „Altersklasse"

x↓ y→ (%-Angaben)	18 - 25	26 - 35	ab 36	%-Summe
Männlich	32,7	38,8	4,1	75,5
Weiblich	10,2	14,3	0,0	24,5
%-Summe	42,9	53,1	4,1	100,0

Kreuztabelle mit Gesamtprozenten

Die Verwendung zweidimensionaler Gesamtprozente beschränkt sich auf die Bestimmung des zweidimensionalen Modalwerts - Welche (x, y)-Kombination kommt am häufigsten vor? - und auf einige wenige andere Anwendungen. So lässt sich z. B. „Unabhängigkeit" zwischen x und y durch die Tatsache definieren, dass 100 mal die gesamte Prozentzahl für ein beliebiges Feld (i, j) gleich dem Produkt der entsprechenden prozentualen Randhäufigkeiten ist (vgl. §15.1.1).

Der Vergleich von bedingten relativen Spaltenhäufigkeiten für verschiedene Werte von y (bzw. der Vergleich von Zeilenhäufigleiten) ist in der Praxis wohl wichtiger als die Betrachtung von Gesamtprozenten. Gemäß den x-Kategorien der Tabelle 7-5 könnte man k = 2 Zeilen mit „bedingten prozentualen y-Häufigkeiten" berechnen, so dass es zweimal 100 % in der Summenspalte gäbe. Gemäß den verschiedenen y-Kategorien gäbe es ℓ = 3 Spalten mit „bedingten prozentualen x-Häufigkeiten", mit dreimal 100 % in der Summenzeile. Bei den Gesamtprozenten dagegen gibt es die 100 % nur einmal und zwar ganz rechts unten in der Tabelle!

7 Häufigkeitsverteilungen

7.4 Ein- und zweidimensionale Tabellen

Die wichtigsten Begriffe und Formeln des Kapitels und die zugehörigen Werkzeuge oder Verfahren werden in folgenden Tabellen zusammengefasst:

Formeln und Werkzeuge zur eindimensionalen Verteilung

Tabelle 7-7. *Begriffe und Verfahren zur eindimensionalen Häufigkeitsverteilung*

Begriff	Formel	Verfahren
■ **Fallzahl** brutto oder netto Umfang (Größe) der (Teil)Stichprobe für eine bestimmte Variable x	n	zählen der Fälle in der Urliste (*brutto Fallzahl*) für eine Häufigkeitstabelle[8]; zählen der Fälle mit gültigem x-Wert (*netto Fallzahl*)
■ **Anzahl der möglichen Variablenwerte** (der Merkmalsausprägungen, der Kategorien)	m	zählen der *verschiedenen* (evtl. *gültigen*) x-Werte, welche in der (Teil)Stichprobe (im Prinzip) vorkommen (können)
■ **Laufindex** i für die Stichprobenfälle; j für die m Variablenwerte (mit j = 0: j = 0, ..., m – 1); j für Werte (Kategorien, Intervalle) ohne „ungültig"	i j j	i = 1, ..., n steht für das Durchlaufen aller Indexwerte; j = 0, ..., m – 1, j = 0: *Kategorie ungültiger Werte*; j = 1, ... m
■ **Absolute Häufigkeit zur Ausprägung j (j = 1, ..., m)** (mit j = 0: j = 1, ..., m – 1); addieren der Häufigkeiten über die „gültigen" Werte sollte netto Fallzahl ergeben	f_j	Addition: $\sum$ (Summe) Kontrolle: $$\sum_{j=1}^{m} f_j = f_1 + ... + f_m = n$$
■ **Relative Häufigkeit zur Ausprägung j (j = 1, ..., m)** (mit j = 0: j = 1, ..., m – 1); addieren über die „gültigen" Werte sollte 1 ergeben	$h_j = \dfrac{f_j}{n}$	Kontrolle: $$\sum_{j=1}^{m} h_j = h_1 + ... + h_m = 1$$

---

[8] Die „brutto Fallzahl" kann allerdings auch den ursprünglich geplanten Stichprobenumfang bezeichnen! Dieser Wert wird wegen Ausfall bestimmter Fälle (*unit nonresponse*) auf die „netto Fallzahl", d. h. den Umfang des tatsächlich vorhandenen Datensatzes, reduziert. Letztere Zahl gilt für eine Häufigkeitstabelle dann wieder als „brutto Fallzahl" und kann wegen ungültiger Antworten (*item nonresponse*) zur vorliegenden Variablen in eine geringere „netto Fallzahl" münden!

Ein- und zweidimensionale Tabellen

7.4

■ **Prozentuale Häufigkeit zur Ausprägung j (j = 1, ..., m)** addieren über die „gültigen" Werte sollte 100 % ergeben	$h'_j = 100 * h_j =$ $100 * \dfrac{f_j}{n}$ %	Prozentrechnung; Kontrolle: $\sum_{j=1}^{m} h'_j = h'_1 + ... + h'_m = 100\%$
■ **Kumulierte prozentuale Häufigkeit zur Ausprägung j (j = 1, ..., m)** hinzuaddieren von h'_j ergibt die auf Index j – 1 folgende kumulierte Häufigkeit für j	$H'_j =$ $h'_1 + ... + h'_j$ Sprung h'_j zur Klasse j	Kontrolle: $H'_1 = h'_1$ und $H'_m = 100\%$; $H'_j = H'_{j-1} + h'_j$

Tabelle 7-8. Begriffe und Verfahren zur Umcodierung bzw. zur Klassierung

Formeln und Werkzeuge zur klassierten Verteilung

Begriff	Formel	Verfahren
■ **Umcodierung** der Codes aus dem **Wertebereich** $W = \{1, 2, ..., m\}$	$W = W_1 \cup ... \cup W_{mneu}$	Vereinigung $\cup$; z.B. $W = \{0, ..., 6\}$, mneu = 4: $W = \{0, 1\} \cup \{2, 3\} \cup$ $\cup \{4\} \cup \{5, 6\}$
■ **Klassierung** ($a_1 < a_2 < ... < b_m$) des x-Wertebereichs W_x oder W (W umfasst W_x: $W_x \subset W$) m rechtsoffen-linksabgeschlossene Intervalle, die sich in der Regel anschließen (K_m enthält auch „Maximum" b_m)	$K_1 = [a_1, b_1)$, $K_2 = [a_2, b_2)$, ..., $K_m = [a_m, b_m]$; erschöpfend → und überschneidungsfrei →	Inklusion $\subset$, Schnittmenge $\cap$, leere Menge $\emptyset = \{\}$; Kontrolle: $W \subset K_1 \cup K_2 \cup ... \cup K_m$ $K_i \cap K_j = \emptyset$ für $i \neq j$
■ **Klassierung** von W_x oder W ($W_x \subset W$) m linksoffen-rechtsabgeschlossene Intervalle ($a_1 \in K_1$)	$K_1 = [a_1, b_1]$, $K_2 = (a_2, b_2]$, ..., $K_m = (a_m, b_m]$	Kontrolle wie oben: erschöpfende und überschneidungsfreie Klassierung
■ **Klassenbreite** der Klasse j	$B_j = b_j - a_j$	Kontrolle bei anschließenden Intervallen: $a_{j+1} = b_j$
■ **Klassenmitte** der Klasse j	$m_j = \dfrac{a_j + b_j}{2}$	undeterminierte Klassenmitte wenn $a_1 = -\infty$ oder $b_m = \infty$
■ **Besetzungsdichte** zur Klasse j, insb. bei **ungleichen Klassenbreiten** B_j (j = 1, ..., m)	$\text{Dichte}_j = \dfrac{B}{B_j} * f_j =$ $= n *$ Höhe$_j$ zur Fläche j (Konstante B)	Kontrolle: **Gesamt-Fläche** =

77

7 Häufigkeitsverteilungen

		$= \sum_{j=1}^{m} B_j * \text{Höhe}_j =$ $\sum_{j=1}^{m} B_j * \frac{1}{n} * \text{Dichte}_j = \mathbf{B}$

Formeln und Werkzeuge zur zweidimensionalen Verteilung

Tabelle 7-9. *Begriffe und Verfahren zur zweidimensionalen Häufigkeitsverteilung*

Begriff	Formel	Verfahren
■ **Fallzahl** netto Stichprobenumfang für Kombinationen (Paare) der Variablen x und y	n	zählen der Fälle mit gültigen (x, y)-Wertepaaren (*netto Fallzahl*)
■ **Laufindizes** in der **k-mal-ℓ Kreuztabelle** (**Dimensionen k** und ℓ: k Zeilen, ℓ Spalten)	Zeilenindex i Spaltenindex j Zelle oder Feld (i, j)	i = 1, ..., k; j = 1, ..., ℓ; im Tabelleninneren: k * ℓ Zellen
■ **absolute Häufigkeit** zum x-Wert der **Zeile i** und zum y-Wert der **Spalte j** **doppeltes Summieren** (1) zeilenweise addieren, dann (2) Zeilensummen addieren; oder (1) spaltenweise addieren, (2) Spaltensummen addieren	$f_{i,j}$	Addition: $\sum \sum$ Kontrolle: $\sum_{i=1}^{k} \sum_{j=1}^{\ell} f_{i,j} = n$, oder $\sum_{j=1}^{\ell} \sum_{i=1}^{k} f_{i,j} = n$
■ **gesamte prozentuale Häufigkeit** (Gesamtprozentzahl) zum x-Wert der **Zeile i** und zum y-Wert der **Spalte j**	$h'_{i,j} = \frac{f_{i,j}}{n} * 100\%$	Prozentrechnung; Kontrolle: $\sum_{i=1}^{k} \sum_{j=1}^{\ell} h'_{i,j} = 100\%$
■ **bedingte prozentuale Spaltenhäufigkeit** Bedingung „y = y_j"	auf fixe Spalte bezogen: wie bei einer eindimensionalen Verteilung; bedingte x-Vert.	siehe Kap. 15.1
■ **bedingte prozentuale Zeilenhäufigkeit** („x = x_i")	auf fixe Zeile bezogen: eindimensionale y-Vert.	siehe Kap. 15.1

7.5 Übungen

7.5-1. Betrachten Sie eine betriebsinterne Wahl mit dem Ergebnis

Helmut: 9 Stimmen; Andreas: 8 Stimmen; Hans: 3 Stimmen

für den Posten des Betriebsratsvorsitzenden.

Aufgabe: Stellen Sie die entsprechende prozentuale Häufigkeitstabelle auf!

Absolute H.; prozentuale H.

7.5-2. Ein ehemaliger Statistiker führt heutzutage zusammen mit seiner Frau ein Hotel und überprüft anhand der Skala A = (−2, −1, 0, 1, 2) die generelle Kundenzufriedenheit, d. h. mit quantitativen Bewertungen die von „sehr negativ" (Wertelabel zu Code −2) bis „sehr positiv" (Wertelabel zu 2) laufen. Für 100 Gäste gibt es dazu eine Antwortverteilung im Verhältnis

10; 5; 20; 35; 30 gemäß der Reihenfolge der Skala A.

Seine Frau fragt dagegen in qualitativen Kategorien nach, anhand der Skala

B = (sehr unzufrieden, unzufrieden, neutral, zufrieden, sehr zufrieden)

und zwar bei 200 Gästen mit dem Ergebnis

20; 10; 40; 70; 60 gemäß der Reihenfolge der Skala B.

Aufgabe: Stellen Sie für beide Eheleute jeweils eine Tabelle mit relativen Häufigkeiten (bis zu *2 Nachkommastellen*) zur Kundenzufriedenheit auf, wobei für den Statistiker die Antwortkategorien aus den Codes der Skala A bestehen und für seine Frau aus den Bezeichnungen der Skala B!

Frage: Wird die Häufigkeitsverteilung zur Kundenzufriedenheit hier durch die Wahl der Antwortskala (A bzw. B) beeinflusst?

Relative H.; Codes und Wertelabels

7.5-3. Betrachten Sie die Größen n, m und j in Tabelle 7-7. Nehmen wir an, Sie verwenden zur Übung **7.5-2** den Laufindex j für die 5 verschiedenen Skalenwerte, sowohl bei Skala A wie bei Skala B.

Fragen: Sollte j von 0 bis 4 laufen oder vielmehr von 1 bis 5? Wie groß ist m? Und wie groß ist n für die Daten des Statistikers bzw. für die seiner Frau?

Fallzahl; Anzahl der verschiedenen Werte; Laufindex

7.5-4. *Aufgaben:* Zeichnen Sie für das Wahlergebnis der Übung **7.5-1** eine angemessene Grafik zur prozentualen Häufigkeitstabelle. Rechnen Sie des Weiteren die relativen Häufigkeiten für den Statistiker der Übung **7.5-2** in prozentuale Häufigkeiten um und geben Sie diese ebenfalls in einer passenden Grafik wieder! (*Hinweis:* In Abhängigkeit der Interpretation der Verschlüsselung beim Statistiker kommen 2 Diagrammtypen in Betracht.)

Diagrammtyp je nach Skala bzw. nach Art der Verschlüsselung

7 Häufigkeitsverteilungen

Fragen: In welcher Grafik kann man die prozentualen Häufigkeiten auch als absolute Häufigkeiten interpretieren? Welcher Diagrammtyp mit prozentualen Häufigkeiten käme für die Frau des Statistikers in Betracht?

7.5-5. *Frage:* Welche Informationen der Tabelle 7-3 sind im Kreisdiagramm der Abb. 7-1 *nicht* enthalten, abgesehen von den Erläuterungen zum Titel?

Relative H.

7.5-6. *Aufgabe:* Berechnen Sie zur Tabelle 7-3 die relative Häufigkeit h₃ für die Kategorie „Nicht in D" direkt aus der mittleren Spalte („Anzahl")!

7.5-7. *Frage* (siehe den Text zwischen Tabelle 7-3 und Abb. 7-1)**:** Warum folgt aus der Formel $\alpha_j = h_j * 360°$ für den Mittelpunktswinkel zum Kreissegment j, dass für die Summe der Mittelpunktswinkel gilt: $\sum_{j=1}^{m} \alpha_j = 360°$?

Kumulierte prozentuale H.

7.5-8. *Aufgaben:* Berechnen Sie die kumulierten prozentualen Häufigkeiten (jeweils mit *einer Nachkommastelle*) zur Variablen „Mitarbeiterzahl" für die 26 deutschen Unternehmen der Abb. 7-4. Zeichnen Sie die zugehörige Treppenfunktion auf ähnliche Art wie in Abb. 7-8!

Erschöpfende Klassierung

7.5-9. Die x_K-Beschriftungen zum Säulendiagramm der Abb. 7-4 bestehen aus sich nicht perfekt anschließenden Intervallen, so dass die Klassierung womöglich nicht erschöpfend ist.

Frage: Warum deckt die Klassierung der Mitarbeiterzahl (x) hier dennoch alle möglichen x-Werte ab?

Klassenbreite; Klassenmitte

7.5-10. *Aufgabe:* Berechnen Sie für die ungleichmäßige Klassierung der Mitarbeiterzahl (x) in Abb. 7-6 die Klassenbreiten und Klassenmitten!

Frage: Warum verträgt sich die ungleichmäßige Klassierung in Abb. 7-6 eher schlecht mit einer Interpretation der x-Achse als Kontinuum möglicher x-Werte?

7.5-11. In der in §6.2.2 vorgestellten Stichprobe von 71 niederländischen bzw. 27 deutschen Unternehmen wurde der Umsatz über die Frage

„Wie hoch ist der Jahresumsatz Ihres Unternehmens?"

abgefragt, so dass es die Variable x_K = „Umsatzklasse" gibt mit Kategorien

Überschneidungsfreie, erschöpfende Intervalle

☐ < 5 Mio. € , ☐ 5 - 10 Mio. € , ☐ bis 50 Mio. € , ☐ bis 100 Mio. € , ☐ bis 500 Mio. € , ☐ bis 1 Mrd. € , ☐ > 1 Mrd. € .

Fragen: Wie viele Klassen bzw. Fälle gibt es (wie groß sind m bzw. die 2 n-Werte)? Sind die Intervallklassen der Variablen x_K hier eher rechtsoffen-linksabgeschlossen oder vielmehr linksoffen-rechtsabgeschlossen? Wie sollte

Übungen

7.5

eine präzisere Formulierung der obigen Wertelabels aussehen, damit die Klassierung in der Tat überschneidungsfrei und erschöpfend ist?

7.5-12. Betrachten Sie die Variable x_K = „Umsatzklasse" für die 71 niederländischen Unternehmen der Übung **7.5-11**. Dazu gibt es folgende Tabelle:

Tabelle 7-10. Häufigkeitsverteilung zur Variablen x_K = „Umsatzklasse" (n = 71)

Wertelabel	Code (j)	Anzahl (f_j)	%-Anteil von „gültig" (h'_j)	Kumulativer %-Anteil von „gültig" (H'_j)	Besetzungsdichte $\dfrac{100.000.000}{B_j} * f_j$
■ Ungültig	0	2	-	-	-
■ < 5 Mio. €	1	36			
■ 5 - 10 Mio. €	2	9			
■ bis 50 Mio. €	3	17			
■ bis 100 Mio. €	4	4	5,80	95,65	8,00
■ bis 500 Mio. €	5	1			
■ bis 1 Mrd. €	6	1			
■ > 1 Mrd. €	7	1		100,00	-
Summe		71	100,00		

Häufigkeits-Tabelle zur Umsatzklasse

Kumulierte H.; Besetzungsdichte

Aufgabe: Ergänzen Sie die Tabelle, d. h. berechnen Sie - mit netto Fallzahl gleich 69 - die fehlenden Zahlen in den 3 Spalten rechts, jeweils zu 2 *Nachkommastellen*. *Hinweis:* Die Normierungsbreite B = 100 Mio. für die Besetzungsdichte gleicht hier 2 mal der Breite B_4 für Klasse 4!

Frage: Falls man ein Histogramm nach der hier berechneten Besetzungsdichte zeichnen würde, wie groß wäre dann deren Fläche?

Histogramm

7.5-13. Betrachten Sie den folgenden Ausschnitt, siehe Tabelle 7-11, aus einer amtlichen Statistik zu den deutschen Haushalten.

Kreuztabelle

Fragen: Welche Spalte gehört nicht zur Kreuztabelle mit Zeilenprozenten? Wie erklären Sie die Randhäufigkeiten von über 100 % pro Zeile? Warum gibt es für die Summenzeile keine sinnvollen Prozentangaben?

7 Häufigkeitsverteilungen

Kreuztabelle zu einer nominalen bzw. ordinalen Variablen

Tabelle 7-11. 2-mal-3 Kreuztabelle für Haushalte[9] mit und ohne Kinder ("Haushalttyp" x = 1: mit; x = 2: ohne) vs. y = "Mietpreisklasse" (Spaltenindex j = 1, 2, 3), ergänzt um die absoluten Anzahlen der Haushalte pro Zeile und insgesamt

x ↓ (%-Angaben pro Zeile)	unter 300 € (1)	300 € - < 600 € (2)	ab 600 € (3)	Zeilen- summe (%)	Summe absolut (* 1000)
Haushalte mit Kindern (1)	11,0	66,5	22,6	100,1	3703,5
Haushalte ohne Kinder (2)	33,0	57,5	9,6	100,1	12.825,1
Summe					16.528,6

Zeilenprozente

7.5-14. Betrachten Sie weiterhin die Zeilenprozente der Tabelle 7-11. *Aufgaben:* Berechnen Sie gesondert für x = 1 bzw. x = 2, d. h. für die 2 Zeilen der 2-mal-3 Tabelle, die kumulierten prozentualen Häufigkeiten, jeweils zu *einer Nachkommastelle*. Vergleichen Sie die kumulierten Verteilungen!

Absolute H.; Spaltenprozente

7.5-15. Betrachten Sie weiterhin die obige 2-mal-3 Kreuztabelle (7-11). *Aufgaben:* Leiten Sie die absoluten Häufigkeiten her, auch für die Summenzeile! Berechnen Sie daraus eine Kreuztabelle mit Spaltenprozenten, jeweils zu *einer Nachkommastelle*. Vergleichen Sie für die verschiedenen Mietpreisklassen (y-Gruppen) die prozentualen Anteile von Haushalten ohne Kinder (x = 2) an der jeweiligen Gesamtzahl der Haushalte. Zeichnen Sie eine angemessene Grafik zu diesen prozentualen Anteilen!

Frage: Warum braucht man in einer solchen Grafik eigentlich nur die Wiedergabe des jeweiligen prozentualen Anteils für x = 2 (ohne Kinder)?

Gesamtprozente

7.5-16. Betrachten Sie die absoluten Häufigkeiten der Übung **7.5-15**. *Aufgaben:* Leiten Sie die Gesamtprozente her (zu *einer Nachkommastelle*). Welche Kombination von Haushalttyp und Mietpreisklasse kommt am wenigsten vor und welche am häufigsten?

---

[9] Bundesamt für Statistik, aktualisiert am 13.08.2003 (www.destatis.de): Hauptmieterhaushalte nach Haushaltsstruktur und Höhe der Miete; nur Haushalte mit Angaben zu Grundmiete und kalten Betriebskosten. Grundgesamtheit: Hauptmieterhaushalte in reinen Mietwohneinheiten in Gebäuden mit Wohnraum (ohne Wohnheime). Vergleichen Sie mit den auf das Jahr 2006 aktualisierten Werten (Stand März 2010)!

8 Kennzahlen für Lage, Streuung und Zusammenhang

Lernziele

- Sie können für eine qualitative Variable mit ordinaler Verschlüsselung die 3 Quartile - den „Median", das „untere Quartil" und das „obere Quartil" - korrekt berechnen und interpretieren.

- Für eine klassierte Variable können Sie unter Verwendung der Klassenmitten eine Mittelwertschätzung korrekt berechnen und interpretieren. Durch Feinberechnung erhalten Sie für eine klassierte Variable „Schätzwerte" für die 3 Quartile und daraus ein „Verteilungsprofil" (evtl. auch für eine ordinale Variable mit metrischer Verschlüsselung).

- Sie verstehen die „Häufigkeitsdichte" einer (quasi)stetigen Variablen x als Grenzfall zum „Häufigkeitspolygon" bzw. zum oberen Umriss des Histogramms einer klassierten Variablen x_K. Sie können den „Modus" („Modalwert") als x-Wert zu einem Gipfel der Dichtefunktion erkennen.

- Sie können für eine metrische Variable „Mittelwert" und „Standardabweichung", sowie das Verteilungsprofil anhand der 3 Quartile und einige „Standardstreubereiche", korrekt berechnen und interpretieren.

- Sie können für eine (quasi)stetige Variable das Zusammenspiel einer Kennzahl für „Lage" (etwa des Mittelwerts) und einer Kennzahl für „Streuung" (etwa der Standardabweichung) richtig einschätzen.

- Sie können den „Korrelationskoeffizienten" als Maß für den Zusammenhang zweier metrisch skalierter Variablen korrekt berechnen und interpretieren.

8 Kennzahlen für Lage, Streuung und Zusammenhang

8.1 Lage und Streuung für qualitative Variablen

Kennzahl oder Parameter

Beschäftigen wir uns jetzt mit der anspruchsvollen Aufgabe, die Daten einer Merkmalsverteilung auf eine geringe Anzahl von Kennzahlen zu reduzieren. Kennzahlen bezeichnet man in der beschreibenden Statistik auch als „Verteilungsparameter". Erst in der schließenden Statistik werden wir die Begriffe **Kennzahl** (*sample statistic, summary measure*) und **Parameter** (*population parameter*) klar voneinander trennen: Ab Kap. 11 bezieht sich die Kennzahl nur noch auf die Stichprobe, während der Parameter sich auf die zugrunde liegende Verteilung in der Grundgesamtheit bezieht.

Im Prinzip möchte man anhand der Stichprobendaten für eine eindimensionale Verteilung zumindest die folgenden beiden Fragen beantworten:

Lage und Streuung gleichzeitig!

- (**Lage**; *central tendency, location*) Wo liegt die Verteilung in etwa, d. h. wo konzentrieren sich die meisten Daten des Merkmals (zentrale Tendenz)? Oder: Welcher Wert ist mehr oder wenig typisch für die Variable (charakteristische Lage)?

- (**Streuung**; *variation, dispersion*) Wie stark streuen sich die Variablenwerte in Bezug auf die Lage der Verteilung (Variabilität)? Oder: Wie weit können die Werte von der zentralen Lage abweichen (charakteristische Abweichungen von der charakteristischen Lage)?

Im jetzigen Kapitel handelt es sich anhand vieler Beispiele vor allem um die Wahl der Kennzahlen und um die Rechenverfahren. Auf die verschiedenen Interpretations- und Anwendungsmöglichkeiten werden wir im Kap. 9 weiter eingehen, als Teilthema zu „Auffälligkeiten in Häufigkeitsverteilungen".

Die Wahl eines Lage- bzw. Streuungsparameters hängt entscheidend davon ab, ob die Variable qualitativ (Kap. 8.1), ordinal mit metrischer Verschlüsselung bzw. klassiert (Kap. 8.2) oder metrisch (Kap. 8.3) ist. Auch die Rechenverfahren werden so differenziert (Kap. 8.5). Für den Zusammenhang zweier (quasi)stetiger Variablen gibt es den Korrelationskoeffizienten (Kap. 8.4).

Für qualitative Variablen mit nicht allzu vielen Ausprägungen sind die obigen Fragen zu Lage und Streuung nicht so eindeutig zu interpretieren wie die Häufigkeitstabelle, welche in vielen Fällen ausreichend über die Variable informiert. Entweder gibt es nicht mal richtige Lage- und Streuungsparameter (bei nominalen Variablen) oder sie bilden, wenn es sie gibt, nur eine bescheidene Ergänzung zu den Informationen in der Häufigkeitstabelle (bei ordinalen Variablen). Trotzdem lernt man daraus und zwar im Hinblick auf die Kennzahlen im Kap 8.2 und 8.3. Fangen wir mit dem Modalwert an.

8.1 Lage und Streuung für qualitative Variablen

Modalwert (Modus)

Der **Modalwert** oder **Modus** x_{Mo} (*mode*) ist der häufigste Wert. Er liegt an der Stelle (Kategorie) j, wo die absolute Häufigkeit f_j maximal ist (j = 1, ..., m), oder, aufs Gleiche hinauslaufend, wo die relative Häufigkeit h_j maximal ist.

Als Beispiel betrachten wir folgende kombinierte Verteilung der 49 in Deutschland lebenden Business-English-Studenten nach y = „ethnischer Herkunft" - horizontal ausgelegt - bzw. x = „Urbanisierungsgrad" - vertikal:

Ordinale Variable x vs. nominale Variable y

Tabelle 8-1. Kreuztabelle zu x = „Urbanisierungsgrad", y = "ethnische Herkunft"

x ↓ y → (absolute Angaben)	schwarz (black)	asiatisch (asian)	weiß (white)	Summe
ländliche Gegend (countryside)	0	0	14	14
Dorf oder Kleinstadt (village or town)	0	2	20	22
Großstadt (city)	1	2	10	13
Summe	1	4	44	49

An den Randhäufigkeiten dieser 3-mal-3 Kreuztabelle erkennt man die eindimensionalen Modalwerte x_{Mo} = „Dorf oder Kleinstadt" bzw. y_{Mo} = „weiß". In der zweidimensionalen Verteilung der (x, y)-Paare kommt die Kombination („Dorf oder Kleinstadt", „weiß") am häufigsten vor.

Für eine nominale Variable wie y gibt es als Kennzahl nur den Modus, den wir aber nicht als typischen Lageparameter interpretieren! Man könnte sich genau so gut für den Variablenwert interessieren, der *am wenigsten* vorkommt (x = „Großstadt" bzw. y = „schwarz"). Im Beispiel sagt auch der x-Modalwert wenig über die Verteilungslage aus, weil Unterschiede zwischen Kategorien, wegen der ordinalen Verschlüsselung, zwar mit einer Reihenfolge verbunden sind, nicht aber mit Entfernungen zwischen verschiedenen Positionen auf dem Zahlenstrahl. Eine Rangordnung ist nun mal nicht so informativ wie der präzise Vergleich (quasi)stetiger x-Werte.

Median

Wenden wir uns nun dem Median als Lageparameter für eine ordinale Variable x mit qualitativen Kategorien zu. Der **Median** x_{Me} (*median*) ist der erste x-Wert, für den gilt, dass ca. die Hälfte der Fälle einen kleineren Wert und ca. die Hälfte einen größeren Wert haben; x_{Me} halbiert die Verteilung mehr oder weniger. Genauer gesagt ist x_{Me} der kleinste Wert für den Folgendes gilt:

- $x \leq x_{Me}$ für mindestens 50 % der Fälle
- $x > x_{Me}$ für höchstens 50 % der Fälle (Stichprobeneinheiten)

8 Kennzahlen für Lage, Streuung und Zusammenhang

An Bedingungen wie „kleinster x-Wert" und „x > x_{Me} für höchstens 50 %" erkennt man, dass die Skala zumindest ordinal sein muss. Als Beispiel betrachten wir eine Frage nach der Kundenzufriedenheit (x) anhand der Skala

(sehr unzufrieden, unzufrieden, neutral, zufrieden, sehr zufrieden)

bei 200 Befragten, mit dem Ergebnis

20; 10; 40; 70; 60 gemäß der Reihenfolge der Skala

(nach Übung **7.5-2**). Hier ist x_{Me} = „zufrieden", da sich bis zur neutralen Kategorie erst 35 % der Fälle häufen, bis zur Kategorie „zufrieden" dagegen schon 70 % (der Modus x_{Mo} ist ebenfalls „zufrieden"). Der Median x_{Me}

- hängt von den kumulierten Häufigkeiten bzw. von der Treppenfunktion ab: x_{Me} ist die erste Kategorie j, für welche $H_j \geq 0{,}50$ bzw. $H'_j \geq 50\,\%$ (im Beispiel j = 4);

- kann sich für ordinale Variablen auf eine relativ weit gefächerte Datenmenge (Fälle) beziehen, wenn gerade zur Kategorie j, für welche die kumulierte prozentuale Häufigkeit die 50 % erstmals überschreitet, eine große Häufigkeit h'_j gehört; in der Treppenfunktion gibt es dann einen großen Sprung an der „50 %-Marke" vorbei (im Beispiel $h'_4 = 35\,\%$).

Die 3 Quartile („Quart" = ¼) grenzen insgesamt 4 x-Bereiche ab, mit jeweils ca. 25 % Häufigkeit

Der Median x_{Me} ist also die Antwort auf die Frage, bis zu welcher Kategorie die kumulierte prozentuale Häufigkeit eine vorgegebene Prozentzahl - nämlich 50 % - erreicht oder zumindest überschreitet (vgl. §7.2.5). Man nennt x_{Me} auch „zweites Quartil" (Q_2): Ersetzt man in obiger Umschreibung 50 % durch 25 % oder 75 %, so erhält man die analoge Definition des ersten Quartils Q_1 bzw. des dritten Quartils Q_3, d. h. es gibt folgende **Quartile**:

1. Die 25 %-Marke: **unteres Quartil Q_1** (*first quartile*);
2. Die 50 %-Marke: **mittleres Quartil Q_2 = Median** (*second quartile = median*);
3. Die 75 %-Marke: **oberes Quartil Q_3** (*third quartile*).

Im Prinzip teilen die Quartile den **Streubereich**, d. h. die gesamte Ergebnismenge zwischen dem kleinsten x-Wert („Minimum") und dem größten x-Wert („Maximum") in der Stichprobe, in 4 sukzessive Abschnitte mit gleicher Häufigkeit auf, jeweils zu nominell 25 %. Durch diese Aufteilung erhält man ein „Verteilungsprofil", das durch 5 x-Werte bestimmt wird, die als „Meilensteine" zur linken Seite 0 %, ca. 25 %, ca. 50%, ca. 75 % bzw. 100 % der gesamten „Verteilungsmasse" abtrennen! Ist x nach unten oder nach oben unbegrenzt, so treten $-\infty$ und $+\infty$ an die Stelle des Minimums bzw. Maximums (siehe Kap. 9.1 für die zugehörige Grafik, den „Box-Plot")!

Lage und Streuung für qualitative Variablen

8.1

Manchmal werden andere Verteilungsprofile mit anderen Meilensteinen oder **Quantilen** (*fractiles, quantiles*) verwendet. So kann man zwischen Minimum und Maximum 9 **Dezile** oder 99 **Perzentile** dadurch definieren, dass sie insgesamt 10 bzw. 100 Intervalle zu jeweils 10 % bzw. 1 % abgrenzen.

Quantile („Quantum" = bestimmte Anzahl)

Im Falle der Quartile widerspiegelt sich die Häufigkeitsverteilung im Prinzip in 4 Intervallen unterschiedlicher Breite (von links nach rechts):

1. **[Minimum, Q_1)**, in diesem Buch als „Linksaußen" bezeichnet,
2. **[Q_1, Q_2)** „Linksinnen",
3. **[Q_2, Q_3)** „Rechtsinnen",
4. **[Q_3, Maximum]** „Rechtsaußen" (vgl. Abb. 8-4).

Verteilungsprofil zwischen Minimum und Maximum (nach 5 Maßen)

Je gröber die Bestimmung der Quartile ausfällt, desto größer ist die tatsächliche Abweichung von der beabsichtigten 25 %-Verteilungsmasse über jedem Intervall. Die Aufteilung heißt **Verteilungsprofil** (*data profile*), die Grenzen fassen die Verteilung in 5 Kennzahlen zusammen (*5-number summary*).

Ein Verteilungsprofil aufgrund der 3 Quartile erweist sich allerdings erst im Falle einer metrischen Verschlüsselung oder einer klassierten Variablen als unbedingt brauchbar, siehe Kap. 8.2! Ansonsten ist nämlich die Anzahl m der Kategorien in der Regel zu gering, um eine sinnvolle Einteilung nach 3 Meilensteinen zu bekommen.

Quartile sind erst bei vielen Kategorien aussagekräftig

Zum Beispiel ergaben sich in einer Stichprobe von 349 Immobilien - anhand von Annoncen in der „Rheinischen Post" an 2 aufeinander folgenden Samstagen gesammelt - aus den kumulierten Häufigkeiten für die Variable „Zimmerzahl" die Quartile Q_1 = 3 bzw. Q_2 = Q_3 = 4, siehe Tabelle 8-2. Durch die Zusammenlegung der Kategorien 7 - 20 ist diese Variable eher ordinal als metrisch. Sie erfüllt einen qualitativen Zweck: Aufteilung nach Wohnungsgröße. (Zusätzliche Feinberechnung gemäß Kap. 8.2 ist hier nicht sinnvoll!)

Tabelle 8-2. Kumulierte prozentuale Häufigkeiten zu x = „Zimmerzahl" (n = 349)

j = Anzahl der Zimmer	0	1	2	3	4	5	6	7 - 20
H'$_j$ = kumulativer %-Anteil	0,00	5,73	18,91	45,85	84,24	91,12	95,70	100,00

Verteilungsprofil nach Q_1, Q_2 und Q_3 (ursprünglich m = 21 Werte)

Als Streuungsmaß kann der **Quartilsabstand** (*inter-quartile range, mid-spread*)

$$Q = Q_3 - Q_1$$

für rein ordinale Variablen ebenso wenig aussagekräftig sein wie die Quarti-

Quartilsabstand

8

Kennzahlen für Lage, Streuung und Zusammenhang

Spannweite

le selbst (nach Tabelle 8-2 ist Q =1). Das gleiche gilt für die „Streubreite" oder

Spannweite = Maximum − Minimum *(range, total spread)*,

d. h. die Breite des gesamten Streubereichs. In Tabelle 8-2 ist die Spannweite gleich 19. Über die Variabilität der x-Werte sagt diese Kennzahl hier wenig aus, da sie durch die vorgegebenen Kategorien weitgehend bedingt wird (die Daten bedingen den Ausschluss der Kategorie 0). Für ein genügend großes n decken die x-Werte in der Regel den ganzen Bereich ab. Wäre dem nicht so, so gäbe es eine Auffälligkeit, die es zu erklären gilt, vgl. Tabelle 9-8!

8.2 Lage und Streuung zu klassierten Daten

Kennzahlen: 5 bis 8 Maße stehen für die Merkmalsverteilung insgesamt

Bei Variablen mit relativ vielen Ausprägungen kann eine Häufigkeitstabelle als direkte Wiedergabe der Verteilung sehr unübersichtlich sein, so dass die wesentlichen Verteilungseigenschaften in einige wenige Kennzahlen zusammengefasst werden müssen. Eine solche „Datenreduktion" ist für metrische Variablen unumgänglich (5 bis 8 Maße)! Auch im Falle einer ordinalen Variablen mit metrischer Verschlüsselung und im Falle einer klassierten Variablen ist eine Datenreduktion mit 5 bis 6 Lage- und Streuungsparametern hilfreich.

8.2.1 Kennzahlen als Zusammenfassung einer Merkmalsverteilung

Als Beispiel betrachten wir hier die Verteilung des Angebotspreises für die oben erwähnte Stichprobe von n = 349 Immobilien, für die wir im Rest des Kapitels die Fälle mit Preisen ab 280.000 € außer Acht lassen (dies betrifft den Bereich „Rechtsaußen", am oberen Quartil vorbei). Für die verbleibenden n = 261 Immobilien haben wir die Darstellung von 22 Preisklassen (j = 1, ..., m = 22) mit prozentualen Häufigkeiten im Säulendiagramm der Abb. 8-1 um eine Skizze mit der Position folgender Kennzahlen ergänzt:

$$Q_1 = 6{,}96;\ Q_2 = 10{,}32;\ \mu_x = 11{,}49;\ Q_3 = 15{,}19$$

(„Feinberechnung", vgl. §8.2.4). Für x_K = „Preisklasse" entspricht Klasse (1) dem Intervall [12.288, 24.576), Klasse (2) [24.576, 36.864) usw. bis zur 22. Säule [270.336, 282.624). So errechnet sich annähernd aus dem Mittelwert μ_x der Preisklassen der durchschnittliche Preis 12.288*11,49 = 141.189 €.

Es kennzeichnen μ_x und $Q_2 = x_{Me}$ die Lage der x_K-Verteilung, der Quartilsabstand Q dagegen die Streuung der Merkmalsausprägungen:

$$Q = Q_3 − Q_1 = 15{,}19 − 6{,}96 = 8{,}23$$

Lage und Streuung zu klassierten Daten

8.2

Abbildung 8-1. *Säulendiagramm zur klassierten Variablen x_K = „Preisklasse" für $n = 261$ Immobilien (ursprünglich $n = 349$; hier ohne Angebotspreise ab 280.000 €)*

Säulendiagramm: Klassierung nach 22 Intervallen (jeweils mit Breite 12.288 €)

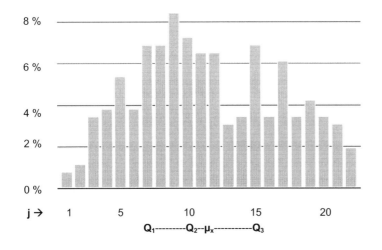

Abbildung 8-2. *Häufigkeitspolygon, d. h. „Verteilungsmasse" begrenzt durch Linienzug, zu einer quasi-stetigen Variablen x = „Angebotspreis" ($n = 261$, aus x_K!)*

Häufigkeitspolygon

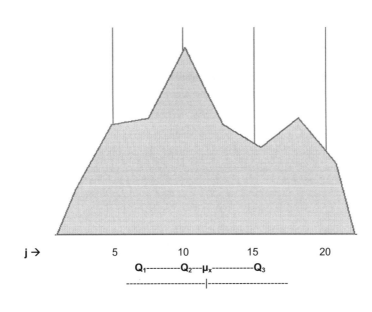

8 Kennzahlen für Lage, Streuung und Zusammenhang

Die 3 Quartile bedingen ein Verteilungsprofil für xK, indem sie die 22 Säulen oder Klassen in 4 Gruppen aufteilen, nämlich {1, ..., 6}, {7, ..., 10}, {11, ..., 15} und {16, ..., 22}; Minimum = 1; Maximum = 22. Jede Gruppe steht für annähernd 25 % der Fälle!

Zusammenfassung: 5 bis 6 Kennzahlen für ordinale bzw. klassierte Daten

Die Kennzahlen **Minimum, Q₁, Q₂, Q₃, Maximum** (*5-number summary*, wobei $Q = Q_3 - Q_1$; evtl. durch μ_x ergänzt: *6-number summary*) fassen die Verteilung der klassierten Preisvariablen xK schon recht informativ zusammen: Die Skizze mit Q₁, Q₂ und Q₃ (μ_x) und das zugehörige Verteilungsprofil sollen mehr oder weniger für das gesamte Säulendiagramm stehen! Dagegen verwende man den Modus (9) und die Spannweite (21 oder vielmehr[1] 22 = 23–1 gemäß den xK-Werten) eher als zusätzliche Information im Sinne des Kap. 9.

Die ursprünglichen Angebotspreise, *ohne* Klassierung, formen die Werte einer (quasi)stetigen Variablen x, für welche wir die relevanten Kennzahlen, insbesondere „Mittelwert" μ_x und „Standardabweichung" s, erst im Kap. 8.3 ausführlich vorstellen werden. Zum Vergleich mit der klassierten Darstellung (xK = „Preisklasse") betrachten wir hier schon mal das so genannte „Häufigkeitspolygon" aufgrund der xK-Häufigkeiten, siehe Abb. 8-2. Diese Abbildung zeigt ähnlich wie in Abb. 8-1 die Position folgender Kennzahlen:

$$Q_1 = 6{,}96;\ Q_2 = 10{,}32;\ \mu_x = 11{,}49;\ Q_3 = 15{,}19;$$
$$Q = Q_3 - Q_1 = 15{,}19 - 6{,}96 = 8{,}23.$$

In der begleitenden Skizze gibt es zusätzlich den „1-Standardstreubereich", der die Intervalle ($\mu_x - s$, μ_x) links bzw. (μ_x, $\mu_x + s$) rechts vom Mittelwert μ_x umfasst. Diese Intervalle dehnen sich bis zu *einer* „Standardabweichung"

$$s = 5{,}28$$

Zusammenfassung: 5 bis 8 Kennzahlen für metrische Daten

unterhalb bzw. oberhalb von μ_x aus. Es fassen die Kennzahlen **Minimum, $\mu_x - s$, μ_x, $\mu_x + s$, Maximum** die Verteilung zusammen (*5-number summary*, dabei s inbegriffen; evtl. durch **Q₁, Q₂** und **Q₃** ergänzt: *8-number summary*).

Es beziehen sich Mittelwert (μ_x) und Median (Q₂) auf die Lage der Preisverteilung. Sowohl den Quartilsabstand Q wie die Standardabweichung s werden wir für eine (quasi)stetige Merkmalsverteilung als Streuungsmaße kennen lernen. Das Verteilungsprofil nach Q₁, Q₂ und Q₃ bedingt 4 Teilflächen zu jeweils 25 %, die von den 3 Quartilen abgegrenzt werden. Als Alternative kann man auch die 4 Teilflächen betrachten, die mit dem 1-Standardstreubereich verbunden sind. Die Skizze mit μ_x, Q₁, Q₂, Q₃, Q und s soll mehr oder weniger für das gesamte Häufigkeitspolygon stehen! Der Modalwert (ca. 10,25) und die Spannweite (21) sind wieder Zusatzinformationen.

---

[1] Jeder Klassenindex j errechnet sich als der größte ganzzahlige Wert, der im Quotienten „Angebotspreis / 12.288" enthalten ist, d. h. ohne Dezimalstellen. Wegen des metrischen Hintergrunds kommen vielmehr xK-Werte von 1 bis unter 23 vor!

8.2.2 Häufigkeitsdichte zur Beschreibung einer stetigen Verteilung

Hauptanliegen dieses Abschnitts ist es, den Zusammenhang zwischen der Darstellung einer klassierten Variablen, etwa x_K = „Preisklasse", und einer nichtklassierten, (quasi)stetigen Variablen, etwa x = „Angebotspreis", zu erläutern. Wegen dieses Zusammenhangs werden wir im weiteren Verlauf vielfach Grafiken für stetige Variablen verwenden können. Man ist nicht nur gerade bei solchen Variablen auf Kennzahlen für Lage und Streuung angewiesen, sondern auch für klassierte Variablen kann die annähernde Darstellung mittels einer stetigen Hilfsvariablen die statistischen Eigenschaften klar herausstellen. Abbildungen vom „quasi-stetigen Typ" (Abb. 8-2) sind auch einfacher zu interpretieren als die vom „diskreten Typ" (Abb. 8-1).

Ein **Häufigkeitspolygon** (*polygon*) oder **Linienzug** entsteht aus dem oberen Umriss der gesamten Häufigkeitsfläche eines Histogramms, wenn man die Mittelpunkte der oberen Säulenabgrenzungen verbindet[2]. Für eine klassierte Variable x_K geht der relativ zackige Polygonzug in eine geschmeidige Kurve über, wenn die Anzahl m der Klassen unbegrenzt zunimmt bei gleichzeitig schwindender Klassenbreite $B_j = B \downarrow 0$ (j = 1, ..., m; m $\to \infty$). Bei hinreichender Glättung des Linienzugs erhält man die Kurve einer **Dichtefunktion** (*density function*) oder **Häufigkeitsdichte f(x)**, welche zu einer stetigen x-Verteilung passt. Sind n (Fallzahl) sowie m groß genug, so kann man die Darstellung einer Häufigkeitsverteilung anhand der Dichte f(x) als „Grenzfall" verstehen. Es tritt die theoretische Häufigkeitsdichte f(x), oder zumindest ein Häufigkeitspolygon, an die Stelle eines Histogramms. Ist die Variable x von vornherein stetig und kennt man die Form der Dichtefunktion aufgrund theoretischer Überlegungen oder wegen früherer Erfahrungsdaten, so kann man direkt von f(x) ausgehen. In anderen Fällen liefern nur die Stichprobendaten Anhaltspunkte für die Form der Dichtefunktion, so dass man sich im Sinne der obigen Grenzfallbetrachtungen mit einer empirischen (d. h. geschätzten) Dichtefunktion begnügen muss (vgl. §12.2.2; Abb. 12-1).

Häufigkeitspolygon

Häufigkeitsdichte einer stetigen Variablen für die Einordnung einiger Kennzahlen

Als Beispiel betrachten wir die 261 Angebotspreise und zwar unter der theoretischen Annahme, sie genügen, bei gleicher Lage und Streuung wie oben, einer „Normalverteilung". Diese wichtige Verteilung werden wir im Kap. 12.2 weiter vorstellen. Vorläufig reicht in folgender Abbildung der Eindruck einer so genannten „Glockenkurve" für f(x). Nach den Daten zur Abb. 8-2 sieht der „1-Standardstreubereich ($\mu_x - s$, $\mu_x + s$)" aus wie in der Skizze unterhalb der x-Achse der Abb. 8-3 angedeutet: das Intervall (6,21; 16,77).

---

[2] Links von der ersten Säule kommt der Linienzug von irgendeinem Punkt auf der x-Achse her, rechts von der letzten Säule sinkt er bis zu y = 0 herab, vgl. Abb. 8-4.

8 Kennzahlen für Lage, Streuung und Zusammenhang

Flächen zwischen Häufigkeitsdichte und x-Achse für die „Glockenkurve" (x-Einheit = 12.288 €)

Abbildung 8-3. 1-Standardstreubereich und zugehörige Flächen unter einer theoretischen Häufigkeitsdichte[3] f(x) zu x = „Angebotspreis" (n = 261, vgl. Abb. 8-2)

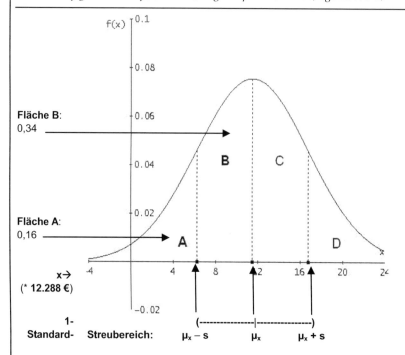

Die Interpretation der Grafik einer Häufigkeitsdichte f(x) ist generell ähnlich wie im Falle eines Häufigkeitspolygons oder eines Histogramms. Es werden interessierende Flächen, als Teile der gesamten Verteilungsmasse unterhalb der Dichtefunktion, nicht anders interpretiert als die Summe entsprechender Säulenflächen eines Histogramms mit relativen Häufigkeiten. Die Gesamtfläche unter der Dichtekurve ist, wie gehabt, gleich 1, egal ob es für x einen theoretischen Minimum- oder Maximumwert gibt oder ob x unbegrenzt ist.

Die relative Häufigkeit h(a, b) zu irgendeinem Intervall (a, b) - oder sagen wir die „Wahrscheinlichkeit", mit der es x-Werte zwischen a und b gibt (a < x < b) - entspricht der Fläche über (a, b) und unter f(x):

relative Häufigkeit h(a, b) = Fläche über (a, b) unter Dichte f(x)

---

[3] Die hier unterstellte Normalverteilung basiert auf $\mu_x = 11{,}49$ und $s = 5{,}28$.

Lage und Streuung zu klassierten Daten

8.2

Generell gilt h($-\infty$, ∞) = h(Minimum, Maximum) = 1, auch dann wenn der x-Wertebereich begrenzt ist, d. h. $-\infty$ < Minimum $\leq$ x $\leq$ Maximum < ∞. Im Prinzip bräuchte man zur Berechnung einer Teilfläche die Integralrechnung (vgl. „Verteilungsprofil" in Tabelle 8-4). Für die wichtigsten Flächenberechnungen kann man in der Praxis aber auf präzise Tabellen oder auf in PC-Programmen eingebaute Algorithmen zurückgreifen!

Tabellen oder PC-Programme für Flächen-berechnungen

In unserem Beispiel mit der theoretischen Dichtefunktion f(x) in Abb. 8-3 beträgt die relative Häufigkeit der Fälle, welche weiter als eine Standardabweichung unterhalb des Mittelwerts μ_x liegen, ca. 16 % (siehe auch Kap. 8.3):

1-Standardstreu-bereich und zuge-hörige Flächen

$$h(-\infty\,;\,6{,}21) = 0{,}16,$$

gemäß der Fläche **A** unter der Dichte f(x) über dem Intervall ($-\infty$; 6,21). Die gleiche relative Häufigkeit gibt es zur Fläche D über (16,77; ∞), d. h. für die Fälle, welche um mehr als eine Standardabweichung größer sind als μ_x. Mit einer Häufigkeit von ca. 34 % liegen die Fälle innerhalb einer Standardabweichung unterhalb von μ_x:

$$h(6{,}21;\,11{,}49) = 0{,}34,$$

gemäß der Fläche **B** unter f(x) über (6,21; 11,49). Das gleiche gilt für Fläche C, so dass h(11,49; 16,77) = 0,34. Daraus folgt, dass ungefähr zwei Drittel aller Fälle im Bereich einer Standardabweichung beidseitig vom Mittelwert liegen. Anders gesagt, der 1-Standardstreubereich betrifft ca. 68 % der Fälle.

Anders als bei qualitativen Variablen gibt es zu einer stetigen Variablen x für einen isolierten x-Wert immer die relative Häufigkeit 0. Für einen fixen x-Wert ist die Fläche des Linienabschnitts zwischen der x-Achse und der Dichte gleich 0. Für die Flächenberechnungen zur *stetigen* Variablen x ist es egal, ob man die eine oder andere Intervallgrenze einbezieht oder nicht!

8.2.3 Mittelwert und Feinberechnung der Quartile

Neben dem Median ist der **(arithmetische) Mittelwert** μ_x (*mean, arithmetic mean*) ein möglicher Kandidat, um die Lage für eine ordinale Variable mit metrischer Verschlüsselung zu beschreiben:

Arithmetisches Mittel: ungewogen aus der Urliste

$$\mu_x = \frac{\text{Summe aller Einzelwerte}}{\text{Anzahl der Fälle}} = \frac{x_1 + \ldots + x_n}{n} \quad (x_i \text{ aus der Urliste; vgl. Kap. 2.3})$$

Wegen der konstanten Gewichtung - mit dem Faktor $\frac{1}{n}$ - in der Summe nennt man μ_x auch das *ungewogene* arithmetische Mittel. Als Beispiel betrachten wir hier eine Frage nach der Kundenzufriedenheit (x) anhand der Skala

8 Kennzahlen für Lage, Streuung und Zusammenhang

$$(-2, -1, 0, 1, 2)$$

bei 100 Befragten, mit dem Ergebnis

$$10;\ 5;\ 20;\ 35;\ 30 \text{ gemäß der Reihenfolge der Skala}$$

(vgl. Übung **7.5-2**). Hier gibt es für μ_x eine nahe liegende Berechnungsmethode, die von den m absoluten oder relativen Häufigkeiten ausgeht:

$$\mu_x = \frac{f_1 * x_1 + \ldots + f_m * x_m}{n} = h_1 * x_1 + \ldots + h_m * x_m$$

Arithmetisches Mittel: „gewogen" nach den relativen H.

(x_j aus der Häufigkeitstabelle). Hier von einem *gewogenen* Mittel zu sprechen ist zwar formal korrekt, aber die Gewichtung mit den relativen Häufigkeiten h_j bedeutet nichts anderes als eine effiziente Alternative zur Schreibweise des obigen *ungewogenen* Mittels! An der üblichen Arithmetik (*, /, +, –) erkennt man, dass die Skala mehr oder wenig metrisch sein muss. In §10.1.2 werden wir noch dem so genannten „geometrischen Mittel" begegnen.

In unserem Beispiel vergleichen wir nun Median und Mittelwert: $x_{Me} = 1$ bzw. $\mu_x = 0{,}7$ (Modus: $x_{Mo} = 1$). Der Median entspricht dem Wert $x_{Me} = $ „zufrieden" im analogen Beispiel aus Kap. 8.1, wo kein Mittelwert existiert.

Feinberechnung der Quartile

Zur Feinberechnung des Medians „interpoliert" man „linear" zwischen den Codes 0 und 1. Dabei wird unterstellt, dass die 50 %-Marke gerade so weit von der „unteren Grenze 0" ($H'_3 = 35\ \%$) entfernt liegt, wie die „noch zu überbrückende kumulierte Häufigkeit" (15 %) sich zum gesamten prozentualen Zuwachs (35 %) bis zur „oberen Grenze 1" ($H'_3 = 70\ \%$) verhält:

$$x'_{Me} = Q'_2 = 0 + 1 * \frac{50-35}{70-35} = 0{,}43$$

Der interpolierte Wert x'_{Me} ist hier insofern sinnvoll, dass er den etwas zu grob geschätzten Median („zufrieden") nach unten („neutral") korrigiert; der Mittelwert μ_x hat hier den gleichen Effekt. Auf ähnliche Art gibt es die Feinberechnungen zu den anderen Quartilen (siehe weiter §8.2.4):

$$Q'_1 = -1 + 1 * \frac{25-15}{35-15} = -0{,}50 \quad \text{und} \quad Q'_3 = 1 + 1 * \frac{75-70}{100-70} = 1{,}17$$

Somit gibt es den „Schätzwert" $Q' = 1{,}17 - (-0{,}50) = 1{,}67$ für den Quartilsabstand, der etwas plausibler wirkt als der grobe Wert $Q = 2 - 0 = 2$.

Nichtsdestoweniger wirkt das entsprechende Verteilungsprofil mit den Abschnitten [–2; –0,50), [–0,50; 0,43), [0,43; 1,17) und [1,17; 2] nicht besonders überzeugend, da man mit solchen Ergebnissen der metrischen Verschlüsselung der Skala wohl zu viel Bedeutung beimisst. Aus dem Grunde verzichten wir hier auf Verwendung der Standardabweichung s, die aber wohl im

Lage und Streuung zu klassierten Daten

Kap. 8.3 zur Demonstration des Rechenverfahrens ermittelt werden soll. Noch weniger informativ ist hier schließlich die Spannweite (gleich 4).

8.2.4 Mittelwert und Feinberechnung für klassierte Daten

Die Lage- und Streuungsparameter einer klassierten Häufigkeitsverteilung, für xK mit m Klassen, sind zunächst weitgehend analog zu den Kennzahlen einer ordinalen Variablen mit metrischer Verschlüsselung zu definieren bzw. zu berechnen. Häufig möchte man aber einen Schritt weiter gehen, um aus den Ergebnissen für xK, die sich prinzipiell auf die Klassen beziehen, zusätzliche Schätzwerte für die zugrunde liegende stetige Variable x zu erhalten. Für den Mittelwert μ_x gibt es im Prinzip 2 Varianten, abhängig davon, ob die m klassenspezifischen Mittelwerte bekannt sind oder nicht. Die Standardabweichung wird erst im Kap. 9.3 besprochen, da diese sich wegen der Klassierung nicht so einfach gestaltet als für eine metrische Variable im Kap. 8.3.

Die Berechnung der Kennzahlen soll nun am Beispiel der Altersstruktur der Mitarbeiter in einer international tätigen Bank erläutert werden[4].

Tabelle 8-3. Häufigkeitstabelle zu xK = „Altersklasse" in einer Bank

Klassierte Altersdaten

Klasselabel von ... bis unter ... Jahren	Code (j)	Anzahl (f_j)	%-Anteil (h'_j)	kum. %-Anteil (H'_j)
< 25	1	11859	12,00	12,00
25 - < 35	2	37554	38,00	50,00
35 - < 45	3	28561	28,90	78,90
45 - < 55	4	16405	16,60	95,50
≥ 55	5	4447	4,50	100,00
Summe		98826	100,00	

Fangen wir mit den Quartilberechnungen an. Die Formeln für Q'_1, Q'_2 und Q'_3 in §8.2.3 können zum Verständnis ähnlich präziser Berechnungen für eine klassierte Variable xK beitragen, wobei jetzt die zugrunde liegende, nahezu stetige Variable x eine plausible Interpretation der Feinberechnungen erlaubt. Zunächst folgt aus der letzten Spalte der Tabelle sofort, dass

Feinberechnung ergibt für xK einen Sinn!

---

[4] Absolute Häufigkeiten wurden vorab mit einem Faktor (1 + ε) multipliziert (ε > 0), um etwaige Enthüllung der Bank zu erschweren.

8 Kennzahlen für Lage, Streuung und Zusammenhang

$$x'_{Me} = Q'_2 = 35$$

der gesuchte Schätzwert für den Median ist (in Klasse j = 3)! Dieser Wert ist der kleinste erkennbare x-Wert, für den die 50 %-Marke erstmals erreicht oder überschritten wird. Wir denken uns dabei das Alter jener Fälle, die mit ihren x-Werten einem bestimmten Intervall angehören, nicht in dessen linken Grenze konzentriert (vgl. §7.2.5). Wir nehmen vielmehr an, dass sich die x-Werte gleichmäßig über das gesamte Intervall verteilen.

Einfallsklasse eines Quartils

Bei der Suche nach präzisen Quartilwerten Q'_1, Q'_2 und Q'_3 für die klassierte Variable x_K bestimmt man generell zuerst die **Einfallsklasse j** zum jeweiligen Quartil, d. h. ein Intervall der Form [a_j, b_j) oder (a_j, b_j], vgl. §7.2.2. Die Einfallsklasse ist das erste Intervall, wo die kumulierte Häufigkeit H'_j die 25 %, 50 % bzw. 75 % überschreitet. Ohne Feinberechnung begnügt man sich, ähnlich wie bei den Kategorien einer ordinalen Variablen, mit dem ungenauen Wert b_j. Erscheint aber die Annahme einer „Gleichverteilung *(uniform distribution)*" innerhalb eines Intervalls plausibel zu sein - vgl. die Definition der diskreten Gleichverteilung im Kap. 12.1 -, so berechnet man

Linear interpolierter Wert Q'_2 für den Median ("Gleichverteilungsannahme" innerhalb der Einfallsklasse)

$$x'_{Me} = Q'_2 = a_j + v(50; j) * (b_j - a_j)$$

als Schätzwert für den Median, wobei das Verhältnis

$$v(50; j) = \frac{50 - H'_{j-1}}{H'_j - H'_{j-1}} = \frac{50 - H'_{j-1}}{h'_j}$$

den Anteil der „noch zu überbrückenden kumulierten Häufigkeit (bis 50 %)" an der gesamten relativen Häufigkeit h'_j zur Einfallsklasse j darstellt.

Ähnliche Rechenverfahren führen zu den Quartilen Q'_1 und Q'_3. Zuerst bestimmt man wieder die Einfallsklasse j zur jeweiligen Prozentzahl - nämlich j = 2 für 25 % bzw. j = 3 für 75 % -, wonach die Formel

Linear interpolierte Werte Q'_1 und Q'_3

$$Q'_1 = a_j + \frac{25 - H'_{j-1}}{h'_j} * (b_j - a_j) \text{ bzw. } Q'_3 = a_j + \frac{75 - H'_{j-1}}{h'_j} * (b_j - a_j)$$

angewandt werden kann, wobei der Laufindex j jeweils die richtige Einfallsklasse bezeichnen soll! Dieses Verfahren der „linearen Interpolation" wird in Übung **8.6-8** für Q'_1 geometrisch erklärt. In unserem Beispiel errechnen sich, neben $Q'_2 = 35$, die linear interpolierten Werte

$$Q'_1 = 25 + \frac{25 - 12}{38} * 10 = 28,42 \text{ bzw. } Q'_3 = 35 + \frac{75 - 50}{28,90} * 10 = 43,65,$$

so dass

$$Q' = 43,65 - 28,42 = 15,23$$

Lage und Streuung zu klassierten Daten

der geschätzte Quartilsabstand ist; dagegen wäre Q = $Q_3 - Q_1$ = (3 − 2)*10 = 10 der grobe Schätzwert nur aufgrund der Klassen!

Das Altersprofil wird im Prinzip durch die „25 %-Intervalle" [Minimum; 28,42), [28,42; 35), [35; 43,65) und [43,65; Maximum) bestimmt. Für etwa Minimum = 15 und Maximum = 65 neigt das Verteilungsprofil eher zu den jüngeren Altersbereichen (s. Abb. 8-4), im Vergleich zur Aufteilung nach gleich breiten Intervallen [15; 27,5), [27,5; 40), [40; 52,5) und [52,5; 65]!

Vergleich des Verteilungsprofils nach Q'_1 bis Q'_3 mit einem Profil gleich breiter Intervalle

Sind die m klassenspezifischen Mittelwerte μ_j bekannt, so errechnet sich

$$\mu_x = \frac{f_1 * \mu_1 + ... + f_m * \mu_m}{n} = h_1 * \mu_1 + ... + h_m * \mu_m,$$

weil $f_j * \mu_j$ jeweils die Summe der x-Werte in Klasse j darstellt (j = 1, ..., m). Als Beispiel gehen wir von den Daten der Tabelle 7-11 (Übung **7.5-13** bis **16**) zu den Mietpreisklassen für Haushalte mit und ohne Kinder aus, ergänzt um die Durchschnittsmieten von 493 € (mit Kinder) bzw. 384 € (ohne Kinder):

$$\mu_x = \frac{3703,5 * 493 + 12825,1 * 384}{16528,6} = \frac{6750663,9}{16528,6} = 408,42 \text{ €}$$

Mittelwert aus bekannten klassenspezifischen Mittelwerten

Im Allgemeinen gibt es solche Mittelwerte für **aggregierte Daten**, für welche die ursprünglichen Fälle in übergeordnete statistische Einheiten (hier 2 Mengen von Haushalten: mit bzw. ohne Kinder) und die x-Werte in „aggregierte Werte" (hier die Durchschnittsmieten) zusammengelegt werden.

Aggregierte Daten

Im Beispiel der Altersstruktur der Tabelle 8-3 dagegen kann man eine ähnliche Formel wie oben nur anwenden, wenn man den nunmehr unbekannten Mittelwert μ_j durch die Klassenmitte m_j ersetzt (j = 1, ..., m; Gleichverteilung innerhalb Klasse j; m_j steht für die Klassenmitte der Klasse j):

$$\mu_x = \frac{f_1 * m_1 + ... + f_m * m_m}{n} = h_1 * m_1 + ... + h_m * m_m$$

Mittelwert aus Klassenmitten

Für die erste bzw. letzte Klasse ist im Beispiel die Wahl der Klassenmitte schwierig bzw. beliebig. Ginge man überall von der konstanten Klassenbreite $B_j = B = 10$ aus, so würde die Klassenmitte für die erste Altersklasse auf dem Intervall [15, 25], für die höchste Altersstufe auf [55, 65] basieren. Entsprechend gäbe es m_1 = 20, m_2 = 30, m_3 = 40, m_4 = 50 und m_5 = 60:

$$\mu_x = 0,12 * 20 + 0,38 * 30 + 0,289 * 40 + 0,166 * 50 + 0,045 * 60 = 36,36$$

Neben μ_x und dem Median Q'_2 = 35 gibt es als weitere Kennzahl den Modalwert x_{Mo} = 30 (Klassenmitte der Einfallsklasse j = 2). Die Spannweite ist im Prinzip unbestimmt, aber bei gleichen Klassenbreiten wäre sie 65 − 15 = 50.

8 Kennzahlen für Lage, Streuung und Zusammenhang

Altersprofil mit geschätzter H.-Dichte aufgrund von x_K

Abbildung 8-4. *(Geschätzte) Empirische Häufigkeitsdichte[5] f(x) und Verteilungsprofil zu x = „Alter" (nach Tabelle 8-3; Streubereich [15, 65]; f(15) = f(65) = 0)*

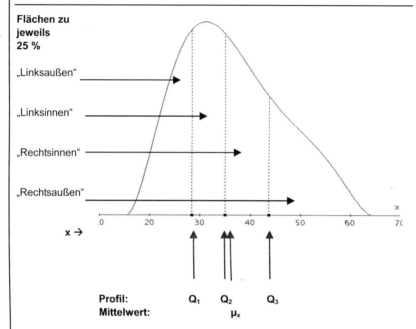

Abb. 8-4 gibt das Verteilungsprofil zur Altersvariablen in der Bank wieder (auch Min. und Max. sind leicht zu erkennen). Die Interpretation ist einfach: 25 % der Bankmitarbeiter sind jünger als ca. 28,5 Jahre, 50 % jünger als 35 Jahre und 75 % jünger als ca. 43,5 Jahre! Die Interpretation der Quartile ist wichtiger als die Berechnung des mittleren Alters (36,4)!

Auf ähnliche Art könnte man den Wertebereich W_x der Personalumfänge für die 71 niederländischen Unternehmen in §7.2.2 und §7.2.3 nach den 3 Quartilen klassieren. An Stelle der x-Einteilung der Abb. 7-5 (gleich breite Intervalle) oder der Abb. 7-6 (Standardklassierung) erhält man ein Profil mit gleichmäßigen Teilflächen, nämlich die Klassen „0 - 13", „14 - 25", „26 - 79" und „ab 80", gemäß $Q_1 = 13{,}25$, $Q_2 = 25{,}38$ und $Q_3 = 79{,}75$.

---

[5] Schätzung der Dichtefunktion f(x) als Ausgleichspolynom sechsten Grades anhand der Mittelpunkte der oberen Säulenabgrenzungen eines x_K-Histogramms.

8.3 Lage und Streuung für metrische Variablen

Die bisher behandelten Kennzahlen für Lage und Streuung treffen mehr oder weniger auch auf metrische Variablen zu. Dank der stetigen Verteilungsdichte (vgl. Abb. 8-3 und Abb. 8-4) braucht man sich jetzt aber um Feinberechnung oder das Einsetzen von Klassenmitten in gewogenen Mittelwerten nicht zu kümmern. Wenn n groß ist, kann der Rechenaufwand dennoch größer sein als für ordinale oder klassierte Daten, weil es so viele verschiedene x-Werte geben kann (m groß). In der folgenden Übersicht werden die benötigten Definitionen abgeändert bzw. ergänzt:

- **Modalwert** (Modus):

  Der häufigste (dichteste) Wert x_{Mo} richtet sich für eine metrische Variable x nach der Häufigkeitsdichte f(x). In Abb. 8-3 (x_{Mo} = 11,49) und Abb. 8-4 (x_{Mo} = 30) erkennt man x_{Mo} als Maximumstelle der Dichtefunktion.

- **Quartile**, **Quartilsabstand** und **Verteilungsprofil** (plus Spannweite):

  Die 3 Quartile Q_1, Q_2 (= Median x_{Me}) und Q_3 trennen zu deren linken Seite nicht *mindestens* 25 %, 50 % bzw. 75 % ab, sondern *exakt* so viel. Zum Ende dieses Abschnitts stellen wir die (annähernde) empirische Verteilungsfunktion vor, aus der die 3 Quartile grafisch bestimmt werden können. Der mittlere Bereich oder **Interquartilbereich** $[Q_1, Q_3]$ bestreitet nun genau 50 % der Fälle (Linksinnen + Rechtsinnen; Breite $Q = Q_3 - Q_1$).

  Interquartilbereich $[Q_1, Q_3]$

  Die 3 unterbrochenen vertikalen Linien in Abb. 8-3 und Abb. 8-4 trennen 4 Flächen zu jeweils genau 25 % Verteilungsmasse. Das entsprechende Verteilungsprofil besteht aus [Minimum, Q_1), [Q_1, Q_2), [Q_2, Q_3) und [Q_3, Maximum], ohne Feinberechnung.

  Die **Spannweite** (= Streubreite = Maximum − Minimum) kann theoretisch unbegrenzt sein. Nur für *metrische* Variablen stellt sie einen - etwas groben - Streuungsparameter dar, der z. B. in der Qualitätskontrolle zum Vergleich der Streuung vieler Stichproben verwendet wird.

Im Kap. 9.1 werden Analyseverfahren besprochen die vom Verteilungsprofil ausgehen, anders als die Analysen im jetzigen Kapitel, in dem wir die für metrische Variablen typischen Kennzahlen Mittelwert und Standardabweichung - zusammen mit dem k-Standardstreubereich - vorstellen:

- **(Arithmetischer) Mittelwert**:

  Der Mittelwert μ_x wird genau so berechnet wie für ordinale Variablen mit metrischer Verschlüsselung, nämlich als Quotient der Summe aller

8 Kennzahlen für Lage, Streuung und Zusammenhang

Einzelwerte und der Anzahl n der Elemente, siehe §8.2.3. Man kann μ_x aber auch als ein mit relativen Häufigkeiten gewogenes Mittel berechnen.

■ Standardabweichung s und die 3 k-Standardstreubereiche (k = 1, 2, 3): Dieser zum Mittelwert passende Streuungsparameter und die zugehörigen Bereiche auf der x-Achse werden nun genau definiert.

Neben dem Quartilsabstand Q gibt es den für metrische Variablen typischen Streuungsparameter s, die Standardabweichung, welche aus der so genannten **Varianz** s^2 (*variance*) hergeleitet wird. Die Varianz ist eine eher theoretische Kennzahl, die sich gemäß der Formel

Varianz

$$s^2 = \frac{(x_1 - \mu_x)^2 + \ldots + (x_n - \mu_x)^2}{n - 1} \quad (x_i \text{ aus der Urliste})$$

als Durchschnitt der quadrierten Differenzen zwischen arithmetischem Mittel und den einzelnen x-Werten errechnet (im Nenner n – 1, so dass man unverfälscht schätzt, vgl. Kap. 11). Dagegen drückt die **Standardabweichung**

Standardabweichung

$$s = \sqrt{\frac{(x_1 - \mu_x)^2 + \ldots + (x_n - \mu_x)^2}{n - 1}} \quad (x_i \text{ aus der Urliste})$$

(*standard deviation*; vgl. Kap. 2.3) die Variabilität der x-Werte auf praktische Art aus: Es bildet s anhand der Streuung der betrachteten Variablen - etwa Alter in Jahren - einen Maßstab, welche in den gleichen Einheiten gemessen wird wie die zugrunde liegenden x-Werte - s^2 dagegen wird hier in (Jahr)² gemessen (in Jahren zum Quadrat). Die Standardabweichung s ist als natürliche Maßeinheit für Entfernungen zwischen den x-Werten zu sehen, während die Varianz s^2 sich eher als geeignete Kennzahl zum theoretisch-statistischen Vergleich von Verteilungen erweist (vgl. §14.4.1)!

Je weiter sich die Dichtefunktion f(x) über der x-Achse ausdehnt, desto mehr streuen sich die x-Werte und desto größer ist die Standardabweichung. Im Kap. 9.3 werden wir auch den „Variationskoeffizienten" behandeln, der die Standardabweichung zum Mittelwert ins Verhältnis setzt.

Anhand von m absoluten Häufigkeiten errechnet sich s generell als

Standardabweichung aus einer Häufigkeitstabelle

$$s = \sqrt{\frac{f_1 * (x_1 - \mu_x)^2 + \ldots + f_m * (x_m - \mu_x)^2}{n - 1}},$$

welche Formel völlig gleichwertig ist zur obigen, *ungewogenen* Standardabweichung s anhand der Urliste (und analog zur Berechnung des „gewogenen Mittels" in §8.2.3). Als einfaches Rechenbeispiel betrachten wir noch mal

Lage und Streuung für metrische Variablen

8.3

die Frage nach der Kundenzufriedenheit (x) anhand der Skala (−2, −1, 0, 1, 2) bei 100 Befragten, mit dem Ergebnis $f_1 = 10$, $f_2 = 5$, $f_3 = 20$, $f_4 = 35$ bzw. $f_5 = 30$ (m = 5, n = 100). Wir hatten schon $\mu_x = 0{,}7$ berechnet; hinzu kommt s gleich

$$\sqrt{\frac{10 * (-2 - 0{,}7)^2 + 5 * (-1 - 0{,}7)^2 + 20 * (0 - 0{,}7)^2 + 35 * (1 - 0{,}7)^2 + 30 * (2 - 0{,}7)^2}{100 - 1}} = 1{,}235$$

(vgl. die Berechnungen für die 5 Benotungen 4, 5, 3, 3 und 5 im Kap. 2.3).

Der **k-Standardstreubereich** (± k *standard deviation range*) enthält nun alle x-Werte, die nicht weiter - genauer gesagt weniger - als k Standardabweichungen vom Mittelwert entfernt sind, d. h. der k-Standardstreubereich ist

(μ_x − k*s, μ_x + k*s).

In der Regel interessiert man sich für die Werte k = 1, 2, 3. Theoretisch[6] enthält der k-Standardstreubereich für eine beliebige stetige Verteilung mindestens $(1 - \frac{1}{k^2}) * 100\%$ der Fälle, z.B. mindestens 75 % für k = 2 bzw. mindestens 89 % für k = 3. Bei einer „Normalverteilung" enthält der k-Standardstreubereich, wie wir im Kap. 12.2 sehen werden, genau 68,26 % (k = 1, vgl. Abb. 8-3), 95,44 % (k = 2) bzw. 99,73 % (k = 3) der Fälle, zumindest wenn s gleich der „theoretischen Standardabweichung in der Grundgesamtheit" ist.

k-Standardstreubereich, auch k-Sigma Bereich genannt (k = 1, 2, 3)

An Stelle des Verteilungsprofils anhand der 3 Quartile kann man für eine nahezu stetige (zumindest quasi-stetige) Variable x das vom Mittelwert μ_x ausgehende Profil betrachten, das - wie in Abb. 8-3 - aus beiden Hälften des 1-Standardstreubereichs (±1 *standard deviation range*) besteht, zusammen mit den außerhalb dieses Bereichs liegenden Abschnitten. Noch umfassender ist der 2- bzw. 3-Standardstreubereich mit entsprechender x-Aufteilung.

Neben der Lage einer Verteilung sollte fast ausnahmslos auch die Streuung Gegenstand der statistischen Analyse sein. Nur selten lohnt es sich oder ist es vertretbar, einen Lageparameter - Mittelwert oder Median etwa - zu betrachten, ohne die Variabilität anhand eines Streuungsparameters einzubeziehen. Umgekehrt fasst ein Streuungsparameter - Standardabweichung oder Quartilsabstand - für sich die Eigenschaften einer Merkmalsverteilung in der Regel ebenso wenig hinreichend zusammen, es sei denn, uns kommt es nur auf Messfehler an, z. B. auf so genannte Toleranz- oder Normbereiche hinsichtlich einer vorgegebenen Standardlage, siehe Kap. 13.1.

Zusammenspiel von Lage und Streuung

Dennoch werden in der Praxis Lageparameter häufig „absolut", d. h. nur für sich betrachtet, interpretiert, manchmal mit weit reichenden und nicht so

---

[6] Nach der so genannten Ungleichung von Tschebyschow.

8 Kennzahlen für Lage, Streuung und Zusammenhang

Geringe Mittelwertdifferenz, „überschattet" durch stark überlappende 1-Standardstreubereiche

Abbildung 8-5. „Vorort" ($n_1 = 184$ links) verglichen mit „Land" ($n_2 = 41$ rechts), nach $x =$ „Quadratmeterpreis" (€ / m^2; $n = 225$, für Angebotspreise < 280.000 €)

Breite 1-Stand.-Bereich
2*357
2*388

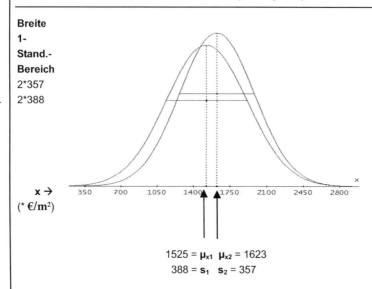

$x \rightarrow$
(* €/m^2)

$1525 = \mu_{x1}$ $\mu_{x2} = 1623$
$388 = s_1$ $s_2 = 357$

Große Mittelwertdifferenz gemäß klar „auseinander liegenden" Verteilungsmassen (d. h. relativ unterschiedlichen 1-Standardstreubereichen)

Abbildung 8-6. „D" ($n_1 = 23$ rechts, < 313 Mitarbeiter) verglichen mit „NL" ($n_2 = 64$ links, < 180 Mitarbeiter), nach $x =$ „ln(Mitarbeiterzahl)" (insgesamt $n = 87$)

Breite 1-Stand.-Bereich
2*0,90

2*1,06

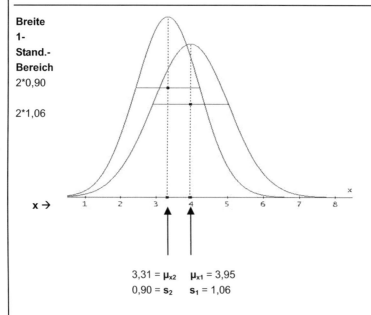

$x \rightarrow$

$3,31 = \mu_{x2}$ $\mu_{x1} = 3,95$
$0,90 = s_2$ $s_1 = 1,06$

8.3 Lage und Streuung für metrische Variablen

akzeptablen Folgen. Für einige Denkzettel siehe KRÄMER (2011a, Kap. 5). Zur Glaubwürdigkeit der gewählten Prozedur steht oft die Frage zur Debatte, *welcher Lageparameter* herangezogen wurde; Kap. 8.5 bietet dazu eine Übersicht, siehe Tabelle 8-6 (vgl. §9.2.2). In anderen Fällen aber ist für die Glaubwürdigkeit der Folgerungen, die aus den Daten gezogen werden, genau so entscheidend, ob man sich grundsätzlich auf bloß 1 bis 2 Lageparameter stützen oder auch der Variabilität der Daten Rechnung tragen möchte!

Die obigen Abb. 8-5 und 8-6 zeigen, wie die Streuung eine Rolle spielt bei der Beurteilung der Mittelwertdifferenz für jeweils 2 Teilstichproben, welche beide eine Teilgesamtheit repräsentieren. Das erste Beispiel (Abb. 8-5) zeigt 2 - gemäß einer annähernden „Normalverteilung" dargestellte - Dichtefunktionen zur Verteilung der Variablen x = „Quadratmeterpreis" (Angebotspreis in € geteilt durch Fläche in m^2) für einen Teil der in §8.2.1 vorgestellten Stichprobe von 261 Immobilien. Dieser Teil umfasst n_1 = 184 Fälle in verschiedenen „Vororten" und n_2 = 41 Fälle in „ländlicher Lage" (36 „City"-Wohnungen werden hier außer Acht gelassen, vgl. §14.4.3). Für den Quadratmeterpreis beträgt die Mittelwertdifferenz zwischen „Land" und „Vorort"

$$\mu_{x2} - \mu_{x1} = 1623 - 1525 = 98 \text{ €} / m^2,$$

so dass man meinen könnte, dass Wohnungen - hier alle bis unter 280.000 € - auf dem Lande *im Schnitt* 98 € pro Quadratmeter mehr kosten als in irgendeinem Vorort. Dennoch wird dieses Ergebnis dadurch relativiert, dass die Standardabweichungen s_2 = 357 (Land) und s_1 = 388 (Vorort) so groß sind, dass sich die 2 Verteilungen weitgehend überlappen. Man erkennt dies klar an den 1-Standardstreubereichen, die hier mit einer durchgezogenen Linie zwischen den Wendepunkten der jeweiligen Dichtefunktion eingezeichnet sind (wie üblich für „annähernd normalverteilte Zufallsvariablen", siehe Kap. 12.2). Die beträchtliche Streuung „verwischt" die Unterschiede zwischen den Quadratmeterpreisverteilungen. Ein in §14.3.1 durchzuführender „Test" wird *keinen* statistischen Hinweis darauf geben, dass der Unterschied in den Durchschnittswerten nicht dem reinen Zufall zu verdanken ist!

Im zweiten Beispiel (Abb. 8-6) vergleichen wir 23 der 26 deutschen Unternehmen der Abb. 7-9 nach dem Personalumfang mit 64 der 71 niederländischen Unternehmen. Die Dichtefunktionen beziehen sich nun aber auf folgende „monoton steigende Transformation" der Miterbeiterzahlen, nämlich

$$x = \ln(\text{Mitarbeiterzahl}),$$

wobei „ln" den natürlichen Logarithmus bezeichnet. Von dieser Transformation ist hier nur festzuhalten, dass sie die Reihenfolge der Fälle beibehält, d. h. es gilt $x_2 > x_1$ wenn Unternehmen 2 eine größere Mitarbeiterzahl hat als Unternehmen 1. Es wurden aus dem Datensatz zunächst 3 deutsche bzw. 7 niederländische Fälle mit sehr großem Personalumfang (Ausreißer, vgl. Kap.

Eine Mittelwertdifferenz beeindruckt um so weniger, desto höher die Standardabweichungen sind!

8 Kennzahlen für Lage, Streuung und Zusammenhang

9.1) entfernt und dann die übrigen 87 Mitarbeiterzahlen logarithmisch transformiert, um annähernd normalverteilte Variablen zu erhalten. Somit kann man die Dichtefunktionen ähnlich wie im ersten Beispiel interpretieren.

Eine bedeutsame Mittelwertdifferenz: „auseinander liegende" Standardstreubereiche!

In Abb. 8-6 unterscheiden sich die Mittelwerte μ_{x2} und μ_{x1} klar, da die Verteilungsmassen sich deutlich weniger überlappen als in Abb. 8-5, so dass die Verteilungslagen als wesentlich unterschiedlich eingeschätzt werden können. Dass die Mittelwertdifferenz durch die Streuung nicht vertuscht wird, soll in Übung **14.6-9** durch einen Test bestätigt werden. Ergänzend zur Abb. 7-9 kann man schließen, dass in der Untersuchung die befragten niederländischen Firmen zu einem kleineren Personalumfang tendieren als die deutschen Unternehmen (abgesehen von 3 bzw. 7 „Ausreißerwerten")!

Annähernde empirische Verteilungsfunktion aufgrund x_K

Abbildung 8-7. *(Annähernde) Empirische Verteilungsfunktion H'(x) und die 3 Quartile für x = „Angebotspreis", aufgrund von x_K = „Preisklasse" (Abb. 8-1)*

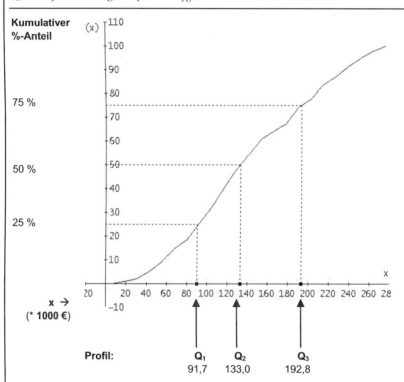

Korrelation als Zusammenhangsmaß für metrische Variablen

8.4

Empirische Verteilungsfunktion (Summenhäufigkeitsfunktion)

Zum Schluss betrachten wir noch mal die Quartile, die sich im Falle einer metrischen Skala grafisch anhand folgender Funktion bestimmen lassen:

H'(x) = geschätzte Summe der prozentualen Häufigkeiten bis x

Für x = „Angebotspreis" nach Abb. 8-1 zeigt Abb. 8-7 die Kurve der **(annähernden) empirischen Verteilungsfunktion** (*cumulative percentage polygon or distribution*). Aus der Treppenfunktion zur Variablen x_K = „Preisklasse" wird durch lineare Interpolation pro Klasse, anstatt des jeweiligen Sprunges, eine mehr oder weniger geschmeidig verlaufende Kurve[7] (*ogive* = Spitzbogen), nicht zuletzt wegen der großen Anzahl m der Klassen (m = 22; vgl. §7.2.5)!

Aus der Grafik kann man die Quartile exakt als jene x-Werte bestimmen, die zu H'(x) = 25 %, H'(x) = 50 % bzw. H'(x) = 75 % passen.

Die H'(x)-Kurve stellt also die kumulierten prozentualen Häufigkeiten auf stetige Art dar und erlaubt die Beantwortung von Fragestellungen wie

- „Für wie viel Prozent der Fälle gibt es eine Ausprägung kleiner gleich einem bestimmten, vorgegebenen x-Wert?"
  - Antwort: Bestimme H'(x);

- „Bis zu welchem x-Wert erreicht die kumulierte Häufigkeit eine bestimmte, vorgegebene Prozentzahl?"
  - Antwort: Rückschluss von H'(x) auf x, vgl. für 25 %, 50 % und 75 % die gestrichelten Linien in Abb. 8-7, die auf Q_1, Q_2 bzw. Q_3 zurückführen.

In der schließenden Statistik gilt $H(x) = \dfrac{H'(x)}{100}$ als Schätzung für die „theoretische Verteilungsfunktion" F(x) zur (quasi)stetigen „Zufallsvariablen" X: F(x) stellt die theoretische Wahrscheinlichkeit dar, dass X Werte ≤ x erzeugt.

8.4 Korrelation als Zusammenhangsmaß für metrische Variablen

In einer zweidimensionalen Häufigkeitstabelle für Variablen x und y mit nicht allzu vielen Ausprägungen kann man über Spalten- oder Zeilenprozente gewisse Zusammenhänge erkennen. Auf solche Art wird z. B. aus Abb. 7-9 ersichtlich, dass in einer Untersuchung die (klassierte) Häufigkeitsverteilung für x_K = „Mitarbeiterzahl" im einen Land (D) anders aussieht als im

---

[7] Diese Kurve wurde durch die kumulierten Häufigkeiten zu den Mittelpunkten der oberen Säulenabgrenzungen gezogen, auf Basis der Klassenmitten (j + 0,5)*12.288, j = 1, …, 22 (d. h. ab 0,5*12.288 = 6.144 bis 22,5*12.288 = 276.480).

8 Kennzahlen für Lage, Streuung und Zusammenhang

anderen (NL). Die Variable x_K hängt hier bis zu einem gewissen Grad vom Land ab. Für 2 metrisch skalierte Variablen x und y mit relativ vielen Ausprägungen ist in der Regel schon die Anzahl der in der Stichprobe vorkommenden Kombinationen (x, y) viel höher als die Anzahl der Felder einer passenden Kreuztabelle. Man könnte zwar durch Klassierung der Variablen x und y auf eine übersichtliche Kreuztabelle hinzuarbeiten, aber den damit verbundenen doppelten Informationsverlust - in x und y, sowie in deren Wechselwirkung - möchte man nicht unbedingt in Kauf nehmen. Dagegen können die zweidimensionalen Daten für n Stichprobeneinheiten als Punkte

$$[x_i, y_i], i = 1, ..., n,$$

Lieber die $[x_i, y_i]$-Punkte im Streuungsdiagramm, als Informationsverlust durch zweifache Klassierung!

im zweidimensionalen **Streuungsdiagramm** (*scatter diagram*) dargestellt werden. Ein Datenpunkt entspricht im Prinzip einem Paar von Beobachtungen in beiden Variablen, obwohl natürlich nicht auszuschließen ist, dass mehrere Fälle den gleichen Punkt besetzen (wenn x und y beide stark und stetig variieren, wird dies nicht so häufig vorkommen). Als erstes Beispiel enthält Abb. 8-8 die „Punktwolke" für die Kombination (Fläche, Angebotspreis) in einer Teilstichprobe von n = 246 Immobilien.

Streuungsdiagramm: starker, gleichläufiger Zusammenhang

Abbildung 8-8. Streuungsdiagramm für y=„Angebotspreis" (Abb. 8-1;< 280.000 €) vs. x = „Fläche" (< 148 m²); Korrelationskoeffizient **r = 0,84** *(n = 246)*

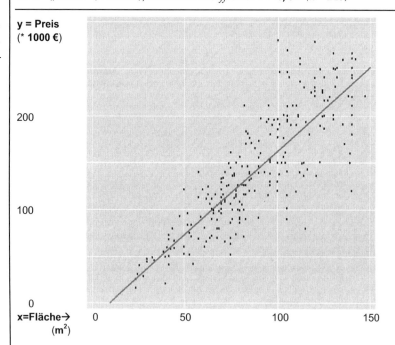

Korrelation als Zusammenhangsmaß für metrische Variablen 8.4

Abbildung 8-9. Streuungsdiagramm für y="Stückpreis" (in €) vs. x = "Absatzmenge" (in 1000 Stück) (n = 47)

Streuungs-
diagramm:
sehr schwacher,
gegenläufiger
Zusammenhang

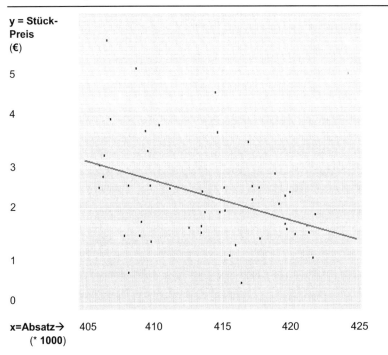

Unter den ursprünglich 261 Immobilien der Abb. 8-1 handelt es sich hier um jene, für die sowohl

der Preis y unter 280.000 €

liegt, wie auch

die Fläche x unter 148 m².

Das Streuungsdiagramm der Abb. 8-8 zeigt einen (ausgeprägt) **gleichläufigen Zusammenhang** (*positive linear relationship*) zwischen Preis und Fläche, d. h. größere (bzw. kleinere) Flächen gehen mehr oder weniger mit höheren (bzw. niedrigeren) Preisen einher.

Im zweiten Beispiel (Abb. 8-9) handelt es sich um die Produktion gewisser Arzneimittel in 47 Niederlassungen einiger Pharmaunternehmen. Hier gibt es eine entgegengesetzte "Richtung" des Zusammenhangs: Der Stückpreis y

8 *Kennzahlen für Lage, Streuung und Zusammenhang*

tendiert (schwach) dazu zu sinken, wenn die Absatzmenge steigt, so dass es einen **gegenläufigen Zusammenhang** (*negative linear relationship*) gibt.

Was macht nun die Stärke des Zusammenhangs aus? Um die Stärke zu messen und gleichzeitig die Richtung zum Ausdruck zu bringen, bietet sich

Korrelations-koeffizient

$$r = \frac{\frac{(x_1 - \mu_x)*(y_1 - \mu_y) + \ldots + (x_n - \mu_x)*(y_n - \mu_y)}{n-1}}{s_x * s_y}$$

an, d. h. der **Korrelationskoeffizient** nach Bravais und Pearson (*coefficient of correlation*). Diese Kennzahl enthält im Zähler die Summe aller Produkte von „x- bzw. y-Abweichungen vom jeweiligen Mittelwert" (geteilt durch n − 1) und im Nenner das Produkt der Standardabweichungen für x bzw. y.

Richtung gleichläufig (r > 0) oder gegenläufig (r < 0)

Der Korrelationskoeffizient r kann Werte zwischen −1 und +1 annehmen. Ein r-Wert gleich 0 bedeutet, dass x und y *nicht* - genau genommen *nicht linear* - zusammenhängen: Eine „Schätzungsgerade" wie in den obigen Abbildungen würde horizontal verlaufen! Ein negativer r-Wert entspricht einem gegenläufigen Zusammenhang; wenn r = −1, korrelieren x und y sogar „perfekt negativ". Im positiven Bereich spricht man von einem gleichläufigen Zusammenhang, der für r = +1 in perfekte positive Korrelation mündet.

Man verstehe r ausschließlich als qualitative Interpretationshilfe bei der Datenbeschreibung: Die Grenzen zwischen schwachem und starken Zusammenhang sind nicht objektiv zu ziehen. Eine attraktive Faustregel zum Grad der positiven (r > 0) oder negativen (r < 0) Korrelation scheint mir dennoch die von BURNS AND BUSH (2003, Seite 534) zu sein:

Abstufung der Stärke des Zusammenhangs nach dem Betrag von r (nach |r|)

- $0{,}80 < |r| \leq 1{,}00$ stark (*strong correlation*),
- $0{,}60 < |r| \leq 0{,}80$ mäßig (*moderate correlation*),
- $0{,}40 < |r| \leq 0{,}60$ schwach (*weak correlation*),
- $0{,}20 < |r| \leq 0{,}40$ sehr schwach (*very weak correlation*),
- $0{,}00 < |r| \leq 0{,}20$ zu vernachlässigen (*virtually no correlation*),

unter der Voraussetzung, die entsprechende Korrelation ϱ in der Grundgesamtheit kann als *statistisch signifikant verschieden von 0* nachgewiesen werden (hängt von n ab). Den „Hypothesentest" zur Überprüfung der letzteren Bedingung und den Zusammenhang mit der „Regressionsanalyse" werden wir als Teile der schließenden Statistik erst im Kap. 15.2 behandeln.

In Abb. 8-8 gibt es einen starken Zusammenhang (r = 0,84); siehe Übung **8.6-11** für Berechnungen zur Abb. 8-9. Es wird durch r zwar die gegenseitige „Abhängigkeit" der beiden Variablen hinterfragt, aber ob x durch y oder y durch x beeinflusst wird - oder vielleicht beide durch eine dritte Variable - kann über eine „Korrelationsanalyse" nicht entschieden werden. Man stößt vielleicht auf etwas Auffälliges bei entsprechendem |r|-Wert, aber ein Ursache-Wirkungs-Zusammenhang kann aufgrund von r nicht gefolgert werden! Auf den Zusammenhang zwischen 2 qualitativen Variablen oder zwischen einer ordinalen und einer metrischen Variablen gehen wir im Kap. 15.1 ein.

Es weist r nicht unbedingt Zusammenhang zwischen „Ursache" und „Wirkung" nach!

8.5 Wahl und Berechnung der Lage- und Streuungsparameter

Die wichtigsten Begriffe und Formeln des Kapitels und die zugehörigen Werkzeuge oder Verfahren werden in folgenden Tabellen zusammengefasst:

Tabelle 8-4. Begriffe und Verfahren zu allgemeinen Lage- und Streuungsparametern

Formeln und Werkzeuge zu Lage und Streuung allgemein

Begriff	Formel	Verfahren
■ **Modalwert (Modus)** häufigster oder dichtester x-Wert (eher Auffälligkeit als Lageparameter!)	x_{Mo}	*Häufigkeitstabelle*: $x_{Mo} = x_j$ wenn $f_j (h_j)$ maximal; *Dichtefunktion f(x)*: $x = x_{Mo}$ wenn $f(x)$ maximal; *grafisch*: längster Balken, höchste Säule, Spitze f(x)-Kurve $\rightarrow x_{Mo}$
■ **Median** kleinster x-Wert mit kumulierter Häufigkeit mindestens 50 %	$Q_2 = x_{Me}$	*Häufigkeitstabelle*: $x_{Me} = x_j$ wenn $H'_{j-1} < 50\%$ und $H'_j \geq 50\%$; *Treppenfunktion*, $H'(x) = $ (annähernde) empirische *Verteilungsfunktion*: $x = x_{Me}$ aus $H'(x) = 50$ lösen
■ **Median (linear interpoliert)** für klassierte x-Werte **1. Einfallsklasse** kleinste Klasse mit kumulierter Häufigkeit mindestens 50 % **2. Feinberechnung**	Q'_2	1. *Einfallsklasse* j (Intervall mit Grenzen a_j und b_j): $H'_{j-1} < 50\%$ und $H'_j \geq 50\%$; 2. $Q'_2 = a_j + v(50; j) * (b_j - a_j)$, $v(50; j) = \dfrac{50 - H'_{j-1}}{H'_j - H'_{j-1}} = \dfrac{50 - H'_{j-1}}{h'_j}$

8 Kennzahlen für Lage, Streuung und Zusammenhang

■ **3 Quartile**[8] kleinster x-Wert mit kumulierter Häufigkeit ≥25 %, ≥ 50 % bzw. ≥ 75 %	Q_1, Q_2, Q_3	1. Einfallsklasse j zu 25, 50, 75 % 2. $Q'_1 = a_j + \dfrac{25 - H'_{j-1}}{h'_j} * (b_j - a_j)$
■ **3 Quartile (linear interpoliert)** für klassierte x-Werte	Q'_1, Q'_2, Q'_3	$Q'_3 = a_j + \dfrac{75 - H'_{j-1}}{h'_j} * (b_j - a_j)$, Q'_2 für 50 % so ähnlich
■ **Quartilsabstand** Breite des x-Streubereichs für mittlere 50 % der Fälle	$Q = Q_3 - Q_1$; mit Feinberechnung: $Q' = Q'_3 - Q'_1$	Kontrolle: Addierte kumulierte Häufigkeiten für $Q_1 \leq x < Q_3$ ergeben ca. 50 % = Summe der zu [Q_1, Q_3] gehörenden Sprünge in der *Treppenfunktion*; *Fläche unter f(x)* über [Q_1, Q_3] oder (Q_1, Q_3) gleich 50 %
■ **Verteilungsprofil nach den 3 Quartilen** Aufteilung des gesamten x-Streubereichs in 4 Abschnitte mit jeweils ca. 25 % Häufigkeit	[Minimum, Q_1), [Q_1, Q_2), [Q_2, Q_3), [Q_3, Maximum]	Kontrolle: wie beim Quartilsabstand; *Dichtefunktion f(x)*: h(Min.,Q_1) = h(Q_1, Q_2) = h(Q_2, Q_3) = h(Q_3,Max.) = 0,25 (Fläche h(a, b) = $\int_a^b f(x)dx$)
■ **Spannweite** Breite des x-Streubereichs in der Stichprobe (Auffälligkeit & Streuungsparameter!)	Maximum – Minimum	Kontrolle: Es gibt keinen x-Wert der < Minimum bzw. > Maximum ist

Formeln und Werkzeuge zu Lage, Streuung und Zusammenhang metrischer (klassierter) Daten

Tabelle 8-5. *Begriffe und Verfahren für klassierte oder metrische Variablen*

Begriff	Formel	Verfahren
■ **(Arithmetischer) Mittelwert**	$\mu_x = \dfrac{1}{n}\sum_{i=1}^{n} x_i$;	aus *Urliste*
	$\mu_x = \sum_{j=1}^{m} h_j * x_j = \dfrac{1}{n} * \sum_{j=1}^{m} f_j * x_j$	aus *Häufigkeitstabelle*

---

[8] Für ordinale Variablen ohne „metrischen Hintergrund" verzichten wir auf eine formal ausgefeilte Besprechung der Quartile, wie in BURKSCHAT ET AL. (2004).

8.5 Wahl und Berechnung der Lage- und Streuungsparameter

■ **Mittelwert für klassierte x-Werte** (bzw. für aggregierte Daten)	$\mu_x = \sum_{j=1}^{m} h_j * \mu_j = \frac{1}{n} * \sum_{j=1}^{m} f_j * \mu_j$ klassenspezifische Mittelwerte μ_j (j = 1,..,m)	aus *Häufigkeitstabelle* mit bekanntem Mittelwert μ_j pro Klasse
■ **Mittelwert (annähernd) für klassierte x-Werte**	$\mu_x = \sum_{j=1}^{m} h_j * m_j = \frac{1}{n} \sum_{j=1}^{m} f_j * m_j$	aus *Häufigkeitstabelle* mit geschätztem Mittelwert m_j = Klassenmitte, j = 1, …,m
■ **Varianz** aus *Urliste* (diese Formel ist gleichwertig zu s^2 im Kap. 8.3, lässt sich aber leichter berechnen)	$s^2 = \dfrac{\sum_{i=1}^{n}(x_i)^2 - n*\mu_x^2}{n-1}$	Streuungszerlegung (Kap. 9.3)
■ **Standardabweichung**	$s = \sqrt{\dfrac{1}{n-1}\sum_{i=1}^{n}(x_i - \mu_x)^2}$ $s = \sqrt{\dfrac{1}{n-1}\sum_{j=1}^{m}f_j*(x_j - \mu_x)^2}$	aus *Urliste* aus *Häufigkeitstabelle*
■ **k-Standardstreubereich oder k-Sigma Bereich** (k = 1, 2, 3)	$(\mu_x - k*s, \mu_x + k*s)$	Kontrolle (Normalverteilung): 68,26 % (k = 1), 95,44 % (k = 2) und 99,73 % (k = 3)
■ **Korrelationskoeffizient** x und y metrisch skaliert (diese Formel ist gleichwertig zu r im Kap. 8.4, lässt sich aber leichter berechnen)	$r = \dfrac{\sum_{i=1}^{n}(x_i*y_i) - n*\mu_x*\mu_y}{\sqrt{\sum_{i=1}^{n}x_i^2 - n*\mu_x^2} * \sqrt{\sum_{i=1}^{n}y_i^2 - n*\mu_y^2}}$	aus *Urliste*

Tabelle 8-6. Fallunterscheidung nach der Skala, im Fettdruck die bevorzugten Maße
Hinweis: [...] → nur bedingt anwendbar; (...) → siehe Kap. 9.

Wahl der Lage- und Streuungsparameter

Skala	Lageparameter	Streuungsparameter
1. **Nominal**	■ (Modalwert)	-
2. **Qualitativ** mit ordinaler Verschlüsselung (mit qualitativen Kategorien)	■ (Modalwert) ■ **Median** *ohne* Feinberechnung ■ [Verteilungsprofil *ohne* Feinberechnung]	- ■ [Quartilsabstand] ■ [Spannweite]

8   *Kennzahlen für Lage, Streuung und Zusammenhang*

3.1. **Ordinal** mit metrischer Verschlüsselung	▪ (Modalwert) ▪ **Median**, *evtl.* Feinberechnung ▪ **Verteilungsprofil** bzw. { **Min., Q₁, Q₂, Q₃, Max.** } *evtl.* Feinberechnung ▪ Mittelwert	– ▪ **Quartilsabstand**, *evtl.* Feinberechnung ▪ (Spannweite) ▪ [Standardabweichung, wie zu 3.3]
3.2. **Klassiert**	▪ (Einfallsklasse des Modalwerts) [darin Klassenmitte] ▪ Einfallsklasse des Medians, **Median** *mit* Feinberechnung ▪ **Verteilungsprofil**, *mit* Feinberechnung ▪ gewogener Mittelwert [unter Verwendung der Klassenmitten und -größen]	– ▪ **Quartilsabstand** *mit* Feinberechnung ▪ (Spannweite) ▪ (Standardabweichung)
3.3. **Metrisch** (ohne Klassierung)	▪ (Modalwert) ▪ **Median** (*exakt*) ▪ **Verteilungsprofil** (*exakt*) ▪ **Mittelwert** ▪ **k-Standardstreubereiche** (k = 1, 2, 3)	– ▪ **Quartilsabstand** (*exakt*) ▪ Spannweite ▪ **Standardabweichung** ▪ (Variationskoeffizient)

8.6 Übungen

8.6-1. Betrachten Sie für die 49 in D. lebenden Studenten (Tabelle 6-1 usw.) die in Tabelle 8-7 enthaltene Einschätzung der Englischkenntnisse („Note" 1 - 2, 3 bzw. 4 - 5), herunter gebrochen nach Altersklasse (18 - 25 bzw. ab 26).

Fragen: Erhält man die häufigste Kombination (Altersklasse, Englischnote) in Tabelle 8-7, wenn man den x-Modalwert mit dem y-Modalwert kombiniert? Gibt es einen eindeutigen zweidimensionalen Modalwert? In welcher Variablen hat der eine Fall, der in Tabelle 8-7 (wo n = 48!) *nicht* vorkommt, eine fehlende Angabe?

Hinweis: Vergleichen Sie mit Tabelle 7-5!

Übungen

8.6

Tabelle 8-7. $x =$ „*Altersklasse*" vs. $y =$ *(eingeschätzte)* „*Englischnote*" *(n = 49)*

$x\downarrow$ $y\rightarrow$ (absolute Angaben)	1 - 2	3	4 - 5	Summe
18 – 25	6	12	3	21
ab 26	12	10	5	27
Summe	18	22	8	48

Zweidimensionaler Modalwert vs. eindimensionale Modalwerte; fehlende Daten

8.6-2. Betrachten Sie Ihre Lösung zur Übung **7.5-12**.

Fragen: Macht es hier einen Unterschied, ob man die absolute Häufigkeit oder die Besetzungsdichte der Bestimmung der Einfallsklasse des Modalwerts zugrunde legt? Wie geht man diesbezüglich bei ungleichen Klassenbreiten am besten vor?

Modus und Besetzungsdichte

8.6-3. In §8.2.4 erfolgt der Schätzwert $x_{Mo} = 30$ als Klassenmitte der „Einfallsklasse [25, 35) des Modalwerts" für die Altersverteilung der Tabelle 8-3.

Frage: Warum macht Abbildung 8-4 diese Schätzung plausibel?

Modalwert als Klassenmitte der Einfallsklasse

8.6-4. Betrachten Sie die Daten der Tabelle 8-2 für $x =$ „Zimmerzahl".

Aufgabe: Berechnen Sie den Modalwert x_{Mo}, den Median x_{Me} (ohne Feinberechnung) und den Mittelwert μ_x ($m_7 = 13{,}5$ für die Mitte der Gruppe 7 - 20)!

Frage: Welche dieser Kennzahlen passt nicht zur Variablen x, die im Kap. 8.1 als *qualitativ*, mit ordinaler Verschlüsselung, betrachtet wird?

Kennzahlen einer qualitativen Variablen mit ordinaler Verschlüsselung

8.6-5. *Aufgabe:* Begründen Sie grafisch, anhand der Treppenfunktion in Abb. 7-8, das Ergebnis $x_{Me} = 2$ („Kommt darauf an") für die Variable „ExchProp"!

Median grafisch

8.6-6. In einer Befragung unter n = 346 Teilnehmern eines niederländischen Ausbildungsprogramms werden je Fragebogen Benotungen gesammelt zu

- 8 *Items* zur „technischen Ausstattung" („Rubrik 1": von Internetarbeitsplätzen über E-Learning Plattformen bis zur Raumausstattung) und

- 12 *Items* zum „Studienmanagement" („Rubrik 2": von Studientechniken über Mentorenprogramme bis zur Skriptverteilung).

„Anzahl der Items (Einzelangaben)": qualitative Variable mit metrischer Verschlüsselung; fehlende Daten

Jeder einzelne Aspekt wird nach einer Sechserskala von 1 („sehr gut") bis 6 („ungenügend") bewertet. Die Programmleitung interessiert sich besonders für etwaige Warnsignale in der Form einer Note 6 bzw. 5, deren Bedeutung im Fragebogentext durch die Erläuterung „*(evtl.* stark) verbesserungswürdig" unterstrichen wurde. Aus den Daten werden nun x_1 und x_2 hergeleitet:

$x_k =$ „Anzahl der *(evtl.* stark) verbesserungswürdigen Aspekte unter allen *Items* zur Rubrik k" (k = 1, 2)

8 Kennzahlen für Lage, Streuung und Zusammenhang

Dabei ist es egal ob überhaupt *alle* Aspekte einer Rubrik benotet wurden, da fehlende Daten als „*nicht* (stark) verbesserungswürdig" aufgefasst werden (wie Note 1 - 4). Folgende Tabelle enthält die entsprechenden Häufigkeiten:

Vergleich zweier H.-Verteilungen: Kennzahlen und Verteilungsprofil

Tabelle 8-8. Absolute bzw. kumulierte Häufigkeiten zu x_k = „Anzahl der (stark) verbesserungswürdigen Aspekte der Rubrik k", k = 1, 2 (x_2 = 12 kam nicht vor)

Rubrik 1			Rubrik 2		
j = Anzahl Items mit Note > 4	Anzahl (f_j) der Fälle mit x_1 = j	Kum. %-Anteil (H'_j)	j = Anzahl Items mit Note > 4	Anzahl (f_j) der Fälle mit x_2 = j	Kum. %-Anteil (H'_j)
0	59	17,05	0	114	32,95
1	78	39,60	1	82	56,65
2	59	56,65	2	55	72,54
3	54	72,25	3	41	84,39
4	29	80,64	4	19	89,88
5	30	89,31	5	12	93,35
6	22	95,66	6	10	96,24
7	10	98,55	7	4	97,40
8	5	100,00	8	3	98,27
			9	3	99,13
			10	2	99,71
			11	1	100,00

Aufgaben: Berechnen Sie für beide Rubriken gesondert die genauen Schätzwerte Q'_1, Q'_2, Q'_3 und Q' für das untere Quartil, den Median, das obere Quartil bzw. den Quartilsabstand. Um auch im unteren Bereich angemessene Schätzwerte zu bekommen, *denken Sie sich dabei jeden Index j als repräsentativ für (j – 0,5; j + 0,5] mit Häufigkeit f_j konzentriert in j + 0,5!* Vergleichen Sie die 2 Verteilungsprofile und die zugehörigen Säulendiagramme!

Fragen: Welche Rubrik wird als schlechteste eingeschätzt, so dass die meisten Items für (stark) verbesserungswürdig gehalten werden? Wie umschreibt man das Ergebnis mittels Medianwerte oder Verteilungsprofile?

Übungen 8.6

8.6-7. Aufgaben: Verfeinern Sie für den Median Q′₂ = 35 zur Tabelle 8-3 die Aussage, dass „der Median die Häufigkeitsverteilung mehr oder weniger halbiert". Zeigen Sie, dass auch „lineare Interpolation" diesen Wert ergibt!

8.6-8. Im folgenden Diagramm wird die „lineare Interpolation" zur Berechnung des unteren Quartils für die Altersdaten in §8.2.4 grafisch erläutert:

Abbildung 8-10. Feinberechnung des unteren Quartils Q′₁ (im Steigungsdreieck)

Feinberechnung durch lineare Interpolation

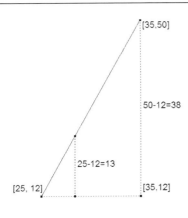

Zur Berechnung von Q′₁ zur Altersverteilung in der Bank (Tabelle 8-3) nimmt man einen *linearen Verlauf der kumulierten Häufigkeiten* zwischen
H′(x) = 12 für x = 25 und
H′(x) = 50 für x = 35 an, so dass

$$Q'_1 = 25 + \frac{25 - 12}{50 - 12} * 10 = 28{,}42\,;$$

[x, y] = [x, H′(x)] bezeichnet einen Punkt auf der durchgezogenen Geraden; [35, 12] ist auch Eckpunkt.

Aufgabe: Erklären Sie die „lineare Schätzformel" für Q′₁ geometrisch!

8.6-9. Betrachten Sie die prozentualen Häufigkeiten zur klassierten Variablen x_K für n_1 = 26 deutsche bzw. n_2 = 71 niederländische Unternehmen nach Abbildung 7-9 (Standardklassierung der Variablen x = „Mitarbeiterzahl").

Verteilungsprofil und Mittelwert einer klassierten Variablen

Aufgaben: Berechnen Sie für die Länder gesondert die genauen Schätzwerte Q′₁, Q′₂, Q′₃ und Q′ auf ähnliche Art wie in Übung **8.6-6**. Vergleichen Sie die Verteilungsprofile für die 2 Länder. Berechnen Sie auch Schätzwerte für den jeweiligen Mittelwert μ_x, wobei Sie 850 für die höchste Klassenmitte wählen!

Fragen: Im Kap. 8.3 (vgl. Abb. 8-6) gab es einen Verteilungsvergleich für die quasi-stetige Variable x = „ln(Mitarbeiterzahl)", allerdings mit n_1 = 23 bzw. n_2 = 64. Wird das entsprechende Ergebnis durch den jetzigen Vergleich bestätigt? *Hinweis:* Vergleichen Sie die „klassierten Mittelwerte" anhand des Ausdrucks $\ln(\mu_{x2}/\mu_{x1}) = \ln(\mu_{x2}) - \ln(\mu_{x1})$ mit der Differenz 3,31 – 3,95 = –0,64 aus Abb. 8-6 (wo die Mittelwerte sich schon auf Logarithmen beziehen)!

8.6-10. Die Indexwerte (j) für die Variable x_K = „Preisklasse" zur Abb. 8-1 beziehen sich auf den größten ganzzahligen Wert, der im Quotienten „Angebotspreis geteilt durch 12.288" enthalten ist. Daher sind die ursprünglichen Angebotspreise x zu den Klassenmitten für x_K mit

8 Kennzahlen für Lage, Streuung und Zusammenhang

1-Standard-streubereich und mittlerer Bereich [Q₁, Q₃]

$$x = (j + 0{,}5) * 12.288 \, € \quad (j = 1, \ldots, 22)$$

gleich zu setzen (Fußnoten nach Abb. 8-2 bzw. Abb. 8-7).

Aufgaben: Rechnen Sie die Quartile, den Quartilsabstand und den Mittelwert zur Abb. 8-1 entsprechend um und vergleichen Sie mit Abb. 8-7! Bestimmen Sie auch das x-Preisintervall, mit dem der theoretische 1-Standardstreubereich zur Abb. 8-3 übereinstimmt. Vergleichen Sie dieses Intervall grafisch mit dem mittleren Bereich [Q₁, Q₃] der Angebotspreise!

8.6-11. Die Daten zu x = „Absatzmenge" und y = „Stückpreis", welche dem Streuungsdiagramm der Abb. 8-9 zugrunde liegen, gibt es als zweidimensionale Urliste in Tabelle 8-9, geordnet nach zunehmenden x-Werten.

Aufgaben: Berechnen Sie die Mittelwerte μ_x und μ_y, die Standardabweichungen s_x und s_y, sowie den Korrelationskoeffizienten r. Zeichnen Sie seitlich zum Streuungsdiagramm den 1-Standardstreubereich für x (unter der x-Achse) bzw. y (neben der y-Achse). Zählen Sie auch die Anzahl der [x. y]-Punkte, die im „zentralen Rechteck" liegen, das durch die 1-Standardstreubereiche bedingt wird! Vergleichen Sie den relativen Anteil der Punkte im zentralen Rechteck mit dem Wert für den Fall zweier „unabhängig normalverteilter Variablen" x und y (0,6826 * 0,6826 = 0,466; siehe Kap. 8.3 für den Prozentsatz 68,26 % zum 1-Standardstreubereich)! *Fragen:* Warum heißt hier der Zusammenhang zwischen x und y (1) gegenläufig und (2) sehr schwach?

Zweidimensionale Urliste

Tabelle 8-9. Kombinierte Daten zu x = „Absatzmenge" (in 1000 Stück; grau hinterlegt) und y = „Stückpreis" (in €), n = 47 Unternehmen

406,09	406,10	406,38	406,46	406,69	406,94	407,94	408,21	408,25	408,83
2,41	2,89	2,63	3,09	5,49	3,84	1,41	2,45	0,64	4,91
409,03	409,17	409,51	409,66	409,83	409,87	410,49	411,24	412,66	413,57
1,40	1,69	3,60	3,17	2,45	1,28	3,72	2,39	1,58	1,46
413,58	413,62	413,82	414,65	414,77	414,90	415,23	415,30	415,64	416,07
1,61	2,33	1,89	4,39	3,56	1,89	2,40	1,93	0,99	1,20
416,54	417,04	417,30	417,31	417,83	417,90	419,02	419,31	419,75	419,77
0,42	3,36	2,16	2,44	2,41	1,34	2,70	2,06	2,24	1,65
419,87	420,13	420,52	421,36	421,52	421,80	421,98	← x = **Absatzmenge**		
1,54	2,32	1,43	1,62	1,47	0,94	1,85	← y = **Stückpreis**		

9 Auffälligkeiten in Häufigkeitsverteilungen

Lernziele

- Sie können Minimum, Maximum, Spannweite und „milde bzw. extreme Ausreißer" korrekt berechnen und interpretieren. Sie verstehen den „(punktierten) Box-Plot" als eine Grafik zur knappen Verteilungsbeschreibung über Verteilungsprofil - nach den Quartilen - und Ausreißer.

- Für eine metrische Variable verwenden Sie den Box-Plot neben der Häufigkeitsdichte und dem 1-Standardstreubereich.

- Sie können für eine Variable mit relativ vielen Ausprägungen die „Verteilungsform" anhand der Häufigkeitsdichte und anhand des (punktierten) Box-Plots - hier nur die Schiefe - angemessen beurteilen.

- Sie können für eine metrische Variable folgende Formparameter korrekt berechnen lassen und interpretieren:

    - (1) den Koeffizienten für die „Schiefe",
    - (2) den Koeffizienten für die „Wölbung",
    - (3) die „Pseudo-Standardabweichung" (selbst berechnen).

- Sie können (punktierte) Box-Plots für den Vergleich mehrerer Gruppen in der Stichprobe korrekt verwenden.

- Sie verstehen die „Streuungszerlegung" einer metrischen Variablen - in „Binnenvarianz" und „Zwischenvarianz" - für den Vergleich mehrerer Gruppen oder Klassen.

- Sie können die relative Streuung einer metrischen Variablen anhand des „Variationskoeffizienten" korrekt berechnen und interpretieren.

- Sie können Kennzahlen für den Grad der „Verteilungskonzentration" korrekt berechnen (lassen). Den „Gini-Index" für die relative Konzentration können Sie mittels Flächen zur „Lorenzkurve" richtig interpretieren.

9 Auffälligkeiten in Häufigkeitsverteilungen

9.1 Box-Plot = Verteilungsprofil + Ausreißer

Im Kap. 8 wurde das durch die 3 Quartile bestimmte Verteilungsprofil als Zusammenfassung der Merkmalsverteilung vorgestellt. Im jetzigen Kapitel behandeln wir das „Schachteldiagramm" (*Box-Plot, Box-and-Whisker-Plot*) als grafische Wiedergabe dieses Verteilungsprofils, wobei auch die eventuellen „Ausreißer", d. h. statistisch aus der Art schlagende Werte, dargestellt werden. Diese werden in „milde Ausreißer" und „extreme Ausreißer" unterteilt.

9.1.1 Kontext: Explorative Datenanalyse

Explorative Datenanalyse (EDA)

Bei der deskriptiven Auswertung von Daten, insb. von größeren Datenmengen, bedient man sich neben der Berechnung von Lage- und Streuungsparametern häufig grafischer Methoden. Diese bilden ein Hauptinstrument der **explorativen Datenanalyse**, kurz EDA *(exploratory data analysis)*, eines Teilgebietes der Statistik, dessen Methoden sowohl in der beschreibenden wie in der schließenden Statistik angewandt werden. Zur EDA wird auch *„Data Mining"* gerechnet, ein Grenzgebiet zwischen Statistik und Informatik. EDA-Verfahren sollen die womöglich hinter den Zahlen steckende Struktur bzw. auffällige Eigenheiten ein- oder mehrdimensionaler Datensätze aufdecken, damit man einen Eindruck vom Verhalten der Daten in Bezug auf Symmetrie, Ausdehnung, Konzentration, Ausreißer usw. gewinnt.

Durch systematische Sichtung der Daten möchte man zuerst auf gute Ideen kommen, bevor ein bestimmter Sachverhalt anhand eines „Schätz- oder Hypothesenprüfverfahrens" formal richtig auf den Punkt gebracht wird (Kap. 13 bis 15). Man mag letztendlich die Datenanalyse damit abschließen, „übermäßige Schwankungen durch Messfehler", „signifikant unterschiedliche Mittelwerte" oder einen zeitlichen Trend nachzuweisen. Solche konkreten Analyseziele mögen sogar durch theoretische Voraussetzungen oder Zusammenhänge begründet sein. Häufig kommt es aber zu solch präzisen Analyse(ziele)n erst nach einer Art Voruntersuchung (EDA), bevorzugt anhand eines „Probedatensatzes" (*training sample*). Darin erkundet man das gesamte Erscheinungsbild der Daten und deren auffälligste Einzelheiten.

Es ist aber Vorsicht geboten: Genau wie die Arbeit eines Detektivs oder eines Untersuchungsrichters von den Aufgaben eines Anwalts oder Urteilsprechenden zu trennen ist, so ist auch die explorative Datenanalyse von der schließenden Statistik zu unterscheiden. Ist die Bestätigung von „EDA-Vermutungen" untrennbar - etwa über die gleichen, wenigen Daten - mit der Voranalyse verknüpft, so verrennt man sich womöglich in einem Teufelskreis (*begging the question*): Anhand der Daten werden gerade solche Antworten bestätigt, die man in die explorativen Fragen hineininterpretiert hatte.

Box-Plot = Verteilungsprofil + Ausreißer

9.1

Eine kritische Diskussion solcher Irrtümer geben z.B. DUBBEN UND BECK-BORNHOLDT (2006).

Als praktische EDA-Techniken haben sich u. a. das Stamm- und Blattdiagramm und das Schachteldiagramm bewährt. Ersteres vermittelt eine Übersicht über die Rohdaten x_1 bis x_n zur Variablen x. Letzteres bietet eine grafische Analyse der x-Verteilung: Im Box-Plot werden Minimum, unteres Quartil, Median, oberes Quartil, Maximum und womöglich Ausreißer dargestellt.

9.1.2 Schachteldiagramm mit Ausreißern

Der **Box-Plot**, auch **Schachteldiagramm** genannt, besteht aus einer Box und einigen markierten Datenwerten außerhalb der Box. Fangen wir mit der Schachtel und den Extremwerten (Min. und Max.) an, anhand des Beispiels der Abb. 9-1 zur folgenden ordinalen Variablen mit ganzzahligen Werten:

Box-Plot als Grafik zum Verteilungsprofil

x_1 = „Anzahl der bemängelten Aspekte
unter den 8 *Items* (Einzelangaben) zur Rubrik 1 (technische Ausstattung)"

Die x_1-Daten kommen aus einer Befragung unter n = 346 Teilnehmern eines niederländischen Ausbildungsprogramms (0 ≤ x_1 ≤ 8). Die x_1-Verteilung ist herunter gebrochen nach Grundausbildung („Grund": n_1 = 235) bzw.

Abbildung 9-1. Box-Plots für „Grund" (n_1 = 235) und „Haupt" (n_2 = 111), zu x_1 = „Anzahl der bemängelten Aspekte zur Rubrik 1 (technische Ausstattung)"

Verteilungsvergleich über Box-Plots

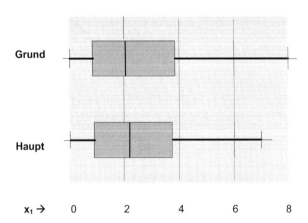

9 Auffälligkeiten in Häufigkeitsverteilungen

Hauptausbildung („Haupt": $n_2 = 111$). Um auch im unteren Bereich angemessene Schätzwerte zu bekommen, sei jeder Index j repräsentativ für (j – 0,5; j + 0,5], wobei die jeweilige Häufigkeit der rechten Grenze zugerechnet wird, siehe Übung 8.6-6 für eine Beschreibung der Herkunft der Daten.

Box = mittlerer Bereich [Q_1, Q_3], Boxbreite = Q, Minimum, Maximum

Für jede Teilstichprobe gibt es einen Box-Plot, den man am besten parallel zur Variablenachse zeichnet, hier etwa parallel zum Index j für die 9 möglichen x_1-Werte. Die **Box** (**Schachtel**) selbst beginnt beim 1. Quartil (Q_1 bzw. Q'_1) und endet beim 3. Quartil (Q_3 bzw. Q'_3), so dass die **Breite der Schachtel** den Quartilsabstand $Q = Q_3 - Q_1$ ($Q' = Q'_3 - Q'_1$) wiedergibt. **Minimum** (Min.) und **Maximum** (Max.) des Streubereichs werden durch ein Kreuz (+) wiedergegeben (s. Abb. 9-1). Das Minimum ist hier in beiden Fällen gleich 0.

Median, Verteilungsprofil nach Q_1, Q_2, Q_3 (über Feinberechnung Q'_1, Q'_2, Q'_3)

Der vertikale Strich innerhalb der Box stellt die Lage des **Medians** (Q_2 bzw. Q'_2) dar. Der Median halbiert die Verteilung mit ca. 50 % der Fälle links und ca. 50 % der Fälle rechts von x_{Me}. Das untere Quartil (linkes Schachtelende) halbiert wiederum den Teil der x-Verteilung, der sich links vom Median befindet. Das obere Quartil (rechtes Schachtelende) halbiert die x-Verteilung rechts vom Median. Folglich trennt Q_1 (Q'_1) ca. 25 % von der Verteilung ab, nämlich die 25 % der Fälle (Linksaußen) mit x-Werten vom Minimum bis unter Q_1 (Q'_1). Der Bereich vom Minimum bis unter Q_3 (Q'_3) betrifft die x-Werte für ca. 75 % der Fälle. Die Schachtel stellt den mittleren Bereich zur zentralen Verteilungsmasse (50 %) dar, 25 % links vom Median (Linksinnen) und 25 % rechts davon (Rechtsinnen; siehe Kap. 8.1).

In Abb. 9-1 erkennt man, dass im Vergleich zu „Grund" die Teilstichprobe „Haupt" einen geringfügig größeren x_1-Median und eine etwas kleinere Schachtelbreite hat. In beiden Teilstichproben konzentrieren sich die kleinsten 25 % der x_1-Werte in einem kleinen Intervall, während sich die größten 25 % eher in die Länge strecken. Die Spannweite für „Grund" ist gleich 8, eins größer als für „Haupt", da es in letzterer Teilstichprobe keinen Fall gibt, der alle 8 Aspekte der technischen Ausstattung bemängelt.

*Schnurrhaare wenn möglich bis Minimum bzw. Maximum, maximal aber 1,5*Q (1,5*Q') weg von der Box*

Die durchgezogenen (dicken) Linien, die links und rechts vom Schachtelrand ausgehen, nennt man **Schnurrhaare** oder Antennen (*whiskers*; daher die Bezeichnung *Box-and-Whisker-Plot*). Sie werden bis zum Minimum bzw. Maximum eingezeichnet, es sei denn die Entfernung eines Extremwerts zum linken oder rechten Schachtelrand ist größer als anderthalb Quartilsabstand (1,5*Q bzw. 1,5*Q'). Im letzteren Fall endet das Schnurrhaar genau bei der Entfernung 1,5*Q', so dass der entsprechende Extremwert durch ein isoliertes Kreuz erkennbar ist (siehe Abb. 9-3). Endet eine Antenne genau andert-

Box-Plot = Verteilungsprofil + Ausreißer 9.1

halb Boxbreiten weg von der Box[1] und liegt der entsprechende Extremwert weiter weg, so muss es mindestens einen Ausreißer geben. Die Definition eines Ausreißers richtet sich nach den Entfernungen in Abb. 9-2:

Abbildung 9-2. Ausreißer (x = •) im Verhältnis zum Verteilungsprofil

	• ← $Q'_1 - x$ →	Schachtel Q'_1 Q'_3	← $x - Q'_3$ → •
Ausreißer	← 1,5*Q' →	← Q' →	← 1,5*Q' → Ausreißer

$x - Q'_3 > 1{,}5*Q'$ oder $Q'_1 - x > 1{,}5*Q'$ macht x zum Ausreißer!

Die allgemeine Idee eines „(statistischen) Ausreißers" zur Variablen x entspricht einem *weit von der Hauptmasse der Daten entfernten* Wert. Die nachfolgenden Definitionen setzen voraus, dass Entfernungen zwischen den x-Ausprägungen überhaupt gemessen werden können. Somit muss die Variable x mehr oder weniger metrisch sein, d. h. x sei

1. ordinal mit metrischer Verschlüsselung oder
2. metrisch (nicht klassiert).

Ausreißer für metrisch angehauchte Daten

Zusammen mit den klassierten Daten betreffen diese Fälle genau die Skalen, für welche man die Quartile über Feinberechnung (Fall 1) oder exakt (Fall 2) bestimmt, vgl. Tabelle 8-6. Die folgenden Definitionen hängen tatsächlich unmittelbar vom unteren bzw. oberen Quartil ab! Klassierte Daten kann man hier meistens außer Acht lassen, da etwaige Ausreißer zur ursprünglichen x-Verteilung in der Regel durch die xK-Klassierung gar nicht mehr sonderlich auffallen (siehe aber auch Übung **9.6-3** und **9.6-4**).

Ein x-Wert heißt **(statistischer) Ausreißer** (*outlier, extreme value*[2]) der x-Verteilung, wenn

$$1{,}5*Q' < Q'_1 - x \quad \text{oder} \quad 1{,}5*Q' < x - Q'_3$$

Ausreißer

(siehe §9.2.2 für eine alternative Definition eines Ausreißers für metrische Variablen).

---

[1] Normalerweise werden die Schurrhaare bis zum Minimum bzw. Maximum durchgezogen. Wir bevorzugen die Wahl zwischen Minimum (Maximum) und höchstens 1,5*Q oder 1,5* Q' unterhalb (oberhalb) der Box, so dass man leicht auf die Existenz von Ausreißern schließen kann. Abweichend davon werden in NSDstat die Antennen nur maximal einen Quartilsabstand (Q, Q') durchgezogen.
[2] Beachten Sie den Unterschied zwischen der englischen Bezeichnung *extreme value* = Ausreißer und dem deutschen Begriff Extremwert = Minimum bzw. Maximum!

9 Auffälligkeiten in Häufigkeitsverteilungen

Milde Ausreißer

Ein x-Wert heißt **milder Ausreißer** (*moderate outlier*) oder „Außenpunkt", wenn x in einer Entfernung von über 1,5*Q' bis 3*Q' unterhalb des unteren Quartils Q'₁ oder oberhalb des oberen Quartils Q'₃ liegt:

$$1,5*Q' < Q'_1 - x \leq 3*Q' \quad \text{oder} \quad 1,5*Q' < x - Q'_3 \leq 3*Q'$$

Extreme Ausreißer

Ein x-Wert heißt **extremer Ausreißer** (*extreme outlier*) oder „Fernpunkt", wenn x weiter weg liegt:

$$3*Q' < Q'_1 - x \quad \text{oder} \quad 3*Q' < x - Q'_3$$

Falls keine feinberechneten Quartile vorliegen, wende man diese Definitionen auf Q_1 und Q_3 an Stelle von Q'_1 bzw. Q'_3 an!

„Statistische Ausreißer" über Tukeys Daumen gepeilt!

Die definierenden Entfernungen 1,5*Q' und 3*Q' sind nicht mathematisch zwingend begründet, sondern beruhen auf einer Konvention, der so genannten „Daumenregel von Tukey"! Man sollte die Bedeutung der (annähernd) als „statistische Ausreißer" erkannten x-Werte immer sachlogisch hinterfragen. Außergewöhnliche Werte laden gerade zum Suchen einer plausiblen Erklärung ein, die sich auf die praktische Bedeutung der x-Werte bezieht!

Punktierter Box-Plot

In den **punktierten Box-Plots** der Abb. 9-3 für die Teilstichproben „Grund" ($n_1 = 235$) bzw. „Haupt" ($n_2 = 111$) erscheinen

Verteilungsvergleich über punktierte Box-Plots, die auch milde Ausreißer (•) und extreme Ausreißer (fettes Viereck) angeben

Abbildung 9-3. Punktierte Box-Plots für „Grund" ($n_1 = 235$) und „Haupt" ($n_2 = 111$), zu $x_2 =$ „Anzahl der bemängelten Aspekte zur Rubrik 2 (Studienmanagement)"

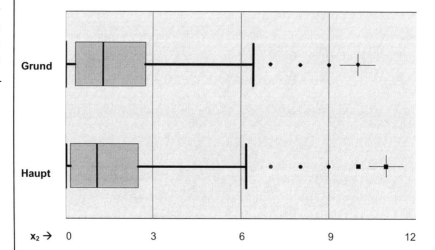

Box-Plot = Verteilungsprofil + Ausreißer **9.1**

milde (•) sowie extreme (**fettes Viereck**) Ausreißer zur Variablen

x_2 = „Anzahl der bemängelten Aspekte
unter den 12 *Items* zur Rubrik 2 (Studienmanagement)",

welche analog zu x_1 (Abb. 9-1) bei n = 346 Teilnehmern des Ausbildungsprogramms erhoben wurde (0 ≤ x_2 ≤ 12; x_2 = 12 kommt nicht vor).

In Abb. 9-3 erkennt man für „Grund" im Vergleich zu „Haupt" einen geringfügig größeren x_2-Median. Die Schachtelbreiten sind vergleichbar. In beiden Teilstichproben konzentrieren sich die kleinsten 75 % der x_2-Werte in einem Intervall, das 3- bis 4-mal so klein ist als der Bereich der größten 25 % (die Verteilungen sind „rechtsschief", vgl. §9.2.3). Die Spannweite für „Haupt" ist gleich 11, eins größer als für „Grund".

Es liegen die oberen Ausreißergrenzen für „Grund" und „Haupt" bei 6,43 bzw. 6,08, so dass es (ab x_2 = 7) 4 bzw. 5 Ausreißerwerte gibt, die zusammen durch insgesamt 13 Fälle besetzt werden, vgl. Rubrik 2 in Tabelle 8-8. Davon gibt es für „Haupt" sogar 2 extreme Ausreißer, nämlich x_2 = 10 und 11. Übrigens ist x_2 = 10 für „Grund" nur ein milder Ausreißer!

Alle quantitativen Ergebnisse dieses Abschnitts lassen sich direkt aus Tabelle 9-1 herleiten, in der es die 5 Meilensteine (*5-number summaries*) der x_1- und x_2-Verteilungsprofile für die gesamte Stichprobe gibt (n = 346), sowie für die 2 Teilstichproben (n_1 = 235, n_2 = 111; Abb. 9-1 und 9-3), siehe Übung **9.6-1**!

Tabelle 9-1. Verteilungsprofile nach „Grund" (n_1 = 235) und „Haupt" (n_2 = 111) für x_k = „Anzahl der bemängelten Aspekte unter den Items zur Rubrik k" (k = 1, 2)

Verteilungsprofile für 2 Gruppen und für 2 Variablen

(Teil)Gesamtheit	Minimum	Q'_1	Q'_2	Q'_3	Maximum
▪ Grundausbildung	0	0,84	2,05	3,86	8
▪ Hauptausbildung	0	0,89	2,20	3,75	7
▪ Insgesamt	0	0,85	2,11	3,83	8
x_1 (Rubrik 1) ↑ x_2 (Rubrik 2) ↓					
▪ Grundausbildung	0	0,33	1,27	2,77	10
▪ Hauptausbildung	0	0,15	1,07	2,52	11
▪ Insgesamt	0	0,26	1,22	2,71	11

9

Auffälligkeiten in Häufigkeitsverteilungen

9.1.3 Für dichotome Variablen keine Box-Plots!

Box-Plots nicht für qualitative Variablen!

Verteilungsprofile, Box-Plots und eine Auswahl mehrerer Kennzahlen kann man nur sinnvoll anwenden bei Variablen mit relativ vielen Ausprägungen! Statistisch gesehen sind etwa Box-Plots für qualitative Variablen mit ordinaler Verschlüsselung schon sehr fraglich. Die Darstellung durch Häufigkeitstabellen sollte z. B. für die Auswertung der Fünferskalen einer Kundenzufriedenheitsbefragung zunächst ausreichen (pro Frage 5 Kategorien, z. B. von „sehr unzufrieden" bis „sehr zufrieden", wie im Beispiel des Kap. 8.1). Ähnliches gilt für die Analyse der Variablen „Zimmerzahl" nach Tabelle 8-2.

Dichotome Variablen bei Mehrfachnennungen

Eine angemessene Analyse für **dichotome Variablen** (*dichotomies, dichotomous variables*) ist schon ganz anderer Natur: Mit nur 2 Ausprägungen pro (nominal skalierte) Variable oder *Item* ist hier häufig die gleichzeitige Auswertung sehr vieler Variablen gefragt, besonders dann, wenn sie das gleiche zugrunde liegende Merkmal gewissermaßen von mehreren Gesichtspunkten heraus erfassen sollen. Eine Batterie dichotomer Variablen ergibt sich u. a. dann, wenn **Mehrfachnennungen** (*multiple answers*) erlaubt sind, d. h. zu der gleichen Frage mehrere Antworten gegeben werden dürfen.

Die oben betrachteten Variablen x_1 und x_2 etwa gehen auf 8 bzw. 12 dichotome Variablen in Bezug auf die jeweilige Rubrik zurück. So gab es für Rubrik 1 („technische Ausstattung") folgende 8 relative Häufigkeiten h_1 zum Code 1 (gleichwertig zur Note 6 oder 5: „(stark) verbesserungswürdig"[3]):

„Trefferquoten" (Anteilswerte) zu 8 Aspekten der Rubrik 1

Tabelle 9-2. *Relative Häufigkeit zum Code 1 für Item 1 bis 8 der Rubrik 1 (n = 346)*

Item	1	2	3	4	5	6	7	8
Aspekt	Internetarbeitsplätze	Internetnutzung	Informationen im Web	E-Learning Plattformen	Raumausstattung	Anzahl freier Lern-/Arbeitsräume	Mediengerechte Hörsaalausstattung	Anzahl der PC-Praktikumsplätze
Relative H. (h_1)	0,272	0,532	0,142	0,251	0,306	0,396	0,260	0,344

---

[3] Ursprünglich gab es für jeden Teilnehmer Bewertungen auf einer Sechserskala von 1 („sehr gut") bis 6 („ungenügend"). Diese wurden in den Wert 1 (Note 6 oder 5 = „(stark) verbesserungswürdig") bzw. 0 (Note 4 bis 1) umcodiert. So ergab sich der x_k-Wert jeweils als die Summe der Einser für die Items der Rubrik k (k = 1, 2), vgl. Tabelle 8-8. Es sind übrigens bessere Analysemethoden denkbar *ohne* diese Umcodierung, z. B. anhand der Medianwerte zu den Sechserskalen (pro Item).

Kennzahlen für die Verteilungsform einer metrischen Variablen | **9.2**

Die Tabelle zeigt, dass Aspekt 2 („Internetnutzung") am meisten bemängelt wurde, Aspekt 3 („Informationen im Web") am wenigsten.

Für jedes *Item* wäre ein Box-Plot zu den 0 - 1 Ergebnissen sinnlos. Er würde nur aus nichts sagenden, feinberechneten Werten für Q'_1, Q'_2 und Q'_3 bestehen (vielleicht wie in Übung **8.6-6** zwischen −0,5 und 1,5 interpoliert, wobei der tabellierte Wert h_1 Ausgangspunkt der Berechnungen wäre)!

Der Mittelwert (0,313) der relativen Häufigkeiten der Tabelle 9-2 bezieht sich auf die durchschnittliche Anzahl der Nennungen (Code 1) pro *Item*. Diese Nennungen werden aus den „Mehrfachantworten" eines „häufbaren Merkmals" zusammengezählt: Die Frage nach den Aspekten der technischen Ausstattung erlaubt es jedem Befragten, aus den 8 Items so viele anzukreuzen wie es ihm passt. Das Merkmal „Bemängelte technische Ausstattung" heißt „häufbar", da es zum gleichen Befragten mehrere bemängelte Aspekte geben kann. Für jeden Aspekt stellt h_1*346 die Summe aller Befragten dar, die das entsprechende Item mit der Note 5 oder 6 bewertet haben. Ein solches Ergebnis werden wir im Kap. 12.4 als „binomialverteilte" Summe von „Erfolgen" und die 8 „Trefferquoten" (Anteilswerte) der obigen Tabelle als die zugehörigen „Erfolgswahrscheinlichkeiten" interpretieren (vgl. §3.2.1).

Häufbares Merkmal: Variable mit Mehrfachantworten

9.2 Kennzahlen für die Verteilungsform einer metrischen Variablen

Für (quasi)stetige, metrisch skalierte Variablen bietet sich die Kombination (Mittelwert, Standardabweichung) = (μ_x, s) augenscheinlich als Königspaar der Kennzahlen an, so dass sich z. B. der Vergleich zweier Merkmalsverteilungen im Vergleich dieser Lage- und Streuungsparameter nahezu zu erschöpfen scheint (vgl. Abb. 8-5 und 8-6). Andere wichtige Verteilungseigenschaften fallen aber erst durch Heranziehen weiterer Kennzahlen in einer umfassenden **Verteilungsdiskussion** auf (siehe die Leitfragen im Kap. 9.5).

Verteilungsdiskussion mehr als (μ_x, s) allein!

So kann die örtliche Anhäufung der x-Werte in der Form eines „Verteilungsgipfels" und damit die Frage von Interesse sein, ob die Häufigkeitsdichte einen einzigen Gipfel hat oder eben mehrere. Bei „eingipfligen Verteilungen" interessiert der Modalwert als die x-Stelle des Gipfels.

Modus, Ein- bzw. Mehrgipfligkeit

Durch zusätzliche Betrachtung der Kombination (Median, Quartilsabstand) gewinnt man ein umfassenderes Bild der Merkmalsverteilung, nicht nur im Hinblick auf deren Lage und Streuung, sondern auch auf die „Verteilungsform"; es können dabei auch Ausreißer im Spiel sein. Darüber hinaus geht es in diesem Abschnitt um die Darstellung der Merkmalsverteilung anhand der

(x_{Me}, Q) und Ausreißer; Schiefe und andere Eigenschaften zur Verteilungsform

9 Auffälligkeiten in Häufigkeitsverteilungen

Dichtefunktion, die außer den Modalwerten und Verteilungsgipfeln auch über „Schiefe" und „Wölbung" informiert. Letztere Eigenschaften werden anhand entsprechender „Formparameter" quantitativ beurteilt (darunter die „Pseudo-Standardabweichung" = $Q'/1{,}35$); die Schiefe auch qualitativ anhand des Box-Plots und der relativen Position von Mittelwert und Median.

9.2.1 Eingipflige und mehrgipflige Verteilungen

Modalwert oft keine stabile Kennzahl

Im Kap. 8.1 haben wir den **Modalwert** x_{Mo} als häufigsten (dichtesten) x-Wert kennen gelernt. Es unterscheidet sich x_{Mo} vom Mittelwert μ_x und vom Median x_{Me} vor allem dadurch, dass er mit einer „maximalen örtlichen Anhäufung" von Fällen verbunden ist. Wenn es den eindeutigen x_{Mo}-Wert gibt, so sagt er viel weniger über die gesamte Verteilungslage aus als x_{Me} und μ_x.

Für qualitative Variablen ist der Modus schon keine besonders aussagekräftige Kennzahl (Kap. 8.1). Für die Kategorien einer qualitativen Variablen bzw. für die unklassierten Werte einer quantitativen Variablen kann man den Modus direkt in der Häufigkeitstabelle erkennen (wie auch grafisch im Stamm- und Blattdiagramm - vgl. §6.2.2 - und im Balkendiagramm usw. - vgl. §7.1.3.2). Wenn aber eine Variable sehr viele Werte aufzeigt, ist die Lage des häufigsten Werts eher zufällig. Für klassierte Variablen kann die Lage der Modalklasse - der häufigsten Klasse oder Einfallsklasse - von der Anzahl der Klassen und von der Methode der Klassenbildung abhängen (§7.2.3).

Wählt man die Klassenmitte der Einfallsklasse als Schätzwert für den Modus, so erhält man für x = „Mitarbeiterzahl" bei n = 71 niederländischen Unternehmen die Einfallsklasse [0, 50) und x_{Mo} = 25, nach der Klassierung mit gleich breiten Intervallen der Abb. 7-5. Nach der Standardklassierung der Abb. 7-6 aber gibt es die Einfallsklasse [10, 50) und x_{Mo} = 30 und nach der Klassierung auf Basis der Quartile gibt es im Grunde keinen (eindeutigen) Modalwert, vgl. das Ende des §8.2.4. Ein anderes Beispiel zur Instabilität von x_{Mo} gibt es für x = „Angebotspreis" in Abb. 8-1 und 8-2, wo man umgerechnet auf x_{Mo} = 9,5*12.288 = 116.736 € kommt (da x = (j + 0,5)*12.288 €, j = 1, ..., 22, siehe Übung **8-6.10**) bzw. auf x_{Mo} = 10,25*12.288 = 125.952 €.

Am meisten interessiert der Modalwert x_{Mo} im Falle einer (quasi)stetigen Variablen, wo man x_{Mo} als die Stelle abliest, wo die Häufigkeitsdichte f(x) ihr Maximum erreicht. Je größer f(x), desto häufiger kommen Werte in unmittelbarer Nähe von x vor. Die dichteste Konzentration gibt es rund um x_{Mo}.

Jede maximale örtliche Anhäufung der x-Werte bestimmt einen **Verteilungsgipfel**, wo f(x) *lokal maximal* ist. Lokale Verteilungsgipfel schließen außer der maximalen Häufigkeit auch solche Häufigkeiten ein, die nur über einem beschränkten x-Bereich maximal sind. Die Häufigkeit eines solchen Gipfels ist für einen bestimmten x-Wert x_0 maximal, insofern man bloß mit

Kennzahlen für die Verteilungsform einer metrischen Variablen | **9.2**

x-Werten in unmittelbarer Nähe vergleicht. Für eine **eingipflige Verteilung** (*unimodal distribution*) stellt der Modalwert zugleich die einzige Stelle eines Gipfels dar: $x_0 = x_{Mo}$, vgl. Abb. 8-3 bis 8-6. Im Prinzip kann f(x) aber auch für einen anderen Wert x_0 ($x_0 \neq x_{Mo}$) ein lokales Maximum haben, so gibt es in Abb. 8-2 Maximumstellen für $x_0 = x_{Mo} \approx 10{,}25$ und $x_0 \approx 18$. In der Praxis entsteht eine **zweigipflige Verteilung** (*bimodal distribution*) oft dadurch, dass Stichproben aus 2 verschiedenen Teilgesamtheiten vermischt werden.

Eingipfligkeit, Zweigipfligkeit

Zwar hat auch eine mehrgipflige (*multimodal*) Verteilung oft nur einen Modalwert, aber 2 oder mehr x-Werte ragen mit ihrer jeweiligen Häufigkeit lokal über die jeweiligen Nachbarwerte hinaus.

Mehrgipfligkeit

9.2.2 Lage und Streuung unter Einfluss von Ausreißern

Einerseits kann ein statistischer Ausreißer im Sinne des Kap. 9.1 ein ganz plausibler, wenn auch außergewöhnlicher Datenwert sein, den man für die Auswertung der entsprechenden Variablen x durchaus berücksichtigen möchte. Andererseits kann es sich aber auch um einen offensichtlichen Fehler während der Messung, Beobachtung oder Aufbereitung der x-Daten handeln, so dass man den Ausreißerfall lieber aus dem Datensatz entfernt, damit man mit „korrekten x-Werten" weiterrechnen kann. Je nach sachlogisch und praktisch begründeter Interpretation kann man mit Ausreißern unterschiedlich vorgehen. Wenn eine eindeutige Erklärung nicht nahe liegt, empfiehlt es sich, zumindest auf die unterschiedlichen Ergebnisse hinzuweisen, die man durch Weglassen oder Einbeziehen der Ausreißer erhält!

Ausreißer: Einbeziehen oder außer Acht lassen? Und ... zumindest weniger ausreißerempfindliche Kennzahlen wählen!

Betrachten wir hier zum Beispiel folgende geordnete Urliste von 30 täglichen, relativ instabilen Kurswerten eines Aktienfonds. Zu jedem ursprünglichen Wert x_i in der *ungeordneten* Urliste gehört die **Rangzahl** (*rank*) r_i, welche die relative Position von x_i in der aufsteigend angeordneten Reihe der x-Werte - in der *geordneten Urliste* also - andeutet (i = 1, ..., n; hier n = 30)[4]. So gibt es z. B. x_i = Minimum = 32,95 für r_i = 1, x_i = Maximum = 73,18 für r_i = 30 und $x_i = x_{Me}$ = 52,32 für r_i = 15. Das untere Quartil Q_1 = 46,67 ergibt sich für r_i = 8, da $\frac{30}{4} = 7{,}5$, das obere Q_3 = 56,27 für r_i = 23, da $\frac{3*30}{4} = 22{,}5$; Q = 9,6. Nach der Definition des §9.1.2 gibt es Ausreißer bloß für

Rangzahlen 1, ..., n aus der aufsteigend angeordneten Urliste

$$x > 70{,}67 \text{ (Ausreißer zur rechten Seite),}$$

so dass die ursprüngliche Stichprobe 73,18 als einzigen Ausreißer aufweist.

---

[4] Falls es mehrere Fälle zum gleichen x-Wert gibt, nimmt man die durchschnittliche Rangzahl dieser Fälle.

9 Auffälligkeiten in Häufigkeitsverteilungen

Rangzahl und x-Wert (geordnete Urliste)

Tabelle 9-3. *Stichprobe zu x = „Kurswert" (in €; grau hinterlegt) mit „Rangzahl r" (n = 30 - originale Stichprobe) plus 3 „Ausreißer" als extra Fälle (fett)*

32,95	36,52	39,74	40,93	42,04	45,45	45,92	46,67	46,79	47,13
1	2	3	4	5	6	7	8	9	10
47,92	50,59	51,05	51,88	52,32	52,50	52,71	52,86	53,81	54,10
11	12	13	14	15	16	17	18	19	20
54,36	54,97	56,27	57,54	60,11	63,89	65,30	67,71	68,40	**71,03**
21	22	23	24	25	26	27	28	29	-
73,18	**75,74**	**80,45**	← x = Kurswert
30	-	-	← r = Rangzahl

Ausreißer x für metrische Variablen: (1) x wie im Box-Plot oder (2) x außerhalb des k-Standard-streubereichs (k = 2, 3 oder 4)

Abweichend vom Kap. 9.1 werden **Ausreißer für metrische Variablen** manchmal auch als jene x-Werte definiert, die außerhalb eines bestimmten k-Standardstreubereichs liegen (k = 2, 3 oder 4). In unserem Beispiel gibt es

μ_x = 52,19 und s = 9,42, so dass x-Werte außerhalb

$$(\mu_x - 2*s, \mu_x + 2*s) = (33{,}35; 71{,}03)$$

nach einer solchen Definition als Ausreißer gelten können (k = 2); neben Maximum = 73,18 auch Minimum = 32,95. Welche Auswirkungen auf Lage und Streuung hätten nun die 3 *zusätzlichen*, besonders hohen Kurswerte der Tabelle 9-3, zu denen es *keine* Rangzahl gibt (r$_i$ = - ; zu x-Werten $\mu_x + \ell$ *s für ℓ = 2; 2,5; 3)? Im Vergleich n = 30 vs. n = 33 gibt es folgende Kennzahlen:

Ausreißer beeinträchtigen μ_x, s und Spannweite

Tabelle 9-4. *Lage- und Streuungsparameter zu x = „Kurswert" mit bzw. ohne Ausreißer (**fett**: üblicher Effekt; <u>unterstrichen</u>: zufälliger Effekt wegen n klein)*

Ausreißer	Minimum	Q$_1$	μ_x	x$_{Me}$	Q$_3$	Maximum	Q	s
ohne (n=30)	32,95	46,67	52,19	52,32	56,27	73,18	9,6	9,42
mit (n=33)	32,95	<u>46,79</u>	**54,33**	52,71	<u>60,11</u>	**80,45**	<u>13,32</u>	**11,36**

Von den Lageparametern ist in der Regel der Mittelwert ausreißerempfindlich, während der Median x$_{Me}$ von Ausreißern nicht sonderlich beeinflusst wird: Beim Median fließt nur die relative Rangfolge der Daten in die Berechnung ein. Ähnliches gilt für das untere bzw. obere Quartil.

Kennzahlen für die Verteilungsform einer metrischen Variablen | **9.2**

Von den Streuungsparametern sind die Spannweite und die Standardabweichung ausreißerempfindlich, dagegen der Quartilsabstand in der Regel kaum. Allerdings gibt es in Tabelle 9-4 eine erhebliche Zunahme des Quartilsabstands, die hier aber eher zufällig ist, wie auch die beträchtliche Verschiebung des oberen Quartils Q_3. Bei höheren Fallzahlen machen sich zusätzliche Ausreißer - etwa wie im Beispiel 0,10*n extra - in den Quartilen und im Quartilsabstand in der Regel kaum noch bemerkbar!

Quartile und Quartilsabstand nur ausreißerempfindlich für n klein

9.2.3 Verteilungsform: Schiefe

Die Verteilung einer (quasi)stetigen Variablen zeigt sich nicht nur durch Lage und Streuung, sondern auch durch die Form der Häufigkeitsdichte aus. Neben **Lage- und Streuungsparametern** (*measures of central tendency and scale*), wie μ_x, x_{Me}, s und Q, gibt es **Formparameter** (*measures of shape*).

Verteilungsform

Unabhängig von der genauen Lage und Streuung der Stichprobenwerte $x_1, \ldots, x_n$ informieren insbesondere die Kennzahlen „Schiefe" und „Wölbung" (bzw. „Pseudo-Standardabweichung") über die jeweilige Form der Häufigkeitsdichte. „Unabhängig" heißt, dass die Verteilungsform und die entsprechenden Formparameter unverändert bleiben, wenn man die x-Werte über eine fixe Entfernung verschiebt (anderer Mittelwert μ_x) oder den Maßstab der x-Achse ändert (andere Standardabweichung s), vgl. Übung **9.6-7**.

Formparameter unabhängig von Lage und Streuung!

Als Beispiel betrachten wir nun einen Labortest der Firma „Klimt", in dem 70 Ölfarbproben einem (beschleunigten) Verschleißtest unterworfen wurden, wobei die Zielvariable x = „Abnutzungsdauer" (in Tagen gemessen) das wichtigste Qualitätskriterium darstellt. Für die nachfolgende Abb. 9-4 gab es 37 Klimt-Proben und 33 Proben eines Konkurrenten. Für Abb. 9-5 wurden 3 Ausreißer in Bezug auf die Variable x von der Analyse ausgeschlossen, so dass 34 Klimt-Proben und 33 andere übrig blieben.

Es interessiert uns hier zunächst die Frage nach der „Symmetrie (*symmetry*)" der x-Verteilung *mit und ohne Ausreißer*. Im Kap. 15.2 werden wir 2 weitere Labortestumstände in Betracht ziehen, so dass wir unter expliziter Berücksichtigung der „Lichtempfindlichkeit" (%) der jeweiligen Probe und der Variablen „Firnis" (ja oder nein) den Einfluss der Variablen „Marke" (Klimt oder Konkurrent) auf die Vergleichsvariable x untersuchen können.

9 Auffälligkeiten in Häufigkeitsverteilungen

Rechtsschiefe Verteilung: KS = 1,71

Abbildung 9-4. Häufigkeitspolygon mit Box-Plot und 1-Standardstreubereich zu x = „Abnutzungsdauer" (in Tagen) für n = 70 Farbproben; Streubereich [0,48; 7,18]

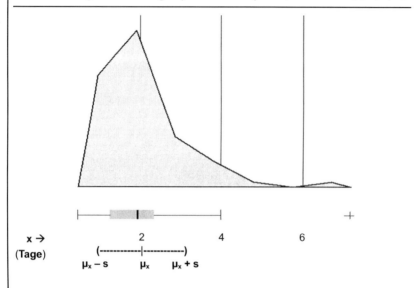

Nahezu symmetrische Verteilung: KS = 0,30

Abbildung 9-5. Häufigkeitspolygon mit Box-Plot und 1-Standardstreubereich zu x = „Abnutzungsdauer" für n = 67 Farbproben, d. h. ohne die 3 Ausreißer der Abb. 9-4 (ohne x-Werte ab 4,01); Streubereich [0,48; 3,69]

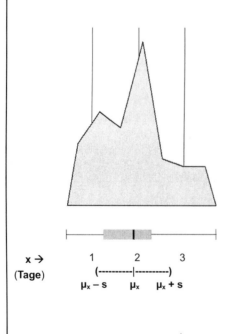

Kennzahlen für die Verteilungsform einer metrischen Variablen | **9.2**

Visuell erkennt man schon, dass die ursprünglich asymmetrische Verteilung (Abb. 9-4) um einiges „symmetrischer" (Abb. 9-5) wird, wenn man die 3 Ausreißer weglässt. Unter dem Gesichtspunkt der „**Symmetrie** rundum den Mittelwert *(symmetry around the mean)*" kann man solche Effekte allgemein durch den **Koeffizienten KS für die Schiefe** *(coefficient of skewness)* quantifizieren:

$$KS = \text{Konstante} * \left(\frac{(x_1 - \mu_x)^3}{(s_x)^3} + \ldots + \frac{(x_n - \mu_x)^3}{(s_x)^3} \right)$$

KS = Koeffizient für die Schiefe

KS ist proportional[5] zur Summe der standardisierten kubischen Abweichungen vom Mittelwert μ_x (standardisiert = relativ zu s^3). Wenn KS = 0 gleichen sich die negativen und positiven Entfernungen vom Mittelwert aus (hoch 3: minus*minus*minus = minus), so dass perfekte Symmetrie vorliegt!

KS = 0 gleichbedeutend mit perfekter Symmetrie!

In unserem Beispiel fallen in Abb. 9-4 die positiven Abweichungen von μ_x = 2,05 (gemessen in Einheiten von s = 1,10) viel mehr ins Gewicht als die negativen Abweichungen, so dass gilt:

KS > 0, d. h. die x-Verteilung ist **rechtsschief** *(right-skewed)*

Es reduziert sich die positive Schiefe von 1,71 (Abb. 9-4) durch Weglassen der 3 Ausreißer auf 0,30 (Abb. 9-5)! Man erkennt in Abb. 9-4 die starke Konzentration der x-Werte links - in Kombination mit dem lang gezogenen rechten Verteilungsschweif (rechtsschief heißt auch linkssteil) - auch daran, dass

(1) die **Box zu den niedrigeren Werten** des Streubereichs tendiert,

(2) $x_{Me} < \mu_x$: deutlich höherer μ_x-Wert (hier wegen Ausreißer); in der Regel liegt der Modus x_{Mo} noch weiter links als der Median.

Rechtsschiefe Verteilung:
KS > 0
(linkssteil)

In der Tat gilt für Abb. 9-4, dass x_{Me} = 1,94 < μ_x = 2,05 (s = 1,10). Für Abb. 9-5 dagegen gibt es x_{Me} = 1,91 = μ_x. Der Quartilsabstand Q ändert sich kaum (1,10 → 1,07). Neben μ_x und s (1,10 → 0,82) fällt in Abb. 9-5 vor allen Dingen die Spannweite kleiner aus (6,7 → 3,21).

Es kann eine Verteilung auch in der anderen Richtung asymmetrisch sein, indem sich die Werte gerade rechts stark konzentrieren („linksschief", gleichbedeutend mit „rechtssteil") und der linke Schweif sich für die niedrigen Werte in die Länge zieht:

KS < 0, d. h. die x-Verteilung ist **linksschief** *(left-skewed)*, so dass

---

5 Am besten lässt man KS durch ein Statistikprogramm berechnen. Wir verwenden SPSS für KS, vgl. Kap. 5! Die Konstante gleicht n / ((n − 1)*(n − 2)).

9 Auffälligkeiten in Häufigkeitsverteilungen

Linksschiefe Verteilung: KS < 0 (rechtssteil)

(1) die **Box zu den höheren Werten** des Streubereichs tendiert,

(2) $\mu_x < x_{Me}$: deutlich niedriger μ_x-Wert (z.B. wegen Ausreißer); in der Regel liegt der Modus x_{Mo} noch weiter rechts als der Median.

Natürlich tritt weder der eine Fall noch der andere ein, wenn sich etwaige Ausreißer an beiden Seiten des Mittelwerts ungefähr die Waage halten, vgl. §9.2.4! Wenn aber außergewöhnlich weit weg liegende Werte an einer Seite dominieren, so geht dies in der Regel mit einer gewissen Asymmetrie einher.

Abstufung zum Ausmaß der Asymmetrie nach dem Betrag der Schiefe (nach |KS|)

Die Grenzen zwischen geringfügiger und starker Asymmetrie sind nicht objektiv zu ziehen. Eine attraktive Faustregel scheint mir dennoch die von EVANS (2003, Seite 50) zu sein:

- 1,0 < |KS| stark schief (*highly skewed*),
- 0,5 < |KS| ≤ 1,0   gemäßigt schief (*moderately skewed*),
- 0,0 ≤ |KS| ≤ 0,5   nahezu symmetrisch (*relatively symmetric*).

Das Vorzeichen von KS unterscheidet wie oben zwischen rechtsschief (positive Schiefe) und linksschief (negative Schiefe). Viele theoretische Verteilungen sind symmetrisch rundum den theoretischen Mittelwert (KS = 0), z. B. die „Gleichverteilung", die „t-Verteilung" und die „Normalverteilung", siehe Kap. 12.2 (die „Normalverteilungsdichte" ist eine symmetrische, eingipflige Glockenkurve).

Welche Rolle spielt nun die Schiefe in der angewandten Statistik, abgesehen vom Zusammenhang mit möglich einseitig vorkommenden Ausreißern?

Bei stark schiefen (theoretischen) Verteilungen wäre Folgendes zu beachten:

- Man sollte nach Möglichkeit *vorab* - vor der Datensammlung - der mit starker Schiefe einhergehenden „Inhomogenität" der Grundgesamtheit durch „geschichtete Stichproben" Rechnung tragen: Eine sehr schiefe x-Verteilung deutet oft auf weitgehend unterschiedliche Teilgesamtheiten in der Grundgesamtheit hin. Falls es eine wichtige Zielvariable x betrifft, versucht man dieser grundsätzlichen Variabilität dadurch Herr zu werden, dass die Stichprobendaten gesondert pro Teilgesamtheit gesammelt werden. Die entsprechenden „Schichten" der Grundgesamtheit werden nach einem bekannten, mit x einigermaßen übereinstimmenden Merkmal definiert, etwa nach „Einkommensklasse" zur Variablen x = „konsumtive Ausgaben". So kann man die Zielvariable in einer geschichteten Stichprobe auf effiziente und einsichtige Art ermitteln. Man vermeidet dabei, dass „Ungleiches mit Ungleichem vermischt wird", vgl. die Irrtümer durch Stichprobenverzerrungen in KRÄMER (2011a, Kap. 8)!

- Man sollte *nachher* - in der Datenanalyse - die mit starker Schiefe einhergehende Unzuverlässigkeit jener statistischen Verfahren berücksichtigen,

Kennzahlen für die Verteilungsform einer metrischen Variablen | **9.2**

die von der „Normalverteilungsannahme (§12.2.2)" ausgehen. Eine sehr schiefe x-Verteilung oder ein (sehr) kleiner Stichprobenumfang n beeinträchtigt u. U. die korrekte Auswertung der Mittelwertschätzung μ_x, z. B. über Vertrauensbereiche (Kap. 13) oder Hypothesentests (Kap. 14).

9.2.4 Verteilungsform: zu spitz oder zu flach

Wo der Koeffizient für die Schiefe (KS) das Ausmaß der Asymmetrie einer Merkmalsverteilung misst, kennzeichnet ein weiterer Formparameter, der Koeffizient für die **Wölbung** (Kurtosis; *coefficient of kurtosis*) den eher flachen bzw. eher spitzen Charakter der Verteilung:

$$KW = Konstante * \left(\frac{(x_1 - \mu_x)^4}{(s_x)^4} + ... + \frac{(x_n - \mu_x)^4}{(s_x)^4} \right)$$

KW = Koeffizient für die Wölbung (Kurtosis)

(mit einer anderen Konstante[6] als im Falle der Schiefe). Wir sprechen diesen Parameter und die **Pseudo-Standardabweichung** (*pseudo-standard deviation*)

$$PSA = \frac{Q'_3 - Q'_1}{1,35} = \frac{Q'}{1,35}$$

Pseudo-Standardabweichung

hier kurz an und zwar im Hinblick auf die spätere Überprüfung der theoretischen „Normalverteilungsannahme" in §12.2.2. Für jede „Normalverteilung" ist KW = 3 und gleicht PSA der theoretischen Standardabweichung σ.

KW = 3 und PSA = σ für jede „Normalverteilung"!

Wir haben bei den Streuungsparametern gelernt, dass die Varianz der Summe der quadratischen Abweichungen vom Mittelwert entspricht. Die Varianz s^2 und die Standardabweichung $s = \sqrt{s^2}$ sind daher immer positiv. Die Schiefe entspricht den im Verhältnis zu s^3 standardisierten kubischen Abweichungen vom Mittelwert μ_x. Daher können bei KS sowohl positive als auch negative Werte vorkommen. Die Wölbung ist proportional zu den standardisierten Abweichungen hoch 4. Deshalb kommen hier grundsätzlich nur positive Werte als Ergebnis vor. Vom ursprünglichen Kurtosiswert wird die konstante Wölbung (= 3) einer beliebigen Normalverteilung abgezogen, so dass die **standardisierte Wölbung** beide Vorzeichen haben kann:

(1) **KW − 3 < 0** (flachgipflig; *flat, or platykurtic, distribution*): eine eher **flache** Verteilung mit relativ wenig Häufigkeitsmasse in der Mitte sowie in den Schweifen;

Standardisierte Wölbung = KW − 3 (Exzess)

---

[6] Am besten lässt man KW − 3 durch ein Statistikprogramm berechnen. Wir verwenden dafür SPSS, vgl. Kap. 5!

133

9
Auffälligkeiten in Häufigkeitsverteilungen

(2) **KW − 3 > 0** (steilgipflig; *peaked, or leptokurtic, distribution*): eine eher **spitze** Verteilung mit relativ viel Häufigkeitsmasse in der Mitte sowie in den Schweifen.

Einen ähnlichen Unterschied macht man anhand des PSA-Werts:

PSA verglichen mit s

(1) **PSA > s**: eine eher **flache** Verteilung; die Quartile liegen weiter auseinander, als es bei einer Normalverteilung der Fall wäre;

(2) **PSA < s**: eine eher **spitze** Verteilung; die Quartile liegen enger beieinander als es bei einer Normalverteilung der Fall wäre.

Dabei wird also die Pseudo-Standardabweichung mit der Standardabweichung s aus der Stichprobenverteilung des Merkmals verglichen.

„Am spitzesten" heißt eine Verteilung im Vergleich zu anderen Verteilungen *nicht* etwa, weil die Verteilungsdichte „um den Modus x_{Mo} herum" am steilsten ansteigt bzw. herabfällt, sondern weil es in der Nähe des arithmetischen Mittelwerts die höchste Konzentration an Verteilungsmasse gibt - die größte Fläche unter der Polygondichte. Wenn es relativ viele Ausreißer gibt, welche sich gleichmäßig über beide Schweife verteilen, resultiert dies in Verteilungen mit hoher Wölbung.

Als Beispiele betrachten wir hier die Verteilungen der Abb. 8-2 (x = „Angebotspreis"), Abb. 8-5 (x = „Quadratmeterpreis" für Vorortlage) und Abb. 9-4 bzw. 9-5 (x = „Abnutzungsdauer", mit bzw. ohne Ausreißer):

Streuung und Form

Tabelle 9-5. Standardabweichung, Quartilsabstand und 3 Formparameter

Variable x	s	Q	KS (Schiefe)	KW − 3 (Wölbung)	PSA
x = „Angebotspreis" (n = 261)	5,28	8,23	0,20	-0,90	6,10
x = „Quadratmeterpreis" (n = 184)	388	576	0,00	-0,21	427
x = „Abnutzungsdauer" (n = 70)	1,10	1,10	1,71	5,82	0,81
x = „Abnutzungsdauer" (n = 67)	0,82	1,07	0,30	-0,58	0,79

Nur eine Verteilung ist (stark) schief, vgl. Abb. 9-4, die anderen sind nahezu symmetrisch. In den ersten 3 Zeilen erkennt man den üblichen Zusammenhang zwischen KW − 3 und PSA. So ist die dritte Verteilung sehr spitz, dagegen die erste relativ flach ohne besonders große Werte („Angebotspreis < 280.000 €"). Die standardisierte Wölbung der letzten Verteilung deutet eine flache Verteilung an, was sich in der PSA aber nicht widerspiegelt.

9.3 Verteilungsvergleich zwischen mehreren Gruppen

Der Verteilungsvergleich anhand der (punktierten) Box-Plots für 2 Gruppen oder Teilstichproben nach Kap. 9.1 - vgl. Abb. 9-1 und 9-3 - kann man ohne weiteres auf mehrere Gruppen ausdehnen, vgl. Übung **9.6-9**. Wenn die Vergleichsvariable x ordinal skaliert ist mit metrischer Verschlüsselung oder metrisch skaliert, vergleicht man die Gruppen nach

Ordinale Variable mit metrischer Verschlüsselung: Vergleich von Gruppen mittels Box-Plots

- der **Lage** (zentralen Tendenz), anhand des jeweiligen Medians $x'_{Me} = Q'_2$,
- dem **Verteilungsprofil**, d. h. nach der gesamten Verteilungsstruktur: [Minimum, Q'_1], [Q'_1, Q'_2], [Q'_2, Q'_3] und [Q'_3, Maximum], inklusive der Spannweite (= Maximum − Minimum),
- dem Vorkommen milder bzw. extremer **Ausreißer**,
- der **Schiefe** (§9.2.3), anhand der Lage der Box im zentralen Streubereich (symmetrisch), im unteren Streubereich (rechtsschief) bzw. im oberen Streubereich (linksschief).

Ist die Vergleichsvariable x metrisch, so bietet sich für den Vergleich mehrerer Gruppen oder Teilstichproben - neben der Box-Plotmethode - noch eine weitere Methode an, welche von gruppenspezifischen Mittelwerten und Standardabweichungen ausgeht. In diesem Zusammenhang führen wir ein weiteres, relatives Streuungsmaß, nämlich den „Variationskoeffizienten", ein, sowie die Methode der „Streuungszerlegung". Letztere hat übrigens mit dem Vergleich gruppenspezifischer *Mittelwerte* ebensoviel zu tun, wie mit der Auswertung der jeweiligen Standardabweichungen.

Metrische Variable: Vergleich von Gruppen mittels Streuungszerlegung (bzw. Box-Plots)

Folgende Ergebnisse beziehen sich auf die Standardabweichung einer klassierten Variablen x_K, wenn man nach Klassen anstelle von Gruppen einteilt.

Gesamtstreuung einer klassierten Variablen

Als Beispiel betrachten wir die Variable x = „Quadratmeterpreis", heruntergebrochen nach y = „Zimmerzahl", für n = 261 Immobilien (Angebotspreis < 280.000 €). Für die Variable y sind die Immobilien mit mindestens 4 Zimmern unter der Gruppe „ab 4" (Code j = 4) zusammengefasst worden. Folgende Tabelle enthält die relevanten Kennzahlen pro Gruppe und insgesamt. Wenden wir uns zunächst der Streuungszerlegung zu. Es seien m Gruppen mit jeweiligem x-Mittelwert $\mu_x(j)$ und jeweiliger Standardabweichung $s(j)$ gegeben (j = 1, ..., m); μ_x sei der Gesamtmittelwert und s die gesamte Standardabweichung für alle x-Werte zusammen. Zur Abb. 9-6 interessiert nun die Frage, inwiefern sich die *Gesamtstreuung* um μ_x herum (sagen wir der 1-Standardstreubereich der Länge 2*s, der bei der umgekehrt abgebildeten Dichtefunktion - untere Grafik - eingezeichnet wurde) aus folgenden Komponenten erklären lässt:

9 Auffälligkeiten in Häufigkeitsverteilungen

Mittelwert, Standardabweichung und Variationskoeffizient, pro Gruppe und insgesamt

Tabelle 9-6. *Mittelwert, Quartile, **Standardabweichung, Variationskoeffizient** und Fallzahl zu* x = „Quadratmeterpreis" (in € / m²), *herunter gebrochen nach* y = „Zimmerzahl"; n = 261 *(für Angebotspreise < 280.000 €)*

x = Quadratmeterpreis y=#Zimmer ↓	Code (j)	μₓ(j)	Q₁(j)	Q₂(j)	Q₃(j)	s(j)	VK (j) (%)	n(j)
■ 1	1	**1293,64**	1167,17	1324,03	1460,50	**321,81**	24,9	20
■ 2	2	**1474,50**	1172,41	1485,35	1747,25	**375,59**	24,6	46
■ 3	3	**1575,02**	1303,13	1554,35	1869,82	**365,49**	23,2	92
■ ≥ 4	4	**1592,09**	1309,98	1579,55	1892,61	**418,23**	26,3	103
Insgesamt		μₓ = **1542,48**	1288,64	1529,91	1828,82	s=**392,80**	25,5	261

1. ... aus den 4 gruppenspezifischen 1-Standardstreubereichen, vgl. die 3 (von 4) abgebildeten Dichtefunktionen in der oberen Grafik;

2. ... aus den unterschiedlichen Lagen der gruppenspezifischen Mittelwerte - μₓ(1), μₓ(2), μₓ(3) und μₓ(4) -, im Vergleich zu μₓ.

Man kommt einer Erklärung näher, wenn man nicht in Einheiten der jeweiligen Standardabweichung rechnet, sondern mit Varianzen, d. h. mit „Quadratsummen": Summen von quadrierten Abweichungen vom passenden Mittelwert (*SS= Sum of Squares*)! **Streuungszerlegung** will nun heißen, dass

Streuungszerlegung

Gesamtvarianz = Binnenvarianz + Zwischenvarianz

(Sum of Squares Total = Sum of Squares Within + Sum of Squares Between),

wobei

- **Gesamtvarianz** = $(n-1) * s^2$ *(SST: Total)*, die gesamte Quadratsumme von quadrierten Abweichungen der x-Werte vom Gesamtmittelwert μₓ;

- **Binnenvarianz** = $(n_1 - 1)*(s_1)^2 + \ldots + (n_m - 1)*(s_m)^2$ *(SSW: Within),* d. h. die Summe der m Teilsummen von quadrierten Abweichungen vom jeweiligen Gruppenmittelwert;

- **Zwischenvarianz** = $n_1 * (\mu_x(1) - \mu_x)^2 + \ldots + n_m * (\mu_x(m) - \mu_x)^2$ *(SSB: Between)*, d. h. eine gewogene Summe von quadrierten Abweichungen vom Gesamtmittelwert μₓ für die Gruppenmittelwerte.

Verteilungsvergleich zwischen mehreren Gruppen

9.3

Abbildung 9-6. **Oben:** *Binnenklassenstreuung für die Gruppen 1, 2 und 4 (3 hat eine Dichtefunktion sehr ähnlich zu 4);* **Mitte:** *Zwischenklassenstreuung für μ_1, μ_2 (, μ_3) und μ_4 im Vergleich zum Gesamtmittelwert μ_x;* **Unten:** *Gesamtstreuung für die Gruppen 1 - 4 in Bezug auf μ_x; für x = „Quadratmeterpreis" (in € / m²), herunter gebrochen nach y = „Zimmerzahl" (4 Kategorien; n = 261; Preise < 280.000 €)*

Streuungszerlegung: Binnen-, Zwischen- und Gesamtvarianz

3 (von 4) 1-Standardstreubereiche als Indiz für **Binnen-Varianz** (*SSW*)

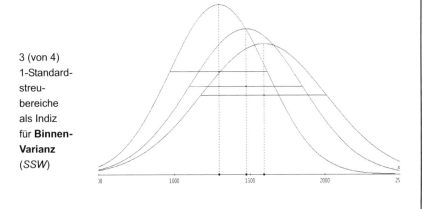

Gruppenmittelwerte vs. Gesamtmittel

Indiz für **Zwischen-Varianz** (*SSB*)

(*SST*)
Gesamt-Varianz, durch den gesamten 1-Standardstreubereich indiziert

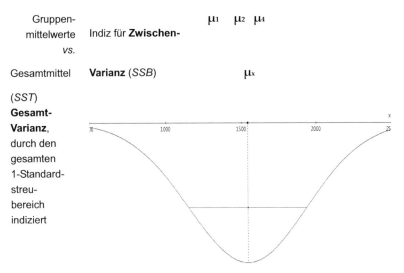

Je mehr die Variabilität in den einzelnen Gruppen (oder Klassen) um die jeweiligen Mittelwerte herum die Unterschiede zwischen den Mittelwerten

9 Auffälligkeiten in Häufigkeitsverteilungen

dominiert, desto schwieriger wird es, die Lage der zugrunde liegenden Häufigkeitsverteilungen auseinander zu halten. Gleichheit der Mittelwerte - „$\mu_1 = \mu_2 = \mu_3 = \mu_4$" - lässt sich dann weder klar bestätigen noch eindeutig widersprechen. In §14.4.1 wird die Streuungszerlegung verwendet, um einen statistischen Test auf Gleichheit mehrerer Mittelwerte durchzuführen. Eine vergleichbare Methode gibt es für die Regressionsanalyse (Kap. 15.2).

Zum Schluss stellen wir noch den **Variationskoeffizienten**, in Bezug auf den Mittelwert, als Kennzahl für die relative Streuung vor (*coefficient of variation*):

Variationskoeffizient

$$VK = \frac{s}{\mu_x} \quad \text{oder vielmehr} \quad VK = \frac{s}{\mu_x} * 100 \quad (\text{in \%})$$

In unserem Beispiel steigt der durchschnittliche Quadratmeterpreis bei zunehmender Zimmerzahl an. Genauso gibt es einen Aufwärtstrend der Standardabweichungen. Die *relative Streuung* verändert sich dagegen nicht sehr stark, siehe die VK-Werte in Tabelle 9-6! Der Variationskoeffizient ist als Streuungsmaß geeignet, wenn x in verschiedenen Teilgesamtheiten unterschiedlich stark streut oder in unterschiedlichen Einheiten gemessen wird.

9.4 Relative Konzentration

Eine für die Wirtschaftswissenschaften wichtige Auffälligkeit bestimmter Häufigkeitsverteilungen ist das Ausmaß der darin zutage kommenden „Ungleichheit (*inequality*)", welches man *relativ* zu den entsprechenden kumulierten Häufigkeiten quantifizieren möchte (zum Schluss des Kapitels auch in einem absoluten Sinne). Ökonomisch interessant sind z. B. Einkommensungleichheit unter Personen, Wohlstandsungleichheit unter Ländern, Marktanteilsungleichheit unter Marktsegmenten bzw. unter Anbietern und die ungleiche Verteilung der Warenwerte nach Artikeln in einem Lager.

Fangen wir mit der so genannten „relativen Konzentration" an. Als Beispiel ordne man die umsatzsteuerpflichtigen deutschen Unternehmen nach Höhe des Jahresumsatzes an (Jahr 2003, siehe Tabelle 9-7 nach www.destatis.de), so dass es „Größenklassen" gibt mit stets höheren Jahresumsatzwerten pro Unternehmen bzw. entsprechend weniger Unternehmen.

Das interessierende Merkmal x ist zwar zunächst der Jahresumsatz pro Merkmalsträger (Unternehmen), aber ein klares Bild der äußerst ungleichmäßigen Umsatzverteilung entsteht erst durch Betrachtung des kumulierten Anteils am Jahresgesamtumsatz für die aufsteigend angeordneten Umsatz- oder Größenklassen (j = 1, ..., m; m = 13). Dafür kumuliert man die Jahresumsätze - x_j-Spalte (2) - für immer „höhere" Größenklassen - Spalte (1) -, so

9.4 Relative Konzentration

dass der Anteil am Jahresgesamtumsatz - Spalte (4) aus Spalte (2) - in der Tendenz immer schneller wächst. Dieses Wachstum ist relativ zur Zunahme der kumulierten Häufigkeit - Spalte (5) aus Spalte (3) - zu bewerten: Bei einer gleichmäßigen Verteilung verliefe Spalte (4) genau so wie Spalte (5)!

Das Ausmaß der relativen Konzentration erkennt man an der empirischen **Lorenzkurve** (*Lorenz Curve*), siehe Abb. 9-7 für das Beispiel mit x = Jahres-

Tabelle 9-7. Umsatzanteile von 13 Größenklassen am Jahresgesamtumsatz (2003)[7]

Kumulierte Anteile an einer Merkmalssumme vs. kumulierte H.

(1) Größenklasse (oder Umsatzklasse) nach dem Jahresumsatz (in €) der einzelnen Unternehmen	(2) Jahresumsatz (x_j) pro Klasse j = 1, ..., 13 (in 1000 €)	(3) Klassengröße (n_j) = # Unternehmen in Klasse j	(4) Kum. %-Anteil (G'_j) des Jahresgesamtumsatzes	(5) Kum. %-Anteil (H'_j) an der Gesamtheit der Unternehmen
>17.500 - 50.000	25.564.095	805.697	0,60	27,64
>50.000 - 100.000	42.046.377	584.450	1,59	47,68
>100.000 - 250.000	105.069.061	659.142	4,06	70,29
>250.000 - 500.000	121.511.845	344.391	6,91	82,10
>500.000 - 1 Mill.	158.045.841	225.084	10,63	89,82
>1 - 2 Mill.	191.896.953	137.355	15,14	94,53
>2 - 5 Mill.	276.910.078	90.153	21,65	97,63
>5 - 10 Mill.	228.438.016	32.845	27,02	98,75
>10 - 25 Mill.	318.944.679	20.710	34,51	99,46
>25 - 50 Mill.	266.609.739	7657	40,78	99,73
>50 - 100 Mill.	277.380.602	3988	47,30	99,86
>100 - 250 Mill.	368.811.984	2412	55,97	99,95
>250 Mill.	1873.371.941	1598	100,00	100,00
Summe	4254.601.211	2915.482		

---

[7] Bundesamt für Statistik (2003; www.destatis.de): Steuerpflichtige Unternehmen, die im Statistikjahr Umsatzsteuer-Voranmeldungen abgegeben haben, mit jährlichen Lieferungen und Leistungen über 17.500 €. Vergleichen Sie mit den auf das Jahr 2008 aktualisierten Werten (Stand März 2010; unter „Weitere Themen" suchen Sie Tabellen zu Finanzen und Steuern\ Steuern\ Umsatzsteuer)!

9 Auffälligkeiten in Häufigkeitsverteilungen

Relative Konzentration nach der Lorenzkurve: kumulierte Anteile G'(p) vs. kumulierte Häufigkeiten p

umsatz. Zum vorgegebenen Prozentsatz p der Fälle, d. h. zur

kumulierten Häufigkeit p (bzw. H'_j für Klasse j)

(0 < p ≤ 100 % ; im Beispiel j für Unternehmensklassen), erreicht man einen

kumulierten prozentualen Anteil G'(p) (bzw. G'_j) **an der x-Summe X**

(0 < G'(p) ≤ 100 % ; im Beispiel X = Jahresgesamtumsatz). Im Falle der n ursprünglichen Merkmalsausprägungen $x_1, ..., x_n$ wird die Lorenzkurve als Funktionsgraph für G'(p) in Abhängigkeit von p definiert, vgl. Übung 9.6-12. Im Falle der m Klassensummen x_j (j = 1, ..., m) wird die Lorenzkurve als Graph für G'_j in Abhängigkeit von H'_j definiert, siehe folgende Abbildung.

Lorenzkurve; Gini-Index = Fläche A / Fläche A ∪ B

Abbildung 9-7. *Empirische Lorenzkurve zur Tabelle 9-7; Gleichverteilungsgerade*

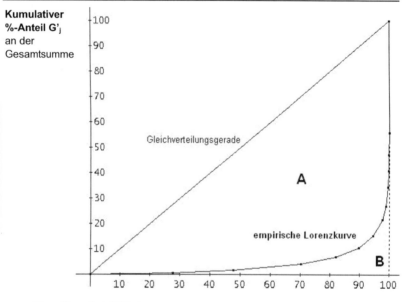

Generell liefert ein Punkt auf der Lorenzkurve die Antwort auf Fragen wie

- „Wie viel Prozent der Merkmalssumme tragen die kleinsten p % der Einheiten oder Klassen bei?" *Antwort*: G'(p) % (p-Achse → G'(p)-Achse).

- „Für wie viel Prozent der Fälle wird ein vorgegebener Anteil G' erreicht, d. h. auf wie viel % der kleinsten Merkmalsträger entfällt G' % der Merkmalssumme?" *Antwort*: Löse p aus G'(p) = G' (G'(p)-Achse → p-Achse).

Relative Konzentration **9.4**

Zur perfekt gleichmäßigen Umsatzverteilung, nach der jedes Unternehmen bzw. jede Klasse gleich viel zum Jahresgesamtumsatz beiträgt, erhält man:

$G'(p) = p$ (einzelne Merkmalsträger) bzw. $G'_j = H'_j$ (Klassen),

Gleichverteilungsgerade

so dass die Lorenzkurve mit der „Gleichverteilungsgeraden" identisch ist. Die Lorenzkurve weicht in unserem Beispiel von dieser Geraden aber stark ab. Im Allgemeinen konzentriert sich die Merkmalssumme um so stärker in wenigen Einheiten, je mehr sich die Kurve dem Eckpunkt [100, 0] nähert.

Der **Gini-Koeffizient** für die relative Konzentration (*index of concentration*) drückt nach einer im Kap. 9-5 aufgeführten Formel folgendes Verhältnis aus:

$$\text{Gini} = \frac{\text{Fläche zwischen Gleichverteilungsgerade und Lorenzkurve}}{\text{Halbe Fläche des gesamten Vierecks}} = \frac{\text{Fläche A}}{\text{Fläche A} \cup \text{B}}$$

Gini-Index für die relative Konzentration

Im Allgemeinen variiert der Gini-Koeffizient zwischen

0 für $A = \varnothing$, d. h. Gleichverteilungsgerade = Lorenzkurve und

1 für $B = \varnothing$, d. h. die Lorenzkurve tangiert den Eckpunkt [100, 0],

wobei der maximale Wert 1 aber nie komplett erreicht wird. Bei n unklassierten x-Werten etwa ist der Gini-Index[8] höchstens gleich $\frac{n-1}{n}$. In unserem Beispiel gibt es eine sehr starke Konzentration, da sich die Lorenzkurve sehr dicht der rechten Abgrenzung des Dreiecks (rechts unten in Abb. 9-7) nähert; der Gini-Koeffizient beträgt hier 0,83! Zum Vergleich betrachten wir noch

$$\text{Herfindahl} = \frac{\text{Summe der quadrierten Merkmalsausprägungen}}{\text{Quadrat der Summe der Merkmalsausprägungen}} = \frac{\sum_{j=1}^{m}(x_j)^2}{(\sum_{j=1}^{m} x_j)^2},$$

Absolute Konzentration nach Herfindahl

den **Konzentrationsindex nach Herfindahl** (eine analoge Definition gibt es für n ursprüngliche x-Werte). In unserem Beispiel ist x_j der Jahresumsatz der Klasse j. Der Herfindahl-Index gleicht hier 0,23 und kennzeichnet das geringe Ausmaß der „absoluten Konzentration" des Jahresgesamtumsatzes in den einzelnen Jahresumsätzen, ohne den verschiedenen Klassengrößen n_j Rechnung zu tragen. Es konzentriert sich die Summe der Jahresumsätze nicht besonders deutlich in der einen oder anderen Größenklasse. In Anbetracht der sehr unterschiedlichen n_j-Werte ist die Anwendung dieses absoluten Indexes hier aber nicht sehr realistisch oder hilfreich!

---

[8] Aus dem Grunde hat der *normierte Koeffizient* Gini*n/(n – 1) Maximalwert 1.

9 Auffälligkeiten in Häufigkeitsverteilungen

9.5 Verteilungsdiskussion

Anhand einiger Leitfragen zu unterschiedlichen Aspekten, die man bei der Beschreibung der Verteilung einer (quasi)stetigen Variablen x berücksichtigen kann, werden in folgender Tabelle Formeln und Verfahren einer so genannten eindimensionalen Verteilungsdiskussion zusammengefasst:

Beschreibung einer (nahezu) stetigen Verteilung

Tabelle 9-8. Verteilungsdiskussion zur (quasi)stetigen Variablen x

Aspekte	Leitfragen	Formeln und Verfahren
1. **Besonders auffallende Werte**	▪ Gibt es angesichts der Vergleichbarkeit (*Homogenität*) der vorkommenden Werte *ungewöhnliche Datenpunkte*?	Sachlogische Erklärung für Auffälligkeiten suchen;
Box-Plot = Verteilungsprofil + Ausreißer	▪ Ist die Verteilung mit *Ausreißern* behaftet? An welcher Seite, wie viele und welche? ▪ Wie sieht der *Box-Plot* aus (Minimum; Mittlerer Bereich oder Interquartilbereich [Q_1, Q_3] plus Median; Maximum)? Und wie der *punktierte Box-Plot* (dazu noch einzelne Ausreißer)?	**Existenz von Ausreißern:** $$\frac{\text{Maximum} - Q'_3}{Q'} > 1,5$$ oder $$\frac{Q'_1 - \text{Minimum}}{Q'} > 1,5 ;$$ **Ausreißergrenzen:** mild: $Q'_1 - 1,5 * Q'$ bzw. $Q'_3 + 1,5 * Q'$; extrem: $Q'_1 - 3 * Q'$ bzw. $Q'_3 + 3 * Q'$
2. **Ein-** vs. **Mehrgipfligkeit** (bzw. Modalwert)	▪ Ist die Verteilung nach der *Anzahl der Gipfel* annähernd eingipflig oder mehrgipflig? ▪ Gibt es einen *Modalwert*? Oder mehrere Modalwerte?	aus *Häufigkeitsdichte* (oder *Säulendiagramm*) aus *Häufigkeitsdichte* (oder *Häufigkeitstabelle*)
3. **Lage und Streuung**	▪ Wo liegt die Verteilung? ▪ Wie stark streuen die x-Werte sich um den Mittelwert (*evtl.* Median) herum?	siehe Tabelle 8-4 bis 8-6 *Anmerkung*: Es gibt - anstatt s - als Streuungsmaß auch: *MAD* = Median der absoluten Abweichungen vom Median.

142

9.5 Verteilungsdiskussion

4.1. **Verteilungs-form** nach der **Schiefe**	Gibt es Asymmetrie? Koeffizient für die Schiefe: $$KS = \frac{n}{(n-1)*(n-2)} \sum_{i=1}^{n} \frac{(x_i - \mu_x)^3}{s^3}$$		
	$\mu_x < x_{Me}$; Box im oberen Streubereich; $KS < 0$ linksschief	$x_{Me} \approx \mu_x$; Box im zentralen Streubereich; $KS \approx 0$ Symmetrie	$x_{Me} < \mu_x$; Box im unteren Streubereich; rechtsschief $KS > 0$
4.2. **Form** nach der **Wölbung** (**Exzess**; **Kurtosis**)	Ist die Verteilung eher flach oder eher spitz gewölbt? $$KW = k * \sum_{i=1}^{n} \frac{(x_i - \mu_x)^4}{s^4}$$	Standardisierte Wölbung: (Exzess) $KW - 3 < 0 (> 0)$: flacher (spitzer) als eine Normalverteilung	
4.3. **Form** nach der **Pseudo-standard-Abweichung**	(k = Konstante); $$PSA = \frac{Q'}{1,35}$$	$PSA > s (< s)$: flacher (spitzer) als eine Normalverteilung	
5. **Relative Streuung** in mehreren Gruppen; **Streuungs-Zerlegung** für m Klassen oder Gruppen	Gruppe j: **Variationskoeffizient** $VK(j) = \dfrac{s_j}{\mu_x(j)} * 100\%$ **Gesamtvarianz = Binnenvarianz + Zwischenvarianz**: $$\sum_{i=1}^{n}(x_i - \mu_x)^2 = \sum_{j=1}^{m}(n_j - 1)*(s_j)^2 + \sum_{j=1}^{m} n_j * \left(\mu_x(j) - \mu_x\right)^2$$		
6. **Relative Konzentration** für **m** Klassen (ähnlich für geordnete Urliste $x_1, ..., x_n$: man setze $m = n$, $H_j = \dfrac{j}{n}$ und an Stelle einer Klassensumme gibt es x_j selbst)	Welches Ausmaß hat die *Ungleichheit* der x-Verteilung, durch die Anhäufung großer *Anteile an einer Gesamtsumme X* bei einem geringen Anteil an der Gesamtheit? *Anmerkung*: Die Klassen sind nach zunehmender „x-Größe" der Fälle geordnet; man schätzt u. U. die Klassensumme durch $x_j = m_j*f_j$ bzw. $x_j = \mu_j*f_j$, aus Klassenmitte(l) m_j (μ_j), Häufigkeit f_j (= Klassengröße n_j).	**Gini-Index** (für m Klassen) = $$\left(\sum_{j=1}^{m}(H_{j-1} + H_j) * \frac{x_j}{X}\right) - 1;$$ H_j = kumulierte relative Häufigkeit bis Klasse j (als Dezimalzahl); x_j = *Merkmalssumme* für Klasse j; $X = \sum_{k=1}^{m} x_k$: gesamte Merkmalssumme; Aus $G'_j = 100 * \sum_{k=1}^{j} \dfrac{x_k}{X}\%$ vs. $H'_j = H_j *100\%$: **Lorenzkurve**		

9 Auffälligkeiten in Häufigkeitsverteilungen

9.6 Übungen

Ausreißer: Existenz und Grenzen

9.6-1. Aufgaben: Leiten Sie aus Tabelle 9-1 her, dass es für die Anzahl x_1 der bemängelten Aspekte zur technischen Ausstattung weder in der Teilstichprobe „Grund" noch in der Teilstichprobe „Haupt" Ausreißer gibt, siehe Abb. 9-1! Leiten Sie aus Tabelle 9-1 pro Teilstichprobe die Ausreißergrenzen für die Anzahl x_2 der bemängelten Aspekte zum Studienmanagement her, siehe Abb. 9-3. Vergleichen Sie diese Ergebnisse mit den Ausreißergrenzen für x_1 und x_2, welche man für die *kombinierte Stichprobe* von n = 346 Befragten erhält, wenn man mit den Zeilen „Insgesamt" der Tabelle 9-1 rechnet!

Frage: Warum stellt, nach Abb. 9-3, das Maximum 10 für x_2 in der Teilstichprobe „Grund" einen *milden* Ausreißer dar, während der gleiche Wert ein *extremer* Ausreißer in der anderen Teilstichprobe ist?

Starke Abrundung: Aus metrischen Daten werden ordinale Daten

9.6-2. Aufgabe: Beantworten Sie anhand der Tabelle 9-7 die 2 Fragen zum Säulendiagramm der Abb. 7-3: (1) „Auf welche statistischen Einheiten beziehen sich die prozentualen Häufigkeiten?" und (2) „In welchen Maßeinheiten werden die x-Werte oder Jahresumsätze dargestellt?"

Ausreißer aufgrund klassierter Daten

9.6-3. Betrachten Sie weiterhin die klassierte Umsatzverteilung der Tabelle 9-7. Durch Feinberechnung erhält man dazu das untere bzw. obere Quartil:

$$Q'_1 = 17,5 + \frac{25 - 0,00}{27,64 - 0,00} \cdot 32,5 = 46,896 \text{ bzw. } Q'_3 = 250 + \frac{75 - 70,29}{82,10 - 70,29} \cdot 250 = 349,704$$

sowie den Quartilsabstand Q' = 349,704 − 46,896 = 302,808, so dass alle Umsatzwerte über 349,704 + 454,212 = 803,916 „Ausreißer" sind! (Die Umsätze in Einheiten von 1000 €, wobei H'(17,5) = 0,00.)

Fragen: Welche Umsatzklassen kann man aufgrund der ursprünglichen Umsätze als „reine Ausreißerklassen" (d. h. mit ausschließlich x-Ausreißern) betrachten? Wie lässt sich anhand der Lorenzkurve sachlogisch erklären, dass die *Mehrzahl* der Umsatzklassen in diesem Sinne „Ausreißer" ist?

9.6-4. Anders als in Übung **9.6-3** beruht eine relativ grobe Methode zur Bestimmung von „Ausreißerklassen" in Tabelle 9-7 darauf, dass die Klassennummern 1 und 4 der ersten bzw. vierten Klasse Q_1 bzw. Q_3 darstellen.

Fragen: Wie ist hier $Q_1 = 1$ bzw. $Q_3 = 4$ zu begründen? Ab welcher Klasse gibt es nun „Ausreißer"? Warum eignet sich die Skala, welche mit den Codes der klassierten Verteilung verbunden ist, für solche Betrachtungen nicht?

Box-Plot und Schiefe

9.6-5. Gehen Sie für die Variable x = „Alter", welche der Variablen x_K = „Altersklasse" der Tabelle 8-3 und Abb. 8-4 zugrunde liegt, vom Streubereich [Minimum, Maximum] = [15, 65] aus.

Aufgabe: Zeichnen Sie den Box-Plot für x = „Alter"!

Übungen

9.6

Fragen: Wie kann man aus dem Quartilsabstand und den Extremwerten (15 und 65) ableiten, dass x keine Ausreißer hat? Und welche Hinweise gibt es auf den rechtsschiefen Charakter der Altersverteilung (ohne einen Schätzwert für die x-Schiefe aus der xK-Verteilung berechnen zu müssen)?

9.6-6. Betrachten Sie die 30 regulären Kurswerte der Tabelle 9-3 (d. h. die Werte x_i, zu denen es eine Rangzahl r_i gibt). Die Schiefe beträgt hier KS = 0,24 und die standardisierte Kurtosis beträgt KW – 3 = 0,05.

Punktierter Box-Plot und Schiefe; Quartile über Rangzahlen; Wölbung

Aufgabe: Zeichnen Sie den punktierten Box-Plot für x = „Kurswert" (n = 30) über dem x-Bereich [30, 80]! Zeichnen Sie auch die zusätzlichen Werte als Ausreißer ein, ohne übrigens die Schachtel oder Q = 9,6 zu ändern!

Fragen: Durch welchen Zusammenhang zwischen Rangzahlen und kumulierten Häufigkeiten lässt sich die Berechnung von Q_1, Q_2, Q_3 zur Tabelle 9-3 erklären? Ist der höchste zusätzliche Wert (80,45) im Hinblick auf die regulären Kurswerte ein milder Ausreißer oder ein extremer Ausreißer? Welche Hinweise gibt es, neben dem Wert 0,24 für die Schiefe, auf die Symmetrie der Kurswerte? Ist die Kurswertverteilung relativ flach oder relativ spitz?

9.6-7. *Aufgabe:* Erklären Sie, warum das Verhältnis von PSA zu s, d. h.

$$\frac{PSA}{s} = \frac{Q'}{1{,}35 * s},$$

Formparameter $\dfrac{PSA}{s}$

ein *Formparameter* ist, d. h. genau wie KS und KW unabhängig von einer fixen Verschiebung der x-Werte bzw. von einer Änderung des x-Maßstabs!

9.6-8. Die 56 nach dem Interesse für einen Auslandsaufenthalt befragten Business-Englisch-Studenten (vgl. Tabelle 6-1, Abb. 7.1 usw.) konnten bis zu 9 vorgegebene Gründe für einen Auslandsaufenthalt bzw. bis zu 9 jeweils parallel dazu formulierte Gegenargumente ankreuzen, abgesehen von den Antworten „Trifft nicht zu" und von der Restkategorie „sonstiger Grund". Argument 3 etwa betrifft - negativ - „Beziehungen zu Freunden und Familie zuhause *(family or friendship ties at home)*" gegenüber - positiv - „Neue Freundschaftsbeziehungen im Ausland *(new friendship ties abroad)*". Unter den 49 in Deutschland lebenden Studenten gab es folgende Nennungen:

„Trefferquoten" pro Item bzw. pro Person bei Mehrfachantworten

Tabelle 9-9. Absolute Häufigkeit der Nennungen, getrennt für 9 negative bzw. 9 positive Gründe, unter n = 49 Befragten

Anzahl der Nennungen

Negativ	2	1	12	4	3	1	11	21	0	55
Item („Grund" dafür bzw. dagegen)	**1**	**2**	**3**	**4**	**5**	**6**	**7**	**8**	**9**	**Summe**
Positiv	12	26	20	35	27	28	7	13	27	195

9 Auffälligkeiten in Häufigkeitsverteilungen

Aufgaben: Berechnen Sie pro Grund die relative Häufigkeit, mit der dieses *Item* unter den negativen bzw. positiven Nennungen vorkommt (gesondert für + und –). Vergleichen Sie die durchschnittliche Anzahl der positiven Nennungen *je Befragten* mit der durchschnittlichen Anzahl der negativen Nennungen (n = 49)! Tun Sie dies auch in Bezug auf die 33 bzw. 42 Personen mit zumindest *einem* negativen bzw. zumindest *einem* positiven Grund!

Fragen: Welche dieser Kennzahlen ist eine „Trefferquote pro Person" - auf Basis von n = 49 (33, 42) Befragten - und welche eine „Trefferquote pro Item" - auf Basis aller „positiven" bzw. „negativen Nennungen"? Welcher positive Grund bzw. welcher negative Grund wurde am meisten genannt?

9.6-9. Unter den 56 Befragten der Übung **9.6-8** gab es 52 Personen, die sowohl die Frage nach dem Interesse an einem Auslandssemester - die Variable „ExchProp", vgl. Tabelle 7-4 - wie die Fragen zu den positiven und negativen Gründen beantwortet haben. Aus den letzteren 18 *Items* wurde nun

x = *Anzahl der genannten positiven Gründe* –

Anzahl der genannten negativen Gründe, kurzum

x = „Differenz # positiver und # negativer Gründe"

berechnet. Im Prinzip kann x zwischen 0 – 9 = –9 und 9 – 0 = 9 variieren. In folgender Abbildung 9-8 gibt es 3 Box-Plots zu x und zwar für die Gruppen

Box-Plots für den Vergleich mehrerer Gruppen

Abbildung 9-8. Box-Plots für x = „Differenz # positiver und # negativer Gründe", herunter gebrochen nach den Gruppen „Eher nicht" (n₁ = 16), „Kommt darauf an" (n₂ = 25) und „Eher wohl" (n₃ = 11) gemäß der verkürzten Variablen „ExchProp"

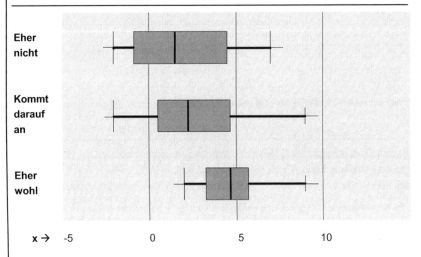

Übungen

9.6

„Eher nicht" (n_1 = 16), „Kommt darauf an" (n_2 = 25) und „Eher wohl" (n_3 = 11), nach dem Wert der verkürzten Variablen „ExchProp".

Fragen: Welche statistischen Schlüsse kann man aus dem Vergleich der 3 Box-Plots ziehen im Hinblick auf Lage und Streuung der jeweiligen x-Verteilung? Wie kann man die Tendenz zu größeren x-Werten bei größerem Interesse an einem Auslandsaufenthalt erklären?

9.6-10. *Aufgabe:* Vergleichen Sie mit Hilfe der Angaben zur Abb. 8-5 die Teilstichproben „Vorort" (n_1 = 184) und „Land" (n_2 = 41) in Bezug auf Streuung (s) bzw. relative Streuung (VK) der Variablen x = „Quadratmeterpreis"!

Frage: Wie kann man aus Berechnungsformel und Daten erklären, dass der Unterschied in Bezug auf VK ausgeprägter ist als hinsichtlich s?

Verteilungsvergleich nach absoluter bzw. relativer Streuung

9.6-11. Betrachten Sie die Daten der Tabelle 9-6 zur Variablen x = „Quadratmeterpreis (€ / m²)", heruntergebrochen nach den 4 Gruppen der verkürzten Variablen y = „Zimmerzahl" (1, 2, 3, ≥ 4 Zimmer; n = 261 insgesamt).

Aufgaben: Berechnen Sie die Gesamtvarianz zu x und vergleichen Sie Ihr Ergebnis mit der Summe von Binnenvarianz und Zwischenvarianz. Interpretieren Sie diese Quadratsummen! (Beziehen Sie im Verteilungsvergleich für die 4 Gruppen, außer (μ_x, s), auch die Kombination (x_{Me}, Q) ein!)

Fragen: Woran liegt es wohl, dass die Gleichung „Gesamtvarianz = Binnenvarianz + Zwischenvarianz" nicht exakt aufgeht? Welche plausible Erklärung gibt es wohl dafür, dass der Aufwärtstrend der Mediane weniger stark ist als für die Mittelwerte? Welche Gruppe weicht nach der Streuung (s bzw. Q) deutlich von den anderen Gruppen ab?

Streuungszerlegung: Vergleich mehrerer Gruppen für eine metrische Variable

9.6-12. In Tabelle 9-10 gibt es *nach Land aggregierte Daten* (vgl. §8.2.4) zum Passagiers (x) - und Fracht (y) - Volumen an 37 bzw. 47 europäischen Lufthäfen (2004). Es betrifft 1 = Groß-Brittannien, 2 = Frankreich, 3 = Deutschland, 4 = Niederlande, 5 = Spanien, 6 = Italien, 7 = Dänemark, 8 = Schweiz, 9 = Irland, 10 = Schweden, 11 = Belgien, 12 = Norwegen, 13 = Österreich, 14 = Griechenland, 15 = Finnland, 16 = Portugal und 17 = Luxemburg (m=17).

Aufgaben: Berechnen Sie pro Variable nach aufsteigender Reihenfolge der relativen x- bzw. y-Anteile die *kumulierten relativen Anteile* G_j pro Land (als Dezimalzahl). Berechnen Sie gleichfalls die zugehörigen *kumulierten relativen Häufigkeiten* $H_j = \dfrac{j}{17}$ der Länder (j=1,…,17; H_0 = 0). Berechnen Sie nach Tabelle 9-8 den Gini-Index für die relative x-Konzentration bzw. y-Konzentration!

Relative Konzentration und Gini-Index für geordnete Urlisten

Fragen: Worin schneiden die Niederlande relativ besser ab, im Personen- oder im Frachtverkehr? In welchem Land unterscheiden sich die „relativen Rangplätze" nach Passagier- bzw. Frachtvolumen am meisten (relativ unter

9 Auffälligkeiten in Häufigkeitsverteilungen

den 17 Ländern)? Welche 3 Länder kommen für mehr als 50 % des gesamten Passagiervolumens auf? Welche 3 für mehr als 50 % des Frachtvolumens?

Geordnete Urlisten aggregierter Daten

Tabelle 9-10. *Flugabhandlung in „Personen-(x) und Frachtvolumen (y)" pro Land*[9]

Land j (nach x_j geordnet!)	x_j = Anzahl Passagiere (*1000)	Relativer Anteil x_j / X	Land j (nach y_j geordnet!)	y_j = Frachtvolumen (*100 t)	Relativer Anteil y_j / Y
17	1522	0,0021	12	780	0,0057
16	10.705	0,0147	14	1189	0,0087
15	10.727	0,0147	15	1211	0,0089
14	13.641	0,0187	16	1275	0,0094
13	14.786	0,0203	13	1583	0,0116
12	14.863	0,0204	10	1685	0,0124
10	16.364	0,0224	9	1938	0,0143
9	17.138	0,0235	7	3356	0,0247
11	17.667	0,0242	8	3575	0,0263
7	18.966	0,0260	5	5138	0,0378
8	25.746	0,0353	17	7130	0,0525
4	42.541	0,0583	6	7133	0,0525
6	55.622	0,0762	11	11.452	0,0843
2	84.658	0,1160	4	15.114	0,1112
5	95.699	0,1311	2	21.321	0,1569
3	131.266	0,1798	1	24.449	0,1799
1	158.148	0,2166	3	27.591	0,2030
Summe	X = 730.059	1,0003	Summe	Y = 135.921	1,0001

---

[9] In 2004. Nach Daten zum Thema „Mobilität" des flämischen Studienzentrums für Statistik („Kenniscentrum Statistiek", „Studiedienst van de Vlaamse Regering"; http: aps.vlaanderen.be/statistiek/cijfers/stat_cijfers_mobiliteit.htm). Vergleichen Sie mit den aktualisierten Daten über 2000 bis 2007 (Stand März 2010) unter http://www4.vlaanderen.be/dar/svr/Cijfers/Pages/Excel.aspx (siehe „Mobiliteit").

10 Verhältnis- und Indexzahlen

Lernziele

- Sie erkennen eine „Verhältniszahl" als Quotienten zweier statistischer Maßzahlen. Je nach Beziehung zwischen Zähler und Nenner können Sie eine Verhältniszahl als „Gliederungszahl", „Beziehungszahl" oder „einfache Indexzahl (Messzahl)" klassifizieren.

- Sie können aus mehreren „Wachstumsfaktoren" das „geometrische Mittel" berechnen, damit Sie aus den entsprechenden „Wachstumsraten" die korrekte durchschnittliche Wachstumsrate erhalten.

- Unter den „zusammengesetzten Indexzahlen" können Sie den Index nach Laspeyres bzw. den Index nach Paasche korrekt berechnen und interpretieren. Dabei verstehen Sie den Unterschied zwischen „Preis-", „Mengen-" und „Umsatz- oder Wertindizes". Sie verstehen die allgemeinen Vorgänge zur „Umbasierung" bzw. „Verkettung" von Indexreihen.

10.1 Verhältniszahlen

In der Unternehmensführung werden betriebsinterne Daten herangezogen, um taktische und strategische Entscheidungen zum Hintergrund aussagefähiger Informationen fällen zu können. Bei der Fülle von Daten, die es in der Kosten- und Leistungsrechnung, im Jahresabschluss, in der Qualitätskontrolle usw. gibt, ist eine Verdichtung notwendig, um wichtige betriebliche Sachverhalte und Vorgänge in wenigen Zahlen kurz und prägnant zusammenzufassen. Eine solche **Datenreduktion** mündet in **Kennzahlen** oder **Maßzahlen** (*characteristic measures, indexes*), die zum innerbetrieblichen oder zwischenbetrieblichen Vergleich bzw. zum Soll-Ist-Vergleich eingesetzt werden. Damit können festgelegte Ziele verfolgt und gegebenenfalls Änderungen in den betrieblichen Prozessen geplant und kontrolliert werden. Kennzahlen zeigen kritische Erfolgsfaktoren auf und legen Maßstäbe für die Zukunft fest. Zu den entscheidungsrelevanten Kennzahlen gehören auch aus betriebsexternen Daten gewonnene Größen, wie Marktforschungsergeb-

Datenreduktion als Bestandteil unternehmerischer Entscheidungsfindung

Verhältnis- und Indexzahlen

nisse, Branchestrukturdaten und makro-ökonomische Indikatoren (Konjunktur-, Struktur- und Nachhaltigkeitsindikatoren, s. www.destatis.de). Damit werden außerbetriebliche Entwicklungen in Entscheidungen berücksichtigt.

Kennzahlen für die Statistik allgemein und für die Wirtschaftswissenschaften im Besonderen

So wie der Begriff „Kennzahl" hier verwendet wird, stellt er eine inhaltliche Zuspitzung der „statistischen Kennzahlen" im Kap. 8 und 9 dar. Letztere fassen Eigenschaften einer Häufigkeitsverteilung zusammen und werden als allgemeines Instrument der Datenreduktion eingesetzt. Eine „betriebliche Kennzahl" kann die Form einer statistischen Kennzahl haben; der Nutzen liegt in der spezifischen Verdichtung und Darstellung von Betriebsdaten.

Absolute und relative Kennzahlen

Viele wirtschaftswissenschaftliche Kennzahlen lassen sich unmittelbar als gemessene, gezählte oder beobachtete Größe ausdrücken. Dies sind die **absoluten Kennzahlen**, wie z. B. der Jahresumsatzerlös, die Mitarbeiterzahl, Kurswerte, absolute Häufigkeiten zu den Antworten einer Frage nach der Zufriedenheit mit Produkt oder Dienstleistung usw. Insofern aus solchen „Basiszahlen" weitere Maßzahlen durch die Bildung von Summen, Differenzen oder Mittelwerten hergeleitet werden, kann man diese auch als absolut ansehen. Manche Kennzahlen sind aber erst sinnvoll zu interpretieren, wenn man sie zu anderen Größen in Beziehung setzt. Das Thema dieses Kapitels bilden einige statistische Eigenschaften solcher **relativen Kennzahlen**.

Verhältniszahlen

Im Kap. 10.1 fangen wir mit den **Verhältniszahlen** an, die nach dem Schema

$$c * \frac{X}{Y} \quad (c \neq 0)$$

aus den Maßzahlen X und Y berechnet werden (Y ≠ 0). Es wird die Konstante c hinzugefügt, damit die Kennzahl in Abhängigkeit der Einheiten, in denen X und Y ausgedrückt werden, richtig skaliert wird. Zunächst fokussieren wir auf die Unterscheidung von verschiedenen Arten von Verhältniszahlen (§10.1.1). Dann gehen wir auf das „geometrische Mittel" und auf rechnerische Fallstricke ein, auf die man bei anderen Mittelwertberechnungen hereinfallen kann (§10.1.2). Im Kap. 10.2 stellen wir die „zusammengesetzten Indexzahlen" vor, die sich als komplexe Quotienten gestalten.

10.1.1 Verhältniszahlen vs. abgeleitete Variablen

Bevor wir die Verhältniszahlen näher umschreiben, wollen wir zunächst den Unterschied zwischen einem Quotienten erläutern, der für die Stichprobe insgesamt (bzw. für die Grundgesamtheit) eine Verhältniszahl darstellt, und einem Quotienten, der als Wert einer abgeleiteten Variablen fallweise berechnet wird. Zur Aufbereitung der Rohdaten werden häufig Datenumformungen benötigt, um neue Variablen ableiten zu können. Es entstehen die Werte einer **abgeleiteten Variablen**, wenn die Berechnungen für jeden Fall

Verhältniszahlen 10.1

einzeln vorgenommen werden. Eine solche Variable kann man genauso analysieren wie die ursprünglichen Variablen. Ein Beispiel bildet die Variable „Quadratmeterpreis", die für n = 261 Immobilien (§8.2.1) nach der Formel

$$\text{Quadratmeterpreis}_i = \frac{\text{Angebotspreis}_i \text{ (in €)}}{\text{Fläche}_i \text{ (in m}^2\text{)}} \quad (i = 1, ..., n)$$

berechnet wird, vgl. Abb. 8-5 und Abb. 9-6. Es gibt viele Verfahren um aus bestehenden Variablen neue zu berechnen, z. B. die Bildung des Mittelwerts zu mehreren Merkmalen *pro Fall* (z. B. Durchschnittsnote) oder die Berechnung der Differenz der Umsätze vor und nach einer Werbungsmaßnahme.

Eine Verhältniszahl ist der Quotient zweier Maßzahlen X und Y, die aus der Stichprobe berechnet werden, meistens als Summe oder Anzahl. Es stellt X ähnlich wie beim Gini-Index (Kap. 9.4) keine Zufallsvariable dar - vgl. Kap. 11-, sondern eine Merkmalssumme zur Variablen x. Zu unterscheiden sind:

■ **Gliederungszahlen:** *X im Zähler stellt den absoluten Anteil an der Gesamtsumme Y im Nenner dar.* Es gehören immer 2 oder mehr Gliederungszahlen zusammen, da sie mit einer **Zerlegung** der Stichprobe in m (> 1) Teilstichproben oder Gruppen übereinstimmen, vgl. Kap. 4.2. So werden die kumulierten prozentualen Anteile G'(p) zur Lorenzkurve (Abb. 9-7) aus m Gliederungszahlen berechnet, die jede für sich den prozentualen Anteil der Umsatzklasse j am Jahresgesamtumsatz darstellen (j = 1, ..., m). In Bezug auf Merkmal x lässt sich die Gliederungszahl für Gruppe j als

$$g'_j = \frac{x_j}{X} * 100 = \frac{x_j}{\sum_{j=1}^{m} x_j} * 100 \quad (\text{in \%; } j = 1, ..., m)$$

schreiben. Es stellen die x_j **aggregierte Daten** (*aggregate data*) und keine Einzelwerte in der Variablen x dar; X ist die Gesamtsumme! Viele betriebliche Kennzahlen gestalten sich als Gliederungszahlen, so z. B. relative Marktanteile und die Eigenkapitalquote (100* Eigenkapital / Gesamtkapital). Einen Sonderfall gibt es, wenn die Summe x_j nichts anderes ist als die Anzahl der Elemente in Gruppe j: Schreibt man x_j als absolute Häufigkeit f_j und die Merkmalssumme X als n, dann erweist sich g'_j schlechthin als die prozentuale Häufigkeit h'_j zur Gruppe j. So entfällt in Tabelle 3-1 die Nutzung des Telebankingsystems zu $\frac{4}{173} * 100 = 2{,}31\%$ auf die Bankkunden ohne geeigneten PC und zu $\frac{169}{173} * 100 = 97{,}69\%$ auf die Bankkunden mit richtigem PC (siehe unten für den Nutzungsgrad!).

Aus dem Quotienten zweier Variablenwerte x_i und y_i entsteht der Wert x_i / y_i einer neuen Variablen

*Aus dem Quotienten zweier Summen (Anzahlen) X und Y entsteht die Verhältniszahl c*X/Y*

Gliederungszahlen: %-Anteile zu einer Zerlegung der Stichprobe in m Gruppen

10 Verhältnis- und Indexzahlen

Beziehungs-zahlen: Quotienten verschiedenartiger Größen

■ **Beziehungszahlen**: X im Zähler und Y im Nenner betreffen verschiedenartige Merkmale und X lässt sich relativ zu Y sinnvoll(er) interpretieren. Als Beispiel nennen wir den Nutzungsgrad des Telebankingsystems, gesondert für die Gruppe der 137 Bankkunden ohne geeigneten PC bzw. für die Gruppe von 347 Kunden mit richtigem PC. Diese Kennzahl haben wir in §3.1.5 als bedingte Wahrscheinlichkeit berechnet: 2,9 % bzw. 48,7 %. Nach der Formel $c * \frac{X}{Y}$ wird die Anzahl X der Nutzer (4 bzw. 169) auf den Umfang Y der jeweiligen Teilstichprobe (137 bzw. 347) bezogen; c = 100. Beziehungszahlen werden *Verursachungszahlen* genannt, wenn es sich um Änderungen oder Ereignisse im Verhältnis zu einem Bestand handelt (z. B. Sterbeziffern). Wenn sonst eine Summe auf eine relevante Bezugsgröße bezogen wird, heißen sie *Entsprechungszahlen*. Viele betriebliche Kennzahlen sind Beziehungszahlen, so z. B. die Eigenkapital-Rentabilität (= 100 * Bilanzgewinn / Eigenkapital) und die Lagerumschlagshäufigkeit (= Materialeinsatz / Lagerbestand; bzgl. Roh-, Hilfs- und Betriebsstoffe).

Einfache Indexzahlen: Quotienten gleichartiger Größen

■ **Einfache Indexzahlen** (**Messzahlen**; *index numbers*): X im Zähler und Y im Nenner betreffen gleichartige Merkmale, die zu verschiedenen Zeitpunkten oder an verschiedenen Orten (oder mit sachlich unterschiedlichem Bezug) ermittelt werden; übrigens schreibt man hier eher x und y. Häufig handelt es sich um 2 **Zeitreihen** von n + 1 verhältnisskalierten Variablen x bzw. y (vgl. Kap. 6.3: x (y) ist metrisch mit einem natürlichen Nullpunkt). So entsteht

$$v_t = \frac{x_t}{y_t} \text{ bzw. } v_t = \frac{x_t}{y_t} * 100\,\% \quad (t = 1, ..., n)$$

als Reihe von n einfachen Indexzahlen. Wenn t in der Tat den Laufindex der Zeiträume oder Zeitpunkte darstellt, kann y_t Folgendes bedeuten:

1. $y_t = x_0$ für alle t: Die Messzahl bezieht sich auf eine fixe Basiszeit zum Anfang der Zeitreihe (t = 0), vgl. das Beispiel im Kap. 10.2.

2. $y_t = x' = x_{t'}$ für alle t: Die Messzahl bezieht sich auf eine fixe Basiszeit zu irgendeinem „neutralen Zeitpunkt" t'.

3. $y_t = x_n$ für alle t: Die Messzahl bezieht sich auf eine fixe Basiszeit zum Ende der Zeitreihe (t = n), z. B. auf den aktuellen Wert.

4. y_t hängt von der Zeit t ab: Die Messzahl hat eine gleitende Basis. Insbesondere wenn y_t den vorigen x-Wert x_{t-1} darstellt, handelt es sich um einfache **Wachstumsfaktoren** bzw. **Wachstumsraten**:

Faktoren und Raten für Wachstum

$$\text{Wachstumsfaktor } w_t = \frac{x_t}{x_{t-1}} \quad (t=1,...,n; \text{ Ausgangswert } x_0 > 0),$$

$$\text{Wachstumsrate } r_t = \frac{x_t - x_{t-1}}{x_{t-1}} = w_t - 1 \quad (\text{so dass } w_t = 1 + r_t; t=1,...,n)$$

Verhältniszahlen

10.1

Wir schreiben r_t in einer knappen Formel als Bruchzahl, obwohl die Rate oft als Prozentzahl ausgedrückt wird. Beispiele sind Raten für Aktienkurse und (einzelne) Preisindexzahlen.

10.1.2 Geometrisches Mittel und andere Mittelwerte

Zu den n Faktoren $w_t > 0$ (t = 1, ..., n) soll es den Durchschnittswert $\overline{m}$ geben derart, dass mit Hilfe des n-fachen Produkts $\overline{m}^n = m * m * ... * m$ gilt:

$$x_0 * \overline{m}^n = x_n = x_0 * \prod_{t=1}^{n} w_t \quad \text{für einen beliebigen Ausgangswert } x_0 > 0$$

Das arithmetische Mittel μ_w der Faktoren w_t erfüllt diese Bedingung i. Allg. nicht! Die Lösung für $\overline{m}$ ist das **geometrische Mittel** (*geometric mean*)

$$\overline{m}_G = \left(\prod_{t=1}^{n} w_t\right)^{\frac{1}{n}} ; \text{ oder } \overline{m}_G = \left(\prod_{j=1}^{m} (w_j)^{f_j}\right)^{\frac{1}{n}} \text{ mit } \sum_{j=1}^{m} f_j = n,$$

Geometrischer Mittelwert (evtl. gewogen)

falls sich die m Faktoren w_j jeweils „f_j mal wiederholen". Letztere *gewogene* Variante von $\overline{m}_G$ ist bequem für gruppierte Daten, falls die Wachstumsfaktoren nur gruppenweise zur Verfügung stehen und die Gruppengrößen f_j bekannt sind. Betrachten wir nun als Beispiel die 5 aufeinander folgenden Kurswerte in folgender Tabelle. Das arithmetische Mittel 2,655 % der n = 4 Wachstumsraten ist nicht die richtige Durchschnittsrate! Es errechnet sich aus der letzten Spalte $\overline{m}_G = (1,09524)^{\frac{1}{4}} = 1,023$, gemäß einer durchschnittlichen Rate von 2,3 %! Aus $x_0 = 10{,}50$ ergibt sich $x_4 = 10{,}50*(1{,}023)^4 = 11{,}50$!

Tabelle 10-1. Wachstumsraten und -faktoren zu 5 sukzessiven Kurswerten

Geometrisches Mittel von 4 Wachstumsfaktoren

t↓	Kurswert x_t (€)	Wachstumsrate r_t (%)	Wachstumsfaktor w_t
0	10,50		
1	11,10	5,71	1,05714
2	11,30	1,80	1,01802
3	12,80	13,27	1,13274
4	11,50	–10,16	0,89844

153

10

Verhältnis- und Indexzahlen

Auch bei Beziehungszahlen riskiert man einen Ausrutscher bei der unüberlegten Anwendung des (ungewogenen) arithmetischen Mittels.

Als Beispiel betrachten wir die „Zufriedenheit mit der Kundenbetreuung" einer Privatbank unter den 484 befragten Kunden der Tabelle 3-1. Die Sechserskala der Zufriedenheitsvariablen x (Note 1 bis 6) wird in eine dichotome Variable umgewandelt: 1 = „(sehr) gut" für die Note 1 oder 2; 0 = „nicht so gut" für die übrigen Noten. Die Zufriedenheitsraten oder x-Quoten betreffen nun den Code 1, in Abhängigkeit davon, ob ein Kunde das Telebankingsystem benutzt (N) oder nicht (n) und ob er im Besitz der richtigen PC-Konfiguration ist (B) oder nicht (b). Unter 434 Personen, welche die Zufriedenheitsfrage beantwortet haben, vergleichen wir die eine „Zielgruppe" - 320 Besitzer eines geeigneten PC-Systems (BN ∪ Bn) - mit der anderen Zielgruppe - 114 Nichtbesitzer, die kein Telebankingsystem benutzen (bn).

Gewogenes Mittel von Beziehungszahlen in 2 Teilgesamtheiten

Tabelle 10-2. Rate der zufriedenen Bankkunden (x) nach Zielgruppe (y), n = 434

Zielgruppe y ↓	x-Quote	#Zielgruppe	y-Anteil	x-Quote * y-Anteil
BN ∪ Bn	$\frac{148}{320} = 0{,}4625$	320	0,7373	0,4625*0,7373 = 0,3410
bn	$\frac{43}{114} = 0{,}3772$	114	0,2627	0,3772*0,2627 = 0,0991
Insgesamt	191 / 434 = 0,4401	434	1,0	**0,3410 + 0,0991 = 0,4401**

Ausgehend vom grau hinterlegten Teil der Tabelle 10-2 wäre es falsch, die durchschnittliche Zufriedenheitsrate als ungewogenes Mittel aus den Raten für die 2 Zielgruppen zu berechnen: ½ (0,4625 + 0,3772) = 0,4199! Diese Raten müssen mit dem relativen Anteil der jeweiligen Zielgruppe an der gesamten Teilstichprobe (n = 434) gewichtet werden; der korrekte Mittelwert ist 0,4401!

Aus n Beziehungszahlen $Q_j = \frac{X_j}{Y_j}$ (j = 1, ..., m) kann der Quotient $Q = \frac{X}{Y}$ i. Allg. exakt hergeleitet werden, wenn man die Q_j jeweils mit dem j-ten relativen Anteil g_j an der Gesamtsumme der Bezugsgröße Y gewichtet:

Gewogenes Mittel von Verhältniszahlen

$$\frac{X}{Y} = \sum_{j=1}^{m} g_j * Q_j = \sum_{j=1}^{m} g_j * \frac{X_j}{Y_j} \quad \text{(wenn die } g_j = \frac{Y_j}{Y} \text{ für alle j bekannt sind)}$$

10.2 Zusammengesetzte Indexzahlen

Indexzahlen werden u. a. verwendet, um für ein einziges Produkt (Dienstleistung) die Preisentwicklung übersichtlich darzustellen. In Prozenten ausgedrückt bekommt der Preis zum **Basiszeitpunkt** t_0 (**Basisperiode**; *base period*) den Basiswert 100. Am **einfachen Preisindex** (Preismesszahl; *simple price index*) ist sofort abzulesen, mit wie viel Prozent der Preis zur jeweiligen **Berichtszeit** t höher oder niedriger als der Anfangswert x_0 ausfällt. So nimmt $v_t = (x_t / x_0)*100$ für die Kurswerte der Tabelle 10-1 die Werte 100; 105,7; 107,6; 121,9; 109,5 an. Nach gegebener Zeit liegt der Basiszeitraum zu weit zurück und wird t_0 neu gewählt; schreiben wir t = t'. Um die Indexreihe konsistent fortführen zu können, werden vergangene Indexwerte im Einklang mit zukünftigen Werten nach folgender **Umbasierungsformel** neu berechnet:

$$v_{t;neu} = \frac{v_{t;alt}}{v_{t';alt}} * 100 \text{ für } t \leq t' \text{ (für } t \geq t' \text{ gilt } v_t = \frac{x_t}{x_{t'}} * 100)$$

(*base shifting*). Mit t' = 2 gibt es für die Kurswerte 92,9; 98,2; 100; 113,3; 101,8. Umgekehrt ist eine **Verkettung** zweier sich anschließender Indexreihen möglich, wenn für t > t' die neuen v_t nach der Formel $v_{t;alt} = v_t * v_{t';alt}/100$ zurückgerechnet werden, so dass sie als Elemente der alten Reihe gelten.

Eine **zusammengesetzte Indexzahl** (*aggregate index number*) ist ein Verhältnis zweier Maßzahlen, das nicht als einfacher Quotient zu schreiben ist. Zur Berichtszeit t beschreibt sie im Vergleich zur Basiszeit relative Veränderungen in komplexen Größen, die aus 2 Reihen gleichartiger Daten berechnet werden. Genau wie eine einfache Indexzahl ermöglicht sie neben Aussagen über die Preisentwicklung auch Inflationsmessung und -korrektur. Das Standardbeispiel betrifft Preise und Mengen eines **Warenkorbs** (*market basket*). Dem Preisindex der Lebenshaltung z. B. wird eine umfangreiche Gruppe von Waren und Dienstleistungen zugrunde gelegt, deren Struktur und Zusammenstellung über einige Jahre - 5 beim Statistischen Bundesamt - konstant gehalten werden. Das grundsätzliche Problem bei der Konstruktion eines **zusammengesetzten Preisindexes** (*aggregate price index*) ist aber, dass konsumierte Mengen und Preise sich gleichzeitig ändern. Wir stellen nun die 2 traditionellen Lösungen dieses Problems vor, welche die kombinierten Preis- und Mengenänderungen nur zum Teil berücksichtigen. Wir illustrieren die Indizes anhand folgender Daten für m = 2 und n = 2, wobei allgemein

m = Größe des Warenkorbs; n + 1 = Anzahl der Zeitpunkte (ab t = 0);

$p_t(j)$ und $q_t(j)$ = Preis bzw. Menge der Ware j zum Zeitpunkt t.

Einfacher Preisindex; Umbasierung und Verkettung

Zusammengesetzter Preisindex für einen Warenkorb

10 Verhältnis- und Indexzahlen

Preisindex nach Laspeyres (oben) bzw. nach Paasche (unten)

Tabelle 10-3. Berechnung des Preisindexes nach Laspeyres bzw. Paasche für m = 2 Waren zu den Zeitpunkten t = 0, 1, 2; mit entsprechender Indexreihe und Preisraten

t↓	$p_t(1)$	$q_t(1)$	$p_t(2)$	$q_t(2)$	$\Sigma p_t q_0$		$v_{0,t}^L$	t = 0: 100	%-Rate
0	14	10	26	10	400		1,000	100,0	
1	15	(11)	29	(8)	440		1,100	110,0	10,0
2	16	(12)	30	(6)	460		1,150	115,0	15,0

t↓	$p_t(1)$	$q_t(1)$	$p_t(2)$	$q_t(2)$	$\Sigma p_t q_t$	$\Sigma p_0 q_t$	$v_{0,t}^P$	t = 0: 100	%-Rate
0	14	10	26	10	400	400	1,000	100,0	
1	15	11	29	8	397	362	1,097	109,7	9,7
2	16	12	30	6	372	324	1,148	114,8	14,8

Der **Laspeyres-Preisindex** nimmt das Mengenschema zur Basiszeit t₀ = 0 als fiktive konstante Zusammenstellung des Warenkorbs in die Indexformel auf:

Laspeyres-Preisindex:
$\Sigma p_t q_0 / \Sigma p_0 q_0$

$$v_{0,t}^L = \frac{\sum_{j=1}^{m} p_t(j) * q_0(j)}{\sum_{j=1}^{m} p_0(j) * q_0(j)} \quad \text{bzw.} \quad v_{0,t}^L * 100\%$$

(*Laspeyres price index*). Der fiktive Wert $\Sigma p_t q_0$ des Warenkorbs in der Berichtsperiode t - in der verkürzten Schreibweise lassen wir den Laufindex j für die Güter weg - wird mit seinem Wert in der Basisperiode verglichen, z. B. um einen Verbraucherpreisindex zu berechnen. Durch Umrechnung ist einzusehen, dass es sich hier um ein gewogenes Mittel der einzelnen Preisindexzahlen handelt, wobei das Gewicht für Ware j proportional zum Basiswert $p_0(j)*q_0(j)$ ist (*weighted aggregate index*). Der Vorteil des Indexes ist, dass die Gütermengen des Warenkorbs nur einmal ermittelt werden müssen. Der Nachteil ist, dass der Index mit der Zeit durch Änderungen im Warenangebot, Qualitätsverbesserungen usw. weniger repräsentativ wird. Der Warenkorb für den Laspeyres-Index soll in regelmäßigen Abständen, etwa einmal in 5 Jahren, neu definiert werden, mit entsprechender Umbasierung. Allerdings lassen sich zusammengesetzte Indexzahlen nicht einfach verketten!

Der **Paasche-Preisindex** (*Paasche price index*) geht jeweils von der aktuellen Zusammenstellung des Warenkorbs aus und so wird der aktuelle Preis mit dem fiktiven Preis der gleichen Güter in der Basisperiode verglichen:

Zusammengesetzte Indexzahlen

10.2

$$v_{0,t}^P = \frac{\sum_{j=1}^{m} p_t(j) * q_t(j)}{\sum_{j=1}^{m} p_0(j) * q_t(j)} \quad \text{bzw.} \quad v_{0,t}^P * 100\%$$

Paasche-Preisindex:
$\sum p_t q_t / \sum p_0 q_t$

Dieser Index gewichtet die einzelnen Preisindexzahlen mit dem fiktiven Wert der heutigen Mengen zur Basiszeit, d. h. für Ware j mit einem Gewicht proportional zu $p_0(j) * q_t(j)$. Der Vorteil der Aktualität bedeutet zugleich einen höheren Aufwand, da in jeder Periode Preise *und* Mengen neu ermittelt werden müssen. Der Paasche-Index wird als „Deflator" verwendet, um etwa das Bruttoinlandsprodukt in laufenden Preisen - das „nominale BIP" - in das „reale BIP" mit konstanten Preisen umzurechnen. Im Paasche-Index werden kleine Preise mengenmäßig stärker und hohe Preise schwächer gewichtet als im Laspeyres-Index: Der Paasche-Index fällt häufig kleiner aus, vgl. Tabelle 10-3. Der Laspeyres-Index kann der „Substitution" relativ teurer durch relativ billige Güter in der Nachfrage nicht Rechnung tragen.

Um die Vor- und Nachteile beider Möglichkeiten auszugleichen, wird u. a.

$$v_{0,t}^F = \sqrt{v_{0,t}^L * v_{0,t}^P} * 100\%$$

berechnet, der Fischersche „Idealindex".

Preisindex nach Fischer: geometrisches Mittel der Laspeyres- und Paasche-Indizes

Vertauscht man in den obigen Formeln die Rollen von p und q, so erhält man die **Mengenindizes** (*quantity indexes*), die man verkürzt so notiert:

$$\frac{\sum q_t p_0}{\sum q_0 p_0} \text{ (Mengenindex Laspeyres) bzw.} \quad \frac{\sum q_t p_t}{\sum q_0 p_t} \text{ (Mengenindex Paasche)}$$

Beim Laspeyres-Index wird der fiktive Wert des aktuellen Warenkorbs - zu Basispreisen - auf dessen Basiswert bezogen. Beim Paasche-Index wird der aktuelle Wert des heutigen Warenkorbs auf dessen Basiswert - zu Berichtspreisen - bezogen. Diese Indizes beschreiben Veränderungen der verbrauchten Menge bei standardisierten Preisverhältnissen. Anhand des **Umsatz- oder Wertindexes** (*value index*)

$$v_{0,t}^U = \frac{\sum_{j=1}^{m} p_t(j) * q_t(j)}{\sum_{j=1}^{m} p_0(j) * q_0(j)}$$

Wertindex:
$\sum p_t q_t / \sum p_0 q_0$

ist eine **Preisbereinigung** möglich: Wird der Wertindex durch den Preisindex nach Laspeyres geteilt, so entsteht ein Paasche-Mengenindex: $v_{0,t}^U / v_{0,t}^L = \sum p_t q_t / \sum p_t q_0$! (Siehe Übung **10.3-6** für den Fall $v_{0,t}^U / v_{0,t}^P$.)

157

10 Verhältnis- und Indexzahlen

10.3 Übungen

Arten von Verhältniszahlen

10.3-1. Aufgabe: Klassifizieren Sie folgende Verhältniszahlen: (1) Gesamtpreis von 261 Immobilien / Gesamte Fläche; (2) Lohnkosten / Materialkosten; (3) Lohnkosten / Gesamtkosten; (4) Lohnkosten in Jahr t / Lohnkosten in Jahr t – 1; (5) Anzahl der Neueinstellungen im Verhältnis zum Personalumfang; (6) Personalumfang Filiale B / Personalumfang Filiale A; (7) Kraftstoffverbrauch in l/km; (8) Fremdkapitalquote = 100*Fremdkapital / Gesamtkapital!

Frage: Wie hängen Fremdkapitalquote und Eigenkapitalquote zusammen?

10.3-2. Frage: Welche Art von Verhältniszahl berechnen die Sumerer, wenn sie den relativen Wert der mit einer gegebenen Ware gefüllten Tongefäße im Vergleich zum Gesamtwert aller Gefäße bestimmen (vgl. Fußnote zu §7.1.1)?

Geometrisches Mittel von Wachstumsfaktoren

10.3-3. Aufgabe: Geben Sie für das Rechenbeispiel zum geometrischen Mittel im Kap. 2.3 in allgemeinen Formeln an, wie Wachstumsfaktor w_t und Wachstumsrate r_t in Abhängigkeit des Jahres t aussehen!

Frage: Warum taugt der mittlere Prozentzins 3,8 % in diesem Beispiel nicht?

Gewogenes Mittel von Beziehungszahlen

10.3-4. Aufgabe: Kontrollieren Sie für Tabelle 4-1 die durchschnittliche Anzahl der Sehminuten insgesamt (#Min. im Schnitt = 34,35; n = 141). Verwenden Sie dabei die Formel am Ende des §10.1.2!

Einfache Indexreihen (Messzahlenreihen)

10.3-5. Die Einkäufe eines Kleinhändlers in großen bemalten Holzschuhen auf Flohmärkten beliefen in den vergangenen 4 Jahren 1020, 1200, 1380 bzw. 1560 €. Dem standen Erlöse i. H. v. 1350, 1500, 1620 bzw. 1800 € gegenüber.

Aufgaben: Berechnen sie jeweils für Kosten und Erlöse eine Messzahlenreihe des zeitlichen Vergleichs, in Bezug auf das zweite Jahr (t = 2) als Basisperiode. Berechnen Sie gleichfalls eine Messzahlenreihe des sachlichen Vergleichs zwischen Erlösen und Kosten. Interpretieren Sie die Ergebnisse!

Zusammengesetzte Indexzahlen

10.3-6. Betrachten Sie für Tabelle 10-3 die Preise und Mengen für die 3 Zeitpunkte und für die m = 2 Güter. Es lässt sich der Mengenindex nach Paasche berechnen als $\sum q_t p_t / \sum q_0 p_t$: 1,000; 397 / 440 = 0,902; 372 / 460 = 0,809 für t = 0, 1, 2. Diese Werte bekommt man auch, wenn man jeweils den Wertindex berechnet - 1,000; 397 / 400 = 0,993; 372 / 400 = 0,930 - und durch den entsprechenden Preisindex nach Laspeyres - 1,00; 1,10; 1,15 - teilt!

Aufgaben: Beweisen Sie mathematisch, dass man den Mengenindex nach Laspeyres erhält, wenn man den Wertindex durch den Preisindex nach Paasche teilt. Kontrollieren Sie dies am Beispiel der Tabelle 10-3!

11 Verallgemeinernde Analyse statistischer Daten

In der **beschreibenden Statistik** im Kap. 5 bis 10 (deskriptiv; *descriptive statistics*) beschränkt sich die Gültigkeit der Datenanalyse schlicht und ergreifend auf die untersuchten Fälle oder Stichprobenelemente, ob Personen, Unternehmen oder Laborproben. Sobald man sich überlegt, inwiefern die Ergebnisse für eine größere (Grund)Gesamtheit Geltung haben, kommt die Frage nach der „Repräsentativität" der beschriebenen Stichprobe auf. Repräsentativität wird intuitiv so aufgefasst, dass die untersuchten Fälle die Grundgesamtheit irgendwie widerspiegeln, d. h. deren unterscheidbare Teilgruppen alle in ihrer Besonderheit und Zusammensetzung berücksichtigen. Mathematisch geht es aber vielmehr darum, dass die Fälle durch ein „Zufallsverfahren" mit bekannten Auswahlwahrscheinlichkeiten in die Stichprobe aufgenommen werden, siehe Kap. 12.

Schließende Statistik: Die Stichprobendaten sollen eine (viel) größere Grundgesamtheit „repräsentieren"!

In dieser Sichtweise kommen einem die tatsächlich vorliegende Stichprobe und die beobachteten Werte in einer bestimmten Variablen x eher als zufällige Ergebnisse vor. Bei der nächsten Stichprobe gleichen Umfangs werden die Ergebnisse wohl etwas anders ausfallen. Um diese Unsicherheit in den Griff zu bekommen, verwendet man in der **schließenden Statistik** im Kap. 11 bis 15 (induktiv; *inferential statistics*) die Begriffe „Zufallsvariable" und „Stichprobenverteilung". Wenn wir nun vom Besonderen der n Stichprobenfälle aufs Allgemeine der Grundgesamtheit schließen wollen, muss der Zufall explizit berücksichtigt werden, d. h. wir müssen dem Zufallscharakter

Zufall bedeutet Unsicherheit in den Ergebnissen der beschreibenden Statistik!

- der Auswahl der n Stichprobenfälle,
- der Ausprägungen (Werte) $x_1, ..., x_n$ in der „Zufallsvariablen" X und
- der eventuellen Messfehler in diesen Ausprägungen

Rechnung tragen. Wir werden uns in den weiteren Kapiteln ausschließlich mit den ersten 2 Zufallsfaktoren beschäftigen: Grundsätzlich stellen wir uns die Frage, inwiefern die beobachteten Häufigkeiten, Kennzahlen oder Zusammenhänge bei einer etwas anderen Zusammenstellung der Stichprobe - zum gleichen Umfang n - von den berechneten Werten abweichen können.

Folgende Tabelle listet für einige Ergebnisse oder Verfahren der beschreibenden Statistik mögliche Erweiterungen in der schließenden Statistik auf.

11 Verallgemeinernde Analyse statistischer Daten

Zusammenhang zwischen beschreibender und schließender Statistik

Tabelle 11-1. *Beschreibende vs. schließende Verfahren in 3 „Statistikprogrammen": SPSS®, NSDstat® und Microsoft Excel®; [ ] heißt: nur bedingt möglich*

Beschreibende Statistik	Schließende Statistik	SPSS \ Analysieren \	NSDstat \ Analyse \	Excel Extras \Analyse-F. \
1. Ungeordnete Urliste $(x_1, ..., x_n)$ für n Fälle; geordnete Urliste: Stamm- und Blattdiagramm (1a)	(§12.2.1) 1b Standardisierte Werte; (§14.2.2) t-Test auf den angenommenen Mittelwert µ	1a Explorative Datenanalyse; 1b Deskriptive Statistiken \ Standardisierte Werte	[1b über Variable \ Recodierung / Berechnung]	[1a zum Teil über Daten Sortieren] [1b *evtl.* über STANDARDISIERUNG]
2. Häufigkeitspolygon zur Ergebnismenge $\{x_1, ..., x_m\}$ mit relativen Häufigkeiten $h_1, ..., h_m$	(§12.2.2) Normalverteilungsannahme: 2a H.-Polygon; 2b Kenngrößen; 2c Wahrscheinlichk.-Plot	Deskriptive Statistiken \ 2b \ Häufigkeiten 2a&2c \ Explorative Datenanalyse (mit Tests)	2a&2b Univariate Statistiken	2b Populationskenngrößen bzw. Rang&Quantil; [2c *evtl.* über NORMINV]
3. Mittelwert μ_x und Standardabweichung s	(§13.3.3) 95 ‰-Vertrauensbereich für µ	Explorative Datenanalyse (auch andere -- %)	Univariate Statistiken (auch 99 %)	[*evtl.* über KONFIDENZ = Breite des V.-Bereichs]
4. Anteilswert p_x	(Kap. 13.4) 95 ‰-Vertrauensbereich für p	Explorative Datenanalyse (auch andere -- %)	[über Werkzeuge \ Fehlervarianz]	[*evtl.* über VARIANZA]
5. Zwei Mittelwerte: a) 2 Variablen in 1 Stichprobe (μ_x & μ_y) → b) 1 Variable in 2 Stichproben (μ_{x1} & μ_{x2}) →	(§14.2.3) 1-Stichpr. t-Test zum Mittelwertvergleich (§14.3.1&2) 2-Stichproben t-Test Mittelwertvergleich	Mittelwerte vergleichen \ T-Test bei einer Stichprobe Mittelwerte vergleichen \ T-Test bei unabh. Stichpr.	T-Test (paarweise)	2-Stichproben t-Test bei abhängigen Stichproben 2-Stichproben t-Test (un)gleicher Varianzen
6. m Mittelwerte in m Stichproben (μ_{x1} bis μ_{xm})	(§14.4.1) F-Test zum Mittelwertvergleich	Mittelwerte vergleichen \ Einfaktorielle ANOVA		Einfaktorielle Varianzanalyse
7. Absolute H. in k-mal-ℓ Kreuztabelle → % H.	(§15.1.1&2) Unabh.-Test; Zusammenhangsmaße	Deskriptive Statistiken \ Kreuztabellen	Kreuztabellen	[Test *evtl.* über CHITEST]
8. Korrelation r im (x, y)-Streuungsdiagramm	(Kap. 15.2) 8a Lineare Regression; 8b Test ϱ=0	8b Korrelation \ Bivariat; 8a&8b Regression \ Linear	8a&8b Streudiagramm	8a(&8b) Regression

160

Verallgemeinernde Analyse statistischer Daten — 11

Dabei werden jeweils die Hauptprogrammteile oder Analysemodule angegeben, über welche die Lösung der jeweiligen Aufgabe in NSDstat®, SPSS® bzw. Microsoft Excel® herbeigeführt werden kann. Die Möglichkeiten 1 und 2 sind eher technischer Natur, die Punkte 3 bis 8 dagegen betreffen Fragestellungen, die bei primären Datenquellen sehr geläufig sind, wie folgt:

1. Zu den Rohdaten $x_1, ..., x_n$, die u. a. im Stamm- und Blattdiagramm wiedergegeben werden, gehört die „empirische Datentransformation" mit n *standardisierten Werten*. Diese werden in vielen schließenden Verfahren verwendet, z. B. um eine *angenommene Verteilungsform zu überprüfen* und zwar anhand theoretischer und empirischer „Qua**n**tile" (vgl. Kap. 12.2).   *Standardisierte Werte*

2. Zum Häufigkeitspolygon einer nahezu stetigen Variablen x stellt sich die Frage, *ob den Daten eine „Normalverteilung" in der Grundgesamtheit zugrunde liegt*. Die Normalverteilung, die schon wegen des zentralen Grenzwertsatzes (Kap. 12.3) vielfach gebraucht wird, haben wir in Abb. 8-3 anhand der symmetrischen, eingipfligen Glockenkurve kennen gelernt.   *Normalverteilungsannahme*

3. Die Kennzahlen μ_x und s, die den k-Sigma Bereich ($\mu_x - k*s$, $\mu_x + k*s$) bestimmen, spielen eine wichtige Rolle beim Beantworten der Frage: *„Wo liegt mit hoher Wahrscheinlichkeit der unbekannte Mittelwert μ?"* Hier kommt μ als unbekannte Eigenschaft der Grundgesamtheit ins Spiel.   *Vertrauensbereich zum unbekannten Mittelwert*

4. Zu einer relativen Häufigkeit, die man als Anteilswert p_x zu einer bestimmten Merkmalsausprägung auffassen kann, gehört die Frage: *„Wo liegt mit hoher Wahrscheinlichkeit der unbekannte Anteilswert p?"* Als Eigenschaft der Grundgesamtheit spielt *p* hier eine ähnliche Rolle wie μ.   *Vertrauensbereich zum unbekannten Anteilswert*

5. Der Vergleich zweier beobachteter Stichprobenmittelwerte lässt sich in *einer* Grundgesamtheit - für 2 verschiedene Variablen x und y - oder in 2 Teilgesamtheiten - für die gleiche Variable x - auf folgende Frage hin verallgemeinern: *„Sind die unbekannten Mittelwerte μ_1 und μ_2 gleich?"*   *Vergleich zweier unbekannter Mittelwerte*

6. Für die Variable x kann man, ähnlich wie bei 2 Mittelwerten, m unbekannte Mittelwerte $\mu_1, ..., \mu_m$ in m Teilgesamtheiten vergleichen (m > 2).   *Vergleich mehrerer unbekannter Mittelwerte*

7. Zu der kombinierten Häufigkeit $f_{i,j}$ zur Ausprägung i für x und zur Ausprägung j für y in der k-mal-ℓ Kreuztabelle - besser gesagt für alle $f_{i,j}$ zusammen - stellt sich die Frage, ob das *Vorkommen eines bestimmten x-Werts in der Grundgesamtheit unabhängig ist vom Eintreten eines gewissen y-Werts* und umgekehrt. Wenn die Daten gegen „Unabhängigkeit von x und y" sprechen, *wie stark ist dann der theoretische Zusammenhang*?   *Unabhängigkeit vs. Zusammenhang zwischen x und y (diskrete Werte)*

8. Das kombinierte Bild zweier (quasi)stetiger Variablen x und y im Streuungsdiagramm lässt sich mittels *linearer Regression* - „von y auf x" etwa - in einem mathematischen Modell für die Grundgesamtheit ausdrücken. *Wie stark ist der theoretische Zusammenhang, gemäß der Korrelation r?*   *Linearer Zusammenhang zwischen (quasistetigen) y und x*

11
Verallgemeinernde Analyse statistischer Daten

Parameter in der Grundgesamtheit, geschätzt aus Kennzahlen für die Stichprobe

Wir unterscheiden in der schließenden Statistik zwischen den Parametern der Grundgesamtheit - wie μ und p oben; gleichfalls σ für die Standardabweichung - und den Kennzahlen der Stichprobe - wie μ_x, p_x bzw. die Stichprobenstandardabweichung s. In der Notation der Kennzahlen wird meistens der Index x verwendet, um zu betonen, dass diese **„Punktschätzungen"** (*point estimates*) aus den Stichprobendaten $x_1, ..., x_n$ berechnet werden. Die Kennzahlen bilden in der Tat die Grundlage für die Schätzung eines unbekannten Parameters in der Grundgesamtheit. So kann auch die Mittelwertdifferenz $\mu_1 - \mu_2$ durch den Unterschied $\mu_{x1} - \mu_{x2}$ der Stichprobenmittelwerte geschätzt werden. Um den Zufallscharakter der Schätzwerte auszudrücken, wird die Variable x groß geschrieben: X. Allgemein wird μ_x die **Mittelwertschätzfunktion** (*estimator for the mean*) genannt. Auf ähnliche Art ist p_x die „Schätzfunktion für den Anteilswert" und S die „Schätzfunktion für die Standardabweichung σ". In Abhängigkeit des Zufalls werden jeweils andere Schätzwerte μ_x, p_x bzw. s erzeugt, wenn man sich unzählige Wiederholungen gleichartiger Stichproben vorstellt (gleiche Grundgesamtheit, gleicher Stichprobenumfang n usw.). Es zeigt dann die **Stichprobenverteilung** (*sampling distribution*) auf, in welchem Maße die Schätzwerte variieren können und welche zentrale Tendenz (**Erwartungswert**, *expectation*) sie haben.

Unverfälschte Schätzfunktionen μ_x, p_x und S

Es sind der arithmetische Mittelwert μ_x, der Anteilswert p_x und die Standardabweichung s so beschaffen, dass der *Mittelwert vieler gleichartiger Mittelwertschätzungen μ_x* (bzw. der Mittelwert vieler p_x-Werte oder s-Werte) den gesuchten Parameter in der Grundgesamtheit (μ, p bzw. σ) auf Dauer exakt trifft, nämlich wenn der Stichprobenumfang n groß genug ist (n $\to \infty$). Bei den Schätzfunktionen μ_x, p_x und S liegt eine systematische Unter- oder Überschätzung nicht vor: Sie sind „erwartungstreu" (unverfälscht; *unbiased*), d. h. deren Erwartungswert entspricht exakt dem zu schätzenden Parameter.

Die Unsicherheit einer Stichprobe mit Wiederholungen beschreiben, die es eigentlich nicht gibt!

Eine grundsätzliche Schwierigkeit der schließenden Statistik steckt wohl im folgenden scheinbaren Widerspruch. Zum einen führen wir anhand lediglich *einer* beobachteten oder gemessenen Stichprobe Berechnungen von Kennzahlen u. Ä. durch. Zum anderen bringen wir die Unsicherheit, welche in den Schätzungen μ_x, p_x usw. steckt, durch die Stichprobenverteilung zum Ausdruck. Diese geht nun aber im Prinzip aus unendlich vielen, gleichartigen, in der Regel nicht wirklich durchgeführten Wiederholungen unserer Stichprobe hervor. Wenn man sich ausdrücklich mit der *Endlichkeit* der Grundgesamtheit (Umfang N<∞) beschäftigt, gestalten sich die Wahrscheinlichkeitsverteilungen und -berechnungen wieder anders - dafür ist aber in diesem Buch kein Platz, bis auf die „Endlichkeitskorrektur" in §13.3.3 und Kap. 13.4. Für die stetigen Wahrscheinlichkeitsverteilungen - Normalverteilung, t-Verteilung usw. - die wir betrachten, tun wir als ob N nahezu unendlich ist (und als ob die Stichprobenziehung „mit Zurücklegen" geschieht)!

12 Berechnung von Wahrscheinlichkeiten für Zufallsvariablen

Lernziele

- Sie verstehen die Stichprobenwerte, welche die Stichprobenelemente in der Variablen x haben, jeweils als Ergebnis einer „Zufallsvariablen" X. Sie können sich X als „Produzenten" von x_1, ..., x_n vorstellen, der im Einzelnen willkürlich arbeitet, aber insgesamt - wenn n groß genug - ein getreues Bild der zugrunde liegenden theoretischen X-Verteilung abgibt.

- Für die (quasi)stetige Variable X verstehen Sie die *theoretische* Wahrscheinlichkeit zum Intervall (a, b) als die über (a, b) liegende Fläche unterhalb der „Dichtefunktion" f(x). Flächenberechnungen können Sie anhand der „Verteilungsfunktion" $F(x) = P(X \leq x)$ durchführen; $F(x_0)$ ist die kumulierte relative Häufigkeit bis $x_0 \in \mathbb{R}$, d. h. die Fläche über $(-\infty, x_0]$.

- Sie kennen die wichtigsten Eigenschaften der „$N(\mu; \sigma)$-Verteilung" und können eine „Normalverteilungsannahme" mit Hilfe der beschreibenden Statistik überprüfen. Flächenberechnungen führen Sie auf tabellengestützte Berechnungen für die „Standardnormalverteilung" $N(0;1)$ zurück.

- Sie können in guter Annäherung die Normalverteilung anwenden, die für die "Mittelwertschätzfunktion" μ_x gilt, falls n groß genug ist (n > 51; zentraler Grenzwertsatz). Als Streuungsmaß zu „zufälligen Mittelwerten" μ_x verwenden Sie den „Standardfehler" $\sigma_\mu = \sigma/\sqrt{n}$ bzw. $s_\mu = s/\sqrt{n}$.

- Sie verstehen den Zusammenhang zwischen der Verteilung für den Anteilswert p_x und der Verteilung für die Anzahl T_x der Erfolge aufgrund n unabhängiger Versuche mit Erfolgswahrscheinlichkeit p (zur $B(n; p)$-Verteilung). Sie verstehen die Normalapproximation zur p_x-Verteilung.

- Sie können die Wahrscheinlichkeiten einer Binomialverteilung für die Stichprobenverteilung des Anteilswerts p_x anwenden.

12

Berechnung von Wahrscheinlichkeiten für Zufallsvariablen

12.1 Grundbegriffe der schließenden Statistik

Zur Einführung auf die Verfahren der schließenden Statistik ergänzen wir nun die statistischen Grundbegriffe nach §6.1.2:

Statistische Einheiten (Fälle) und deren Merkmale

Die **statistische Einheit** oder der **Fall** (*case*) ist das Untersuchungsobjekt, d. h. die Person oder die Sache, an der bestimmte Eigenschaften oder **Merkmale** (*attributes*) erhoben werden. Als Beispiel nennen wir den Vorrat an Mobiltelefonen eines Multimediageschäfts, der bei einer Inventurprüfung untersucht wird. Die Fälle können Handys sein, deren Verkaufswert geschätzt werden soll, oder (zu spät oder gar nicht bezahlte) Rechnungen.

Grundgesamtheit U; N = #U

Die **Grundgesamtheit** (*population*) ist die Menge aller in Frage kommenden statistischen Einheiten. Wir bezeichnen dieses „Universum" mit U. Im Handy-Beispiel gibt es etwa U = { i | i = Mobiltelefon im Vorrat}. Der Umfang (die Größe) des Universums wird mit N angegeben, z. B. N = #U = 1000.

Wertebereich W_x; m = #W_x

Der **Wertebereich** W_x ist die Menge der x-Werte, die es bezüglich der untersuchten Eigenschaft x im Prinzip geben kann. Die Anzahl der verschiedenen *möglichen* Ausprägungen ist m = #W_x (evtl. m = ∞). Im Beispiel betrachten wir die Variable x = „Bezahlungsstatus". Entweder gibt es (Code 0) gar keine Rechnung - „Trifft nicht zu", z. B. bar gezahlt - oder es wurde die Rechnung (Code 1) rechtzeitig, (Code 2) zu spät bzw. (Code 3) gar nicht bezahlt (m = 4).

Für die schließende Statistik erweitern wir nun die Grundbegriffe „Stichprobe" und „statistische Variable", welche in der beschreibenden Statistik mit den Fällen (Zeilen) und *Items* (Spalten) der Datenmatrix verbunden sind.

Zufallsstichprobe: zufällige Auswahl um Verzerrungen zu vermeiden

Eine Stichprobe (*sample*) vom Umfang (*size*) n besteht aus n untersuchten Fällen. Im Beispiel wurde eine „Zufallsstichprobe" von n = 30 Handys aus dem Vorrat gezogen. Die **Auswahlquote** $\frac{n}{N}$ beträgt hier $\frac{30}{1000} = 0,03$. (Wie wir im Kap. 13.3 sehen werden, hängt die Genauigkeit gewisser Verfahren - z. B. einer „Intervallschätzung" - i. Allg. vom *absoluten* Stichprobenumfang n ab.) Die resultierende Stichprobe ist eine richtige **Zufallsstichprobe** (*probability sample*), wenn sie *aus nachvollziehbar zufällig und unabhängig von einander ausgewählten Fällen* besteht! Nachvollziehbar kann z. B. bedeuten, dass die Auswahl mit Hilfe von durch Excel generierten „Zufallszahlen" (*random numbers*) geschieht. Für eine Zufallsstichprobe ist nicht ausschlaggebend, ob jede Einheit in der Grundgesamtheit unbedingt die *gleiche* „Auswahlwahrscheinlichkeit" hat, sondern lediglich, dass diese für jede Einheit *bekannt* ist!

Grundbegriffe der schließenden Statistik

12.1

In unserem Beispiel ist die durchschnittliche Auswahlwahrscheinlichkeit pro Einheit gleich 0,03. Dieser Durchschnitt kann aber das Ergebnis eines komplexeren Stichprobenziehungsverfahrens sein, z. B. eins, das pro Niederlassung einer Multimediakette zufällige „Teilstichproben" zusammenstellt ("geschichtete Stichprobe", vgl. §9.2.3). Der große Vorteil von Zufallsverfahren ist, dass man so manchen Verzerrungseffekt ausschließen kann (im Beispiel womöglich die überhöhte Auswahl jener Handys, die nicht mehr gut abgesetzt und womöglich mit heruntergesetztem Preis angeboten werden).

Anhand einer Zufallsstichprobe aus der Grundgesamtheit kann man für eine **Teilgesamtheit** (*subpopulation*) oder **Gruppe** die entsprechende Teilstichprobe auswählen. Diese stellt in der Regel wieder eine Zufallsstichprobe aus der Teilgesamtheit dar. Als Beispiel betrachten wir Teilstichproben von Nutzern (n = 169) bzw. Nichtnutzern (n = 178) eines Telebankingsystems bei einer großstädtischen Privatbank, innerhalb einer „netto Teilstichprobe" von 347 Personen mit der erforderlichen PC-Konfiguration. Diese entstammen einer „brutto Zufallsstichprobe" von 484 befragten Bankkunden, für die es gültige Antworten zur Eignung des PCs und zur Benutzung gab (vgl. Tabelle 3-1).

Zufallsstichprobe aus einer Teilgesamtheit

Als praktische Alternative zu Zufallsstichproben aller Art gibt es die nur begrenzt repräsentative Auswahl anhand eines „Quotenplans", insb. für den Fall einer Umfrage mit Hilfe von Interviewern. Bei der **Quotenauswahl** (*quota sampling*) ist der Interviewer gehalten, eine bestimmte Anzahl von Stichprobenfällen nach eigener Auswahl zu „sammeln". Als einzige Auflage gelten vorgegebene Anteile, nach denen die verschiedenen Ausprägungen einiger „Quotenvariablen" - z. B. Geschlecht, Altersklasse und „Kabelbesitz" bei der Passantenbefragung zu Tabelle 2-1 - vertreten sind. Für eine ausführliche Diskussion solcher Auswahlverfahren siehe HARTUNG ET AL. (2005).

Quotenauswahl nach einem Quotenplan

Die Urliste $x_1, \ldots, x_n$ einer statistischen Variablen x wird als Ergebnis von n wechselseitig von einander unabhängigen Wiederholungen $X_1, \ldots, X_n$ der gleichen **Zufallsvariablen** X aufgefasst, die intuitiv wie folgt definiert wird:

Zufallsvariable X zum Hintergrund der Stichprobenergebnisse
$x_1, \ldots, x_n$

Eine Zufallsvariable (*random variable*) X ist eine Variable x, deren Ergebnisse über eine Zufallsstichprobe erzeugt werden

Die Variable x wird als Zufallsvariable groß geschrieben. Analog zu Kap. 3.2 kann man nun Berechnungen zur **(Wahrscheinlichkeits)Verteilung** (*probability distribution*) von X anstellen. Für ordinale x wird die X-Verteilung durch die **theoretische (kumulierte) Verteilungsfunktion** komplett festgelegt:

$$F(x) = P(X \leq x) \quad \text{(für beliebige } x \in \mathbb{R})$$

(*cumulative distribution*). Ist der Wertebereich W_x (quasi)stetig bzw. diskret, so nennt man auch X und die X-Verteilung **(quasi)stetig** bzw. **diskret**.

Stetige vs. diskrete Verteilungen

165

12 Berechnung von Wahrscheinlichkeiten für Zufallsvariablen

Als Beispiel einer diskreten Verteilungsfunktion betrachten wir die **empirische Verteilungsfunktion** H(x), die zur Treppenfunktion der Abb. 7-8 gehört (m = 3). „Empirisch" heißt, dass H(x) aus den Stichprobendaten berechnet wird, vgl. die auf Tabelle 7-4 folgenden Berechnungen der kumulierten Häufigkeiten $H_1 = 0{,}304$; $H_2 = 0{,}826$ bzw. $H_3 = 1{,}0$. Jedes Niveau in Abb. 7-8 ist gleich der Summe der vorangehenden Sprünge oder relativen Häufigkeiten.

Ereignis $\{X = x_j\}$ tritt mit Wahrscheinlichkeit $p(x_j)$ ein $(j = 1, ..., m;$ W_x diskret)

Im Allgemeinen trifft die diskrete Zufallsvariable X den möglichen Wert x_j (x_j für j = 1, ..., m) mit theoretischer Wahrscheinlichkeit $p(x_j)$, so dass

$$\sum_{j=1}^{m} p(x_j) = 1$$

die gesamte theoretische Wahrscheinlichkeit ist, passend zum diskreten Wertebereich $W_x = \{x_1, ..., x_m\}$, falls $m < \infty$. Die theoretische Verteilung für X = „(Nicht)Nutzer" wird bestimmt durch $p(0) = P(X = \text{„Trifft nicht zu"})$, $p(1) = P(X = \text{„Nutzer"})$, $p(2) = P(X = \text{„Nichtnutzer"})$. Dabei bedeutet „Trifft nicht zu", dass es keinen geeigneten PC gibt. Wenn $p(x_j) = \dfrac{1}{m}$ (j = 1, ..., m) erhält man die **Gleichverteilung** (*uniform distribution*).

Ereignis $\{a < X < b\}$ tritt mit Wahrscheinlichkeit $P(a, b)$ ein (W_x nahezu stetig)

Ist die Verteilung (quasi)stetig, so errechnet sich für das Intervall (a, b) die „Einfalls- oder Trefferwahrscheinlichkeit" P(a, b) als die über (a, b) liegende Fläche unterhalb der Dichtefunktion f(x) - gleich der relativen Häufigkeit h(a, b) in §8.2.2. Die gesamte Fläche über dem Zahlenstrahl unterhalb f(x) ist

$$P(\text{Minimum}, \text{Maximum}) = P(-\infty, \infty) = 1.$$

Als Beispiel einer stetigen Zufallsvariablen untersuchen wir u. a. Y = „Stückpreis" (€) mit Wertebereich $W_y = [0, 6]$, vgl. die y-Achse der Abb. 8-9.

Allgemein kann man sich X, ob diskret oder stetig, als „Produzenten" von $x_1, ..., x_n$ vorstellen, der im Einzeln willkürlich arbeitet, aber insgesamt - wenn n groß genug - ein getreues Bild der zugrunde liegenden theoretischen X-Verteilung abgibt. Wir behandeln 2 Arten von Verteilungen:

- Reine **Prüfverteilungen** (*test statistic distributions*), die nur einem technisch-statistischen Zweck dienen. Diese erläutern wir da, wo sie zum ersten Mal gebraucht werden, nämlich die „χ^2 (Chi-Quadrat) -Verteilung" und die „t-Verteilung" in §13.3.2 bzw. die „F-Verteilung" in §14.3.4;

- **Modellverteilungen** (*theoretical model distributions*) als Wiedergabe einer angenommenen Verteilung in der Grundgesamtheit. Diese Verteilungen kommen zwar als Prüfverteilung vor, bilden aber für manche Variable in der Praxis ebenso gut ein angemessenes mathematisches Modell; z. B. die Normalverteilung (Kap. 12.2) und die Binomialverteilung, deren theoretische Eigenschaften in §3.2.1 erläutert wurden. Mit $X \sim N(\mu; \sigma)$ wird angedeutet, dass X normalverteilt ist mit Parametern µ und σ. Es heißt T_X ~ B(n; p), dass T_X binomialverteilt ist mit Parametern n und p, wobei T_X = px*n die Anzahl der „Erfolge" darstellt in n unabhängigen Versuchen mit gleich bleibender Erfolgswahrscheinlichkeit p. Das Ergebnis T_X = px*n hängt mit dem „Stichprobenanteilswert" px zusammen, d. h. mit der relativen Häufigkeit eines Erfolges in der Stichprobe, siehe Kap. 12.4.

Normalverteilte X ~ N(µ; σ); Binomialverteilte T_X ~ B(n; p) mit T_X = px*n

12.2 Die Normalverteilung

Der Name des Entdeckers der **Normalverteilung** (*normal distribution*) lebt heute noch in der Bezeichnung „Gauß-Verteilung" (*Gaussian Distribution*) weiter, nach dem deutschen Mathematiker Carl Friedrich Gauß (1777 - 1855). Die Dichtefunktion der Normalverteilung, der wir in Abb. 8-3 als „Glockenkurve" begegnet sind, wird „Gauß-Funktion" oder „gaußsche Fehlerkurve" genannt. Gauß war in vielen wissenschaftlichen Bereichen tätig, u. a. in der Geodäsie (Vermessungskunde). Die Vielfalt seiner Entdeckungen weist ihn als Universalgenie aus, wie auch die Normalverteilung heutzutage in fast jedem Wissensgebiet gebraucht wird (vgl. den Roman KEHLMANN (2005) über Gauß und den Naturforscher und Geographen Alexander von Humboldt).

Die Vermessung der Welt

Wir werden uns den theoretischen Eigenschaften der Normalverteilung nur insofern widmen, wie sie uns in den Wahrscheinlichkeitsberechnungen weiterhelfen. Wir machen uns eher über den Graphen ein Bild von der Dichtefunktion - wie in Abb. 8-3 für X = „Angebotspreis" - als über die Formel

$$f_N(x;\mu,\sigma) = \frac{1}{\sigma*\sqrt{2\pi}} * \exp\left(-\frac{(x-\mu)^2}{2\sigma^2}\right) \quad (x \in \mathbb{R}; \mu, \sigma \in \mathbb{R}, \sigma > 0).$$

Die symmetrische, eingipflige Glockenkurve der Abb. 8-3 stellt die Dichte $f_N(x;\mu,\sigma)$ einer **N(µ; σ)-Verteilung** mit **Erwartungswert** µ = 11,49 und **Standardabweichung** σ = 5,28 dar. Im Allgemeinen steht der Erwartungswert µ für den theoretischen Mittelwert und σ^2 für die theoretische Varianz in der Grundgesamtheit. Die senkrechte Linie durch den Scheitelpunkt [µ, $f_N(\mu;\mu;\sigma)$] ist Symmetrieachse zu $f_N(x)$: Links und rechts davon sind die 2 Teilkurven Spiegelbild zu einander. Es erreicht $f_N(x)$ ihre Spitze für x = µ. Sie fällt an beiden Seiten der Symmetrieachse ständig ab, ohne je den Wert 0 zu erreichen: Der theoretische Wertebereich ist $W_X = (-\infty, \infty)$. Die Grenzen des 1σ-Bereiches, x = µ – σ und x = µ + σ, bilden die 2 Wendepunkte zu $f_N(x)$.

Dichtefunktion zur N(µ; σ)-Verteilung: theoretischer Mittelwert (Erwartungswert) µ, theoretische Standardabweichung σ

Im Internet gibt es einige nette Möglichkeiten, sich ein konkretes, anschauliches Bild von diskreten oder stetigen Wahrscheinlichkeitsverteilungen zu machen. So bietet www.shodor.org/interactivate viele Simulationsmöglichkeiten (*activities*), u. a. zu den Themen *Coin Toss* und *Normal Distribution* (s.

12 Berechnung von Wahrscheinlichkeiten für Zufallsvariablen

Probability bzw. *Statistics*). Hier ändert sich die Dichtefunktion der Glockenkurve in Abhängigkeit der eingestellten Standardabweichung. Es lassen sich Histogramme mit unterschiedlicher Klassenbreite abbilden, die zeigen, wie genau sich n Realisierungen (n = 100, 500, 1000, 2000, 5000, 10000) einer normalverteilten Zufallsvariablen der theoretischen Verteilung annähern.

12.2.1 Herleitung von Flächen unter $f_N(x;\mu,\sigma)$ mittels z-Werte aus der Standardnormalverteilung

Das Rechnen mit der $N(\mu; \sigma)$-Verteilung beruht auf folgenden Eigenschaften:

Verschiebung; anderer Maßstab

1. Durch **Verschiebung** der x-Werte oder durch **Veränderung des x-Maßstabs** entsteht aus einer $N(\mu; \sigma)$-Verteilung wiederum eine Normalverteilung. Addiert man zu allen x-Werten die Konstante a hinzu, dann ändert sich der Erwartungswert in $\mu + a$; teilt man alle x-Werte durch den Faktor b > 0, dann ändert sich die Standardabweichung in σ/b usw.

2. Die Dichte $f_N(x)$ wird durch den theoretischen Mittelwert μ und die theoretische Standardabweichung σ völlig festgelegt. Die Eigenschaften einer beliebigen $N(\mu; \sigma)$-Verteilung sind nun auf die Eigenschaften der $N(0;1)$-Verteilung - der **Standardnormalverteilung** (*standard normal distribution*)- zurückzuführen: Jede $N(\mu; \sigma)$-verteilte Zufallsvariable X wird durch

N(0;1)-verteiltes Z

$$Z = \frac{X - \mu}{\sigma} \text{ (theoretische Verteilungstransformation)}$$

in eine $N(0;1)$-verteilte Zufallsvariable Z umgewandelt ($a = -\mu$ und $b = \sigma$). Die entsprechende „z-Transformation" der Stichprobenwerte $x_1, \ldots, x_n$ ist

Transformation in z-Werte (μ und σ bekannt)

$$z_i = \frac{x_i - \mu}{\sigma}, \; i = 1, \ldots, n \; (\textbf{theoretische Datentransformation}) \; ; \; \text{wegen}$$

$$P_X(a,b) = P(a < X < b) = P(\frac{a - \mu}{\sigma} < Z < \frac{b - \mu}{\sigma}) = P_Z(z(a), z(b))$$

wird eine Fläche, etwa $P_X(a, b)$, unter der theoretischen Glockenkurve in eine gleichwertige Fläche zu $Z \sim N(0;1)$ überführt, nämlich in die Fläche über dem Intervall zwischen den transformierten Grenzen z(a) und z(b)!

3. Setzt man Mittelwert μ_x und Standardabweichung s aus der Stichprobe für μ bzw. σ ein, so erhält man aus den obigen Formeln

$$z_i = \frac{x_i - \mu_x}{s}, \; i = 1, \ldots, n \; (\textbf{empirische Standardisierung} \; \text{oder} \; \textit{standardization}) \; .$$

Es reicht nun *eine* Tabelle zu den Z-Flächen (A oder B im Anhang)! So

Die Normalverteilung **12.2**

werden die 47 Stückpreise der Tabelle 8-9 (y an Stelle von x) in folgende **z-Werte** (*z-values, normal scores*) umgewandelt, ausgehend von der geordneten y-Urliste und von den Schätzungen $\mu_y = 2{,}2689$ und $s = 1{,}06906$:

–1,7295; –1,5237; –1,2431; –1,1963; –0,9999; –0,9250; –0,8689; –0,8128;
–0,8034; –0,7847; –0,7566; –0,7473; –0,6818; –0,6444; –0,6163; –0,6070;
–0,5789; –0,5415; –0,3918; –0,3544; –0,3544; –0,3170; –0,1954; –0,1019;
–0,0270; 0,0478; 0,0572; 0,1133; 0,1226; 0,1320; 0,1320; 0,1600;
0,1694; 0,1694; 0,3378; 0,4033; 0,5810; 0,7681; 0,8429; 1,0206;
1,2077; 1,2451; 1,3574; 1,4696; 1,9841; 2,4705; 3,0130 (n = 47).

Empirische Datentransformation mit μ_x und s: Standardisierung zu z-Werten

Die transformierte Normalverteilung hat Mittelwert 0 und Standardabweichung 1. Im 1σ-Bereich (–1, 1) der transformierten z-Werte liegen 35 von 47 Fällen (74,5 %), etwas zu viel im Vergleich zum Falle einer perfekten Normalverteilung, vgl. Übung **12.5-5**. Zurückrechnend kommt man auf $(2{,}2689 - 1{,}06906;\ 2{,}2689 + 1{,}06906) = (1{,}200;\ 3{,}338)$, vgl. Übung **8.6-11**.

Die theoretischen Z-Quartile $Q_1 = -0{,}675$ und $Q_3 = +0{,}675$ (siehe Übung **12.5-7**) umfassen hier 24 von 47 Fällen (51,1 %). Zurückrechnend erhält man die *Näherungswerte* $Q_1 = 1{,}5473$ bzw. $Q_3 = 2{,}9905$ für die Quartile der Stückpreisverteilung. Dazwischen liegen 24 ursprüngliche y-Werte und zwar von 1,58 bis 2,89. Dieses Ergebnis weicht nicht stark vom Interquartilbereich $[Q_1, Q_3] = [1{,}47;\ 2{,}70]$ nach Kap. 8.1 ab, mit 25 y-Werten (53,2 %)!

4. Die theoretische Verteilungsfunktion $F(x) = P(X \leq x)$ kann man aus

$$\Phi(z) = P(Z \leq z),$$

der **Verteilungsfunktion der *N(0;1)*-verteilten Zufallsvariablen Z** (*cumulative standard normal distribution*), herleiten, wenn $X \sim N(\mu; \sigma)$. Wegen

$$P(-\infty < X \leq x_0) = P(-\infty < \frac{X-\mu}{\sigma} \leq \frac{x_0-\mu}{\sigma}) = P(-\infty < Z \leq z_0)\ \text{- für fixes } x_0\text{ -}$$

ist $F(x_0)$ gleich der kumulierten Fläche unter der *N(0;1)*-Verteilung von $-\infty$ bis zum z-Wert $z_0 = (x_0 - \mu)/\sigma$. Es ist egal, ob man hier die obere Grenze x_0 einbezieht oder nicht (vgl. §8.2.2). In der Praxis reicht $\Phi(z)$ für Flächenberechnungen zu egal welcher normalverteilten Zufallsvariablen. Außerdem gibt es zur $N(\mu; \sigma)$-Verteilung für $F(x)$ die Excel-Funktion NORMVERT; NORMINV für die Lösung $x = q_h$ zur Gleichung $F(x) = h$.

$\Phi(z)$: *Verteilungsfunktion N(0;1)*

12.2.2 Überprüfung der Normalverteilungsannahme

Das hinreichend genaue Zutreffen einer Normalverteilung für n untereinander unabhängige Wiederholungen $X_1, \ldots, X_n$ der Zufallsvariablen X ist eine wichtige Voraussetzung für viele Verfahren der schließenden Statistik.

„*Entstammen $x_1, \ldots, x_n$ annähernd einer Normalverteilung?*"

12 Berechnung von Wahrscheinlichkeiten für Zufallsvariablen

Die folgenden Methoden werden in der Regel auf die ursprünglichen Stichprobenwerte x₁, ..., xₙ angewandt (nicht auf die Mittelwertschätzfunktion μₓ, vgl. Kap. 12.3). Wir bevorzugen explorative Verfahren über formale Tests wie der „χ^2-Anpassungstest" oder der „Kolmogorow-Smirnow Test" auf „Normalität" (*normality*). Es ist eher ein schlüssiger Beweis *für* als *gegen* die Normalverteilung gefragt, so dass diese - anders als üblich - die „Alternativhypothese" stellen sollte, vgl. §14.1.1. Ablehnung der „Nullhypothese" einer Normalverteilung hilft auch nicht weiter, da es unzählige alternative Möglichkeiten gibt. In NEWTON AND RUDESTAM (1999) wird ausführlich diskutiert, welche Folgen bedeutsame Abweichungen von der Normalität haben können. Die Überprüfung folgender Aspekte vermittelt einen Gesamteindruck von der Plausibilität der Normalverteilungsannahme:

X metrisch

- **(Quasi)Stetige x-Werte**, d. h. eine metrische Skala für X, sind die erste Voraussetzung für eine Normalverteilung. Für Y = „Stückpreis" reicht die Anzahl (3) der signifikanten Ziffern aus! Es ist zwar der Wertebereich W_y = [0, 6] begrenzt, aber die Flächen außerhalb W_y unter der Glockenkurve $f_N(y)$ sind zu vernachlässigen, vgl. folgende Abbildung!

- **Visueller Vergleich** zwischen der **geschätzten Verteilungsdichtefunktion f(x)** im Häufigkeitspolygon (vgl. §8.2.2) und der **am besten passenden Normalverteilungsdichte**, der $f_N(x;\mu,\sigma)$-Kurve mit $\mu = \mu_x$ und $\sigma = s$.

Aussehen f(x) im Vergleich zur geschätzten Glockenkurve $f_N(x)$ - hier y anstatt x

Abbildung 12-1. Häufigkeitspolygon f(y) zu y = „Stückpreis" (n = 47); $f_N(y)$ dunkel

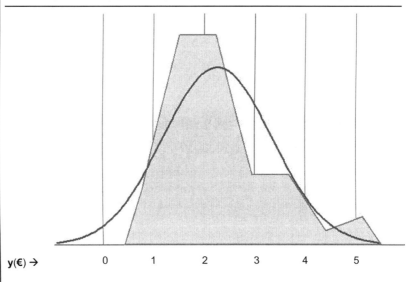

Die Normalverteilung **12.2**

In Abb. 12-1 weicht die $f_N(y)$-Kurve zu den Stückpreisen bedeutsam von f(y) ab: In der Mitte ist f(y) zu spitz, im rechten Schweif zu ausgedehnt.

■ Als Alternative zum Häufigkeitspolygon gibt es die Methode des **Wahrscheinlichkeitsplots** (*normal probability plot; quantile-quantile plot*). Darin wird jeder x-Wert in der geordneten Urliste - bzw. im Idealfall x nach der am besten passenden Normalverteilung - dem entsprechenden „Quantil" der *N(0;1)*-Verteilung gegenübergestellt, vgl. §12.2.3; siehe Übung **12.5-4**.

Wahrscheinlichkeitsplot (die Methode des „Normalverteilungspapiers")

■ Die Kontrolle einiger **Kennzahlen** im Hinblick auf die Eigenschaften und Normwerte einer Normalverteilung, die annähernd zutreffen sollen:

Kenngrößen

- (1) **Eingipfligkeit**: $\mu_x \approx x_{Mo}$ (Mittelwert $\approx$ einziger Modalwert);
- (2) **Symmetrie**: $\mu_x \approx x_{Me}$ (Mittelwert $\approx$ Median) bzw. KS $\approx$ 0 (nahezu symmetrisch);
- (3) - falls die Symmetrie annähernd erfüllt ist - **standardisierte Wölbung** oder KW $-$ 3 $\approx$ 0 bzw. **Pseudo-Standardabweichung** (PSA = Q / 1,35) $\approx \sigma$.

Im Beispiel gibt es y_{Me} = 2,16; μ_y = 2,27 (s = 1,07; y_{Mo} nicht eindeutig); KS = 0,98 (gemäßigt rechtsschief); PSA = 1,23 / 1,35 = 0,91 < s und KW$-$3 = 1,10 (zu spitz). Insgesamt sind die Stückpreise nicht mal annähernd als normalverteilt anzusehen. Die formalen Tests bestätigen dies übrigens!

12.2.3 Flächenberechnungen zu Verteilungsdichten

Wir illustrieren nun den Gebrauch der Tabellen A und B im Anhang für Flächenberechnungen zu einer $N(\mu; \sigma)$-verteilten Zufallsvariablen X. Dabei kommen Rechenregeln zutage, die allgemein für „symmetrische", stetige Verteilungsfunktionen F(x) gelten. Folgendes gilt sogar für beliebige F(x):

P(X > x) = 1 $-$ F(x) und P(a, b) = P(X $\leq$ b) $-$ P(X $\leq$ a) = F(b) $-$ F(a)

In der Praxis wendet man die Eigenschaften der Normalverteilung auf die **empirische (geschätzte) Verteilungsfunktion H(x)** an, welche man durch Einsetzen von μ_x und s für μ bzw. σ erhält, vgl. Punkt 3 in §12.2.1. Genau wie im Kap. 8.3 gibt es zur Verteilungsfunktion 2 Arten von Fragestellungen:

■ „Welche theoretische oder empirische kumulierte Häufigkeit h gibt es von $-\infty$ bis zum vorgegebenen Ergebnis x_0 der Zufallsvariablen X?" - Antwort: Bestimme die Fläche über ($-\infty$, x_0] unter f(x), d. h. berechne h = F(x_0) bzw. h = H(x_0), evtl. mit Hilfe der Excel-Funktion NORMVERT.

Theoretische / empirische Verteilungsfunktion F(x) bzw. H(x)

12 Berechnung von Wahrscheinlichkeiten für Zufallsvariablen

Quantil q_h:
$F(q_h) = h$ bzw.
$H(q_h) = h$

„Bis zu welchem x-Wert erreicht die theoretische oder empirische kumulierte Häufigkeit den vorgegebenen relativen Anteil h (0 < h < 1)?" - Antwort: Löse die Gleichung $F(x) = h$ bzw. $H(x) = h$ nach x (evtl. mit Hilfe von NORMINV). Die Lösung nennt man das **h-Quantil** q_h (*quantile*).

Kumulierte H.
$h = 1 - ½ p$
und rechte Überschreitungswahrscheinlichkeit
$1 - h = ½ p$
zum Quantil
$q_{1-½p}$

Über dem Zahlenstrahl unterscheiden wir nun 3 komplementäre Anteile:

linke Fläche		rechte Fläche
½ p	1 – p	½ p

← -------------- | ---------------------- • ----------------------- | -------------- →

$q_{½p}$ $q_{1-½p}$

Die Wahrscheinlichkeitsmasse unter der Dichtefunktion f(x) beträgt insgesamt ½p + (1 – p) + ½p = 1. Bis zum Quantil $q_{½p}$ gibt es kumulierte Häufigkeit h = H($q_{½p}$) = ½p (linke Fläche), bis zu $q_{1-½p}$ H($q_{1-½p}$)=1–rechte Fläche = 1 – ½p (= ½p + (1 – p)). Der Anteil ½p rechts von $q_{1-½p}$ heißt **rechte Überschreitungswahrscheinlichkeit**, komplementär zu 1 – ½p links davon.

Als Beispiel betrachten wir nun die Berechnung der Flächen A, B, C und D zur N(µ; σ)-Verteilung in folgender Abbildung (vgl. Abb. 8-3).

Flächenberechnungen am Beispiel der N(µ; σ)-Verteilung

Abbildung 12-2. Flächen unter der Dichtefunktion $f_N(x;µ,σ)$

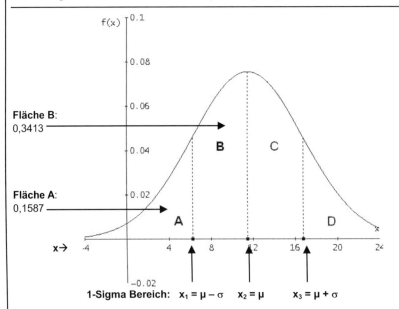

172

Diese Flächen werden durch $x_1 = \mu - \sigma$ (links), $x_2 = \mu$ (in der Mitte) bzw. $x_3 = \mu + \sigma$ (rechts) abgegrenzt; dazu gibt es z-Werte $z_1 = -1$; $z_2 = 0$; $z_3 = +1$.

- Fläche A = $\Phi(z_1) = P(Z \leq -1,00) = 0{,}1587$ (½p) nach Tabelle A. Wegen

$$\Phi(-|z|) = P(Z \leq -|z|) = P(Z \geq |z|) = 1 - \Phi(|z|)$$

Symmetrie

gilt **Fläche A = Fläche D** (Symmetrie in Bezug auf „z = 0"). Aus der Symmetrie folgt auch A + B = C + D = 0,5 (halbe Gesamtmasse). Die Notation $|z|$ für den **Betrag** (*absolute value*) von z bedeutet:

$$|z| = z \text{ falls } z \geq 0 \text{ und } |z| = -z \text{ falls } z < 0$$

So kann man für einen beliebigen z-Wert sicher sein, dass $-|z|$ *links* von 0 und $|z|$ *rechts* von 0 liegt - setzen Sie z. B. $z_1 = -1$ und $z_3 = +1$ für z ein!

- Fläche B = $P(-1 \leq Z \leq 0) = P(0 \leq Z \leq 1) = 0{,}3413$ nach Tabelle B. Es gilt

$$P(-|z| \leq Z \leq |z|) = 2 * \Phi(|z|) - 1 \text{ und Fläche B = Fläche C,}$$

Fläche zum symmetrischen „Einfallsbereich" um die Mitte herum

so dass es die Wahrscheinlichkeit $P_Z(-1, +1) = 2*0{,}8413 - 1 = 0{,}6826$ zum 1σ-Bereich gibt. Dabei errechnet sich A + B + C als 0,5 + 0,3413 = 0,8413.

- Es errechnet sich das Quantil $q_h(X)$ der $N(\mu; \sigma)$-Verteilung zur vorgegebenen kumulierten Fläche h aus dem Quantil $q_h(Z)$ der $N(0;1)$-Verteilung mittels der **Umkehrtransformation** (*inverse normal scores transformation*)

$$q_h(X) = \mu_x + s * q_h(Z) \text{ (siehe Übung 12.5-3).}$$

„Umkehrtransformation" zur Standardisierung; Z-Quartile

Für h = 0,25 gibt es das Z-Quartil $Q_1 = -0{,}675$; für h = 0,5; 0,75 gibt es $Q_2 = 0$ bzw. $Q_3 = +0{,}675$ (Übung **12.5-7**). Zurückrechnend bekommt man für X

$$Q_1 = \mu_x - s * 0{,}675; \quad Q_2 = \mu_x; \quad Q_3 = \mu_x + s * 0{,}675.$$

Die **X-Quartile** darf man nur dann so berechnen, wenn $X \sim N(\mu; \sigma)$ gilt!

12.3 Verteilung zu Mittelwertschätzungen

Wichtigste Konsequenz der Definition einer Zufallsvariablen (Kap. 12.1) ist, dass man sich für eine aus n Stichprobenwerten x_1 bis x_n berechnete Kennzahl - etwa μ_x (oder s bzw. p_x) - unzählige, mehr oder weniger verschiedene Ergebnisse gleicher Art vorstellen kann. Die Ergebnisse sind *mögliche* Schätzwerte für denselben Parameter der X-Verteilung - μ (σ bzw. p) - und zwar in Zusammenhang mit einer Vielzahl gedanklich wiederholter, gleichartiger Stichproben des gleichen Umfangs. Die eine Kennzahl, die wir aus der vorliegenden Stichprobe berechnen, ist mit einem Ausmaß an Unsicherheit

Stichprobenverteilung zur Mittelwertschätzfunktion μ_x

12 Berechnung von Wahrscheinlichkeiten für Zufallsvariablen

Normal-approximation für μx

behaftet, das durch die Streuung der Stichprobenverteilung bestimmt wird. Nach dem so genannten **zentralen Grenzwertsatz** (*central limit theorem*) gilt nun für eine Reihe von n unabhängigen Wiederholungen der Zufallsvariablen X, ungeachtet der zugrunde liegenden Verteilung, dass

$$\text{für } n \to \infty, \text{ d.h. für "n groß genug"}: \mu_X = \frac{X_1 + X_2 + \ldots + X_n}{n} \sim N(\mu; \frac{\sigma}{\sqrt{n}})$$

(*normal sampling distribution of the mean*; σ ist die theoretische Standardabweichung der X-Verteilung). Die Normalverteilung für die **Mittelwertschätzfunktion** μx trifft hinreichend genau zu, wenn n > 51 und die zugrunde liegende Verteilung nicht ausgeprägt schief ist (vgl. §13.3.2 und Tabelle D im Anhang; μx ist von vornherein normalverteilt, wenn X ~ N(μ; σ)). Die Stichprobenmittelwerte μx streuen sich um den gleichen Erwartungswert μ wie X, aber *mit geringerer Streuung* und zwar gemäß dem **Standardfehler**

Theoretischer Standardfehler σ_μ als Streuungsmaß der μx-Verteilung

$$\sigma_\mu = \frac{\sigma}{\sqrt{n}}$$

(*standard error of the mean*). Als Beispiel kann man in folgenden Abbildungen die X-Verteilung für X = „Kurswert" mit der μx-Verteilung vergleichen.

Verteilungsdichte zu X und Intervall zum zufälligen Ergebnis x

Abbildung 12-3. Symmetrischer „Einfallsbereich" mit Wahrscheinlichkeit 0,95 für X = „Kurswert" (n = 30, vgl. Tabelle 9-3); X folgt der N(52,19; 9,42)-Verteilung

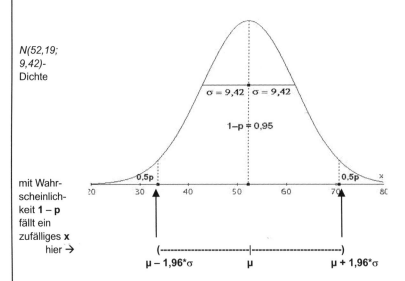

12.3 Verteilung zu Mittelwertschätzungen

*Abbildung 12-4. Symmetrischer „Einfallsbereich" mit Wahrscheinlichkeit 0,9544 für **Mittelwertschätzfunktion** μx nach der N(52,19; 1,72)-Verteilung*

Verteilungsdichte zu μx *und* 2σ_μ *-Streubereich zur zufälligen Mittelwertschätzung* μx

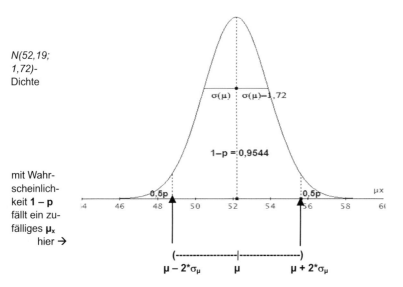

(Wir tun, als ob $\mu = \mu_x$ und $\sigma = s$; vgl. Tabelle 9-3.) Auf Basis von n = 30 Beobachtungen ist der Standardfehler für die μ_x-Verteilung ca. 5 mal so klein als σ, da $1/\sqrt{30} \approx 0,18$; im Allgemeinen ist σ_μ um so geringer, je größer n ist!

Für unbekannte Parameter μ und σ gibt es an Stelle von σ_μ den

empirischen Standardfehler $s_\mu = \dfrac{s}{\sqrt{n}}$.

Geschätzter Standardfehler zur μx*-Verteilung*

In Bezug auf die μx-Verteilung gibt es folgende Transformationen:

$$\overline{Z} = \frac{\mu_x - \mu}{\sigma_\mu} = \frac{\mu_x - \mu}{\dfrac{\sigma}{\sqrt{n}}} \quad \text{und} \quad z_i = \frac{\sqrt{n}}{\sigma} \ast (x_i - \mu) \; (i = 1, ..., n)$$

Theoretische Verteilungs- bzw. Datentransformation zu μx

(μ_x = Mittelwert einer Stichprobe vom Umfang n; vgl. das Beispiel in §13.3.1). Die standardisierte Mittelwertschätzfunktion $\overline{Z}$ und die $\overline{z}$-Werte genügen einer N(0;1)-Verteilung. Wenn σ unbekannt ist, ersetzt man σ_μ durch s_μ usw. Der Standardfehler taucht bei vielen Themen der schließenden Statistik auf, u. a. bei Schätzungen und Tests, die auf Wahrscheinlichkeitsverteilungen zu einer Mittelwertschätzung μx beruhen (siehe Kap. 12.4 für *p*x).

12.4 Verteilung des Anteilswerts p_X

Wir verwenden nun die Binomialverteilung $B(n; p)$ für die Anzahl T_X der Erfolge in n unabhängigen, gleichartigen Versuchen, um die Verteilung des **Stichprobenanteilswerts** (*sample proportion*) p_X mit Ergebnis $p_x = \dfrac{T_x}{n}$ zu bestimmen. Dabei fließen n sukzessive Ergebnisse $x_1, ..., x_n$ der dichotomen Variablen X in die Summe $t = x_1 + ... + x_n$ ein, welche wir hier als Ergebnis der Zufallsvariablen $T_X = n*p_X$ mit T_x notieren: $t = T_x$. Ziel dieses Abschnitts ist es, Ergebnisse für T_X in Ergebnisse für p_X umzusetzen, vgl. §3.2.1. Als Beispiel betrachten wir den relativen Anteil $p_x = \dfrac{347}{484} = 0{,}717$ der Bankkunden, die im Beispiel des Kap. 12.1 über die erforderliche PC-Konfiguration verfügen. Hier ist n = 484 der Stichprobenumfang; für den Kunden i ist $x_i = 1$, falls der PC in Ordnung ist, ansonsten gilt $x_i = 0$ (i = 1, ..., 484; T_x = 347).

Allgemein gilt nun für die Wahrscheinlichkeitsverteilung zu p_X Folgendes:

Erwartungswert p

- Der **Erwartungswert** zur Zufallsvariablen p_X ist gleich dem Erwartungswert zu T_X geteilt durch n, so dass der theoretische Anteilswert zur p_X-Verteilung genau die zugrunde liegende Erfolgswahrscheinlichkeit p ist! Es ist p_X „unverfälscht" mit einer Verteilung, die um p herum streut!

Theoretische Standardabweichung $\sqrt{\dfrac{p*(1-p)}{n}}$

- Die **theoretische Standardabweichung** zu p_X ist gleich der Standardabweichung zu T_X geteilt durch $\sqrt{n}$: $\sigma_p = \sqrt{\dfrac{p*(1-p)}{n}}$; im Beispiel $\sigma_p = 0{,}0205$.

Normalapproximation für die p_X-Verteilung

- Unter der Bedingung $n*p*(1-p) > 9$ kann man die Verteilung für p_X annähernd durch $N(p; \sigma_p)$, die Normalverteilung mit Mittelwert p und Standardabweichung σ_p, ersetzen. Im Kap. 13.4 wenden wir diese Normalapproximation so an, dass der Schätzwert p_x an die Stelle von p tritt (so auch in §14.3.3). In §14.2.4 dagegen ist $p = p_0$ ein angenommener Wert!

12.5 Übungen

Dichte $f_N(x;0,1)$

12.5-1. *Frage:* Welche Formel gibt es für die Dichte der $N(0;1)$-Verteilung?

Diskrete Wahrscheinlichkeitsverteilung

12.5-2. Die 484 Befragten im Kap. 12.1 bilden eine Zufallsstichprobe aus der Grundgesamtheit U von vermögenden Privatkunden; N = #U = 3350. Für jeden Kunden gibt es eine von 3 Möglichkeiten: (0) Er hat keine geeignete PC-Ausrüstung für das Telebankingsystem („Trifft nicht zu"); (1) Er nutzt

Übungen

12.5

das System mit der richtigen Konfiguration ("Nutzer"); (2) Er hat die erforderliche Konfiguration ohne das System zu nutzen ("Nichtnutzer").

Aufgaben: Schätzen Sie die entsprechenden Wahrscheinlichkeiten p(0), p(1) und p(2) in der Grundgesamtheit. Schätzen Sie die Gesamtzahl der Nutzer bzw. Nichtnutzer. Schätzen Sie den „bedingten Nutzungsgrad", d. h. unter der Voraussetzung, dass man über die geeignete PC-Ausrüstung verfügt!

12.5-3. *Aufgaben:* Berechnen Sie den Median für die geordnete Urliste der 47 standardisierten Stückpreise (siehe §12.2.1) und rechnen Sie daraus den Median y_{Me} der ursprünglichen Stückpreise zurück. Geben Sie allgemeine Formeln um X aus Z bzw. x_i aus z_i zu berechnen (hier vielmehr Y bzw. y_i)! *Frage:* Warum verfehlt man durch eine solche Umkehrtransformation den richtigen Wert für y_{Me}, wenn man vom *theoretischen* Median 0 für Z ausgeht?

Umrechnung aus Z bzw. z-Werten zurück zu X usw. (Umkehrtransformation)

12.5-4. In folgender Abbildung wird die geordnete Urliste der n = 47 Stückpreise y_i auf der y-Achse bestimmten Z-Quantilen auf der horizontalen Achse gegenübergestellt, nämlich den Werten $z_h = q_h(Z)$, für die $\Phi(z_h) = h = \dfrac{i}{n+1}$ gilt (i = 1, ..., n = 47). Um diese 47 Quantile herum gibt es n + 1 = 48 Flächen gleicher Größe unter der standardnormalen Dichtefunktion $f_N(z;0,1)$! Die *Gerade* in der Grafik entspricht den mutmaßlichen y-Werten im Idealfall,

Abbildung 12-5. Vergleich der y-Achse für y = „Stückpreis" mit den Quantilen der entsprechenden Standardnormalverteilung auf der horizontalen z-Achse (n = 47)

Wahrscheinlichkeitsplot zur Überprüfung einer Normalverteilungsannahme

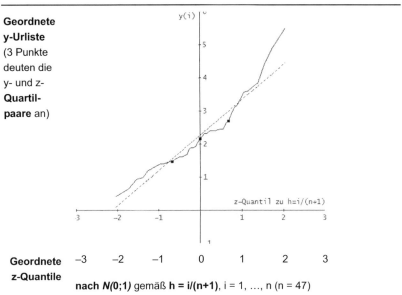

Geordnete y-Urliste (3 Punkte deuten die y- und z-**Quartilpaare** an)

Geordnete z-Quantile −3 −2 −1 0 1 2 3

nach *N*(0;1) gemäß **h = i/(n+1)**, i = 1, ..., n (n = 47)

12 Berechnung von Wahrscheinlichkeiten für Zufallsvariablen

dass Y *perfekt normalverteilt* wäre, so dass die Y-Quantile über die Umkehrtransformation $q_h(Y) = \mu_y + s \cdot q_h(Z)$ mit den Z-Quantilen zusammenhängen ($\mu_y = 2{,}2689$; $s = 1{,}06906$).

Aufgaben: Interpretieren Sie die Position des Medianpaares [0, y_{Me}], des oberen Quartilpaares [0,675; $Q_3(Y)$] sowie der weit vom Zentrum [0, y_{Me}] entfernten Punkte auf der **Quantil-Quantil-Kurve** (*Q-Q plot*). Vergleichen Sie mit der Geraden für den Idealfall der perfekten, geordneten [z,y]-Punkte!

Einfallswahrscheinlichkeit zum k-Sigma Bereich (k = 1, 2, 3)

12.5-5. In Bezug auf Abb. 12-2 wird behauptet, dass zu den Grenzen des 1σ-Bereichs einer $N(\mu; \sigma)$-Verteilung die z-Werte $z_1 = -1$ bzw. $z_3 = +1$ passen. Es wird zum Ende des §12.2.3 gezeigt, dass $P_Z(-1, +1) = 68{,}26\,\%$.

Aufgaben: Erklären Sie, warum $(-1, +1)$ der 1σ-Bereich der $N(0;1)$-Verteilung ist. Berechnen Sie den Prozentsatz der Fälle, für die $X \sim N(\mu; \sigma)$ einen x-Wert innerhalb 2 Standardabweichungen beidseitig von μ erzeugt. Machen Sie das gleiche für den Prozentsatz mit Entfernungen bis zu $3 \cdot \sigma$ weg von μ!

Einfallswahrscheinlichkeit zur μ_x-Verteilung

12.5-6. Sie analysieren Betriebsprozesse bei Telekom. Die Dauer X von Ferngesprächen ist normalverteilt mit $\mu = 8$ Minuten und $\sigma = 2$ Minuten. Sie ziehen eine gewisse Anzahl von Zufallsstichproben von jeweils $n = 25$ Anrufen.

Frage: Welcher Anteil der Stichprobenmittelwerte μ_x wird im Bereich 7,8 - 8,2 Minuten liegen?

Quartile einer $N(\mu; \sigma)$-Verteilung

12.5-7. *Aufgaben:* Berechnen Sie die 3 Z-Quartile für $Z \sim N(0;1)$ und den zugehörigen Quartilsabstand Q. Berechnen Sie den Faktor, mit dem man die Breite des Interquartilbereichs $[Q_1, Q_3]$ multiplizieren muss, damit man auf die Breite des 1σ-Bereichs einer beliebigen Normalverteilung kommt!

Fragen: Warum gilt für *jede* Normalverteilung $N(\mu;\sigma)$, dass $PSA = Q / 1{,}35 = \sigma$ (siehe §9.2.4)? Um wie viel breiter ist der 1σ-Bereich bzw. der 2σ-Bereich einer Normalverteilung im Vergleich zum mittleren Bereich $[Q_1, Q_3]$?

Verteilungsfunktion

12.5-8. *Frage:* Warum lässt sich für X = „(Nicht)Nutzer" mit $m = 3$ möglichen Ausprägungen (Kap. 12.1) keine Verteilungsfunktion $F(x)$ definieren?

B(n; p)-Verteilung

12.5-9. Tabelle 9-2 enthält für jeden Aspekt der „technischen Ausstattung" (Rubrik 1) die relative Häufigkeit, mit der dieses *Item* unter $n = 346$ Befragten bemängelt wird. So halten $0{,}532 \cdot 346 = 184$ Befragte Item 2 für (stark) verbesserungswürdig. Nehmen Sie an, dass Item 2 in der nächsten Umfrage unter 346 zufällig ausgewählten Befragten mit Wahrscheinlichkeit $p = 0{,}313$ bemängelt wird. Es sei $t = T_x$ die entsprechende Anzahl der Bemängelungen.

Fragen: Wie groß ist die *erwartete Anzahl* für die Zufallsvariable T_X? Welche Normalverteilung gilt annähernd für $p_X = T_X / n$? Was spricht in Tabelle 9-2 dagegen, dass man *pro Person* unter den 8 Aspekten der Rubrik 1 die Anzahl x_1 der bemängelten Aspekte (vgl. Tabelle 8-8) als binomialverteilt auffasst?

13 Schätzverfahren

Lernziele

- Sie können Toleranzgrenzen, Kontrollgrenzen und Vertrauensgrenzen in verschiedenen Anwendungen von einander unterscheiden.

- Für eine Zufallsvariable X mit bekannter Normalverteilung (evtl. Binomialverteilung) können Sie den symmetrischen Toleranzbereich mit „Trefferwahrscheinlichkeit 1 – p" korrekt berechnen und interpretieren.

- Sie können für einen dichotomen Merkmalsindikator x, anhand der Anteilswerte $p_x(t)$ für die Zeitpunkte t, die „p-Kontrollkarte" mit bekannter oder geschätzter „p-Mittellinie" korrekt zeichnen und interpretieren. Sie können für eine metrische Variable die „$\bar{x}$-Karte" korrekt interpretieren.

- Sie können für die Schätzung eines theoretischen Mittelwerts μ in der Grundgesamtheit einen zweiseitigen Vertrauensbereich zum „Vertrauensniveau 1 – α" (um μ_x herum) korrekt berechnen und interpretieren.

- Sie können für die Schätzung eines theoretischen Anteilswerts p in der Grundgesamtheit, auf der Basis einer Normalapproximation, einen zweiseitigen Vertrauensbereich zum Vertrauensniveau 1 – α (um p_x herum) korrekt berechnen und interpretieren.

- Sie verstehen die Breite eines Vertrauensbereiches als Maß für dessen Ungenauigkeit und zwar in Abhängigkeit vom Vertrauensniveau, von der theoretischen bzw. geschätzten Standardabweichung und vom Stichprobenumfang.

- Sie können den Stichprobenumfang berechnen, den man für eine gewisse (relative oder absolute) Breite braucht, in Abhängigkeit des vorgegebenen Vertrauensniveaus und der Standardabweichung.

- Sie können zur Berechnung eines Vertrauensbereiches für μ bzw. p eine Endlichkeitskorrektur auf den Standardfehler anwenden, d. h. diesen für den Fall $\frac{n}{N} \geq 0,05$ in der jeweiligen Formel mit $\sqrt{\frac{N-n}{N-1}}$ multiplizieren.

13 Schätzverfahren

13.1 Toleranzbereiche und Kontrollbereiche

Intervall-schätzung = Vertrauensbereich um eine Punktschätzung herum

Hauptthema dieses Kapitels (Kap. 13.2 bis 13.4) ist der **Vertrauensbereich** (*confidence interval*) als Erweiterung einer **Punktschätzung**, so dass die statistische Unsicherheit, die mit einem einzigen Schätzwert auf Basis der Stichprobe verbunden ist, quantitativ zum Ausdruck gebracht werden kann. Charakteristisch für eine **Intervallschätzung** (*interval estimate*) um μ_x, s oder p_x herum ist eine statistische Aussage wie: *„Mit großer Wahrscheinlichkeit enthält dieses Intervall den unbekannten Mittelwert μ in der Grundgesamtheit - bzw. die unbekannte Standardabweichung σ oder den unbekannten Anteilswert p!"*

Zunächst stellen wir, im Unterschied zu Vertrauensgrenzen für einen unbekannten Parameter, 2 weitere Typen von „Grenzen" vor, vgl. Tabelle 13-2:

- **Toleranzgrenzen** (*probability bounds*) für ein zufälliges Ergebnis x der Zufallsvariablen X (evtl. μ_x) falls die X-Verteilung vollständig bekannt oder zuverlässig geschätzt worden ist. So erkennt man in Abb. 12-3, aufgrund 30 bisheriger Kurswerte, einen Einfalls- oder Toleranzbereich für einen zukünftigen Kurswert x, mit „Trefferwahrscheinlichkeit" 0,95: *„In 19 aus 20 Fällen fällt der x-Wert in den Toleranzbereich!"*, falls sich die Kurswerte oder -schwankungen nicht systematisch ändern. Im Allgemeinen sind k-Standardstreubereiche Toleranzbereiche. Ziel eines solchen Intervalls ist die *Eingrenzung eines x-Werts (eines μ_x-Werts) um den bekannten Mittelwert herum*, nicht die Eingrenzung eines unbekannten Parameters.

- **Kontroll-** oder **Eingriffsgrenzen** (*control limits*) für Schätzwerte aus m „Kontrollstichproben" (Lose, *lots*). Es wird eine Reihe wiederholter, gleichartiger Stichproben verwendet, die in Bezug auf die Produktion gewisser Teile, Ware oder Dienste akzeptable Qualitäten aufzeigen soll. Dabei wird ein Qualitätsmerkmal anhand eines Normwerts für p, σ oder μ beurteilt. Weicht der Schätzwert einer Stichprobe erheblich vom Normwert ab, so gerät der Produktionsprozess außer Kontrolle. Wegen eines solchen „Ausreißers" sind Maßnahmen zur Regelung des Prozesses angesagt. Etwas engere Grenzen näher zum Normwert sind als **Warngrenzen** gemeint. Für einen Kursmittelwert μ_x - auf Basis von n = 30 x-Werten - lassen sich in Abb. 12-4 Warngrenzen ablesen, für den Fall dass μ_x zwei Standardfehler oder mehr vom angeblich bekannten μ = 52,19 abweicht. Dieser Ansatz verläuft so ähnlich wie beim Toleranzbereich für eine Mittelwertschätzung, jetzt aber in Bezug auf mehrere Stichproben. Anstatt der Eingrenzung eines x-Werts ist die *Vereinbarkeit des jeweiligen Stichprobenmittelwerts μ_x (p_x usw.) mit dem bekannten Parameter μ (p usw.)* zu überprüfen. Es gilt Ausnahmezustände aufzudecken, worin der Normwert unakzeptabel weit verfehlt wird.

13.1.1 Toleranzbereich mit Trefferwahrscheinlichkeit 1 - p

Ein **Toleranzbereich** oder **Einfallsbereich** (*probability interval*) repräsentiert den zentralen Teil einer X-Verteilung derart, dass mit Wahrscheinlichkeit

$$1 - p \quad (0 < p < 1,\ p \text{ in der Regel klein})$$

Ergebnis x darin enthalten sein wird, für einen vorgegebenen Wert p. Es gibt Toleranzbereiche für μ_x ebenso gut wie für x, siehe Übung **13.6-6** und **13.6-8**. Als Beispiel betrachten wir hier die 1σ- und 2σ-Streubereiche oder 1- und 2-Standardstreubereiche für X = „Abnutzungsdauer" nach Abb. 9-5 (n = 67):

$$(\mu_x - s, \mu_x + s) = (1{,}91 - 0{,}82;\ 1{,}91 + 0{,}82) = (1{,}09;\ 2{,}73)$$

$$(\mu_x - 2s, \mu_x + 2s) = (1{,}91 - 1{,}64;\ 1{,}91 + 1{,}64) = (0{,}27;\ 3{,}55)$$

Toleranzbereich für ein zufälliges x (bei nahezu bekannter X-Verteilung)

Diese Toleranzbereiche liegen, wie alle k-Standardstreubereiche, symmetrisch um den Mittelwert μ_x herum. Für k = 1 fallen in das obere Intervall schätzungsweise 68 % der x-Messwerte (1 – p = 0,68) und für k = 2 in das untere Intervall ca. 95 % (1 – p = 0,95). Umgekehrt wird ein zufälliger x-Wert nach der vorliegenden Verteilung in ca. 32 % bzw. ca. 5 % der Fälle (p = 0,32 bzw. p = 0,05) außerhalb des jeweiligen Standardstreubereiches liegen.

Man nennt 1 – p die **Trefferwahrscheinlichkeit** (*inclusion probability*) und p die **Ausschuss-** oder **Ausschlusswahrscheinlichkeit** (*exclusion probability*). Es stellt p die komplementäre Wahrscheinlichkeit zu 1 – p dar, nämlich die Wahrscheinlichkeit dafür, dass x außerhalb des Toleranzbereiches liegt. Die im Beispiel genannten Treffer- und Ausschussanteile beruhen auf der Normalverteilungsannahme[1] für X. Für Abb. 9-5 ist diese Annahme plausibel, da $x_{Me} = 1{,}91 = \mu_x \approx x_{Mo} \approx 2{,}10$; KS = 0,30; 0,79 = PSA ≈ s ≈ 0,82, siehe Tabelle 9-5.

Treffer- und Ausschlusswahrscheinlichkeit 1 – p bzw. p

Im Allgemeinen gibt es zu Toleranzbereichen 2 Arten von Fragestellungen:

- Welche (symmetrischen) Toleranzgrenzen gibt es für eine zufällige Messung oder Beobachtung x derart, dass x mit vorgegebener Trefferwahrscheinlichkeit 1 – p in den Toleranzbereich fällt (Beispiel: Abb. 12-3)?

- Welche Trefferwahrscheinlichkeit 1 – p besitzt ein vorgegebenes Intervall (etwa symmetrisch um den Mittelwert herum; Beispiel: Abb. 12-4 für μ_x)?

Für eine nahezu stetige Variable X sind beide Typen von Fragestellung mit Flächenberechnungen wie in §12.2.3 zu lösen, insb. für den Fall einer Normalverteilung mit bekannten Parametern μ und σ oder mit guten Schätzwerten dafür (μ_x und s). Für eine beliebige X-Verteilung erfordert die Bestim-

---

[1] Die empirischen Trefferquoten (0,70 bzw. 0,97) bestätigen die theoretischen Werte. Genau genommen wird davon ausgegangen, dass μ und σ exakt bekannt sind!

13 Schätzverfahren

mung symmetrischer Toleranzgrenzen die Berechnung der Quantile $q_{½p}$ und $q_{1-½p}$ zur kumulierten Häufigkeit h = ½p bzw. h = 1 – ½p!

Eine empirische Trefferquote 1 – p benötigt man für viele Variablen, die in einer „Risikoanalyse" vorkommen. Im Beispiel gibt es solche Aussagen wie „die Abnutzungsdauer der Farbe liegt in nicht mehr als 16 % der Fälle unter 1,09 Tage". Komplexere Einfallsbereiche gibt es dann, wenn man auch die statistische Unsicherheit in der Bestimmung der X-Parametern berücksichtigen muss. Ein Beispiel ist das so genannte „Prognoseintervall" für einen zukünftigen y-Wert, der über „lineare Regression" von der Zeit x abhängt.

13.1.2 Kontrollkarten in der Qualitätskontrolle

Kontrollgrenzen in Qualitätsregelkarten (wiederholte Stichproben)

Für eine wiederholte Qualitätskontrolle an m verschiedenen Zeitpunkten t - m Kontrollstichproben mit jeweils n(t) Testfällen, t = 1, ..., m - gibt es verschiedene Arten von **Qualitätsregelkarten** (*control charts*), die gewöhnlich eine „Mittellinie" (*center line*), 2 „Kontrollgrenzlinien" (oben und unten) und 2 Linien für „Warngrenzen" enthalten. Die Qualitätsmerkmale und -normen lassen sich unterschiedlich ausdrücken, so dass es **Kontrollbereiche** gibt für

- den **Anteilswert** $p_x(t)$, nämlich den relativen Anteil der (Test)Fälle, die zum Zeitpunkt t in Übereinstimmung mit - konform - den Qualitätsnormen sind. Es bezieht sich $p_x(t)$ auf einen dichotomen Merkmalsindikator x, der die (Nicht)Übereinstimmung ausdrückt: x = 1 für „In Ordnung" und x = 0 für „Nicht in Ordnung". Zum Zeitpunkt t sind also mit relativer Häufigkeit $p_x(t)$ die Fälle in Ordnung! Beispiele für x: „Diese Rechnung ist (nicht) rechtzeitig bezahlt worden"; „Diese Eier gehören zu (Un)Recht zu dieser Qualitätsklasse"; „Der Kohlenmonoxidgehalt der Abgase liegt (nicht) im Toleranzbereich[2]" usw. Es stellt $1 - p_x(t)$ den Ausschussanteil dar, d. h. den Anteil der nichtkonformen Testfälle (*proportion of nonconforming items*). Die Kontrollkarte heißt **p-Karte**;

- die **Spannweite R(t)**, als Maß für die Variabilität eines (quasi)stetigen Qualitätsmerkmals x (z. B. Produktionsdauer, Abfüllmenge oder Wartezeit bei Serviceleistungen). Die Kontrollkarte heißt **R-Karte**;

- die **Standardabweichung s(t)** - Variabilität wie oben, hier in der **s-Karte**;

- den **Mittelwert** $\mu_x(t)$, d. h. $\bar{x}(t)$ - zentrale Tendenz in der $\bar{x}$-Karte. Für eine einzige Stichprobe ist der Kontrollbereich ein Toleranzbereich für μ_x.

---

[2] Hier im technischen Sinne eines Bereiches zwischen dem kleinsten und dem größten zulässigen Messwert (anders als beim statistischen Toleranzbereich).

Toleranzbereiche und Kontrollbereiche 13.1

Die Warngrenzen liegen in der Regel 2 Standardfehler von der Mittellinie entfernt, die Kontrollgrenzen dagegen 3 Standardfehler. Dabei bezieht sich der Standardfehler auf den Parameter, der durch die Mittellinie repräsentiert wird. Wir beschränken uns auf die p-Karte (mit n(t) = n für alle t). Hier sind

$$\bar{p} = \frac{\bar{p}_x(1) + \bar{p}_x(2) + \ldots + \bar{p}_x(m)}{m} \quad \text{und} \quad s_p = \sqrt{\frac{\bar{p} * (1 - \bar{p})}{n}}$$

der geschätzte p-Normwert (Nenner = m) bzw. der geschätzte Standardfehler (Nenner = n, vgl. Kap. 12.4). Die obere (+) bzw. untere (–) **Warngrenze** ist

$$\bar{p} \pm 2 * s_p,$$

die **obere** bzw. **untere Kontrollgrenze** (oder **Eingriffsgrenze**) ist

$$\bar{p} \pm 3 * s_p$$

(*upper control limit, lower control limit*). Im folgenden Beispiel (Abb. 13-1)

Warngrenze: 2 Standardfehler weg von der Mittellinie; Kontrollgrenze: 3 Standardfehler weg

Warngrenzen p-Karte

Kontrollgrenzen p-Karte

Abbildung 13-1. Kontroll- und Warngrenzen für prozentuale Vertrautheitsraten $p_x(t)$ zu m = 58 Stichproben in der Zeit, n(t) = 36; Mittellinie $\bar{p}$ = 57,28 %
Gemäß folgender Zeitreihe für Anzahl(t) = $p_x(t)$*0,36 = absolute Häufigkeit für Code 1 („vertraut") unter 36 Versuchspersonen, t = 1, ..., 58:
20, 11, 19, 20, 25, 23, 26, 22, 24, 22, 28, 25, 18, 25, 26, 27, 21, 21, 23, 27, 25, 22, 18, 24, 12, 18, 21, 22, 23, 25, 21, 14, 13, 13, 18, 22, 24, 24, 23, 23, 27, 22, 22, 14, 16, 22, 19, 17, 18, 20, 22, 23, 17, 12, 15, 15, 18, 19

p-Karte

anhand einer Zeitreihe von Anzahlen; $p_x(t) = 100$ mal Anzahl(t) / n(t)

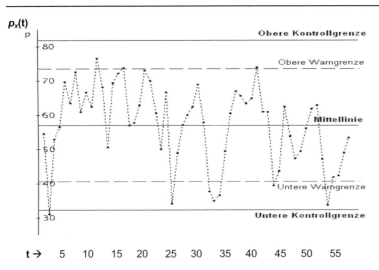

13 Schätzverfahren

arbeiten wir nicht mit p, sondern mit $100*p$ usw. Es repräsentiert die p-Mittellinie den geschätzten Normwert $\bar{p}$ für den %-Anteil der Bewertung „vertraut" einer sich von Periode zu Periode ändernden Werbefahne (Code 1, im Gegensatz zu Code 0 für „nicht vertraut"). Der Anteil $p_x(t)$ ist jeweils auf $n(t) = 36$ Versuchspersonen bezogen, für $m = 58$ Perioden. Analog zur obigen Formel wird $\bar{p}$ als Mittelwert der 58 Anteilswerte $p_x(t)$ berechnet; $p_x(t) = 100*\text{Anzahl}(t) / 36\,\%$ (vgl. die Berechnungen in Übung **14.6-8**).

n*p-Karte mit Grenzen für absolute Häufigkeiten pro Periode

Es ist hier ein Online-Anbieter von modischen Gebrauchsartikeln im Spiel: Zu niedrige $p_x(t)$-Werte sieht er als unzureichende Vertrautheit bzw. Gestaltung des Banners und zu hohe $p_x(t)$-Werte als mangelhaften Neuigkeitsgrad. Die p-Karte lässt sich als **n*p-Karte** mit absoluten Häufigkeiten wiedergeben, indem man pro Periode t die Anzahl der Versuchspersonen (mit Code 1) einzeichnet. Die Mittellinie entspricht dann mit 20,62 Personen keiner geraden Zahl, sowie auch die Grenzlinien keiner Geraden Zahl entsprechen. Andere Kontrollkarten sind im Prinzip auf ähnliche Art zu interpretieren. So werden sich die Mittelwertschätzungen $\mu_x(t)$ eines normalverteilten Qualitätsmerkmals x in 95,44 % der Fälle innerhalb der $\bar{x}$-Warngrenzen befinden und in 99,73 % der Fälle innerhalb der $\bar{x}$-Kontrollgrenzen. Die so genannte **Annahmewahrscheinlichkeit** (*acceptance quality level*) **1 − p** für den Stichprobenmittelwert (-anteilswert usw.) ist gleich der Trefferwahrscheinlichkeit eines $2\sigma_\mu$- bzw. $3\sigma_\mu$-Streubereiches, falls man von der Stichprobenverteilung der Mittelwertschätzung μ_x (Anteilswertschätzung p_x usw.) ausgeht. Die Wahrscheinlichkeit **p** heißt **Ablehnungswahrscheinlichkeit** (*rejection level*).

Annahme- und Ablehnungswahrscheinlichkeit 1 − p bzw. p

In der Praxis werden für die $\bar{x}$-Karte, sowie für weitere Kontrollkarten, recht aufwendige Formeln und Tabellen verwendet.

13.2 Herleitung und Vertrauensniveau einer Intervallschätzung

Beschäftigen wir uns zunächst mit den Grundlagen einer Intervallschätzung. Um den Schätzwert μ_x (s bzw. p_x) herum sollen **Vertrauensgrenzen**

Vertrauensbereich (x_U, x_O) für μ liegt um den Schätzwert μ_x herum

|---------------------•---------------------|

x_U (unten; *lower confidence limit*) x_O (oben; *upper confidence limit*)

aus den Stichprobendaten $x_1, \ldots, x_n$ berechnet werden, so dass (x_U, x_O) zum „Vertrauensniveau" oder „(Sicherheits)Wahrscheinlichkeit" $1 - \alpha$

Herleitung und Vertrauensniveau einer Intervallschätzung **13.2**

(*confidence level*) den theoretischen Parameter µ (σ, p) abdeckt. Übliche Werte für das Vertrauensniveau 1 − α sind dabei 0,90; 0,95 bzw. 0,99. Solange wir es mit (quasi)stetigen Zufallsvariablen X zu tun haben, schreiben wir konsequent (xᴜ, xo), obwohl man mit [xᴜ, xo] ebenso gut die Vertrauensgrenzen einschließen darf, da einzelne Punkte für die Wahrscheinlichkeitsmasse nichts ausmachen (vgl. §8.2.2). Bei diskreten Variablen gehen wir im Prinzip von geschlossenen Intervallen aus (stattdessen gibt es zur Normalapproximation im Kap. 13.4 eine „Stetigkeitskorrektur")! In 2 Beispielen werden das Vertrauensniveau und eine Methode zur Herleitung eines Vertrauensbereiches erläutert. Für unterschiedliche Verteilungsbedingungen und Parameter gibt es dann im Kap. 13.3 und 13.4 verschiedene Formeln für xᴜ und xo.

(xᴜ, xo) wenn X (quasi)stetig;
[xᴜ, xo] wenn X diskret

13.2.1 Herleitung eines Vertrauensbereiches für µ

Folgende Herleitung kann man auf beliebige „zweiseitige Vertrauensbereiche" anwenden. Man kann sie aber auch überspringen und sich mit dem Begriff „Vertrauensniveau" (§13.2.2) und mit den (xᴜ, xo)-Formeln begnügen!

Für das Beispiel der 30 annähernd normalverteilten Kurswerte (Rangzahl 1 bis 30 in Tabelle 9-3) nehmen wir an, anders als zuvor, dass der Kursmittelwert µ unbekannt ist und nicht unbedingt gleich dem Stichprobenmittelwert $µ_x = 52,19$. Nehmen wir genau wie zur Abb. 12-4 an, dass die theoretische Standardabweichung σ exakt gleich s = 9,42 ist, so dass der Standardfehler $σ_µ$ bekannt ist und zwar gleich $s_µ = \dfrac{s}{\sqrt{n}} = \dfrac{9,42}{\sqrt{30}} = 1,72$. Anhand folgender Abb. 13-2 überlegen wir uns, welche Werte für µ in Betracht kommen und welche eher unwahrscheinlich sind. Hier wird die Stichprobenverteilung für die Mittelwertschätzung $µ_x$ wiedergegeben für den Fall, dass µ gleich 50 ist. Die nachfolgenden Überlegungen sind aber auf ein beliebiges µ übertragbar.

Von µ = 50 ausgehend gibt Abb. 13-2 (oberer Teil) zur vorgegebenen Trefferwahrscheinlichkeit 1 − α = 0,90 den Toleranzbereich für $µ_x$ wieder:

$$(µ − 1,645 * σ_µ; µ + 1,645 * σ_µ) = (47,17; 52,83)$$

Dieser Bereich gibt auf der Basis *eines* angenommenen µ-Werts die *möglichen zentralen* $µ_x$-Werte mit gesamter Wahrscheinlichkeit 0,90 wieder:

$$47,17 = µ − 1,645 * σ_µ < µ_x \quad \text{und} \quad µ_x < µ + 1,645 * σ_µ = 52,83,$$

d. h. größere Entfernungen von $µ_x$ zu µ als 2,83 sind sehr unwahrscheinlich. Die „maximale Entfernung" $|µ_x − µ| = 2,83$ gilt nun aber genau so für mehrere *mögliche* µ-Werte im Vergleich zum *einen* $µ_x$-Wert, den wir in unserer Stichprobe tatsächlich erhalten haben. Durch Umformung der obigen Ungleichungen in $µ_x$ erhält man (unterer Teil Abb. 13-2) die Ungleichungen

Einfallsbereich für $µ_x$ bei bekanntem Standardfehler $σ_µ$

Einfallsbereich für $µ_x$ umgeformt in einen Vertrauensbereich für µ!

13 Schätzverfahren

$$55{,}02 = \mu_x + 1{,}645 * \sigma_\mu > \mu \quad \text{und} \quad \mu > \mu_x - 1{,}645 * \sigma_\mu = 49{,}36.$$

*Verteilungsdichte zu μx und 1,645*σμ - Streubereich zur zufälligen Mittelwertschätzung μx*

Abbildung 13-2. *Vertrauensbereich für μ im Vergleich zum Bereich mit Einfallswahrscheinlichkeit 0,90 für die N(50; 1,72)-verteilte* **Mittelwertschätzung μx**

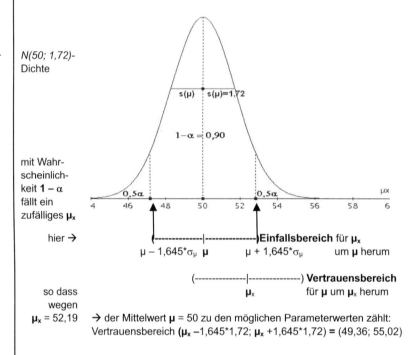

Egal welchen Wert μ annimmt, lässt die Stichprobenverteilung der Mittelwertschätzung μx mit Wahrscheinlichkeit $1 - \alpha = 0{,}90$ keine μx-Werte zu, die weiter als $1{,}645*\sigma_\mu$ von μ weg liegen. Umgekehrt haben mit gleicher Wahrscheinlichkeit die möglichen μ-Werte maximal diese Entfernung zu μx. Der μ-Vertrauensbereich um μx herum läuft von $\mu_x - 1{,}645 * \sigma_\mu$ bis $\mu_x + 1{,}645 * \sigma_\mu$, d. h. $(x_U, x_O) = (49{,}36; 55{,}02)$ ist der „90 %-Vertrauensbereich" für μ! Wie wir in §13.3.1 sehen werden, braucht man bei gleich bleibender μx-Verteilung für andere Werte von $1 - \alpha$ nur den Faktor 1,645 zu ändern, um die Vertrauensgrenzen zu berechnen („X normalverteilt" oder „n > 51 und X-Verteilung nicht ausgeprägt schief"). In §13.3.3 behandeln wir den Fall, dass man die Unsicherheit in der Schätzung s_μ für σ_μ explizit berücksichtigt: An die Stelle des Faktors 1,645 aus der $N(0;1)$-Verteilung tritt da 1,699 (weil n = 30) usw.

13.2.2 Vertrauensniveau 1 − α als „Sicherheitsmaß"

Die Aussage, dass *der Vertrauensbereich den unbekannten theoretischen Mittelwert mit großer Wahrscheinlichkeit enthält oder abdeckt*, kann leicht missverstanden werden. Für das obige Beispiel formuliert man eine solche Aussage leider häufig so: *„Der theoretische Mittelwert μ der Kurswerte in der Grundgesamtheit liegt mit Wahrscheinlichkeit 0,90 zwischen x_U = 49,36 und x_O = 55,02."* Der Haken daran ist, dass nicht der Mittelwert μ - oder welcher Parameter in der Grundgesamtheit auch immer - mit Wahrscheinlichkeit oder Zufall behaftet ist, sondern die Auswahl der Fälle und die x-Werte! Ein Parameter in der Grundgesamtheit ist eine fixe Zahl, wenn auch unbekannt. Es steckt der Zufall gerade in den Stichprobenwerten $x_1, ..., x_n$, aus denen der Stichprobenmittelwert $μ_x$, die Standardabweichung s und der Vertrauensbereich (x_U, x_O) berechnet werden. Je nach Zusammenstellung der Stichprobe können $μ_x$, s, x_U und x_O unterschiedlich ausfallen. Daher sollte man eher sagen: *„Von Stichprobe zu Stichprobe erhält man mit Wahrscheinlichkeit 0,90 einen Vertrauensbereich (x_U, x_O), der den theoretischen Mittelwert μ der Kurswerte umfasst."*

Aufgrund der *einen* tatsächlichen Stichprobe mit Werten $x_1, ..., x_n$ (Tabelle 9-3; n = 30) kann man zwar *nicht* sicher sein, dass μ zwischen x_U = 49,36 und x_O = 55,02 liegt (1 − α = 0,90). Man kann aber darauf vertrauen, dass μ in ca. 90 von 100 gleichartigen Stichproben im berechneten Vertrauensbereich (x_U, x_O) liegt! Gleichartig heißt hier, dass die gedanklich wiederholten Stichproben jeweils die gleiche Anzahl (n = 30) von x-Werten haben, die mittels vergleichbarer Messungen oder Beobachtungen und nach dem gleichen Zufallsverfahren für die Auswahl der 30 Fälle erhalten wurden.

Vertrauensniveau 1 − α bezogen auf gedanklich wiederholte Stichproben mit zufälligen Werten $x_1, ..., x_n$!

Betrachten Sie dazu folgende Grafik (Abb. 13-3) mit 25 Paaren eines breiteren bzw. engeren Vertrauensbereichs zum „unbekannten" mittleren Quadratmeterpreis μ (in € / m²). Die 25 Stichproben sind nach zunehmendem Mittelwert $μ_x$ geordnet. Ausnahmsweise haben wir Kenntnis vom Gesamtmittelwert im Datensatz mit genau 500 Immobilien (20 je Stichprobe[3]), so dass μ ≈ 1705. Durch den Vergleich mit den Enden der Vertrauensbereiche erkennt man, dass nur die Stichprobe 14 - mit dem kleinsten Mittelwert $μ_x$ - inkorrekte Vertrauensbereiche liefert, die μ verfehlen (x_O = 1638 für den engeren Bereich und x_O = 1700 für den breiteren). Mit (x_U, x_O) verpasst man μ also in 1 aus 25 Fällen. Dies entspricht einer empirischen „Irrtumswahrscheinlichkeit" gleich 0,04, d. h. einem empirischen „Vertrauensniveau" gleich 0,96. Abb. 13-3 gibt für die engeren Vertrauensbereiche (1 − α = 0,95) ein realistisches Bild ab!

---

[3] Eine Erweiterung des Datensatzes im Kap. 8. Die 500 Annoncen - mit jeder Immobilie nur einmal! - gab es an 2 mal 2 aufeinander folgenden Samstagen innerhalb 5 Wochen. Wir ignorieren das „Ziehen ohne Zurücklegen" der 25 Teilstichproben.

13 Schätzverfahren

Vertrauensniveau empirisch: die relative Häufigkeit, mit der μ korrekt eingegrenzt wird

*Abbildung 13-3. Vertrauensbereiche für **μ** zu X = „Quadratmeterpreis", zum Vertrauensniveau* **1 − α = 0,95** *|zwischen den Strichen| bzw.* **1 − α = 0,99** *− zwischen den Extremen −; n = 500 Immobilien (Zimmerzahl ≤ 15); n = 20 pro Teilstichprobe: 14, 21, 20, 15, 10, 6, 9, 5, 8, 7, 13, 4, 25, 19, 1, 3, 12, 2, 16, 22, 18, 17, 11, 24, 23*

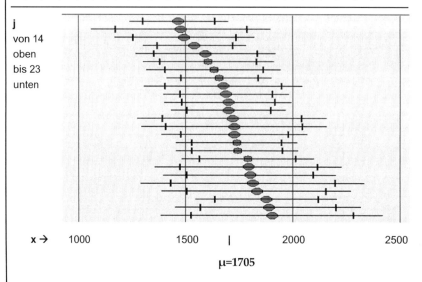

Die „große Wahrscheinlichkeit" dafür, dass man *den zu schätzenden Parameter zwischen xu und xo erwischt oder abdeckt*, bezieht sich also auf gedanklich wiederholte Stichproben. Anders als in der Qualitätskontrolle liefert in der Regel nur *eine* Stichprobe Vertrauensgrenzen xu und xo. Das Sicherheitsmaß für diese Intervallschätzung definiert man dennoch als **Vertrauensniveau** gleich

Vertrauensniveau

$$1 - \alpha \quad (0 < \alpha < 1, \alpha \text{ in der Regel klein}),$$

falls $(1 - \alpha)*100\ \%$ der gedanklich wiederholten Stichproben den zu schätzenden Parameter enthalten oder umgekehrt den Parameter in $\alpha*100\ \%$ der Fälle verfehlen würden. Entsprechend nennt man das Intervall (xu, xo) einen

Zweiseitiger Vertrauensbereich

zweiseitigen $(1 - \alpha)*100\ \%$-Vertrauensbereich

oder ein zweiseitiges $(1 - \alpha)*100\ \%$ -Konfidenzintervall (*confidence interval*). „Zweiseitig" bedeutet, dass die Wahrscheinlichkeitsmasse über (xu, xo) sich zentral um den Schätzwert herum verteilt. Links und rechts von (xu, xo) liegen Intervalle, in denen der gesuchte Parameter „zu Unrecht" liegen kann, d. h. jeweils „mit **halber Irrtumswahrscheinlichkeit** (½α; ½ *error probability*)", wie zuvor bezogen auf gedanklich wiederholte Stichproben:

Vertrauensniveau + Irrtumswahrscheinlichkeit = 1 (bzw. 100 %)

```
½α              1 − α              ½α
|---------------------•---------------------|    (zweiseitig)
```

Üblicherweise wird das Vertrauensniveau 1 − α gleich 0,90; 0,95 oder 0,99 gewählt, so dass (xU, xO) den unbekannten Parameter in 9 aus 10, in 19 aus 20 bzw. in 99 aus 100 Fällen überdeckt, bzw. in 1 aus 10, in 1 aus 20 bzw. in 1 aus 100 Fällen verfehlt (Irrtumswahrscheinlichkeit α = 0,10; 0,05 bzw. 0,01)!

13.3 Vertrauensbereiche für den Mittelwert

Wir kommen jetzt zum Übergang vom Prinzip der Intervallschätzung zu deren Berechnung und Interpretation. Zuerst betrachten wir 2 Varianten des zweiseitigen Vertrauensbereiches für den theoretischen Mittelwert μ einer annähernd normalverteilten Zufallsvariablen („σ bekannt" bzw. „σ unbekannt"). Dann folgt für die theoretische Standardabweichung σ ebenfalls ein zweiseitiger Vertrauensbereich (μ und σ unbekannt). Gleichzeitig lernen wir mit der „χ^2 (Chi-Quadrat)-Verteilung" und mit der „t-Verteilung" 2 weitere statistische Verteilungen kennen, die auch bei Hypothesentests eine wichtige Rolle spielen (siehe Kap. 14 und 15). Danach betrachten wir als Maß für die Qualität, sprich (Un)Genauigkeit, eines Vertrauensbereiches dessen Breite. Aus einer vorgegebenen maximalen Breite folgt eine Formel für den minimal erforderlichen Stichprobenumfang n. Im Sinne des Kap. 4.2 folgen schließlich 2 toulminsche Argumentationsschemata zum Vertrauensbereich, die den Zusammenhang mit den späteren Hypothesentests vorwegnehmen.

13.3.1 Vertrauensbereich für den Mittelwert (σ bekannt)

Zunächst gehen wir von einer Zufallsvariablen Z, vielmehr $\overline{Z}$, gemäß einer N(0;1)-Verteilung aus; $\overline{Z}$ sei das Ergebnis der Verteilungstransformation

$$\overline{Z} = \frac{\mu_X - \mu}{\sigma_\mu} = \frac{\mu_X - \mu}{\frac{\sigma}{\sqrt{n}}} = \sqrt{n} * \frac{\mu_X - \mu}{\sigma},$$

vgl. Kap. 12.3. Dabei muss der Standardfehler σ_μ zur Mittelwertschätzfunktion μ_X und somit auch die Standardabweichung σ der x-Werte in der Grundgesamtheit bekannt sein, etwa aufgrund früherer Erfahrungswerte.

Als Beispiel betrachten wir die Produktion von Literflaschen, die mit einem Württemberger Spätburgunderwein gefüllt werden. In der Abteilung für Qualitätskontrolle der entsprechenden Kellerei ist die Standardabweichung

13 Schätzverfahren

Vertrauensbereich für μ aus einer Kontrollstichprobe

zur normalverteilten Füllmenge bekannt: $\sigma = 0{,}027$ l. Eine Kontrollstichprobe von $n = 100$ Flaschen ergibt $\mu_x = 0{,}996$ Liter. Der 95 %-Vertrauensbereich für das unbekannte theoretische Mittel μ der Füllmengen soll nun Aufschluss darüber geben, ob der Produzent die Zuverlässigkeit seiner Füllmethode verbessern sollte. Analog zur obigen Transformation geht jeder x_i-Wert in

$$z_i = \frac{\sqrt{100}}{0{,}027} * (x_i - \mu) \quad (i = 1, \ldots, n)$$

über (Datentransformation). Daraus ergibt sich der Mittelwert der z_i-Werte:

$$\bar{z} = \sqrt{100} * \frac{\mu_x - \mu}{0{,}027} = \frac{0{,}996 - \mu}{0{,}0027}$$

Wenn μ der theoretische Mittelwert ist, ist $\bar{Z}$ standardnormalverteilt mit 95 %-Einfallsbereich (−1,96; 1,96), so dass $-1{,}96 < \bar{z} < 1{,}96$ in 19 aus 20 Fällen, vgl. Übung **13.6-5**. Durch Umformung in Ungleichungen für μ erhält man

$$0{,}996 - 1{,}96 * 0{,}0027 < \mu < 0{,}996 + 1{,}96 * 0{,}0027,$$

$$0{,}9907 < \mu < 1{,}0013.$$

Dieser 95 %-Vertrauensbereich enthält den Sollwert 1 als möglichen Wert für μ, so dass der Abfüllprozess „aller Wahrscheinlichkeit nach" in Ordnung ist!

Diese Methode kann man so verallgemeinern, dass man die Vertrauensgrenzen ohne Transformationen berechnen kann. Dazu geht man von den **z-Quantilen** $z_{\frac{1}{2}\alpha} = -z_{1-\frac{1}{2}\alpha}$ und $z_{1-\frac{1}{2}\alpha}$ aus, die von der $N(0;1)$-Verteilung $(1-\alpha)*100$ % umfassen, vgl. Tabelle 13-1. Für die Variable $\bar{Z}$ leitet man aus

$$-z_{1-\frac{1}{2}\alpha} < \sqrt{n} * \frac{\mu_x - \mu}{\sigma} < z_{1-\frac{1}{2}\alpha}$$

die Ungleichungen zum $(1-\alpha)*100$ %-Vertrauensbereich für μ ab:

$(1-\alpha)*100$ %-Vertrauensbereich für μ (σ bekannt)

$$x_U = \mu_x - z_{1-\frac{1}{2}\alpha} * \frac{\sigma}{\sqrt{n}} < \mu < \mu_x + z_{1-\frac{1}{2}\alpha} * \frac{\sigma}{\sqrt{n}} = x_O$$

Vertrauensniveau und z-Quantil

Tabelle 13-1. Übliche Kombinationen von Vertrauensniveau und oberem z-Quantil

zweiseitiger Vertrauensbereich	weit	gemäßigt breit	eng
Vertrauensniveau $1-\alpha$	0,99	0,95	0,90
Oberes z-Quantil $z_{1-\frac{1}{2}\alpha}$	2,576	1,960	1,645

Vertrauensbereiche für den Mittelwert **13.3**

Die Voraussetzungen für die Anwendung dieser Vertrauensgrenzen sind

- eine *bekannte* Standardabweichung σ in der Grundgesamtheit,
- eine (nahezu) normalverteilte Mittelwertschätzfunktion μx, z. B. weil
    - X normalverteilt ist (so dass auch μx es ist) oder
    - n > 51 und die X-Verteilung nicht ausgeprägt schief (Kap. 12.3).

13.3.2 Die χ^2-Verteilung und die t-Verteilung

Zur Berechnung eines Vertrauensbereiches für den theoretischen Mittelwert μ (bzw. für σ selbst) braucht man im Falle „σ unbekannt" 2 Prüfverteilungen, nämlich die „χ^2-Verteilung mit f Freiheitsgraden" und die „*(Student-)* t-Verteilung mit f Freiheitsgraden". In der Praxis reicht die korrekte Verwendung der Tabellen C bzw. D im Anhang. Wie aus Abb. 13-4 und 13-5 klar wird, variieren die Dichtefunktionen je nach

f = **Anzahl der Freiheitsgrade**   *f Freiheitsgrade*

(auf Englisch *df* = # *degrees of freedom*; f = 1, 2, 3, ...). Dieser Begriff ist in unseren Anwendungen gleichbedeutend mit der Differenz n – k zwischen dem Stichprobenumfang n und „der Anzahl k der bereits geschätzten Parameter". Ein tief greifendes Verständnis ist für unsere Schätz- und Testverfahren nicht unbedingt erforderlich. Nur so viel sollte klar sein, dass f in der Regel mit dem Stichprobenumfang n zunimmt und die jeweilige Dichtefunktion entscheidend beeinflusst. Zum Beispiel gibt es zum Vertrauensbereich für den Mittelwert f = $n – 1$ Freiheitsgrade für die Schätzung der Standardabweichung σ bzw. der Varianz σ², zusätzlich zur Schätzung μx.

Für die (zentrale) χ^2 (f)-Verteilung (*Chi-Squared Distribution*) gilt folgendes:

- Sie stellt die Verteilung einer **Quadratsumme** QS = Z^2_1 + ... + Z^2_n (*sums of squares*) dar, wobei Z_1 bis Z_n - unabhängig von einander - $N(0;1)$-verteilt sind: QS ~ χ^2 (f) mit f = n Freiheitsgraden.   *Eigenschaften der χ^2-Verteilung*

- U. a. entsteht eine χ^2 ($n – 1$)-Verteilung für die **standardisierte Quadratsumme QS** gleich Z^2_1 + ... + Z^2_n, welche auf n unabhängigen Zufallsvariablen $Z_i = \dfrac{X_i - \mu_x}{\sigma}$ basiert mit $X_i \sim N(\mu;\sigma)$, i = 1, ..., n: f = $n – 1$. Folglich ist die durch σ² geteilte und mit (n – 1) multiplizierte Varianzschätzung $\dfrac{(n-1) * s^2}{\sigma^2}$ ebenfalls χ^2 ($n – 1$)-verteilt.

13 Schätzverfahren

Quantile
$\chi^2_{1-\frac{1}{2}p}(f)$ *zur kumulierten H.*
$1 - \frac{1}{2}p$
in Tabelle C (Anhang);
für f > 30 mittels z-Quantile

- Für f klein ist $\chi^2(f)$ sehr asymmetrisch, vgl. Abb. 13-4. Je größer f, desto mehr schwindet die Schiefe. Für $f > 30$ ist $Z = \sqrt{2*QS} - \sqrt{2*f-1}$ so gut wie $N(0;1)$-verteilt, so dass man z-Quantile verwenden kann!

Im jetzigen Abschnitt wird die $\chi^2(f)$-Verteilung bei der theoretischen Begründung der $t(f)$-Verteilung gebraucht. In §15.1.1 und den Übungen dazu gibt es Beispiele für die Verwendung der Tabelle C im Anhang mit Quantilen $q_{1-\frac{1}{2}p} = \chi^2_{1-\frac{1}{2}p}(f)$ zur rechten Fläche $\frac{1}{2}p$ (bzw. $q_{\frac{1}{2}p} = \chi^2_{\frac{1}{2}p}(f)$ zur linken Fläche).

χ^2-Verteilungen

Abbildung 13-4. Dichtefunktion der $\chi^2(f)$-Verteilung mit f Freiheitsgraden für $f = 4$ (eher links) bzw. $f = 29$ (eher rechts); der entsprechende 1-Standardstreubereich

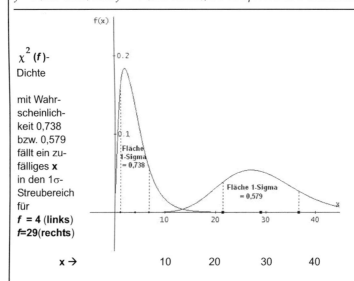

Wichtige Eigenschaften der (zentralen) **t(f)-Verteilung** (*t-Distribution*) sind:

Eigenschaften der t-Verteilung

- Sie entsteht als Quotient einer standardnormalverteilten Z-Variablen und einer Zufallsvariablen $\sqrt{\dfrac{QS}{f}}$, d. h. $T = \dfrac{Z}{\sqrt{\dfrac{QS}{f}}} \sim t(f)$. Dabei sollen Z und die Quadratsumme $QS \sim \chi^2(f)$ unabhängig sein.

Vertrauensbereiche für den Mittelwert — 13.3

- U. a. entsteht ein solcher Quotient, wenn man die Mittelwertschätzfunktion μ_x, vielmehr $\mu_x - \mu$, durch den Standardfehler $\dfrac{S}{\sqrt{n}}$ teilt, wobei $f = n - 1$ und S die Schätzfunktion ist, die s erzeugt (siehe Anhang D'):

$$T = \sqrt{n} * \frac{\mu_X - \mu}{S} \sim t(n-1)$$

- Der Fall „$f = n = \infty$" bedeutet einen perfekten Schätzwert für σ, so dass die $N(0;1)$-Verteilung exakt mit dem Grenzfall $n \to \infty$ übereinstimmt.

- Der Fall $f = 4$ zeigt in Abb. 13-5 einen beträchtlichen Unterschied zur $N(0;1)$-Verteilung! Für $f = 29$ ist der Unterschied schon viel geringer. Für $f > 50$ sind die 2 Verteilungen praktisch identisch; vgl. $n > 51$ im Kap. 12.3.

- Da die Schätzfunktion S zusätzliche Schwankungen in den Werten der Prüfgröße T mit sich bringt, ist die $t(f)$-Verteilung - unter der Annahme, dass μ der theoretische Mittelwert von X ist - mit weiter ausschlagenden „Fehlern" (Abweichungen vom Mittelwert 0) behaftet als die ursprüngliche Prüfgröße $\overline{Z} = \sqrt{n} * \dfrac{\mu_X - \mu}{\sigma}$ im Falle „σ bekannt". Die Verteilungsschweife dehnen sich weiter aus und zwar umso weiter, je kleiner f ist.

Abbildung 13-5. Teil der $t(f)$-Verteilung mit f Freiheitsgraden für $f = 4$, $f = 29$ bzw. $f = \infty$ ($N(0;1)$-Verteilung); rechte Fläche mit Wahrscheinlichkeit $\frac{1}{2}p = 0{,}05$

t-Verteilungen

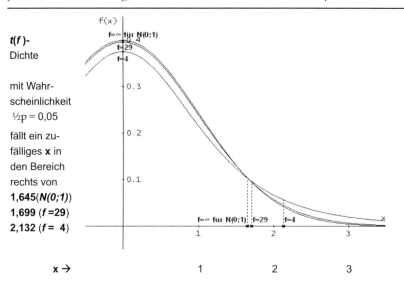

$t(f)$-Dichte

mit Wahrscheinlichkeit $\frac{1}{2}p = 0{,}05$ fällt ein zufälliges **x** in den Bereich rechts von
1,645 ($N(0;1)$)
1,699 ($f =29$)
2,132 ($f = 4$)

x →

13 Schätzverfahren

Quantile $t_{1-½p}(f)$ *zur kumulierten H. 1 − ½p in Tabelle D (Anhang)*

■ Mit dickeren Schweifen liegen die Quantile $q_{½p}$ und $q_{1-½p}$ der t(f)-Verteilung, die man mit $t_{½p}(f)$ bzw. $t_{1-½p}(f)$ bezeichnet, weiter weg von der Symmetrieachse als die z-Quantile! In Abb. 13-5 sind Quantile und rechte Flächen für $1 - ½p = 0,95$ angedeutet ($f = \infty$, 29, 4).

Im nächsten Abschnitt wird die Suche nach bestimmten t(f)-Quantilen, mit Hilfe der Tabelle D im Anhang, erläutert. Wie bei den z-Quantilen kommt man wegen der Symmetrie der t(f)-Verteilung mit rechten Flächen zu einer Überschreitungswahrscheinlichkeit $½p < 0,5$ aus, da $t_{½p}(f) = -t_{1-½p}(f)$.

13.3.3 Vertrauensbereich für den Mittelwert (σ unbekannt)

Nun behandeln wir Vertrauensbereiche für den Mittelwert μ einer Verteilung, für die σ unbekannt ist. An Stelle der standardnormalverteilten Prüfgröße $\bar{Z} = \sqrt{n} * \dfrac{\mu_X - \mu}{\sigma}$ arbeiten wir mit der Prüfgröße $T = \sqrt{n} * \dfrac{\mu_X - \mu}{S}$, die einer t-Verteilung mit $n - 1$ Freiheitsgraden folgt. Dabei wird die Schätzfunktion $\dfrac{S}{\sqrt{n}}$ für den Standardfehler σ_μ - zur Mittelwertschätzfunktion μ_X - eingesetzt, wobei die Zufallsvariable S als Ergebnis die Stichprobenstandardabweichung s hat, vgl. Kap. 11. Für T leitet man aus den Ungleichungen

$$-t_{1-½\alpha}(n-1) < \sqrt{n} * \dfrac{\mu_X - \mu}{s} < t_{1-½\alpha}(n-1)$$

die Ungleichungen zum $(1 - \alpha)*100\%$-Vertrauensbereich für μ ab:

(1 − α)*100 % - Vertrauensbereich für μ (σ unbekannt)

$$x_U = \mu_x - t_{1-½\alpha}(n-1) * \dfrac{s}{\sqrt{n}} < \mu < \mu_x + t_{1-½\alpha}(n-1) * \dfrac{s}{\sqrt{n}} = x_O$$

Die Voraussetzungen für die Anwendung dieser Vertrauensgrenzen sind

■ eine *unbekannte* Standardabweichung σ in der Grundgesamtheit;

■ eine (nahezu) normalverteilte Zufallsvariable X;

■ wenn X nicht annähernd normalverteilt ist, so reicht in der Praxis gewöhnlich: $n > 51$ und die X-Verteilung nicht ausgeprägt schief.

Als Beispiel betrachten wir die Schätzung des gesamten Verkaufswerts an Mobiltelefonen bei einer Inventurprüfung eines Multimediageschäfts (Kap.

13.3 Vertrauensbereiche für den Mittelwert

*Vertrauensbereich für μ und N*μ bei einer Inventurprüfung*

12.1). Aus einer Zufallsstichprobe von n = 30 verschiedenen Exemplaren ermittelt man einen Durchschnittspreis von μ_x = 167 € zur Standardabweichung s = 32 €. Zunächst soll ein 99 %-Vertrauensbereich (α = 0,01) für den Durchschnittspreis μ aller N vorhandenen Mobiltelefone in der Grundgesamtheit des Geschäfts berechnet werden - und zwar für insgesamt N = 1000 Handys. Außer μ_x = 167 und s = 32 brauchen wir dazu das Quantil $t_{1-\frac{1}{2}\alpha}(f)$ zur kumulierten Häufigkeit h = 1 – ½α = 0,995, d. h. zur rechten Fläche ½α = 0,005, und zu $f = n - 1$ = 29 Freiheitsgraden. In Tabelle D im Anhang findet man dieses Quantil, wenn man die 29. Zeile für f = 29 mit der Spalte äußerst rechts für ½p = 0,005 kreuzt: $t_{0,995}(29)$ = 2,7564. Daraus folgt

$$167 - 2{,}7564 * \frac{32}{\sqrt{30}} < \mu < 167 + 2{,}7564 * \frac{32}{\sqrt{30}},$$

$$150{,}896 < \mu < 183{,}104.$$

Dieser 99 %-Vertrauensbereich für μ führt durch Multiplikation mit N zu

$$150.896 < \mu*N < 183.104,$$

so dass der Gesamtwert „mit 99-prozentiger Sicherheit" zwischen ca. 151.000 und ca. 183.000 € liegt. Bei der Auswahlquote $\frac{30}{1000} = 0{,}03$ reichen diese Berechnungen. Dagegen wäre für einen Auswahlsatz ≥ 5 % noch eine Endlichkeitskorrektur erforderlich (vgl. Kap. 11). Im Beispiel mit n = 100 (s = 32) wird die halbe Breite $2{,}5758 * \frac{32}{\sqrt{100}} = 8{,}243$ mit $\sqrt{\frac{N-n}{N-1}} = \sqrt{\frac{1000-100}{1000-1}} = 0{,}949$ multipliziert, so dass mit 99-prozentiger Sicherheit gilt: 159,18 < μ < 174,82!

Endlichkeitskorrektur falls $\frac{n}{N} \geq 0{,}05$: Standardfehler mit ca. $\sqrt{1 - \frac{n}{N}}$ multiplizieren!

Auf ähnliche Art sollte man bei *unbekanntem* σ für das Beispiel der 30 Kurswerte in §13.2.1 das Quantil $t_{0,95}(29)$ = 1,699 verwenden (α = 0,10; hier reichen 3 Nachkommastellen für das Quantil). Die Vertrauensbereiche der Abb. 13-3 für den Quadratmeterpreis sind ebenfalls mit Hilfe bestimmter t-Quantile berechnet worden (jeweils f = 19). Bricht man die Quadratmeterpreisverteilung nach Zimmerzahl herunter, wie in Tabelle 9-6, dann vereinfachen sich die Berechnungen für die Klassen mit 3 bzw. ≥ 4 Zimmern insofern, dass man z-Quantile verwenden kann (f > 50 kommt $f = \infty$ gleich).

Für f > 50 reichen z-Quantile, als ob $f = \infty$

Die χ^2 (n – 1)-verteilte standardisierte Quadratsumme, die in der Intervallschätzung für μ als Hilfsvariable auftritt, kann auch eigenständig verwendet werden, um einen Vertrauensbereich für die unbekannte Standardabweichung σ zu bilden. Dieser Bereich leitet sich aus den Ungleichungen

13

Schätzverfahren

$$\chi^2_{½\alpha}(n-1) < \frac{(n-1)*s^2}{\sigma^2} < \chi^2_{1-½\alpha}(n-1)$$

ab, siehe §13.3.2, so dass es folgende $(1-\alpha)*100$ %-Vertrauensgrenzen gibt:

Vertrauensbereich für σ

$$s*\sqrt{\frac{n-1}{\chi^2_{1-½\alpha}(n-1)}} < \sigma < s*\sqrt{\frac{n-1}{\chi^2_{½\alpha}(n-1)}}$$

13.3.4 Die Breite eines Vertrauensbereiches

Im Vertrauensbereich berücksichtigt man sowohl die Mittelwertschätzung μ_x wie den zugehörigen Standardfehler $\frac{\sigma}{\sqrt{n}}$ ($\frac{s}{\sqrt{n}}$), indem man zu beiden Seiten von μ_x gewisse Unsicherheitsmargen hinzufügt, proportional zum Standardfehler. Rundum μ_x soll der Vertrauensbereich

x_U (untere Grenze) x_O (obere Grenze)

zum einen mit großer Wahrscheinlichkeit, nämlich in $(1-\alpha)*100$ % der Fälle, den zu schätzenden Parameter µ nicht verfehlen (Vertrauensniveau). Zum anderen ist einem ein schmaleres Intervall (x_U, x_O) lieber als ein breiteres, damit der Bereich der µ-Werte möglichst stark eingeengt wird. Unter Beibehaltung des Sicherheitsgrads $(1-\alpha)*100$ % soll die **Ungenauigkeit** oder die

$$\text{Breite} = x_O - x_U$$

möglichst gering sein, d. h. umgekehrt die **Präzision** (*precision*) oder die

$$\text{Genauigkeit} = \frac{1}{\text{Breite}} = \frac{1}{x_O - x_U}$$

möglichst groß. Die Breite des $(1-\alpha)*100$ %-Vertrauensbereiches für µ ist

Breite (σ bekannt)

$$2*z_{1-½\alpha}*\frac{\sigma}{\sqrt{n}}$$

für „σ bekannt" und

Breite (σ unbekannt)

$$2*t_{1-½\alpha}(f)*\frac{s}{\sqrt{n}}$$

für „σ unbekannt" ($f = n-1$). Sie hängt somit von 3 Faktoren ab, nämlich

Vertrauensbereiche für den Mittelwert

13.3

1) vom Vertrauensniveau $1 - \alpha$ (über das z-Quantil bzw. das t-Quantil),

2) von der Standardabweichung σ bzw. s (über den Standardfehler),

3) vom Stichprobenumfang n (über den Standardfehler).

3 Faktoren bestimmen die Breite

Als Beispiel betrachten wir den 99 %-Vertrauensbereich (150,90; 183,10) für den Durchschnittspreis der N = 1000 Mobiltelefone in §13.3.3 (n = 30). Für $1 - \alpha = 0{,}95$ ist der entsprechende Vertrauensbereich (155,05; 178,95) und für $1 - \alpha = 0{,}90$ erhält man (157,07; 176,93). Auf Kosten eines geringeren Vertrauensniveaus kann man eine größere Genauigkeit oder eine kleinere Breite erzielen. Das Konfidenzintervall wird bei fixem Vertrauensniveau $1 - \alpha$ und beim gleichen Stichprobenumfang n ebenfalls umso enger ausfallen, je kleiner s (σ) ist. Schließlich wird die Breite auch bei größerem n geringer.

Abhängig vom Problem liegen in der Regel $1 - \alpha$ und s (σ) fest und kann man die Breite nur über n direkt beeinflussen. Es soll nun für den Vertrauensbereich (x_U, x_O) mit „σ bekannt" die Bedingung erfüllt sein, dass die „maximale absolute Abweichung $|\mu - \mu_x|$" der abgedeckten μ-Werte zum Schätzwert μ_x nicht mehr beträgt als der vorgegebene, absolute Wert

In der Praxis ist die Breite über n zu beeinflussen!

e (oder relativ : $e = k * \sigma$ bzw. $e = k * s$ für ein gewisses $k > 0$) .

Man nennt **e** die (evtl. relative) **Fehlermarge** (*margin of error*). Sie bestimmt die maximal zulässige **Breite** des Vertrauensbereiches: **2*e**. Welcher Stichprobenumfang n garantiert nun mindestens

$$\frac{1}{2 * e} = \frac{\sqrt{n}}{2 * z_{1-\frac{1}{2}\alpha} * \sigma}$$

als die zu e gehörende Genauigkeit? Löst man n aus obiger Gleichung, so erhält man die Antwort auf diese Frage:

$$n = \frac{(z_{1-\frac{1}{2}\alpha} * \sigma)^2}{e^2} \quad \text{(bzw. relativ} : n = \frac{z_{1-\frac{1}{2}\alpha}^2}{k^2})$$

Stichprobenumfang n bei vorgegebener Fehlermarge e

Diese Formeln dienen auch als Abschätzung für den Fall „σ unbekannt"! Zum Beispiel erreicht der 99 %-Vertrauensbereich für den Durchschnittspreis der Mobiltelefone erst eine Fehlermarge gleich $e = 0{,}20*32 = 6{,}4$, wenn

$$n \geq \frac{(z_{1-\frac{1}{2}\alpha} * s)^2}{e^2} = \frac{2{,}5758^2}{0{,}2^2} = 165{,}87, \text{ d.h. wenn } n \geq 166 \,!$$

197

13.3.5 Argumentation zu Intervallschätzungen

Man kann im Beispiel zum durchschnittlichen Handypreis (n = 30) den 99 %-Vertrauensbereich (150,90; 183,10) als „Intervall möglicher µ-Werte" interpretieren, was nicht ganz falsch wäre. „Nichts als Zahlen" könnte man meinen, genau wie ein Busfahrer auf den Orkneyinseln den megalitischen Steinkreis bei *Skara Brae* gewöhnlich mit der Bemerkung: *„To me, they are just nothing but stones* (lauter Steine)" kommentierte. Folgende 2 Interpretationsfragen zum Vertrauensbereich wollen wir aber anhand zweier toulminscher Argumentationsschemata (nach Kap. 4.2) genauer betrachten:

- *Wie ein „angenommenes Mittel μ_0" werten, das von (x_U, x_O) nicht erfasst wird?* Wie wertet man einen interessierenden oder „angenommenen" theoretischen Mittelwert μ_0, wenn der $(1-\alpha)\ast 100$ %-Vertrauensbereich μ_0 *nicht enthält*? Zum Beispiel: Wenn der Geschäftsführer vom durchschnittlichen Handypreis $\mu_0 = 185$ € ausgegangen war, was sollen ihm dann Vertrauensgrenzen 150,90 und 183,10 bedeuten?

- *Wie vorgehen, wenn einem die Eingrenzung der möglichen µ-Werte durch (x_U, x_O) wohl sicher aber nicht genau genug erscheint („warum liegt μ_0 drin")?* Was tun, wenn ein „angenommener Wert μ_0" entgegen allen Erwartungen durch den Vertrauensbereich *nicht widerlegt* wird, da $x_U < \mu_0 < x_O$? Wenn im Beispiel nun $N\ast\mu_0 = 179.000$ € schon zu hoch erscheint und somit die Vertrauensgrenze $x_O = 183.104$ € für den Gesamtwert $N\ast\mu$ in Frage gestellt wird, wie erhält man dann eine engere Intervallschätzung?

Auf die erste Frage gehen wir nun anhand der Abb. 13-6 näher ein.

Argumentation zu „μ_0 außerhalb (x_U, x_O)"

Abbildung 13-6. Argumentationsschema zu einem wohl sehr unwahrscheinlichen, angenommenen, theoretischen Mittelwert μ_0 (V.B. = Vertrauensbereich; $\alpha = 0,01$)

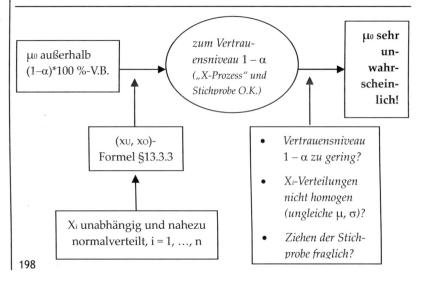

Vertrauensbereiche für den Anteilswert 13.4

Der Schluss (*conclusion*), dass μ_0 sehr unwahrscheinlich ist, beruht an erster Stelle auf der Begründung (*ground*), dass μ_0 nicht im berechneten Vertrauensbereich (x_U, x_O) enthalten ist (im Beispiel 185 = μ_0 > x_O = 183,10). Die wichtigste Rechtfertigung (*warrant*) für dieses Hauptargument ist dabei, dass die Vertrauensgrenzen x_U und x_O nach der korrekten Formel, siehe §13.3.3, aus dem Stichprobenmittelwert μ_x und der Stichprobenstandardabweichung s berechnet wurden (im Beispiel aus μ_x = 167 und s = 32). Eine „Rechtfertigung zweiter Ordnung", d. h. eine Unterstützung (*backing*) der ersten Rechtfertigung, liegt in der Untermauerung der verwendeten Formel. Diese ist deswegen korrekt, weil die Voraussetzungen nach §13.3.3 erfüllt sind: Es ist σ unbekannt; Verkaufspreise sind in der Regel annähernd normalverteilt; die Werte x_1, ..., x_{30} entstammen einer Zufallsstichprobe vom Umfang n = 30.

So ist die Hauptargumentationskette zur ersten Frage im Prinzip gewährleistet. Man kann sich aber gewisse Umstände vorstellen, die hie und da einen Einwand oder Gegenbeweis (*rebuttal*) mit sich bringen könnten. So könnte man den Sicherheitsgrad (1 – α)*100 % für zu niedrig halten - im Beispiel ist 99 % allerdings schon recht streng - oder gewisse Unregelmäßigkeiten bei Bildung oder Feststellung der Preise bzw. beim Ziehen der Stichprobe unterstellen. Die eine oder andere Einschränkung (*qualifier*) wird in die Hauptargumentationskette aufgenommen, hier auf jeden Fall die Nennung des Vertrauensniveaus: „Mit 99-prozentiger Sicherheit ist μ_0 sehr unwahrscheinlich, da der Vertrauensbereich (x_U, x_O) diesen Wert nicht enthält."

Auf ähnliche Art ist zur zweiten Frage die Behauptung zu untersuchen, dass N*μ_0 außerhalb des 99 %-Vertrauensbereichs für N*μ liegen würde, wenn es nur genügend Handys in der Stichprobe gibt (N = 1000, μ_0 = 179 €). Unter Beibehaltung von μ_x = 167 und s = 32 stellt sich hier die Frage nach der „Beweisbarkeit" der Vermutung, dass μ ungleich μ_0 ist. Man verwende hier die Formeln aus §13.3.4, wobei 1 – α genau so in Frage zu stellen ist wie n. Die Vermutung lässt sich für 1 – α = 0,95 und n = 30 bzw. für zumindest n > 50 und 1 – α = 0,99 bestätigen, siehe das Schema zur Übung **13.6-13**. Angemessener wäre hier übrigens ein links einseitiger Vertrauensbereich mit der gesamten Irrtumswahrscheinlichkeit α rechts von x_O, siehe Tabelle 13-3!

13.4 Vertrauensbereiche für den Anteilswert

Abschließend bearbeiten wir die Intervallschätzung in Zusammenhang mit dem Anteilswert *p*. Wie wir im Kap. 12.4 gesehen haben, gehen die Verteilungseigenschaften des Stichprobenanteilswerts p_x auf die Verteilung der Anzahl der Erfolge $T_x = p_x*n$ in der Stichprobe zurück: Für n dichotome x-Werte zur 0-1 Variablen X gibt es die Summe der Erfolge $T_x = x_1 + ... + x_n$,

13 Schätzverfahren

wenn Code 1 = „Erfolg"; $p_x = \dfrac{T_x}{n}$ ist der Stichprobenanteilswert als Ergebnis von p_x. So fasst man die Stichprobe als n-stufiges Bernoulli-Experiment mit Erfolgswahrscheinlichkeit p auf: $T_x \sim B(n; p)$, d. h. binomialverteilt mit Parametern n und p. Schlüsse in Bezug auf den Anteilswert p in der Grundgesamtheit zieht man auf der Basis von T_x ebenso gut wie ausgehend von p_x!

Berechnungen von Vertrauensgrenzen, die von der exakten Binomialverteilung ausgehen, sind nun aber recht kompliziert oder aufwendig, siehe HARTUNG ET AL. (2005) oder SCHWARZE (2009). Wir beschränken uns auf eine Näherungsformel, die auf der Normalapproximation im Kap. 12.4 beruht.

Wenn die theoretische Bedingung $n*p*(1-p) > 9$ erfüllt ist, kann man p_x als annähernd normalverteilt auffassen und zwar mit theoretischem Mittelwert gleich p und mit Standardabweichung gleich dem Standardfehler

Annähernd gilt $p_x \sim N(p; \sigma_p)$, wenn $n*p_x*(1-p_x) > 9!$

$$\sigma_p = \sqrt{\dfrac{p*(1-p)}{n}}, \text{ geschätzt durch } s_p = \sqrt{\dfrac{p_x*(1-p_x)}{n}}.$$

An Stelle der theoretischen Bedingung kontrolliert man in der Regel, ob

$$n*p_x*(1-p_x) > 9$$

gilt - anhand des Stichprobenanteilswerts p_x. Analog zum Vertrauensbereich für den theoretischen Mittelwert μ für „σ bekannt" (siehe §13.3.1) gibt es

Annähernder $(1-\alpha)*100\%$ - Vertrauensbereich für p

$$p_x - z_{1-\frac{1}{2}\alpha} * \dfrac{\sqrt{p_x*(1-p_x)}}{\sqrt{n}} - \dfrac{1}{2n} < p < p_x + z_{1-\frac{1}{2}\alpha} * \dfrac{\sqrt{p_x*(1-p_x)}}{\sqrt{n}} + \dfrac{1}{2n}$$

als Ungleichungen für den $(1-\alpha)*100\%$-Vertrauensbereich für p. Dabei lässt sich der zusätzliche Faktor $\pm\dfrac{1}{2n}$ rechts bzw. links von p_x daraus erklären, dass eine diskrete Verteilung mit einzelnen, gebrochenen Werten im Intervall (0, 1) durch eine stetige Verteilung approximiert wird (**Stetigkeitskorrektur**; *continuity correction*). Es ist als ob man jeden Punkt im Ergebnisraum durch eine winzige Umgebung stetig variierender Punkte repräsentiert.

Vertrauensbereich für p und N*p bei einer Inventurprüfung

Nehmen wir im Rahmen der Inventurprüfung des Multimediageschäfts (§13.3.3) als Beispiel für eine binomialverteilte Zufallsvariable

$$T_x = \text{„Anzahl der zu spät bezahlten Rechnungen"}$$

in einer Stichprobe von n = 80 Warenlieferungen im vergangenen Jahr. Es erweisen sich T_x = 12 Rechnungen als „nicht rechtzeitig bezahlt", das entspricht der „Fehlerquote" p_x = 0,15. Der Geschäftsführer möchte einen 95 %-Vertrauensbereich für die Anzahl T = $p*N$ der zu spät bezahlten Rech-

Vertrauensbereiche für den Anteilswert 13.4

nungen in der Grundgesamtheit herleiten, die aus insgesamt N = 2000 Warenlieferungen besteht. Aus den obigen Vertrauensgrenzen folgt für $p = \dfrac{T}{N}$:

$$0{,}15 - 1{,}96 * \frac{\sqrt{0{,}15*(1-0{,}15)}}{\sqrt{80}} - \frac{1}{160} < p < 0{,}15 + 1{,}96 * \frac{\sqrt{0{,}15*(1-0{,}15)}}{\sqrt{80}} + \frac{1}{160}$$

Die Fehlerquote 100*p liegt mit 95-prozentiger Sicherheit zwischen 6,55 und 23,45 %. Multipliziert man die Glieder links und rechts von < mit N, so gilt

$$0{,}0655 * 2000 < T < 0{,}2345 * 2000, \text{ so dass } 131 < T < 469.$$

Beim Auswahlsatz $\dfrac{80}{2000} = 0{,}04$ reichen diese Berechnungen. Für $p_x = 0{,}15$ und etwa n = 100 (T_x = 15!) wird der Standardfehler durch eine Endlichkeitskorrektur wie in §13.3.3 um den Faktor $\sqrt{\dfrac{N-n}{N-1}} = \sqrt{\dfrac{2000-100}{2000-1}} = 0{,}975$ kleiner, so dass mit 95-prozentiger Sicherheit $0{,}0768 < p < 0{,}2232$ usw.

Endlichkeitskorrektur

Der annähernde (1 – α)*100 %-Vertrauensbereich für p hat eine Breite gleich

$$2 * z_{1-\frac{1}{2}\alpha} * \frac{\sqrt{p*(1-p)}}{\sqrt{n}}.$$

Breite

Analog zu §13.3.4 führt die Forderung einer maximalen halben Breite **e** - evtl. $\mathbf{e} = \mathbf{k} * \sqrt{p*(1-p)}$ - zu einem Stichprobenumfang mindestens gleich

$$\mathbf{n} = \frac{z_{1-\frac{1}{2}\alpha}^{2} * p*(1-p)}{e^{2}} \quad (\text{bzw. relativ}: \mathbf{n} = \frac{z_{1-\frac{1}{2}\alpha}^{2}}{k^{2}}).$$

Stichprobenumfang n bei vorgegebener Fehlermarge e

Zum Beispiel erreicht der 95 %-Vertrauensbereich für den Anteil der nichtkonformen Rechnungen erst eine Fehlermarge ≤ e = 0,05 (5 %), wenn

$$\mathbf{n} \geq \frac{1{,}96^{2} * 0{,}5^{2}}{0{,}05^{2}} = 384{,}16 \quad (\text{d. h. wenn } n \geq 385),$$

insofern man p_x noch nicht kennt und vom maximal möglichen Standardfehler bei fixem n - nämlich vom Stichprobenumfang für p = 0,5 - ausgeht!

13 Schätzverfahren

13.5 Vertrauensbereiche und andere Schätzverfahren

Die wichtigsten Begriffe und Formeln des Kapitels und die zugehörigen Werkzeuge oder Verfahren werden in folgenden Tabellen zusammengefasst:

Toleranz-, Kontroll- bzw. Vertrauensgrenzen

Tabelle 13-2. *Unterscheidung: Toleranzbereich, Kontrollbereich, Vertrauensbereich*

	Toleranzbereich	Kontrollbereich	Vertrauensbereich
1. Ziel	**Eingrenzung** eines zufälligen x-Werts (zentral; *evtl.* eines μ_x-Werts) ... aufgrund nahezu **bekannter** X-Verteilung	**Prüfung** mehrerer Stichprobenmittelwerte μ_x (-Anteilswerte p_x usw.) ... auf **Vereinbarkeit mit bekanntem** Mittelwert μ (Anteilswert p usw.)	**Erweiterung** einer Punktschätzung μ_x (p_x usw.) durch **Intervall** (x_U, x_O) ... zur Eingrenzung des **unbekannten** Mittelwerts μ (Anteilswerts p usw.)
2. **Zielparameter** (μ, σ, p)	bekannt oder mit gutem Schätzwert	bekannt oder mit gutem Schätzwert	unbekannt
3.1 **Stichprobe(n)**	(*Vorab:* 1 Stichprobe zur Bestimmung der X-Verteilung) *Nachher:* für x_1	m Kontrollstichproben (m = 1 ergibt einen Toleranzbereich)	1 Stichprobe für die Intervallschätzung
3.2 **Stichprobendaten**	(*Vorab:* zur Probe, „training sample") *Nachher:* 1 Wert x_1	je Periode t n(t) x-Werte (t = 1, ..., m); häufig n(t) = n	n x-Werte $x_1, ..., x_n$
3.3 **Wahrscheinlichkeiten**	**Trefferwahrscheinlichkeit** $1 - p$ = P(X im Toleranzbereich); **Aussch(l)usswahrscheinlichkeit** p = P(X außerhalb der Toleranzgrenzen)	**Annahmewahrscheinlichkeit** $1 - p$ = P(μ_x im Kontrollbereich) usw.; **Ablehnungswahrscheinlichkeit** p = P(μ_x außerhalb der Kontrollgrenzen) usw.	**Vertrauensniveau** (Sicherheitswahrscheinlichkeit) $1 - \alpha$ = Anteil der gedanklich wiederholten Stichproben, in denen (x_U, x_O) μ abdeckt usw.; **Irrrtumswahrscheinlichkeit** α

Vertrauensbereiche und andere Schätzverfahren

13.5

Tabelle 13-3. Weitere Begriffe und Verfahren für Vertrauensbereiche

Formeln und Werkzeuge zur Berechnung von Vertrauensgrenzen

Begriff	Formel	Verfahren
Vertrauensbereich (x_U, x_O) für μ (σ bekannt) zum Niveau $1 - \alpha$	*zweiseitig:* $x_U = \mu_x - z_{1-\frac{1}{2}\alpha} * \frac{\sigma}{\sqrt{n}}$ $x_O = \mu_x + z_{1-\frac{1}{2}\alpha} * \frac{\sigma}{\sqrt{n}}$ *links-einseitig* $(-\infty, x_O)$: x_O mit $z_{1-\alpha}$ an Stelle von $z_{1-\frac{1}{2}\alpha}$; *rechts-einseitig* (x_U, ∞): x_U mit $-z_{1-\alpha}$ an Stelle von $-z_{1-\frac{1}{2}\alpha}$	in der Regel *zweiseitig:* (x_U, x_O); *links-einseitig* zur Eingrenzung eines Höchstwerts; *rechts-einseitig* zur Eingrenzung eines Mindestwerts
Breite (x_U, x_O) (σ bekannt) zum Niveau $1 - \alpha$	$2 * z_{1-\frac{1}{2}\alpha} * \frac{\sigma}{\sqrt{n}}$	Breite wird bei fixem $1 - \alpha$ und σ halbiert, wenn man **n** vervierfacht!
Vertrauensbereich (x_U, x_O) für μ (σ unbekannt) zum Niveau $1 - \alpha$	$x_U = \mu_x - t_{1-\frac{1}{2}\alpha}(n-1) * \frac{s}{\sqrt{n}}$ $x_O = \mu_x + t_{1-\frac{1}{2}\alpha}(n-1) * \frac{s}{\sqrt{n}}$ *links-einseitig* $(-\infty, x_O)$: x_O mit $t_{1-\alpha}(n-1)$ an Stelle von $t_{1-\frac{1}{2}\alpha}(n-1)$; *rechts-einseitig* (x_U, ∞): x_U mit $-t_{1-\alpha}$ an Stelle von $-t_{1-\frac{1}{2}\alpha}(n-1)$	in der Regel *zweiseitig:* (x_U, x_O); *links-einseitig* zur Eingrenzung eines Höchstwerts; *rechts-einseitig* zur Eingrenzung eines Mindestwerts
Breite (x_U, x_O) (σ unbekannt) zum Niveau $1 - \alpha$	$2 * t_{1-\frac{1}{2}\alpha}(n-1) * \frac{s}{\sqrt{n}}$ (für n größer wird $t_{1-\frac{1}{2}\alpha}(n-1)$ kleiner)	Breite wird bei fixem $1 - \alpha$ und **s** mehr als halbiert für **n** 4-mal so groß!
Annähernder Vertrauensbereich (x_U, x_O) für p zum Niveau $1 - \alpha$	wenn $n * p_x * (1 - p_x) > 9$: *zweiseitig:* $x_U = p_x - z_{1-\frac{1}{2}\alpha} * \sqrt{p_x * (1-p_x) \div n} - \frac{1}{2n}$ $x_O = p_x + z_{1-\frac{1}{2}\alpha} * \sqrt{p_x * (1-p_x) \div n} + \frac{1}{2n}$	in der Regel *zweiseitig:* (x_U, x_O); *einseitig* analog zum Fall μ, für σ bekannt
Minimaler Stichprobenumfang zur vorgegebenen Fehlermarge e	$n = \frac{(z_{1-\frac{1}{2}\alpha} * \sigma)^2}{e^2}$ (bzw. relativ: $n = \frac{z_{1-\frac{1}{2}\alpha}^2}{k^2}$) $n = \frac{z_{1-\frac{1}{2}\alpha}^2 * p * (1-p)}{e^2}$ ($p = \frac{1}{2}$: $n = \frac{z_{1-\frac{1}{2}\alpha}^2}{4 * e^2}$; $n = \frac{z_{1-\frac{1}{2}\alpha}^2}{k^2}$)	in Bezug auf den Vertrauensbereich für μ bzw. p; relativ: $e = k * \sigma$, $e = k * \sqrt{p * (1-p)}$, $k > 0$

13 Schätzverfahren

13.6 Übungen

Unterschiedliche Grenzen

13.6-1. *Frage:* Schätzverfahren dienen dazu, gewissen Eigenschaften von nicht hundertprozentig bekannten Wahrscheinlichkeitsverteilungen durch Stichprobenschätzungen näher zu kommen. Inwiefern handelt es sich bei der Berechnung von Toleranzgrenzen, Kontrollgrenzen bzw. Vertrauensgrenzen um Schätzverfahren? Welche Eigenschaften werden geschätzt?

Vertrauensbereich für μ (σ bekannt)

13.6-2. Eine Stichprobe vom Umfang n = 25 aus einer normalverteilten Grundgesamtheit hat einen Mittelwert μ_x = 50; es ist σ = 10 bekannt.

Aufgabe: Berechnen Sie den 95 %-Vertrauensbereich für μ!

13.6-3. In der obigen Stichprobe (Übung **13.6-2**) sei nun σ unbekannt; s = 10.

Vertrauensbereich für μ (σ unbekannt); Breite

Aufgabe: Berechnen Sie den 95 %-Vertrauensbereich für μ! Teilen Sie die Breite des neuen Intervalls durch die vorige Breite. Erklären Sie durch welche Größe(n) die Zunahme der Breite verursacht wird und wie genau!

Punktschätzung vs. Intervallschätzung

13.6-4. *Aufgabe:* Erklären Sie den folgenden Leitsatz - dem Titel des ersten Kapitels von KRÄMER (2007) nachempfunden - durch einen Vergleich zwischen Punktschätzung - μ_x für μ etwa - und Intervallschätzung: *Ohne Vertrauensbereiche bleibt nur die Illusion der Präzision!*

Toleranzgrenzen und Trefferwahrscheinlichkeit für x

13.6-5. In Abb. 12-3 ist ein Einfallsbereich für den Kurswert x mit Trefferwahrscheinlichkeit 1 – p = 0,95 erkennbar, unter der Annahme, dass die Kurswerte $N(\mu; \sigma)$-verteilt sind mit bekannten Parametern μ = 52,19; σ = 9,42.

Aufgabe: Berechnen Sie für Abb. 12-3 die Werte der angegebenen Toleranzgrenzen und erklären Sie den Faktor 1,96 aus Tabelle A (Anhang). Berechnen Sie umgekehrt die Trefferwahrscheinlichkeit für den Bereich (33,35; 71,03)!

Frage: Warum stellen die berechneten Toleranzgrenzen für p = 0,05 genau die Quantile $q_{½p}$ und $q_{1-½p}$ der Kurswertverteilung dar?

Hinweis: Die Methode gleicht der Herleitung der Vertrauensgrenzen in §13.3.1 (für μ aufgrund von μ_x, direkt vor Tabelle 13-1). Die Einfallsbereiche gehen von der X-Verteilung aus: Man braucht $z_i = (x_i - \mu) / \sigma$ (i = 1, ..., 30)!

Toleranzgrenzen für μ_x (anstatt x)

13.6-6. Die Firma „Dickens Pickwick" füllt ihre Teepackungen maschinell ab. Es ist bekannt, dass die Anlage die Packungen „normalverteilt füllt" mit einer Standardabweichung von ca. σ = 3 g. Abends wird die Maschine gereinigt und gewartet, so dass morgens das durchschnittliche Abfüllgewicht μ je Packung neu justiert werden muss. Dazu wird aus der anlaufenden Produktion eine Stichprobe vom Umfang n = 41 gezogen und deren Inhalt gewogen.

Frage: Mit welcher *halber Toleranzbreite* - d. h. auf ± wie viel Gramm genau -

Übungen **13.6**

kann man nun das durchschnittliche Abfüllgewicht µ schätzen, wenn man dazu einen Sicherheitsgrad (Trefferwahrscheinlichkeit) von 99 % fordert?

Hinweis: Nicht die X-Verteilung für das Abfüllgewicht pro Packung ist hier zu beachten, sondern die µx-Verteilung für das durchschnittliche Gewicht!

13.6-7. Wenn in der Aufgabe **13.6-6** das nominelle Gewicht einer Packung 200 g beträgt und die Kontrollstichprobe µx = 198,5 g (n = 41) liefert, würde man aufgrund der berechneten Fehlermarge schließen, dass das Abfüllgewicht im Schnitt wohl noch zu niedrig ist. Ein alternativer Ansatz besteht nun darin, dass man einen 99 %-Vertrauensbereich für µ berechnet, ausgehend von µx = 198,5 g und der Stichprobenstandardabweichung s = 3,6 g (letztere fällt in der Kontrollstichprobe also etwas höher aus als σ = 3 g)!

Vertrauensbereich für µ aufgrund von µx und s

Fragen: Kann man nun mit 99-prozentiger Sicherheit ausschließen, dass das erforderliche Durchschnittsgewicht µ eingehalten wird? Welche Aspekte der Kontrollstichprobe werden hier *nicht* so wie in Übung **13.6-6** vernachlässigt?

13.6-8. Konditor Olivier verkauft hausgemachte Pralinen in einer Geschenkpackung mit Nettogewicht µ = 500 g. Bekanntermaßen *streut* der Inhalt - statistisch gesehen - mit einer Standardabweichung von σ = 22,86 g (nach einer Normalverteilung). Frau Olivier entnimmt der zum Verkauf angebotenen Ware eine Zufallsstichprobe von n = 64 Pralinenschachteln, mit der sie das netto Durchschnittsgewicht pro Schachtel auf ± 5 g genau bestimmt.

Trefferwahrscheinlichkeit zu vorgegebener Toleranzbreite um µx herum

Fragen: Mit welchem Sicherheitsgrad (Trefferwahrscheinlichkeit) tut sie dies? Inwiefern ist die Toleranzbreite hier die Breite eines *Kontrollbereichs*?

Hinweis: Unterstellen Sie wie in Übung **13.6-6** eine bekannte µx-Verteilung!

13.6-9. Aus einer Stichprobe von n = 225 Bachelorabsolventen machen Tx = 52 mit einer Masterausbildung weiter.

Vertrauensbereich für den Anteilswert px

Aufgabe: Berechnen Sie den 95 %-Vertrauensbereich für *p*, die Wahrscheinlichkeit (in der Grundgesamtheit) dafür, dass nach dem Bachelorstudium mit einem Masterstudium begonnen wird!

13.6-10. Bei der Überprüfung von Rechnungen eines Multimediageschäfts erwartet man theoretisch, dass im Schnitt 15 aus 100 Rechnungen „nichtkonforme Testfälle" darstellen in dem Sinne, dass sie zu spät bezahlt werden. Für die anstehende Kontrollstichprobe von n = 80 Rechnungen soll nun vorhergesagt werden, in welchem Toleranzbereich die „Fehlerquote" px mit 95-prozentiger Sicherheit (Trefferwahrscheinlichkeit 1 – p) liegen wird. Dabei tut man, als ob die zugrunde liegende Fehlerquote *p* exakt zutrifft. Entsprechend wird für die Zufallsvariable Tx = „Anzahl der zu spät bezahlten Rechnungen" die Binomialverteilung *B(80; p)* unterstellt; px = Tx / 80.

Toleranzbereich für den Anteilswert px

13 Schätzverfahren

Aufgaben: Überlegen Sie, welche unterschiedlichen Größen genau mit p_x, p und $1 - p$ (bzw. p) gemeint sind! Berechnen Sie den Toleranzbereich $[q_{½p}, q_{1-½p}]$ für T_x bzw. p_x. Vergleichen Sie die Toleranzgrenzen für p_x mit den für p berechneten 95-prozentigen Vertrauensgrenzen, siehe Kap. 13.4 (mit n = 80)! Erklären Sie den Unterschied so ähnlich wie in Übung **13.6-7**!

Hinweis: Werten Sie jedes benötigte Quantil q_h der *B(80; p)*-Verteilung zur kumulierten Häufigkeit H über die Excel-Funktion KRITBINOM aus! Kontrollieren Sie die gesuchten H-Werte über die Excel-Funktion BINOMVERT!

Stichproben-umfang zu einer relativen Fehlermarge

13.6-11. Konditor Olivier bekommt Besuch von einem Kontrolleur, der den Sollwert des Nettodurchschnittsgewichts (μ = 500 g) zum Vertrauensniveau von 95 % mit einer Fehlermarge von 2 g überprüfen möchte. *Frage:* Wie viele Pralinenschachteln sollte er mindestens überprüfen, ausgehend von σ = 20?

Verringerung der Fehlermarge über n

13.6-12. *Fragen:* Mit welchem Faktor muss man n multiplizieren, damit die absolute bzw. relative Fehlermarge einer Intervallschätzung für den theoretischen Mittelwert μ zweimal so klein wird (σ bekannt; σ und $1 - \alpha$ fix)? Und mit welchem Faktor muss man umgekehrt die Fehlermarge multiplizieren, wenn n zweimal so groß wird? Gelten Ihre Ergebnisse auch für die Fehlermarge beim Vertrauensbereich für *p*?

13.6-13. Abb. 13-7 gibt die ursprüngliche Argumentation wieder, nach der μ_0 = 179 € ein wahrscheinlicher Wert ist, da er im 99 %-Vertrauensbereich (150,90; 183,10) liegt. Am Ende von §13.3.5 gibt es 2 Einwände dagegen.

Frage: Welche Teile des Schemas werden sich gegenüber der ursprünglichen Argumentation unter Einfluss solcher Einwände ändern und warum genau?

Argumentation zur Folgerung „μ_0 innerhalb (x_U, x_O)"

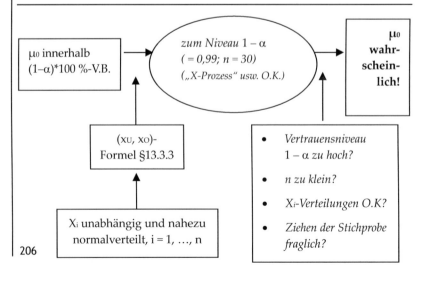

Abbildung 13-7. *Argumentationsschema zu einem Vertrauensbereich der μ_0 enthält (α = 0,01; Beispiel ähnlich zu Abb. 13-6 zum durchschnittlichen Handypreis)*

14 Testverfahren

Lernziele

- Sie können 2 *sich gegenseitig ausschließende und ergänzende Aussagen* als „Nullhypothese H₀" (Standardannahme) und „Alternativhypothese H₁" (Alternative, alternative Vermutung) formulieren. H₀ und H₁ verbinden Sie mit 2 nicht überlappenden Bereichen eines Parameters (Mittelwerts, Anteilswerts usw.) oder mehrerer Parameter in der Grundgesamtheit.

- Sie legen vorab ein nominelles „Signifikanzniveau α" (in der Regel α = 0,10; 0,05 oder 0,01) fest, d. h. eine obere Schranke α für das Risiko darauf, dass die Nullhypothese H₀ zu Unrecht abgelehnt wird.

- Sie verstehen den „klassischen Hypothesentest" oder „Signifikanztest" als ein Verfahren, wobei die Nullhypothese H₀ abgelehnt wird, wenn das Ergebnis der „Prüfgröße" in einem sehr unwahrscheinlichen Bereich liegt. Die Unwahrscheinlichkeit dieses „Ablehnungsbereiches" wird daran gemessen, dass im Falle einer wahren Nullhypothese H₀ das Ergebnis der Prüfgröße mit einer Wahrscheinlichkeit höchstens gleich dem Signifikanzniveau (d. h. ≤ α) in den Bereich fällt.

- Sie können „einseitig" oder „zweiseitig" einen klassischen Hypothesentest durchführen zum *Vergleich eines theoretischen Mittelwerts* μ (bzw. *eines Anteilswerts p) mit einem angenommenen Wert* μ_0 (bzw. p_0), mittels eines „Z-Tests" oder „t-Tests" (bzw. „annähernden Z-Tests"). Dazu zählt auch der *Vergleich zweier Mittelwerte anhand gepaarter Beobachtungen* („t-Test").

- Sie verstehen den grundsätzlichen Ablauf eines „Computertests", einer zeitgemäßen Variante des klassischen Hypothesentestverfahrens. Sie verstehen die einseitige oder zweiseitige „Überschreitungswahrscheinlichkeit unter H₀", den so genannten „p-Wert", als empirisches Signifikanzniveau zum Ergebnis der Prüfgröße. Diese „empirische Signifikanz" ist das geschätzte Fehlerrisiko: das Risiko, dass H₀ *bei diesem Ergebnis bzw. bei einem noch extremeren Ergebnis* zu Unrecht abgelehnt wird.

- Sie behalten beim Computertest die Nullhypothese H₀ bei, wenn das empirische Fehlerrisiko, d. h. der p-Wert, größer ist als das maximal zulässige Risiko α Sie lehnen H₀ ab, wenn der p-Wert α nicht übersteigt.

- Sie können Computertests korrekt durchführen (lassen) und interpretieren für Hypothesentestprobleme, in denen *für 2 unabhängige Stichproben*

14 Testverfahren

die theoretischen Mittelwerte μ_1 und μ_2 (Anteilswerte p_1 und p_2 bzw. Standardabweichungen σ_1 und σ_2) verglichen werden sollen, mittels eines „t-Tests für unabhängige Stichproben" (annähernden „Z-Tests" bzw. „F-Tests").

- Sie können den Computertest zum *Vergleich mehrerer theoretischer Mittelwerte* mittels eines „F-Tests" korrekt durchführen und interpretieren.

- Sie können für Computertests toulminsche Argumentationsschemata aufstellen, um die Ablehnung einer Nullhypothese bzw. das Beibehalten einer Nullhypothese korrekt zu dokumentieren und zu interpretieren.

14.1 Prinzip der Hypothesenprüfung

Vertrauensbereiche grenzen eine Kenngröße mit hoher Wahrscheinlichkeit ein

Bei den Vertrauensbereichen geht es darum, der Unsicherheit beim Schätzen einer bestimmten Kenngröße in der Grundgesamtheit (z. B. μ, p) Ausdruck zu verleihen: Anhand der Stichprobendaten wird um den üblichen Schätzwert (μ_x bzw. p_x) herum ein Intervall konstruiert, das die gesuchte Kenngröße mit großer Wahrscheinlichkeit - zum Vertrauensniveau $1 - \alpha$ - enthält. Bei der Überprüfung statistischer Hypothesen wird ebenfalls aus Schätzwerten auf Eigenschaften der Grundgesamtheit geschlossen. Dabei geht es nun eher darum, ob man sich *gegen* eine (Standard)Annahme - **Nullhypothese H₀** *(null hypothesis)* - und *für* eine alternative Annahme - **Alternativhypothese H₁** *(alternative hypothesis)* - entscheiden kann oder nicht.

Hypothesentests führen entweder zum Beibehalten der Standardannahme H₀ oder zur Entscheidung für die alternative Annahme H₁, unter Eingrenzung des Risikos, dass H₀ zu Unrecht abgelehnt wird!

Statistische Hypothesen formuliert man als Aussagen in Bezug auf eine nicht hundertprozentig bekannte Wahrscheinlichkeitsverteilung. Nullhypothese und Alternative werden anhand der Stichprobendaten verglichen, damit

- ein *angenommener Wert für eine bestimmte Kenngröße* (etwa μ_0, p_0) überprüft und womöglich zugunsten anderer Werte in der Grundgesamtheit abgelehnt wird (Kap. 14-2);

- *Gleichheit derselben Kenngröße für 2 oder mehr Gruppen* (Teilgesamtheiten) überprüft und womöglich abgelehnt wird, z. B. für μ_1 und μ_2 in 2 Gruppen oder für $\mu_1, ..., \mu_m$ in m > 2 Gruppen (Kap. 14-3 und 14-4);

- eine *angenommene Form einer Wahrscheinlichkeitsverteilung* überprüft und womöglich zugunsten alternativer Verteilungen abgelehnt wird, z. B. die Normalverteilungsannahme für n Wiederholungen $X_1, ..., X_n$ der Zufallsvariablen X, welche den Stichprobenwerten $x_1, ..., x_n$ zugrunde liegen. Auf solche Testprobleme gehen wir hier nicht weiter ein.

14.1 Prinzip der Hypothesenprüfung

Voraussetzung für den Vergleich der Nullhypothese H₀ mit einer alternativen Annahme (Alternativhypothese) ist die Garantie, dass nur mit geringer Wahrscheinlichkeit der Fall - vielmehr das Malheur - eintreten kann, dass H₀ abgelehnt wird, obwohl sie in Wahrheit stimmt. Die entsprechende Wahrscheinlichkeit wird **unter H₀** berechnet, das heißt für den Fall dass H₀ wahr ist. Sie soll das maximale Fehlerrisiko oder **Signifikanzniveau** (*significance level*) α nicht überschreiten. Dieses „nominelle Signifikanzniveau" legt man also vor Durchführung des **Hypothesentests** (*test of hypothesis*) – auch **Signifikanztest** (*significance test*) genannt - als *eine Schranke für das Risiko* fest, *dass die Nullhypothese H₀ zu Unrecht abgelehnt wird*. In der Regel wählt man $\alpha = 0{,}05$; manchmal aber $\alpha = 0{,}10$ oder $\alpha = 0{,}01$ (siehe §14.1.3).

Signifikanzniveau α (maximales Fehlerrisiko unter H₀)

Neben α soll man auch die grundsätzlichen Bestandteile eines Hypothesentestproblems (*hypothesis testing problem*), die (statistische) Nullhypothese H₀ und die (statistische) Alternativhypothese H₁, vor Durchführung eines Tests genau formulieren (§14.1.1). Für das zu lösende Testproblem (H₀, H₁) soll ein Testverfahren gewählt werden (**Testwahl**), gefolgt durch die eigentlichen Testberechnungen. Danach gibt es eine Entscheidungsregel (*decision rule*), über die man sich im Wesentlichen entweder für eine Feststellung wie

Vom Testproblem (H₀, H₁) über Testdurchführung zur Testentscheidung

(A) „es gibt hinreichende Beweise für H₁ (d. h. gegen H₀)"

ausspricht oder für eine Feststellung wie

(B) „es gibt *keine* hinreichende Beweise für H₁."

2 mögliche Testentscheidungen

So kann A heißen: „Die Kundenzufriedenheit hat sich gegenüber dem Vorjahr geändert (bzw. ist gewachsen)" und B: „Eine Änderung (bzw. Zunahme) der Kundenzufriedenheit ist aufgrund der Daten statistisch nicht nachweisbar." Der korrekten Interpretation einer solchen Testentscheidung (*test outcome, test decision*) widmen wir uns in den vielen Beispielen ab Kap. 14.2.

Zwischen Formulierung und Entscheidung liegt die eigentliche Durchführung des Tests. Wichtigster Bestandteil dabei ist die Testwahl, insb. die Wahl der „Prüfgröße". Zum Schluss (Kap. 14.5) wird der Testablauf in 7 bis 9 Schritten zusammengefasst. Der gesamte Testablauf wird zunächst (§14.1.2 - §14.1.4) allgemein geschildert. Im weiteren Verlauf lernen Sie 9 verschiedene Testverfahren kennen und im nächsten Kapitel noch 2 weitere.

Testablauf in 7 bis 9 Schritten

Um die vielfältigen Anwendungen gut interpretieren zu können, sollte man die Hypothesenprüfung vom Prinzip her gut verstehen. Dazu dienen die einführenden Erläuterungen im Kap. 14.1, siehe auch das erste Testproblem in §14.2.1. Statistikprogramme bieten meistens eine Fülle von Testverfahren an, von denen man gut Gebrauch machen kann, wenn man nur erst die einfacheren Tests gut verstanden und vielleicht auch durchgerechnet hat.

14 Testverfahren

Klassisches Testverfahren (über Ablehnungsgrenzen)

Im Kap. 14.2 steht das **klassische Testverfahren** (*critical value approach*, der Ansatz über „Ablehnungsgrenzen") zentral: Man vergleicht anhand eigener Berechnungen eine „Prüfgröße" mit einem „Ablehnungsbereich". Entscheidungsprinzip ist Folgendes: *„Liegt das Ergebnis der Prüfgröße im Ablehnungsbereich, so kann man die Nullhypothese ablehnen!"* So manchen „zweiseitigen Test" kann man in Zusammenhang mit einem Vertrauensbereich erklären.

Computertest (über den „p-Wert")

Ein grundlegendes Verständnis ist für die Anwendungen wichtiger als die mit den Hypothesentests verbundene Rechnerei. So manche Formel taucht daher erst zum Schluss in den Tabellen 14-6 bis 14-8 auf. Man braucht Formeln vor allem dann, wenn man auf einen Computertest verzichten möchte. Das für die Praxis wichtige **Computertestverfahren** (*p-value approach*, der Ansatz über die „Überschreitungswahrscheinlichkeit", kurz über den „p-Wert") ist gleichwertig zum klassischen Verfahren, aber etwas flexibler. Ab Kap. 14.3 stellen wir einige in der Praxis viel gebrauchte Signifikanztests vor.

14.1.1 Standardannahmen und alternative Vermutungen

H_0 entspricht dem „Status Quo", dem Normalfall

Beim Testen von Hypothesen geht es also um die Frage, ob die Ergebnisse einer Stichprobenschätzung sich zu bestimmten, vermuteten „Standardeigenschaften" einer Grundgesamtheit verallgemeinern lassen oder eher einen Beweis gegen diesen vermuteten „Standard- oder Normalfall" darstellen.

Behalte H_0 bei, solange H_1 nicht bewiesen ist!

Verschiedene Vermutungen oder Annahmen (H_0 bzw. H_1) werden unterschiedlich behandelt. Große Abweichungen von der Standardsituation H_0 können womöglich anhand der Stichprobendaten aufgezeigt werden, so dass man die Alternativhypothese H_1 annimmt (H_0 wird abgelehnt). Die Unhaltbarkeit der Nullhypothese wird dann als „statistisch bewiesen" angesehen und damit auch H_1. Falls aber umgekehrt aus den Daten nicht genügend Hinweise auf eine statistisch bedeutsame Abweichung von H_0 erfolgen, so heißt das noch lange nicht, dass H_0 unumstößlich feststeht. *Man behält die Nullhypothese H_0 lediglich aus Mangel an Beweisen für die Alternative bei und zwar so lange bis H_0 widerlegt wird*!

Nehmen wir zum Beispiel an, dass das Testproblem (H_0, H_1) sich auf gleichbleibende gegenüber geänderte oder erhöhte Kennzahlen für die Arbeitsproduktivität eines Unternehmens bezieht. Aufgrund wöchentlicher Zahlen, welche mit dem Vorjahresdurchschnitt oder mit einem Normwert verglichen werden, führt ein statistischer Test zu einer der beiden Aussagen:

(A) „Die Arbeitsproduktivität ist anders (bzw. höher) geworden,"

(B) „Eine Produktivitätsänderung (-erhöhung) ist nicht nachweisbar."

Prinzip der Hypothesenprüfung

14.1

Aussage A bedeutet, dass man aus statistischen Gründen H₁ *akzeptiert* und H₀ *ablehnt*. Die entgegen gesetzte Aussage B will nur heißen, dass man H₁ statistisch nicht beweisen kann und deshalb die Nullhypothese H₀ *beibehält*.

Stellt μ eine Kennzahl für die Arbeitsproduktivität dar und μ_0 einen entsprechenden Normwert, so handelt es sich um eins der folgenden Probleme:

- (a) H₀: „$\mu = \mu_0$" und H₁: „$\mu \neq \mu_0$" (zweiseitig; *two-sided testing problem*): „Hat sich die Produktivität geändert oder nicht?"

- (b) H₀: „$\mu \leq \mu_0$" und H₁: „$\mu > \mu_0$" (rechts einseitig; *right-tailed testing problem*): „Ist die Produktivität größer geworden oder nicht?"

- (c) H₀: „$\mu \geq \mu_0$" und H₁: „$\mu < \mu_0$" (links einseitig; *left-tailed testing problem*): „Ist die Produktivität kleiner geworden oder nicht?"

In Problem a gibt es die größtmögliche Alternative H₁, in b und c ergänzt man H₀: „$\mu = \mu_0$" um den aus der Gesamtalternative herausgelassenen Teil! Beim Formulieren eines Testproblems (H₀, H₁) muss die Zwei- oder Einseitigkeit der Alternative explizit und *vor* Durchführung des Tests hineinbezogen werden. Folgende Tabelle listet an 3 weiteren Beispielen die Möglichkeiten noch einmal auf. Der zwei- oder einseitige Charakter wird zunächst aufgrund des interessierenden Sachverhalts begründet. Danach wird H₀ an H₁ angepasst, so dass beide zusammen alle Möglichkeiten abdecken!

Zweiseitig, rechts einseitig oder links einseitig testen

Tabelle 14-1. Zweiseitige und rechts bzw. links einseitige Testprobleme

Testen auf einen Sollwert, Mindestwert bzw. Höchstwert

Angenommener Wert μ_0 unter H₀	H₁ = interessierender Sachverhalt	Richtung H₁	Bezeichnung des Problems (H₀, H₁): Test auf ...
(1) μ_0 als *Sollwert* H₀: „$\mu = \mu_0$", μ_0 = 1000 ml (vgl. Übung 14.6-2 & -3)	H₁: „Weichen die Abfüllmengen vom nominellen Inhalt der Weinflaschen ab?"	$\mu \neq$ 1000 ml (*zweiseitiger Test*)	*Vorliegen eines Standardwertes μ_0 (gegen das Verfehlen von μ_0)*
(2) μ_0 als *Höchstwert* H₀: „$\mu \leq \mu_0$", μ_0 = 179 € (siehe §14.2.2)	H₁: „Liegt der durchschnittliche Verkaufspreis eines Mobiltelefons über 179 €?"	$\mu >$ 179 € (*rechts einseitiger Test*)	*Einhaltung eines Höchstwertes μ_0 (gegen Überschreitung von μ_0)*
(3) μ_0 als *Mindestwert* H₀: „$\mu \geq \mu_0$", μ_0 = 5 € (siehe §14.2.1)	H₁: „Wird der durchschnittliche Verlust von μ_0 = 5 € (pro Spieler pro Stunde) unterschritten?"	$\mu <$ 5 € (*links einseitiger Test*)	*Einhaltung eines Mindestwertes μ_0 (gegen Unterschreitung von μ_0)*

14 Testverfahren

Es sollen H₀ und H₁ also sowohl sachlogisch sinnvoll wie auch logisch und mathematisch korrekt formuliert werden. Dies bedeutet in Bezug auf den gesuchten Parameter, dass

(H₀, H₁): nicht-überlappende und erschöpfende Zerlegung des Parameterbereichs

- H₀ und H₁ *sich gegenseitig ausschließende und ergänzende Aussagen* betreffen, so dass damit 2 überschneidungsfreie Parameterbereiche verbunden sind, die zusammen den gesamten Parameterbereich abdecken;
- in der H₀-Formulierung immer ein Gleichheitszeichen (=, ≤, ≥) vorkommt, in der H₁-Formulierung nur Ungleichheitszeichen (≠, <, >).

14.1.2 Vom Vertrauensbereich zum Hypothesentest

Folgende Herleitung des Zusammenhangs zwischen zweiseitigem Vertrauensbereich und Hypothesentest führt zu einer zusätzlichen Begründung zweiseitiger Testverfahren (insb. für den „Z-Test" in §14.2.1; vgl. §13.2.1). *Es enthält das Konfidenzintervall zum Vertrauensniveau 1 − α genau jene µ-Werte, die jeder für sich als angenommener Wert einer Nullhypothese H₀ zum Signifikanzniveau α nicht abgelehnt werden können.* Für eine korrekte Anwendung der späteren Testverfahren braucht man übrigens den jetzigen Abschnitt nicht.

In §13.2.1 wurde für n = 30 Kurswerte (siehe Tabelle 9-3) das Konfidenzintervall (49,36; 55,02) zum Vertrauensniveau 1 − α = 0,90 aus dem Stichprobenmittelwert µ$_x$ = 52,19 hergeleitet und zwar unter der Annahme, dass die Kurswerte in der Grundgesamtheit nahezu normalverteilt sind mit bekannter Standardabweichung σ = 9,42. Wir werden gleich auf µ₀ als irgendeinen fixen Wert für µ fokussieren. Zunächst gilt für jeden beliebigen µ-Wert die N(0;1)-Verteilung für die standardisierte Mittelwertschätzfunktion

Der Vertrauensbereich für µ beruht auf die Verteilung des Stichprobenmittelwerts µ$_x$

$$\overline{Z} = \sqrt{n} * \frac{\mu_X - \mu}{\sigma},$$

vgl. Abb. 13-2 (Standardfehler $\sigma_\mu = \frac{\sigma}{\sqrt{n}}$ = 1,72). Daher ist $(-z_{1-½\alpha}, +z_{1-½\alpha})$ der (1 − α)*100 %-Vertrauensbereich mit Trefferwahrscheinlichkeit, d. h. Vertrauensniveau, gleich 1 − α (0,90 im Beispiel). Diese Wahrscheinlichkeit bedingt genau die z-Quantile als Vertrauensgrenzen. Sie bezieht sich auf „mögliche µ-Werte", die aus µ$_x$ und der N(0;1)-Verteilung für $\overline{Z}$ folgen.

Fragt man nun nicht nach möglichen µ-Werten bei gegebenem Stichprobenmittelwert µ$_x$, sondern direkt nach „möglichen µ$_x$-Werten" bei fixem µ = µ₀, so verwandelt sich der Vertrauensbereich um µ$_x$ herum in einen „Akzeptanzbereich" um µ₀ herum! Man lehnt H₀: „µ = µ₀" ab, wenn das Ergebnis der Prüfgröße µ$_x$ nicht im Akzeptanzbereich liegt. Der entsprechende

Prinzip der Hypothesenprüfung

14.1

Ablehnungsbereich hat *unter H₀* eine geringe Wahrscheinlichkeit α, die der Irrtumswahrscheinlichkeit des (1 − α)*100 %-Vertrauensbereiches entspricht!

Abbildung 14-1. Die Irrtumswahrscheinlichkeit α zum Vertrauensbereich (xᵤ, x₀) entspricht dem Signifikanzniveau zum zweiseitigen Hypothesentest auf H₀: „μ = μ₀"

Akzeptanz- und Ablehnungsbereich eines Tests hängen mit dem Vertrauensbereich für μ zusammen

Vertrauensbereich	halbe Irrtumswahrscheinl.	Vertrauensniveau (Trefferwahrscheinlichkeit)	halbe Irrtumswahrscheinl.
für den Erwartungswert zu $\bar{Z}$	½α |--------------- $-z_{1-½α}$	$1-α$ • ---------------| 0	½α $z_{1-½α}$
für μ	½α |--------------- $x_U = μ_x - z_{1-½α} * \frac{σ}{\sqrt{n}}$	$1-α$ • ---------------| $μ_x$	½α $x_O = μ_x + z_{1-½α} * \frac{σ}{\sqrt{n}}$
Test auf **H₀: „μ=μ₀"** anhand $μ_x$ zum **Signifikanzniveau α**	½α |--------------- **linker Teil Ablehnungsbereich**	$1-α$ • ---------------| $μ_0$ **Akzeptanzbereich**	½α **rechter Teil Ablehnungsbereich**

14.1.3 Der klassische statistische Test

Beim klassischen Hypothesentest wird H₀ gerade dann abgelehnt, wenn das Ergebnis *t* einer **Prüfgröße *T*** (*test statistic*) in einem sehr unwahrscheinlichen Bereich liegt[1]. Die Unwahrscheinlichkeit dieses Ablehnungsbereiches wird daran gemessen, dass *t* im Falle einer wahren Nullhypothese H₀ mit einer Wahrscheinlichkeit höchstens gleich dem Signifikanzniveau α in den Bereich fällt. Es ändert sich die Berechnung von Vertrauensgrenzen in die Bestimmung von **Ablehnungsgrenzen** (**kritischen Grenzen**, *critical values*; vgl. Abb. 14-1 oben für den Vertrauensbereich, Abb. 14-1 unten für den Test). Was nun für den Vertrauensbereich die Irrtumswahrscheinlichkeit ist, das ist für den Hypothesentest das **Signifikanzniveau** (*significance level*) **α**:

---

[1] Hier werden *t* und *T* fett und kursiv geschrieben, um Verwirrung mit den entsprechenden Größen eines „t-Tests" zu vermeiden.

14 Testverfahren

Signifikanz-niveau

α ist die maximal zulässige Wahrscheinlichkeit dafür, dass das Testergebnis *t* im Ablehnungsbereich liegt, obwohl H₀ stimmt

Als Beispiel betrachten wir das Prinzip des „zweiseitigen Z-Tests" auf H₀: „$\mu = \mu_0$" gegen H₁: „$\mu \neq \mu_0$", ausgehend von der *N(0;1)*-verteilten standardisierten Mittelwertschätzfunktion $\overline{Z} = \sqrt{n} * \dfrac{\mu_X - \mu_0}{\sigma}$, siehe §14.2.1. Das

Zweiseitiger Z-Test auf den Mittelwert (σ bekannt)

Testergebnis $t = \overline{z}$ liegt entweder im **Ablehnungsbereich** (*rejection region*)

$(-\infty, -z_{1-\frac{1}{2}\alpha}) \cup (+z_{1-\frac{1}{2}\alpha}, \infty)$, so dass $\overline{z} < -z_{1-\frac{1}{2}\alpha}$ oder $\overline{z} > z_{1-\frac{1}{2}\alpha}$,

oder im **Akzeptanzbereich** (*acceptance region*)

$[-z_{1-\frac{1}{2}\alpha}, +z_{1-\frac{1}{2}\alpha}]$, so dass $-z_{1-\frac{1}{2}\alpha} \leq \overline{z} \leq +z_{1-\frac{1}{2}\alpha}$.

Die kritischen Grenzen rechnet man in der Regel zum Akzeptanzbereich, aber wie man sie behandelt ist für stetige Prüfgrößen egal (eine Grenze ist ein Punkt mit Wahrscheinlichkeit 0). Es gibt 2 mögliche Testentscheidungen:

Entweder liegt t (hier $\overline{z}$) im Ablehnungs-bereich (Ent-scheidung für H₁, anstelle von H₀) oder t liegt im Akzep-tanzbereich (H₀ beibehalten)

- Liegt der Stichprobenmittelwert $\overline{z}$ außerhalb der kritischen Grenzen $-z_{1-\frac{1}{2}\alpha}$ und $+z_{1-\frac{1}{2}\alpha}$, so ist dieses Testergebnis gegenüber dem Zentrum 0 des Akzeptanzbereiches als sehr unwahrscheinlich anzusehen, wenn $\mu = \mu_0$ wahr ist (*unter H₀*). Somit ist auch μ_x zu weit von μ_0 entfernt und die Annahme H₀: „$\mu = \mu_0$" kann nicht stimmen. Es wird H₀ abgelehnt!

- Liegt $\overline{z}$ (μ_x) innerhalb der kritischen Grenzen, so wird H₀ weiterhin akzeptiert oder beibehalten: Die Daten sprechen nicht (genug) gegen H₀!

Die Ablehnungsgrenzen sind hier genau die z-Quantile zur kumulierten Häufigkeit ½α bzw. 1 − ½α, so dass *unter H₀* das Testergebnis in der Tat mit Wahrscheinlichkeit α in den Ablehnungsbereich fällt. Folgende Tabelle enthält eine Auswahl von kritischen Grenzen für den zweiseitigen Z-Test. Genauere z-Werte sind übrigens in Tabelle D im Anhang zu finden ($f = \infty$; noch genauere Werte erhält man über die Excel-Funktion NORMINV).

Zweiseitiger Z-Test: Signifikanz-niveau und beidseitige z-Quantile

Tabelle 14-2. *Übliche Kombinationen von Signifikanzniveau und 2 z-Quantilen*

Zweiseitiger Z-Test	streng	Standard	locker
Signifikanzniveau α	0,01	0,05	0,10
z-Quantile $-z_{1-\frac{1}{2}\alpha}$ und $z_{1-\frac{1}{2}\alpha}$	± 2,576	± 1,960	± 1,645

14.1 Prinzip der Hypothesenprüfung

Der klassische links (bzw. rechts) einseitige Test läuft genau so ab wie der zweiseitige, nur befindet sich der Ablehnungsbereich dabei ausschließlich ganz links bzw. ganz rechts. So gibt es für den *rechts einseitigen* Z-Test auf H₀: „$\mu \leq \mu_0$" gegen H₁: „$\mu > \mu_0$" den rechts einseitigen Ablehnungsbereich

$(+z_{1-\alpha}, \infty)$, so dass $\bar{z} > +z_{1-\alpha}$ bedeutet: H₀ ablehnen.

Folgende Tabelle enthält z-Quantile für einseitige Z-Tests.

Rechts einseitiger Z-Test auf den Mittelwert (σ bekannt)

Tabelle 14-3. Übliche Kombinationen von Signifikanzniveau und z-Quantil

einseitiger Z-Test	streng	Standard	locker
Signifikanzniveau α	0,01	0,05	0,10
z-Quantil $-z_{1-\alpha}$ (links)	−2,326	−1,645	−1,282
z-Quantil $+z_{1-\alpha}$ (rechts)	+2,326	+1,645	+1,282

Einseitiger Z-Test: Signifikanzniveau und z-Quantil

Im Vergleich zur Tabelle 13-1 erkennt man, dass der *weite* Vertrauensbereich zum Niveau 1 − α = 0,99 genau dem *strengen* zweiseitigen Test zum niedrigen Signifikanzniveau α = 0,01 entspricht. Genauso entspricht der zweiseitige Z-Test zum *Standardniveau* α = 0,05 dem *gemäßigt breiten* Konfidenzintervall zum Niveau 1 − α = 0,95. Das *lockere* Signifikanzniveau α = 0,10 passt zum *engen* Konfidenzintervall mit 1 − α = 0,90. Obwohl die Festlegung des maximalen Fehlerrisikos α grundsätzlich eine *subjektive Wahl* bedeutet, hat sich der Standard α = 0,05 in der wissenschaftlichen Praxis durchgesetzt. Ein größeres Signifikanzniveau - z. B. α = 0,10 - kann man eigentlich nur wählen, wenn die Konsequenzen einer zu Unrecht abgelehnten Nullhypothese nicht besonders gravierend sind: Wir werden dies z. B. tun, wenn wir die Gleichheit zweier Standardabweichungen zu überprüfen haben, um uns für eine der 2 Varianten des „Zweistichproben-t-Tests" zu entscheiden, siehe §14.3.1. Ein geringeres Signifikanzniveau - z. B. α = 0,01 oder α = 0,001 - ist ratsam, wenn zur Analyse des gleichen Datensatzes viele vergleichbare Fragestellungen mit vielen Tests untersucht werden („Alpha-Inflation", siehe §14.4.2).

Wahl des Signifikanzniveaus: α = 0,10 locker; α = 0,05 Standardniveau; α = 0,01 streng

Je kleiner α, desto bedeutsamer oder „signifikanter" ist eine tatsächliche Ablehnung! Man kann α nun aber nicht beliebig klein wählen. Mit kleiner werdendem α schwindet nämlich auch die Wahrscheinlichkeit - die „Trennschärfe" oder das „Unterscheidungsvermögen" (*test power*) - dafür, dass eine real existierende Abweichung von der Nullhypothese in der Tat nachweisbar ist! Auf diese zweite Wahrscheinlichkeit neben α können wir hier nicht weiter eingehen, da sie zum Teil von unbekannten Parametern abhängt. In der Regel versucht man „für einen vorgegebenen Abstand" zwi-

Für einen strengen Test ist die Trennschärfe geringer als für einen lockeren Test; bei fixem α führt Erhöhung der Fallzahl zu einer größeren Trennschärfe

Testverfahren

schen dem Parameterwert unter H₁ und dem vermuteten Wert unter H₁ die Trennschärfe dadurch zu erhöhen, dass der Standardfehler zur Prüfgröße kleiner wird und zwar durch Erhöhung des Stichprobenumfangs n.

14.1.4 Der Computertest

Der Computer berechnet den zweiseitigen p-Wert als Überschreitungswahrscheinlichkeit unter H₀, als ob t und –t die Ablehnungsgrenzen wären

Setzen wir für einen zweiseitigen Test auf Basis der (stetigen) Prüfgröße T voraus, dass $T = 0$ exakt dem angenommenen Wert *unter H₀* entspricht. Der **p-Wert eines zweiseitigen Tests** oder die entsprechende **empirische Signifikanz** ist das Fehlerrisiko, das zum „empirischen Ablehnungsbereich" gehört, der exakt mit dem Testergebnis t der Prüfgröße T übereinstimmt. Der p-Wert ist das mit $(-\infty, -|t|) \cup (+|t|, \infty)$ verbundene Fehlerrisiko *unter H₀*, d. h. **p-Wert** = Überschreitungswahrscheinlichkeit = $P_0(T < -|t|$ oder $T > |t|)$:

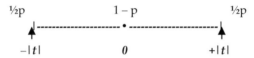

Man tut hier, als ob der Hypothesentest so angelegt wäre, dass *H₀ abgelehnt wird für Werte der Prüfgröße, die mindestens so stark gegen H₀ sprechen wie t selbst*. „Einen gleich starken Beweis gegen H₀" gibt es mit dem entgegen gesetzten Vorzeichen: $-|t|$ an der Stelle von $|t|$ oder umgekehrt. Stärker gegen H₀ spricht jedes Ergebnis links von $-|t|$ bzw. rechts von $|t|$.

Einseitiger p-Wert = ½ mal zweiseitiger p-Wert!

Der **p-Wert eines einseitigen Tests** ist die Überschreitungswahrscheinlichkeit *unter H₀* eines links einseitigen Ablehnungsbereiches $(-\infty, -|t|)$ bzw. eines rechts einseitigen Bereiches $(+|t|, \infty)$. Dadurch ist der p-Wert eines einseitigen Tests halb so groß wie beim zweiseitigen Test, allerdings nur für die Seite, wo das Testergebnis liegt, siehe §14.2.2 und Übung **14.6-3**!

Lehne H₀ ab, wenn p-Wert ≤ α

Beim Computertest wird die Nullhypothese H₀ beibehalten, wenn der p-Wert größer ist als das maximal zulässige Risiko α. H₀ wird abgelehnt, wenn der p-Wert α nicht übersteigt. Der Computertest steht in diesem Kapitel im Vordergrund. Wenn dieser korrekt angewandt wird, kann so mancher Rechenfehler vermieden werden, den man beim klassischen Test riskiert. Alle Aufmerksamkeit wird auf das grundsätzliche Verständnis der Hypothesentestmethode gelenkt. Der Begriff „p-Wert" ist im Rahmen des Computertests allgemein anwendbar. Dies ermöglicht auch die Anwendung alternativer Testverfahren, zu deren Behandlung in diesem Kapitel der Platz fehlt. So gibt es eine Fülle von so genannten „verteilungsfreien Signifikanztests", bei denen einige Voraussetzungen - wie etwa die Normalverteilungsannahme - nicht erfüllt sein müssen, wie es bei den hier behandelten Tests der Fall ist (siehe die Fußnoten zu den Tabellen 14-6 bis 14-8).

14.2 Vergleich eines Mittelwerts (eines Anteilswerts) mit einem angenommenen Wert

Im jetzigen Abschnitt geht es um Testprobleme zum Vergleich des „Erwartungswerts" μ - des theoretischen Mittelwerts einer metrischen Zufallsvariablen X - mit dem Standardwert μ_0, der als angenommener Wert die Nullhypothese bestimmt. Dabei muss zwischen bekannter und unbekannter Standardabweichung σ in der Grundgesamtheit unterschieden werden. Auf ähnliche Art kann der Erwartungswert - der theoretische Anteilswert - p einer dichotomen Zufallsvariablen mit dem angenommenen Anteilswert p_0 verglichen werden. Die Vergleiche finden anhand des empirischen Mittelwerts μ_x - gegebenenfalls inklusive der Standardabweichung s - bzw. anhand des Anteilswerts p_x statt. Diese Kennzahlen werden aus *einer* Stichprobe berechnet und somit ergeben sich **Einstichprobentests**. Testentscheidungen beziehen sich auf eine Gruppe (Teilgesamtheit). Ein besonderer Fall ist der Vergleich der Erwartungswerte μ_1 und μ_2 für verschiedene Merkmale x und y in *einer* Gruppe (Stichprobe), anhand der Stichprobendifferenz $\mu_x - \mu_y$.

Einstichprobentests: Tests auf H₀: „$\mu = \mu_0$"; *auf* H₀: „$p = p_0$"; *für 2 Variablen in einer Gruppe: auf* H₀: „$\mu_1 = \mu_2$"

14.2.1 Z-Test auf den Mittelwert (σ bekannt)

Testproblem. Für n untereinander unabhängige Zufallsvariablen X_i mit gleichem Erwartungswert μ (i = 1, ..., n) soll zum Signifikanzniveau $\alpha = 0{,}05$

die Nullhypothese H₀: „$\mu = \mu_0$"
gegen die **Gesamtalternative** H₁: „$\mu \neq \mu_0$"

getestet werden. Als Beispiel betrachten wir folgendes Problem (vergleichbar mit Problem 1 in der Tabelle 14-1): Für n = 15 telefonische Kundenberatungsgespräche zur Installation von Sonnenkollektoren beträgt die durchschnittliche Dauer μ_x = 20,8 Minuten. Die Standardabweichung der Gesprächsdauerwerte ist erfahrungsgemäß σ = 1,5 Min. Es soll jetzt *zweiseitig* getestet werden, ob μ_x „signifikant vom Normwert μ_0 = 20 abweicht."

Zweiseitiger Test auf „$\mu = \mu_0$" *(σ bekannt)*

Prüfgröße. Die Prüfgröße des nachfolgenden **Einstichproben-Z-Tests** (*One-Sample Z-Test*; Gauss-Test; vgl. §14.1.3) hat die allgemeine Form

$$Z = \frac{\mu_x - \mu_0}{\text{Standardfehler}} = \frac{\mu_x - \mu_0}{\frac{\sigma}{\sqrt{n}}},$$

Einstichproben-Z-Test

14 Testverfahren

wobei der Nenner den Standardfehler zur Mittelwertschätzung μ_X darstellt (die X_i bilden n Wiederholungen von X; i = 1, ..., n). *Unter H_0* ist Z nahezu standardnormalverteilt, wenn die nachfolgenden Voraussetzungen zum Z-Test erfüllt sind. In unserem Beispiel ist das Ergebnis der Prüfgröße

$$z = \frac{20{,}8 - 20}{\frac{1{,}5}{\sqrt{15}}} = 2{,}066.$$

Voraussetzungen. Wie beim Vertrauensbereich (§13.3.1) sollen folgende Bedingungen erfüllt sein:

- Die gleiche *bekannte* Standardabweichung σ für jede Variable X_i (wie X);
- Eine (nahezu) normalverteilte Mittelwertschätzfunktion μ_X, z. B. weil
    - X normalverteilt ist oder
    - n > 51 und die X-Verteilung nicht ausgeprägt schief ist.

Testentscheidung: klassisch („Liegt z im Ablehnungsbereich?") oder über die empirische Signifikanz („p-Wert ≤ α?")

Testentscheidung. Tabelle 14-6 enthält allgemeine Formeln für die Ablehnungsgrenzen zum zweiseitigen Z-Test (s. Übung **14.6-2** und **-4** für gleichwertige Formeln, die direkt von μ_X abhängen). Aus Tabelle 14-2 entnimmt man die Ablehnungsgrenzen $z_{0{,}025} = -z_{0{,}975} = -1{,}96$ und $z_{0{,}975} = 1{,}96$ ($\alpha = 0{,}05$). In unserem Beispiel liegt z im Ablehnungsbereich $(-\infty; -1{,}96) \cup (1{,}96; \infty)$, außerhalb des Akzeptanzbereiches $[-1{,}96; 1{,}96]$, so dass H_0 abgelehnt wird!

Parallel zum klassischen Vorgang errechnet sich die empirische Signifikanz

$$p = P_0(|Z| > \text{Ergebnis Prüfgröße}) = P_0(Z < -2{,}066 \text{ oder } Z > 2{,}066) = 0{,}0388.$$

Beim zweiseitigen Test berücksichtigt der p-Wert „extreme z-Ergebnisse" beidseitig von 0

Jetzt begründet man die Ablehnung von H_0 dadurch, dass dieser p-Wert kleiner ist als das nominelle Signifikanzniveau α. (Dazu reicht sogar p ≤ α.) Den p-Wert erhält man z. B. über die Excel-Funktion NORMVERT. Man beachte hier die leicht zu übersehende *zweiseitige* Berechnung des p-Werts als Wahrscheinlichkeit *unter H_0* dafür, dass Z *mindestens so extrem ausfällt als* z = 2,066 *oder mindestens so extrem als dessen Gegenstück* −z = −2,066, d. h.

$$p = P_0\left(z \text{ in } (-\infty; -2{,}066) \cup (2{,}066; \infty)\right),$$

nicht $p = P_0\left(z \text{ in } (2{,}066; \infty)\right)$! Aus den Stichprobendaten schließt man also, dass die durchschnittliche Gesprächsdauer μ zum Niveau α = 0,05 signifikant vom Norm μ_0 = 20 Min. abweicht. Zusätzlich deutet der Stichprobenmittelwert μ_X = 20,8 darauf hin, dass die Abweichung in der Tendenz positiv ist: Die mittlere Gesprächsdauer μ wird wohl über μ_0 = 20 Min. liegen. Zu anderen Signifikanzniveaus gibt es einen vergleichbaren klassischen

Vergleich eines Mittelwerts (eines Anteilswerts) mit einem angenommenen Wert **14.2**

Vorgang (vgl. Tabelle 14-2) oder einen vergleichbaren Computertest. Letzterer erfordert keine neuen Berechnungen: H₀ kann zu jedem Signifikanzniveau α ≥ 0,0388 abgelehnt werden, für α-Werte unter 0,0388 dagegen nicht!

Einseitig anstatt zweiseitig. In anderen Beispielen können fundierte Vorkenntnisse einen Test auf H₀ gegen

$$H_1: \text{„}\mu > \mu_0\text{"} \quad \text{(rechts einseitige Alternative)}$$

rechtfertigen. Andere solide Vorkenntnisse können einen Test gegen

$$H_1: \text{„}\mu < \mu_0\text{"} \quad \text{(links einseitige Alternative)}$$

rechtfertigen. Entscheidet man sich für einen einseitigen Test, so ergänzt man H₀ um den aus der Gesamtalternative herausgelassenen Teil:

$$H_0: \text{„}\mu \leq \mu_0\text{"} \quad \text{(wenn H}_1 \text{ rechts einseitig)}$$
$$\text{bzw. } H_0: \text{„}\mu \geq \mu_0\text{"} \quad \text{(wenn H}_1 \text{ links einseitig)}$$

Es sollte die Formulierung einer einseitigen Alternative unbedingt *vor* der Berechnung der Prüfgröße stattfinden: So kann im obigen Beispiel die Tatsache, dass der Stichprobenmittelwert μₓ höher ausfällt als μ₀, nicht als nachträgliche Begründung für einen einseitigen Test geltend gemacht werden!

Links einseitiger Z-Test auf H₀: „μ ≥ μ₀". Als Beispiel eines einseitigen Z-Tests betrachten wir den Test für Problem 3 in der Tabelle 14-1. Der Inhaber einer Spielhalle möchte überprüfen, ob eine kundenfreundliche Änderung der Spielregeln womöglich zu einer Verringerung seiner Einnahmen führt, d. h. zu einem kleineren Erwartungswert μ für den Verlust pro Spieler pro Stunde, der bisher bei durchschnittlich μ₀ = 5 € lag. Zum Signifikanzniveau α = 0,01 soll der Z-Test auf Einhaltung eines Mindestwertes, d. h. auf

$$H_0: \text{„}\mu \geq 5\text{"}$$

gegen die **links einseitige Alternative** H₁: „μ < 5",

durchgeführt werden, ausgehend vom bekannten σ-Wert = 10 €. (Der Inhaber wählt α so niedrig, weil er nur bei ganz klaren Anzeichen von niedrigeren Einnahmen von der für die Spieler ansprechenden Neuregelung absehen möchte.) Eine Versuchsstichprobe mit n = 25 Spielern führt zum Mittelwert μₓ = 0. Im Vergleich zum zweiseitigen Z-Test bleiben Voraussetzungen und Prüfgröße unverändert. Jetzt soll aber das Ergebnis der Prüfgröße gleich

$$z = \frac{0-5}{\frac{10}{\sqrt{25}}} = -2,5$$

H₁ *einseitig:*
„μ > μ₀"

H₁ *einseitig:*
„μ < μ₀"

Links einseitiger Z-Test auf
„μ ≥ μ₀"
(σ bekannt)

Testverfahren

auf den links gelegenen Ablehnungsbereich $(-\infty; -2{,}326)$ bezogen werden, siehe Tabelle 14-3. Allgemeine Formeln für einseitige Ablehnungsgrenzen gibt es in Tabelle 14-6 (s. Übung **14.6-5** für eine Formel, die direkt von μ_x abhängt). Im Beispiel wird H_0 abgelehnt, da $-2{,}5 < -2{,}326$. Der p-Wert beträgt $0{,}0062 < 0{,}01 = \alpha$. Die Daten deuten auf einen mittleren Verlust $\mu < 5$ € hin!

Rechts einseitiger Z-Test auf H_0: „$\mu \leq \mu_0$". Ein rechts einseitiger Z-Test verläuft nach dem gleichen Muster wie im obigen Beispiel; es spielt sich alles auf der rechten Verteilungsseite mit positiven z-Quantilen ab, s. Tabelle 14-3!

14.2.2 t-Test auf den Mittelwert (σ unbekannt)

Testproblem. Genau wie in §14.2.1 soll für n untereinander unabhängige Zufallsvariablen X_i mit gleichem Erwartungswert μ (i = 1, ..., n)

Zweiseitiger Test auf „$\mu = \mu_0$" (σ unbekannt)

die Nullhypothese H_0: „$\mu = \mu_0$"
gegen die Gesamtalternative H_1: „$\mu \neq \mu_0$"

getestet werden, zum vorgegebenen Signifikanzniveau α. Jetzt ist σ aber unbekannt! Als Rechenbeispiel betrachten wir zunächst die *zweiseitige* Variante des Problems 2 in der Tabelle 14-1: Für n = 30 Mobiltelefone beträgt der Durchschnittspreis $\mu_x = 167$ € zur geschätzten Standardabweichung s = 32. Anhand dieser Daten soll H_0: „$\mu = 179$" gegen H_1: „$\mu \neq 179$" getestet werden.

Prüfgröße. Die Prüfgröße des nachfolgenden **Einstichproben-t-Tests** (*One-Sample t-Test*) haben wir schon zum Thema Vertrauensbereich verwendet:

Einstichproben-t-Test

$$T = \frac{\mu_X - \mu_0}{\text{Standardfehler}} = \frac{\mu_X - \mu_0}{\frac{S}{\sqrt{n}}}$$

Im Vergleich zur Prüfgröße Z ist hier die Schätzfunktion S mit Ergebnis s an die Stelle von σ getreten. Beim Stichprobenumfang n folgt T *unter H_0* einer t-Verteilung mit $f = n - 1$ Freiheitsgraden, wenn die nachfolgenden Voraussetzungen zum t-Test erfüllt sind. In unserem Beispiel führt T zum Ergebnis

$$t = \frac{167 - 179}{\frac{32}{\sqrt{30}}} = -2{,}0540.$$

Voraussetzungen. Die Voraussetzungen sind die gleichen wie beim Vertrauensbereich in §13.3.3: σ unbekannt; entweder ist die zugrunde liegende Zufallsvariable X (nahezu) normalverteilt oder es gilt n > 51 und die X-Verteilung ist nicht ausgeprägt schief (für jede der n Wiederholungen X_i von X).

Vergleich eines Mittelwerts (eines Anteilswerts) mit einem angenommenen Wert

14.2

Testentscheidung. Da n = 30 (f = 29) gibt es für α = 0,05 nach Tabelle D im Anhang den Akzeptanzbereich [–2,0452; 2,0452], so dass t gerade in den Ablehnungsbereich fällt (links von –2,0452 bzw. rechts von 2,0452 liegt genau ½α = 0,025 der Verteilungsmasse unter H₀). Formeln für zweiseitige Ablehnungsgrenzen gibt es in Tabelle 14-6 (s. Übung **14.6-6** für gleichwertige Formeln, die direkt von μₓ und s abhängen). Die empirische Signifikanz ist p = 0,0491 < 0,05 = α (über die Excel-Funktion TVERT berechnet). Aufgrund der Stichprobendaten ist zu schließen, dass μ ≠ 179 €! Die Testentscheidung hängt damit zusammen, dass der angenommene Wert μ₀ = 179 außerhalb des Konfidenzintervalls (155,05; 178,95) zum Vertrauensniveau 0,95 liegt!

Rechts einseitiger t-Test auf H₀: „μ ≤ μ₀". Problem 2 in der Tabelle 14-1 ist in Wahrheit *rechts einseitig* formuliert, da der Inhaber des Multimediageschäfts durch einen Vergleich mit den Vorjahreswerten meint davon ausgehen zu können, dass der Durchschnittspreis der Mobiltelefone nicht unter μ₀ = 179 € liegt. Anstatt des obigen zweiseitigen t-Tests möchte er durch den entsprechenden einseitigen Test nachweisen, dass μ sogar höher ausfällt. Für den rechts einseitigen t-Test auf H₀: „μ ≤ μ₀" gegen H₁: „μ > μ₀" ändern sich gegenüber dem zweiseitigen Test nur Formulierung und Ablehnungsbereich, nicht aber die Prüfgröße T, die Voraussetzungen oder die Verteilung von T unter H₀, vgl. die Formeln für einseitige Ablehnungsgrenzen in Tabelle 14-6. Für α = 0,05 gibt es nach Tabelle D den Akzeptanzbereich (–∞; 1,6991]. Da t = –2,0540 negativ ist, muss H₀ beibehalten werden (p-Wert > 0,50!). Die Einschränkung der Alternativhypothese erweist sich als fraglich!

Rechts einseitiger t-Test auf „μ ≤ μ₀" (σ unbekannt)

Der **linkseinseitige t-Test auf H₀: „μ ≥ μ₀"** läuft auf ähnliche Art ab! Die t-Quantile zur rechten Seite wandelt man anhand der Eigenschaft

$$t_{\frac{1}{2}p}(f) = -t_{1-\frac{1}{2}p}(f)$$

leicht in die entsprechenden t-Quantile links um (vgl. §13.3.2).

14.2.3 t-Test auf Gleichheit zweier Mittelwerte in einer Stichprobe

Testproblem. Einen besonderen Einstichproben-t-Test gibt es, wenn man die Erwartungswerte μ₁ und μ₂ zu *2 verschiedenen Zufallsvariablen X und Y in einer Gruppe* vergleichen möchte und zwar anhand der Stichprobendifferenz

$$\mu_d = \mu_x - \mu_y = \frac{(x_1 - y_1) + \ldots + (x_n - y_n)}{n} = \frac{d_1 + \ldots + d_n}{n} \left(\frac{\text{Summe aller Differenzen}}{\text{Anzahl der Fälle}}\right)$$

Dabei sind x₁, …, xₙ (bzw. y₁, …, yₙ) die Beobachtungen oder Messwerte zur metrischen Zufallsvariable X (bzw. Y) mit theoretischem Mittelwert μ₁

Differenz der Stichprobenmittelwerte gleich dem Mittelwert der Differenzen

14 Testverfahren

(bzw. μ_2). Aus den Beobachtungspaaren (x_i, y_i) errechnet sich die mittlere Stichprobendifferenz: Die Differenz μ_d der Stichprobenmittelwerte μ_x und μ_y gleicht dem Mittelwert der Differenzen $d_i = x_i - y_i$ ($i = 1, \ldots, n$; Übung **14.6-7**)!

Im folgenden Beispiel wird aus den entgegen gesetzten Unterschieden $-d_i = y_i - x_i$ ($i = 1, \ldots, n$) der durchschnittliche *Effekt* eines Verkaufstrainings bei $n = 4$ Accountmanagern hergeleitet, aufgrund der individuellen Monatsumsatzwerte *nach* (Y) bzw. *vor* (X) dem Training:

$$-\mu_d = \mu_y - \mu_x = 86250 - 80750 = 5500\ €$$

Die Stichprobendifferenz $\mu_d = \mu_x - \mu_y = -5500\ €$ beruht auf folgenden Daten.

(x_i, y_i)-*Werte für* $i = 1, \ldots, 4$ ($n = 4$)

Tabelle 14-4. *Individuelle Monatsumsätze (in 1000 €) vor bzw. nach dem Training*

Accountmanager →	1	2	3	4
■ x = **Monatsumsatz** *vor* **dem Training** (im Schnitt; *1000 €)	80	89	73	81
■ y = **Monatsumsatz** *nach* **dem Training** (im Schnitt; *1000 €)	89	88	80	88

Test auf Gleichheit von μ_1 und μ_2 („$\mu_D = 0$") für 2 Variablen in einer Gruppe

Betrachtet man nun an Stelle von (X, Y) die Zufallsvariable $D = X - Y$ mit den entsprechenden Ergebnissen d_i, so kann zum vorgegebenen Niveau α

die Nullhypothese H_0: „$\mu_D = 0$" (nämlich „$\mu_D = \mu_1 - \mu_2 = 0$")
gegen die Gesamtalternative H_1: „$\mu_D \neq 0$"

getestet werden. Außer dem *Vorher-Nachher-Vergleich* des gleichen Merkmals an 2 verschiedenen Zeitpunkten - so dass H_0 „kein Effekt" bedeutet - gibt es weitere Beispiele für den Lagevergleich zweier Variablen in einer Stichprobe:

■ der Vergleich einer gewissen Eigenschaft *bei natürlich zusammenhängenden (verbundenen) Stichprobenpaaren*, z. B. in Bezug auf Kaufverhalten bei Eheleuten oder auf Investitionsvolumen bei Mutter- und Tochtergesellschaft;

■ der Vergleich für 2 *verschiedene aber vergleichbare Merkmale*, z. B. in Bezug auf sprachliche Fähigkeiten in 2 Fremdsprachen.

Prüfgröße und Voraussetzungen. In Bezug auf D läuft der **paarweise durchgeführte t-Test** (**Differenzentest**; *t-Test for the Mean Difference*) genau so ab wie der obige t-Test auf H_0: „$\mu = \mu_0$", wobei μ jetzt für $\mu_D = \mu_1 - \mu_2$ und der angenommene Wert $\mu_0 = 0$ für „$\mu_1 = \mu_2$" steht. Zusätzlich zur Stichprobendifferenz μ_d gibt es

Schätzung s_d für theoretische σ_D, in Bezug auf $D = X - Y$

$$s_d = \sqrt{\frac{(d_1 - d)^2 + \ldots + (d_n - d)^2}{n - 1}}$$

Vergleich eines Mittelwerts (eines Anteilswerts) mit einem angenommenen Wert | **14.2**

als Schätzung für die theoretische Standardabweichung σ_D.

Die in §14.2.2 genannten Voraussetzungen haben nun für Variable D zu gelten: Entweder ist sie nahezu normalverteilt oder D ist nicht ausgeprägt schief verteilt und n > 51. Schreibt man S_D für die Zufallsvariable mit Ergebnis s_d, so gibt es die Prüfgröße

$$T = \frac{D}{\text{Standardfehler}} = \frac{\mu_X - \mu_Y}{\frac{s_D}{\sqrt{n}}}.$$

Einstichproben-t-Test (paarweise)

Unter H_0 ist T t-verteilt mit $f = n - 1$ Freiheitsgraden. Neben diesem zweiseitigen Differenzentest gibt es eine links (bzw. rechts) einseitige Variante!

Testentscheidung. Wir beschränken uns auf den links einseitigen t-Test für die Daten der Tabelle 14-4 ($\alpha = 0{,}05$). Es wird H_1: „$\mu_1 < \mu_2$" etwas beliebig die *links* einseitige Alternative genannt, da $\mu_D = \mu_1 - \mu_2$ die Differenz zwischen Gruppe 1 (X) und Gruppe 2 (Y) betrifft. Das Ergebnis der Prüfgröße ist

Links einseitiger Differenzentest (paarweise)

$$t = \frac{-5500}{\frac{s_d}{2}} = -2{,}4804; \quad s_d = 1000\sqrt{\frac{1}{3}\left((5{,}5-9)^2 + (5{,}5+1)^2 + (5{,}5-7)^2 + (5{,}5-7)^2\right)} = 4434{,}71.$$

Es liegt t außerhalb des Akzeptanzbereiches [–2,3534; ∞), vgl. Tabelle D ($f = 3$): H_0 ist abzulehnen, es gibt einen signifikanten Trainingseffekt. Dies folgt auch aus dem einseitigen p-Wert, der gleich 0,0446 ist (über TVERT)!

14.2.4 Annähernder Z-Test auf den Anteilswert

Testproblem. Analog zum Z-Test auf den Mittelwert einer metrischen Variablen gibt es einen annähernden **Z-Test auf den Anteilswert** (*One-Sample Z-Test for Proportions*). Für einen angenommen Wert p_0 in der Grundgesamtheit soll nun zum vorgegebenen Niveau α die Nullhypothese

$$H_0: \text{„}p = p_0\text{"}$$

Test auf „$p = p_0$"

zweiseitig oder einseitig getestet werden, anhand des Stichprobenanteilswerts p_x. Dabei ist p statistisch ausgedrückt die „Erfolgswahrscheinlichkeit" zur Binomialverteilung $B(n; p)$, welche auf n Fällen basiert. Auf „Erfolg" deutet die interessierende Ausprägung der Zufallsvariablen X hin. Sie wird mit 1 codiert und die übrigen x-Werte bekommen den Code 0. Die Summe

$$n^* p_x$$

Testverfahren

der Erfolge in der Stichprobe hängt direkt vom Stichprobenanteilswert p_x ab.

Als Beispiel betrachten wir den relativen Anteil („Erfolgsquote") p_x der zu spät bezahlten Rechnungen aufgrund einer Stichprobe von n = 80 Warenlieferungen, vgl. Kap. 13.4. Das Ergebnis p_x = 0,15 geht aus der Zufallsvariablen $T_x = n \cdot p_x$ hervor (12 aus 80 Zahlungen sind zu spät). Der übliche Anteil der „nicht-konformen Testfälle" sei nun gleich p_0 = 0,13. Der Test soll Aufschluss darüber geben, ob p_x vom Normwert 0,13 signifikant abweicht. In ähnlichen Problemen geht es um die Frage, ob ein Qualitätsmerkmal einem Normwert in Form eines Anteils (etwa Marktanteils, Anteils defekter Teile) entspricht.

Prüfgröße und Voraussetzungen. *Unter H_0* gehen wir für die grundlegende Prüfgröße p_x von der Annahme einer $N(p; \sigma_p)$-Verteilung mit

$$s_p = \sqrt{\frac{p_0 \cdot (1-p_0)}{n}}$$

aus, wobei σ_p den Standardfehler zur Schätzfunktion p_x darstellt, wenn $p = p_0$! Analog zu §14.2.1 bekommt die Prüfgröße nun die allgemeine Form

Einstichproben-Z-Test auf den Anteilswert

$$Z = \frac{p_x - p_0}{\sigma_p}.$$

Wir verzichten hier übrigens auf die „Stetigkeitskorrektur", die im Kap. 13.4 auf die Vertrauensgrenzen für p angewandt wurde.

In Abhängigkeit des angenommenen Anteilswerts $p = p_0$ wird die Bedingung

$$n \cdot p_0 \cdot (1-p_0) > 9$$

zur Rechtfertigung der Annahme $p_x \sim N(p_0; \sigma_p)$ kontrolliert. Ist sie erfüllt, so gilt *unter H_0* annähernd $Z \sim N(0;1)$ - im Beispiel gibt es 80*0,13*0,87 = 9,048.

Testentscheidung. In unserem Beispiel gibt es

$$z = \frac{0{,}15 - 0{,}13}{\sqrt{\frac{0{,}13 \cdot (1 - 0{,}13)}{80}}} = \frac{0{,}02}{0{,}0376} = 0{,}5319,$$

so dass der zweiseitige Test zu α = 0,05 keineswegs signifikant ausfällt (da |z|<1,96). Aus Tabelle D ($f = \infty$) kann man schließen, dass der p-Wert über 0,50 liegt. Die Nullhypothese muss also beibehalten werden. Sogar bei einem rechts einseitigen Test wäre dies der Fall, da der p-Wert dann immerhin über 0,25 liegt! Im Allgemeinen entnimmt man zwei- oder einseitige Ablehnungsgrenzen wieder der Tabelle 14-2 bzw. 14-3, siehe auch Tabelle 14-6.

14.3 Vergleich zweier Parameter mittels unabhängiger Stichproben

Im jetzigen Abschnitt geht es um **Zweistichprobentests** und zwar hauptsächlich für Testprobleme zum Vergleich zweier „Erwartungswerte" von metrischen Zufallsvariablen. Es sollen hier 2 Gruppen (Teilgesamtheiten) verglichen werden. Im Gegensatz zu Kap. 14.2 fokussieren wir nun auf die Durchführung der entsprechenden Computertests. Die Berechnung des p-Wertes (der empirischen Signifikanz) wird weitgehend dem Rechner überlassen. Man sollte wohl darauf achten, dass die Interpretation des ausgegebenen p-Wertes der gewählten zwei- oder einseitigen Alternativhypothese H_1 gerecht wird: Gegebenenfalls muss der zunächst „zweiseitig" berechnete p-Wert halbiert werden. Anhand des korrekten p-Wertes trifft man darauf die Testentscheidung. Für den klassischen Vorgang mit eigener Berechnung von Prüfgröße und Ablehnungsgrenzen siehe die Formeln in Tabelle 14-7!

14.3.1 t-Test auf Gleichheit zweier Mittelwerte (nahezu gleiche σ-Werte)

Testproblem. Die Nullhypothese betrifft die Gleichheit zweier theoretischer Mittelwerte für n_1 bzw. n_2 untereinander unabhängige Zufallsvariablen:

$$H_0: \text{„}\mu_1 = \mu_2\text{"}$$

Test auf Gleichheit von μ_1 und μ_2 in 2 Gruppen

Es handelt sich hier um n_1 (bzw. n_2) Wiederholungen der Variablen X_1 (bzw. X_2) gemäß der Fälle in der ersten (bzw. zweiten) Stichprobe, vgl. die Voraussetzungen weiter unten. Anders als beim t-Test für gepaarte Beobachtungen in §14.2.3 haben wir es nun mit *einer einzigen Variablen X in 2 Gruppen* zu tun ($X = X_1$ in Gruppe 1, $X = X_2$ in Gruppe 2), so dass es nicht unbedingt sinnvoll ist um x-Werte paarweise zu vergleichen. Dennoch bezieht sich der gesuchte Differenzentest für 2 Stichproben auf den theoretischen Unterschied $\mu_1 - \mu_2$, der durch die Stichprobendifferenz $\mu_{x1} - \mu_{x2}$ geschätzt wird. Zum Beispiel bedeutet zur Abb. 8-5 die Nullhypothese H_0, dass der mittlere Quadratmeterpreis μ_{x1} für die $n_1 = 184$ Vorortwohnungen und μ_{x2} für die $n_2 = 41$ Wohnungen auf dem Lande mit dem gleichen Erwartungswert $\mu_1 = \mu_2$ verbunden sind. Der Test auf Gleichheit der durchschnittlichen Quadratmeterpreise wird hier zweiseitig durchgeführt, als Test gegen die Gesamtalternative

$$H_1: \text{„}\mu_1 \neq \mu_2\text{" (zweiseitig).}$$

H_1 zweiseitig „$\mu_1 \neq \mu_2$"

Im Beispiel gibt es *vorab* keine sachlogisch begründete H_1-Einschränkung.

14 Testverfahren

Zweistichproben-t-Test: ein- oder zweiseitig; jeweils eine aus 2 Varianten

Prüfgröße. Die Prüfgröße der nachfolgenden **Zweistichproben-t-Tests** (*Two-Sample t-Tests*) auf Gleichheit der Mittelwerte hat die allgemeine Form

$$T = \frac{\mu_{X_1} - \mu_{X_2}}{\text{Standardfehler}},$$

d.h. die Differenz der Stichprobenmittelwerte geteilt durch einen Schätzwert für den Standardfehler der Mittelwertdifferenz, vgl. Tabelle 14-7. Der Test kann zwei- oder einseitig durchgeführt werden, wobei jeweils eine von 2 Varianten der Prüfgröße T zu wählen ist, siehe folgende Voraussetzungen.

Voraussetzungen. Folgende Bedingungen sind zu beachten:

Unabhängige Stichproben

- Es geht um *die Lage einer gemeinsamen Variablen X in 2 Gruppen*, aus denen 2 unabhängige Stichproben mit n_1 bzw. n_2 Beobachtungs- oder Messwerten vorliegen. Für Stichprobe 1 bezeichnen wir die entsprechende Zufallsvariable zu einem beliebigen Fall mit X_1, für Stichprobe 2 mit X_2. Ein weiteres Beispiel wäre der Vergleich des durchschnittlichen Haushaltseinkommens für 2 nicht überlappende sozialökonomische Gruppen.

2 Varianten (nach Art der Schätzung des Standardfehlers): „kombiniert" bzw. „getrennt"

- Die Standardabweichungen σ_1 (zu X_1) und σ_2 (zu X_2) in der Grundgesamtheit sind unbekannt. Zur Prüfgröße des Zweistichproben-t-Tests gibt es 2 Varianten, nämlich für den Fall

    - (1) nahezu gleicher Standardabweichungen: $\sigma_1 \approx \sigma_2$,

    - (2) „deutlich ungleicher" Standardabweichungen: $\sigma_1 \neq \sigma_2$ (diese Variante wird in §14.3.2 demonstriert).

    Um objektiv zu entscheiden, ob σ_1 und σ_2 „deutlich ungleich" sind, schickt man dem t-Test auf H_0: „$\mu_1 = \mu_2$" einen Test auf H_0: „$\sigma^2_1 = \sigma^2_2$" voraus (bevorzugt $\alpha = 0{,}10$; siehe §14.3.5: F-Test oder Levene-Test). Ohne einen solchen Test könnte man sicherheitshalber davon ausgehen, dass $\sigma_1 \neq \sigma_2$ gilt. Unter Bedingung 1 heißt der t-Test „**kombiniert**": Im Standardfehler zur Mittelwertdifferenz wird σ aus allen Daten auf einmal geschätzt. Unter Bedingung 2 heißt der t-Test „**getrennt**": Er basiert auf gesonderten Schätzungen für σ_1 und σ_2. Die 2 Varianten unterscheiden sich nach dem geschätzten Standardfehler (im Nenner von T) und nach der Anzahl f der Freiheitsgrade, die zur t(f)-Verteilung der Prüfgröße *unter H_0* gehört. Siehe Tabelle 14-7 für den genauen Unterschied!

- X_1 und X_2 sind (nahezu) normalverteilt: $X_1 \sim N(\mu_1; \sigma_1)$ und $X_2 \sim N(\mu_2; \sigma_2)$.

- Wenn $X = X_1$ (oder $X = X_2$) nicht annähernd normalverteilt ist, so reicht in der Praxis: Die X-Verteilung ist nicht ausgeprägt schief und n_1 (n_2) > 51.

Vergleich zweier Parameter mittels unabhängiger Stichproben **14.3**

Testentscheidung. Am Beispiel zu X = „Quadratmeterpreis" für n_1 = 184 bzw. n_2 = 41 Wohnungen demonstrieren wir den zweiseitigen **kombinierten t-Test** (*Pooled-Variance t-Test*). Die kombinierte Variante ist angebracht, da ein Test auf „$\sigma^2_1 = \sigma^2_2$" nicht signifikant ausfällt (p = 0,172 > 0,10 = α nach dem Levene-Test). Anders als bei diesem Test gehen wir für den t-Test von α = 0,05 aus. Die empirische Signifikanz oder der p-Wert ist gleich

$$p = 0{,}138 > 0{,}05 = \alpha,$$

so dass man aus der Stichprobenmittelwertdifferenz von 98 € / m² nicht auf ungleiche Mittelwerte in der Grundgesamtheit schließen kann: H_0: „$\mu_1 = \mu_2$" wird beibehalten, wie schon zur Abb. 8-5 angedeutet! Die meisten Statistikprogramme liefern neben dem p-Wert auch das Ergebnis t der Prüfgröße. Im Beispiel gibt es t = –1,487 zu $f = n_1 + n_2 - 2 = 223$ Freiheitsgraden.

Kombinierte Variante des zweiseitigen t-Tests

Einseitig anstatt zweiseitig. In anderen Beispielen können fundierte Vorkenntnisse einen Test auf H_0 gegen

$$H_1\text{: „}\mu_1 > \mu_2\text{", d. h. } H_1\text{: „}\mu_1 - \mu_2 > 0\text{" (rechts einseitig)}$$

rechtfertigen. Andere solide Vorkenntnisse können einen Test gegen

$$H_1\text{: „}\mu_1 < \mu_2\text{", d. h. } H_1\text{: „}\mu_1 - \mu_2 < 0\text{" (links einseitig)}$$

rechtfertigen. Die Bezeichnung „rechts" bzw. „links" für den einseitigen Test ist hier einigermaßen beliebig, da sie von der Nummerierung (1 und 2) der Stichproben abhängt. Entscheidet man sich für einen einseitigen Test, so ergänzt man H_0 mit dem aus der Gesamtalternative herausgelassenen Teil.

H_1 einseitig: „$\mu_1 > \mu_2$"

H_1 einseitig: „$\mu_1 < \mu_2$"

Den **p-Wert eines einseitigen Tests** leitet man i. Allg. durch Halbierung aus dem zweiseitigen p-Wert her! Der zweiseitige empirische Ablehnungsbereich ist $(-\infty, -|t|) \cup (+|t|, \infty)$ und das damit verbundene Fehlerrisiko p verteilt sich gleichmäßig links von $-|t|$ und rechts von $|t|$ (siehe §14.1.4):

Einseitiger p-Wert = ½ mal zweiseitiger p-Wert!

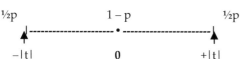

Der Test wird nun links einseitig, wenn man vom empirischen Ablehnungsbereich $(-\infty, -|t|)$ ausgeht, mit Fehlerrisiko ½p. Ähnliches gilt für den rechts einseitigen Test mit empirischem Ablehnungsbereich $(+|t|, \infty)$.

Als Beispiel eines einseitigen **kombinierten t-Tests** vergleichen wir nun den mittleren Quadratmeterpreis μ_{x1} für die n_1 = 20 Einzimmerwohnungen mit dem Durchschnittswert μ_{x2} für die n_2 = 46 Zweizimmerwohnungen gemäß Tabelle 9-6. Die Begründung der kombinierten Variante wird in §14.3.5 gegeben. Das Signifikanzniveau für den t-Test sei wiederum α = 0,05. Auf-

Kombinierte Variante eines einseitigen t-Tests

14 Testverfahren

grund der plausiblen Annahme, dass Häuserpreise in der Regel mit zunehmender Zimmerzahl ansteigen, entschließen wir uns *vorab* zu einem links einseitigen Test (auf H₀: „$\mu_1 = \mu_2$" gegen H₁: „$\mu_1 < \mu_2$"). Beim zweiseitigen Test gäbe es den *empirischen Ablehnungsbereich* $(-\infty; -1{,}873) \cup (1{,}873; \infty)$, so dass p = 0,066 (t = –1,873 zu f = n₁ + n₂ – 2 = 64 Freiheitsgraden). Auf diese Art könnte man nicht auf „signifikant unterschiedliche Erwartungswerte μ_1 und μ_2" schließen, da p > 0,05. Da wir aber *einseitig* testen wollen, gilt vielmehr

$$p = 0{,}033 < 0{,}05 = \alpha,$$

so dass H₀ abgelehnt werden kann: Der mittlere Quadratmeterpreis für Zweizimmerwohnungen ist in der Grundgesamtheit nachweislich höher als für Einzimmerwohnungen! Es ist übrigens nicht erlaubt, den zweiseitigen t-Test hinterher - *ohne vorherige Begründung* - durch einen einseitigen Test zu ersetzen, nur damit man es zu einem „signifikanten Ergebnis" schafft!

14.3.2 t-Test auf Gleichheit zweier Mittelwerte (deutlich verschiedene σ-Werte)

Ergänzend zum §14.3.1 behandeln wir nun die **getrennte Variante** des **Zweistichproben-t-Tests** (*Separate-Variance t-Test*) auf Gleichheit der Mittelwerte. Im Vergleich zur kombinierten Variante ändert sich an der Formulierung des einseitigen oder zweiseitigen Testproblems oder am Prinzip der Testentscheidung gar nichts. Auch die Voraussetzungen sind die gleichen bis auf die Standardabweichungen in den 2 Gruppen, die nun ungleich sind: $\sigma_1 \neq \sigma_2$. Die getrennte Variante trägt dieser Situation Rechnung: Der Schätzwert für den Standardfehler der Mittelwertdifferenz im Nenner der Prüfgröße

$$T = \frac{\mu_{X_1} - \mu_{X_2}}{\text{Standardfehler}}$$

kommt auf andere Art und Weise zustande und damit ändert sich die Anzahl f der Freiheitsgrade unter H₀. Ohne Computertest ist man nun auf recht komplizierte Berechnungen angewiesen, vgl. Tabelle 14-7!

Getrennte Variante des zweiseitigen t-Tests

Als Beispiel betrachten wir den Vergleich der durchschnittlichen Abnutzungsdauer für 66 Farbproben mit relativ niedriger (n₁ = 31) bzw. hoher (n₂ = 35) Lichtempfindlichkeit (vgl. §9.2.3). Als Grenze zwischen „niedrig" (Code 1) und „hoch" (2) wurde die mediane Lichtempfindlichkeit gewählt: 30,70 % auf Basis aller Farbproben (n = 70). Danach wurden die Ausreißer in Bezug auf Abnutzungsdauer bzw. ursprüngliche Lichtempfindlichkeit herausgelassen. Aus der reduzierten Stichprobe (n = 66) ergeben sich:

$$\mu_{x1} = 2{,}292,\ s_1 = 0{,}89614\ (n_1 = 31);\ \mu_{x2} = 1{,}602,\ s_2 = 0{,}57225\ (n_2 = 35)$$

Vergleich zweier Parameter mittels unabhängiger Stichproben **14.3**

Wir möchten den Zweistichproben-t-Test nun zweiseitig durchführen. Man ist hier bei jedem t-Test, egal ob ein- oder zweiseitig, auf die getrennte Variante angewiesen, da ein Test auf „$\sigma^2_1 = \sigma^2_2$" sehr signifikant ausfällt (Levene-Test: p = 0,014 < 0,10 = α). Für den t-Test gehen wir wiederum von α = 0,05 aus. Zur getrennten Variante gibt es

$$p = 0{,}0006 < 0{,}05 = \alpha,$$

so dass sich die erwarteten Verschleißwerte je nach Lichtempfindlichkeit „(sehr) signifikant unterscheiden" (t = 3,677 zu ca. $f = 49$ Freiheitsgraden).

14.3.3 Annähernder Z-Test auf Gleichheit zweier Anteilswerte

Testproblem. Die Nullhypothese betrifft die Gleichheit zweier theoretischer Anteilswerte:

$$H_0: \text{„}p_1 = p_2\text{"}, \text{ d. h. } H_0: \text{„}p_1 - p_2 = 0\text{"}$$

Test auf Gleichheit von p_1 und p_2

Genau wie in §§14.3.1-2 haben wir es hier mit *einer einzigen Variablen in 2 Gruppen* zu tun. Die Zielparameter sind nun Anteilswerte, statistisch ausgedrückt die „Erfolgswahrscheinlichkeiten" p_1 und p_2 zu den Binomialverteilungen $B(n_1; p_1)$ und $B(n_2; p_2)$, welche auf n_1 bzw. n_2 Fällen basieren. Auf „Erfolg" deutet die interessierende Ausprägung der Zufallsvariablen X hin. Sie wird mit dem Code 1 codiert und die übrigen x-Werte mit 0. Die Summe

$$n_i * p_{xi} \quad (i = 1 \text{ bzw. } 2)$$

der Erfolge in Stichprobe i steht in direktem Zusammenhang mit dem Stichprobenanteilswert p_{xi} dieser Erfolge. Aus $p_{x1} - p_{x2}$ möchte man auf die generelle Differenz $p_1 - p_2$ in der Grundgesamtheit schließen.

Nehmen wir nun als Beispiel die Farbproben, denen wir schon in §14.3.2 begegnet sind, jetzt unterschieden nach y = „Marke" und X = „Lichtempfindlichkeit". Es wurden wieder 3 Ausreißer nach Abnutzungsdauer (> 4,01) und ein Ausreißer nach Lichtempfindlichkeit (> 54) herausgelassen. Das Beispiel bezieht sich auf folgende Kreuztabelle für X (vertikal ausgelegt; 0 =„niedrig" und 1 = „hoch") und y (horizontal ausgelegt; 1 = „Konkurrent", 2 = „Klimt"). Die Gruppenvariable y teilt die Farbproben in 2 Teilstichproben auf, welche wegen der Labortestbedingungen unabhängig sind. Es stellt sich die Frage, ob man aus der Stichprobendifferenz $p_{x1} - p_{x2} = 45{,}5 - 60{,}6 = -15{,}1\,\%$ herleiten kann, dass der Konkurrent von der Lichtempfindlichkeit her generell andere Farben produziert als die Firma „Klimt". Nach dem Vorzeichen zu urteilen hat eher „Klimt" die höhere Empfindlichkeit. Wegen mangelnder *Vorkenntnisse* über die Unterschiede zwischen den Firmen testen wir H_0 dennoch zweiseitig!

14 Testverfahren

Bedingte prozentuale Häufigkeiten zu x = 1, zu vergleichen für y = 1 und y = 2 (vgl. §7.3.2)

Tabelle 14-5. *2-mal-2 Kreuztabelle für x = „Lichtempfindlichkeit" (0 = „niedrig"; 1 = „hoch") vs. y = „Marke" (1 = „Konkurrent"; 2 = „Klimt") mit Spaltenprozenten, ergänzt durch die absoluten Spaltensummen (n); die unterstrichenen, bedingten prozentualen Häufigkeiten stellen die zu vergleichenden Anteilswerte p_{x1} und p_{x2} dar*

x ↓ (%-Angaben pro Spalte)	Konkurrent (1)	Klimt (2)	Insgesamt
Niedrige Lichtempfindlichkeit (0)	54,5	39,4	47,0
Hohe Lichtempfindlichkeit (1)	45,5	60,6	53,0
Summe (bzw. n)	100,0 (33)	100,0 (33)	100,0 (66)

Zweistichproben-Z-Test für Anteilswerte: ein- oder zweiseitig

Prüfgröße und Voraussetzungen. Die zu verwendende Prüfgröße ist hier

$$Z = \frac{p_{X_1} - p_{X_2}}{\text{Standardfehler}},$$

d.h. die Differenz der Stichprobenanteilswerte geteilt durch den geschätzten Standardfehler. In Statistikprogrammen wird in der Regel der „χ^2-Test auf Unabhängigkeit" (*Chi-Squared Test for Independence*) angeboten, den wir im Kap. 15.1 behandeln. Für die 2-mal-2 Kreuztabelle ist der Z-Test gleichwertig zu diesem Test, bietet aber die zusätzliche Möglichkeit einseitig zu testen. Ablehnungsgrenzen für den zweiseitigen Test entnimmt man wieder der Tabelle 14-2, für einen einseitigen Test der Tabelle 14-3, vgl. Tabelle 14-7.

Für den **Z-Test auf Gleichheit zweier Anteilswerte** (*Z-Test for Differences in 2 Proportions*) behandeln wir das klassische Verfahren, da er als Computertest kaum angeboten wird. Die Varianzschätzung zur Differenz $p_{X_1} - p_{X_2}$ ist

Varianz zur Differenz der Stichprobenanteilswerte

$$(\text{Standardfehler})^2 = p_x * (1 - p_x) * \left(\frac{1}{n_1} + \frac{1}{n_2}\right),$$

wobei $p_x = \dfrac{p_{x1} * n_1 + p_{x2} * n_2}{n_1 + n_2}$ der gesamte Stichprobenanteilswert ist.

Die Prüfgröße ist *unter H_0* annähernd *N(0;1)*-verteilt, falls für beide Stichproben $n*p_x*(1 - p_x) > 9$ gilt. Diese Bedingung ist im Beispiel nahezu erfüllt.

Testentscheidung. In unserem Beispiel gibt es den Gesamtanteilswert

$$p_x = \frac{0,455 * 33 + 0,606 * 33}{66} = 0,5305 \text{ (Rundungsfehler), d. h. } p_x = 0,53,$$

so dass

Vergleich zweier Parameter mittels unabhängiger Stichproben | **14.3**

$$z = \frac{0{,}455 - 0{,}606}{\sqrt{0{,}53 * (1 - 0{,}53) * (\frac{1}{33} + \frac{1}{33})}} = \frac{-0{,}151}{0{,}1229} = -1{,}229.$$

Zum Signifikanzniveau α = 0,05 gibt es die Ablehnungsgrenzen –1,96 und 1,96, so dass z in den so genannten Akzeptanzbereich fällt (der zugehörige p-Wert ist 0,2186). Es gibt daher keine Hinweise darauf, dass die Farbproduzenten generell Produkte mit unterschiedlicher durchschnittlicher Lichtempfindlichkeit erzeugen.

14.3.4 Die F-Verteilung

Zusätzlich zu der χ^2 (*f*)-Verteilung und der t(*f*)-Verteilung stellen wir nun eine weitere Prüfverteilung, die F-Verteilung mit Parametern *f₁* und *f₂*, vor.

F-Verteilung zu f₁ und f₂ Freiheitsgraden

In einigen wichtigen Testproblemen geht es darum, ein Verhältnis von 2 „Varianzen", d. h. Standardabweichungen zum Quadrat, zu beurteilen, z. B.

$$\frac{(s_x)^2}{(s_y)^2} = \frac{\frac{(x_1 - \mu_x)^2 + \ldots + (x_{n_1} - \mu_x)^2}{n_1 - 1}}{\frac{(y_1 - \mu_y)^2 + \ldots + (y_{n_2} - \mu_y)^2}{n_2 - 1}},$$

das Verhältnis der Varianz für x, auf Basis von n₁ Stichprobenwerten, zur Varianz für y, auf Basis von n₂ Stichprobenwerten. Wenn die Variablen x und y sich als unabhängige, normalverteilte Zufallsvariablen X und Y mit gleicher Varianz σ² (σ² = σ²ₓ = σ²ᵧ) gestalten, ist dieses Verhältnis gemäß der

X und Y normalverteilt mit gleicher Varianz σ²

F(*f₁; f₂*)-**Verteilung** (*F-Distribution*) mit
f₁ = **n₁ – 1 Freiheitsgraden zum Zähler** und
f₂ = **n₂ – 1 Freiheitsgraden zum Nenner**

verteilt (*f₁* und *f₂* beide eine ganze Zahl ≥ 1). Im Allgemeinen entsteht eine (zentrale) F-Verteilung zu *f₁* bzw. *f₂* Freiheitsgraden als Verteilung zu

$$F = \frac{QS_1}{f_1} / \frac{QS_2}{f_2} \quad (= \frac{QS_1 * f_2}{QS_2 * f_1}),$$

Quotient zweier χ^2-verteilter Zufallsvariablen

falls die 2 Quadratsummen QS₁ und QS₂ unabhängig verteilt sind und zwar nach einer χ^2 (*f₁*)- bzw. χ^2 (*f₂*)-Verteilung, vgl. §13.3.2. Um die F-Verteilung für Prüfgrößen dieser Art verwenden zu können, gibt es in Tabelle E1 bis E4 (Anhang) F-Quantile $F_{1-\frac{1}{2}p}(f_1; f_2)$ für Überschreitungswahrscheinlichkeiten

14 Testverfahren

Quantile $F_{1-\frac{1}{2}p}(f_1; f_2)$ zur kumulierten H. $1 - \frac{1}{2}p$ in Tabelle E1 - E4 (Anhang)

½p = 0,05; 0,025; 0,01 bzw. 0,005 und für eine Auswahl von Kombinationen (f_1, f_2). Die rechten Flächen mit Überschreitungswahrscheinlichkeit ½p = 0,05 bzw. 0,01 und die zugehörigen Quantile spielen u. a. eine Rolle bei rechts einseitigen Tests (zu α = 0,05 bzw. 0,01). Die rechten Flächen zu ½p = 0,025 bzw. 0,005 kann man mit linken Flächen und den zugehörigen Quantilen kombinieren, um zweiseitige Tests zum Niveau α = 0,05 bzw. 0,01 durchzuführen. Ähnliche Quantile benötigt man für links einseitige Tests.

Man kann nun gegebenenfalls die Quantile zur linken Seite aus den tabellierten Quantilen rechts herleiten. Dazu verwende man die Eigenschaft, dass

das **linke** F - Quantil $F_{\frac{1}{2}p}(f_1; f_2)$ zur kumulierten Häufigkeit ½**p**

gleich dem

F-Quantil zur kumulierten H. ½p = Kehrwert des F-Quantils zur kumulierten H. $1 - \frac{1}{2}p$, mit f_1 und f_2 vertauscht

Kehrwert zum **rechten** Quantil $F_{1-\frac{1}{2}p}(f_2; f_1)$

- zur rechten Fläche ½**p** (f_1 **und** f_2 **vertauscht!**) -

ist. Suchen wir z. B. das F-Quantil $F_{0,05}(f_1; f_2)$ zu f_1 = 30 (oder 60) und f_2 = 20 Freiheitsgraden zur linken Fläche ½p = 0,05: Aus Tabelle E1 entnehmen wir umgekehrt für f_1 = 20 und f_2 = 30 (oder 60) das rechte Quantil $F_{0,95}(f_1; f_2)$ gleich 1,93 (1,75) mit kumulierter Häufigkeit gleich $1 - \frac{1}{2}p$ = 0,95 (rechte Fläche = ½p = 0,05). Daher gibt es zur kumulierten Häufigkeit ½p = 0,05

$$F_{0,05}(30; 20) = \frac{1}{1,93} = 0,518 \text{ bzw. } F_{0,05}(60; 20) = \frac{1}{1,75} = 0,571.$$

14.3.5 F-Test auf Gleichheit zweier Standardabweichungen

Testproblem. Um zwischen der kombinierten Variante und der getrennten Variante eines Zweistichproben-t-Tests zu wählen bedarf es eines Tests auf

Test zu α = 0,10 auf Gleichheit von σ_1 und σ_2

H₀: „$\sigma_1 = \sigma_2$", gleichwertig zu H₀: „$\sigma^2_1 = \sigma^2_2$"

(Gleichheit der Varianzen in 2 Grundgesamtheiten). Zu diesem Zweck wählt man das Signifikanzniveau etwas größer als üblich, z. B. α = 0,10. Es ist hier nicht so tragisch H₀ zu Unrecht abzulehnen, da es bei ungleichen σ-Werten immerhin noch einen relativ guten t-Test gibt, nämlich dessen getrennte Variante. (Diese Variante hat im Vergleich zur kombinierten Variante nur nicht so viele Freiheitsgrade und einen kleineren Ablehnungsbereich.) Vom Prinzip her ist nachfolgender F-Test auch als Einführung auf den späteren Test zum Vergleich mehrerer Mittelwerte anzusehen (§14.4.1). Zunächst greifen wir aber noch mal das Beispiel am Ende des §14.3.1 auf, wo die kom-

14.3 Vergleich zweier Parameter mittels unabhängiger Stichproben

binierte Variante des Zweistichproben-t-Tests zum Vergleich der mittleren Quadratmeterpreise eingesetzt wurde (n_1 = 20 Einzimmerwohnungen verglichen mit n_2 = 46 Zweizimmerwohnungen). Diese Testwahl soll nun durch den F-Test zum Vergleich der σ-Werte begründet werden!

Prüfgröße. Als Prüfgröße für den **F-Test auf Gleichheit zweier Varianzen** (*F-Test for Equality of Variances*) verwende man das Verhältnis

$$F = \frac{(s_x)^2}{(s_y)^2} \quad (f_1 = n_1 - 1; f_2 = n_2 - 1)$$

Zweistichproben-F-Test auf Gleichheit von σ_1 und σ_2 (in der Regel zweiseitig)

der beiden Stichprobenschätzungen für die Varianz (die Standardabweichung zum Quadrat). *Unter H_0* folgt die Prüfgröße einer (zentralen) F-Verteilung mit $f_1 = n_1 - 1$ bzw. $f_2 = n_2 - 1$ Freiheitsgraden. Der F-Test auf Gleichheit zweier Varianzen reagiert ziemlich empfindlich auf Abweichungen von der Normalverteilungsannahme, siehe folgende Voraussetzungen. In Computertestverfahren wird meistens ein anderer, „robuster" Test verwendet, etwa der Levene-Test, vgl. HARTUNG ET AL. (2005).

Voraussetzungen. Folgende Bedingungen sind zu beachten:

- Es handelt sich um die Verteilung des obigen Verhältnisses *unter H_0*, d. h. *wenn „$\sigma_1 = \sigma_2$" gilt*: Die Standardabweichungen σ_1 zur Zufallsvariablen X_1, die jeweils einer der n_1 x-Werte zugrunde liegt, und σ_2 zur Variablen X_2, deren Wiederholungen die n_2 y-Werte liefern, sind unter H_0 gleich.

- X_1 und X_2 sind in sehr guter Annäherung normalverteilt: $X_1 \sim N(\mu_1; \sigma_1)$ und $X_2 \sim N(\mu_2; \sigma_2)$.

Testentscheidung. In unserem Beispiel (α = 0,10) gibt es gemäß Tabelle 9-6

$$F = \frac{(375,59)^2}{(321,81)^2} = 1,362 \quad (f_1 = 45; f_2 = 19),$$

wenn man für x (im Zähler) die zweite Stichprobe und für y (im Nenner) die erste wählt. In solchen Berechnungen nimmt man für den Zähler die Stichprobe mit der größten Standardabweichung, so dass die linke Grenze des Akzeptanzbereiches nicht unbedingt berechnet werden muss. Für den zweiseitigen F-Test benutzen wir Tabelle E1, anhand von $f_2 \approx 20$ und mit Hilfe von Halbierung (linearer Interpolation) zwischen den Grenzen für $f_1 = 30$ und $f_1 = 60$. Die rechte Grenze ist ½ (2,04 + 1,95) = 1,995 und die linke Grenze ist ½ (0,518 + 0,571) = 0,5445. Das Ergebnis der Prüfgröße liegt im Akzeptanzbereich: Man behält H_0: „$\sigma_1 = \sigma_2$" bei und wählt die kombinierte Variante des t-Tests!

14.4 Vergleich mehrerer Mittelwerte und Argumentation

Testverfahren für m > 2 Gruppen auf einmal

Die Hypothesen der bisherigen Testprobleme wurden als Aussagen in Bezug auf 1 bis 2 unbekannte Parameter formuliert, die es mit einem angenommenen Wert bzw. untereinander zu vergleichen gilt. Als Verallgemeinerung solcher Vergleiche für 1 oder 2 Gruppen (Teilgesamtheiten) gibt es Testverfahren für mehrere Gruppen auf einmal. Ein Beispiel ist der Vergleich mehrerer Anteilswerte in einer 2-mal-ℓ Kreuztabelle durch den χ^2-Test ($\ell > 2$, vgl. Kap. 15.1). Im jetzigen Abschnitt geht es um den gleichzeitigen („simultanen") Vergleich von m theoretischen Mittelwerten oder Erwartungswerten μ_1 bis μ_m ($m \geq 2$). Die im Kap. 9.3 behandelte Streuungszerlegung bildet die Grundlage für den so genannten F-Test. Dieser Test auf Gleichheit mehrerer Mittelwerte erscheint als Computertest in der **einfaktoriellen Varianzanalyse** (*One-way Analysis of Variance, Single Factor ANOVA*). Dabei bedeutet „einfaktoriell", dass es genau eine „Gruppenvariable" - auch „Klassenbildungsfaktor" genannt - gibt (Einteilung der Fälle in $m \geq 2$ Gruppen).

Analog zu den Argumentationsschemata für Vertrauensbereiche (§13.3.5) werden für 2 Beispiele Schemata vorgestellt, nach denen die Ablehnung einer Nullhypothese bzw. deren Beibehalten dokumentiert werden können. Die Beispiele betreffen zwar Testentscheidungen zum Vergleich mehrerer Mittelwerte, aber Argumentationen zu anderen Tests laufen ähnlich ab.

14.4.1 F-Test auf Gleichheit mehrerer Mittelwerte

Testproblem. Es soll für die metrisch skalierte Zufallsvariable X die zentrale Tendenz oder Lage zwischen mehreren ($m \geq 2$) Gruppen verglichen werden. Es stehen m Messreihen zur Verfügung, die erste vom Umfang n_1, die zweite vom Umfang n_2 usw. bis zur letzten vom Umfang n_m. Der gesamte Umfang

$$n = n_1 + n_2 + \ldots + n_m$$

der Stichprobe ist die Summe der Fallzahlen für m Teilstichproben (Gruppen). Die Messreihen ergeben sich aus m Reihen unabhängiger, normalverteilter Zufallsvariablen. Pro Fall wird das Ergebnis der Zufallsvariablen X ermittelt. Wenn der Fall zur Gruppe j gehört ist $X \sim N(\mu_j; \sigma_j)$ (für $j = 1, \ldots, m$).

Als Beispiel einer solchen Aufteilung gibt es im Kap. 9.3 die Gruppierung von $n = 261$ Immobilien nach y = „Zimmerzahl" (1, 2, 3 bzw. ≥ 4); y ist der Gruppenbildungsfaktor, $n = 261 = 20 + 46 + 92 + 103$ und $m = 4$. Das interessierende Merkmal X, im Beispiel den Quadratmeterpreis, nennt man allgemein Ziel- oder Vergleichsvariable, im Rahmen eines Experiments auch

14.4 Vergleich mehrerer Mittelwerte und Argumentation

"Behandlungsfaktor". Die Nullhypothese gleicher theoretischer Mittelwerte lässt sich nun ausdrücken als

$$H_0: \text{"}\mu_1 = \mu_2 = \mu_3 = \ldots = \mu_m\text{"} \quad (m \geq 2).$$

Es soll H_0 gegen die Gesamtalternative, d. h. die größtmögliche Alternative

$$H_1: \text{"}\mu_i \neq \mu_j \text{ für mindestens ein Paar (i, j) von Teilgesamtheiten"}$$

getestet werden (i, j = 1, ..., m; i ≠ j). Die Nullhypothese H_0 bedeutet, dass der Gruppenbildungsfaktor keinen Effekt auf die erwarteten X-Werte hat. Die Alternative dagegen besagt, dass für mindestens 2 Gruppen die Erwartungswerte ungleich sind: Es gibt einen Gruppierungseffekt. Unter der Annahme, dass im Voraus nicht festgelegt werden kann, welches Paar oder welche Paare von Teilgesamtheiten unter H_1 verschieden sind, wird in der Gesamtalternative jede Abweichung von H_0 gleichermaßen berücksichtigt.

Test auf H_0: "Gleichheit μ_1 bis μ_m" gegen H_1: "mindestens 2 Mittelwerte ungleich"

Prüfgröße und Voraussetzungen. Wie schon zum Beispiel der Immobilienpreise vs. Zimmerzahl angedeutet, ist für die Prüfung auf Gleichheit der m Erwartungswerte die Frage entscheidend, ob den Unterschieden zwischen den Stichprobenmittelwerten in Anbetracht der zufälligen X-Variabilität (für den Quadratmeterpreis etwa) noch Bedeutung bei zu messen ist. Aufgrund der im Kap. 9.3 behandelten Streuungszerlegung - Gesamtvarianz ist Binnenvarianz plus Zwischenvarianz - ist folgende Prüfgröße relevant:

$$F = \frac{\dfrac{\text{Zwischenvarianz}}{m-1}}{\dfrac{\text{Binnenvarianz}}{n-m}} = \frac{\dfrac{SSB}{f_1}}{\dfrac{SSW}{f_2}} \left(= \frac{MSB}{MSW}\right)$$

F-Test *zu $f_1 = m - 1$ bzw. $f_2 = n - m$ Freiheitsgraden*

Wenn die Erwartungswerte alle gleich sind (*unter H_0*), ist die Prüfgröße F-verteilt mit $f_1 = m - 1$ bzw. $f_2 = n - m$ Freiheitsgraden, wobei m die Anzahl der Gruppen darstellt und n die gesamte Fallzahl, siehe Tabelle 14-8.

(gleiche σ-Werte und Normalverteilungen für X in den m Gruppen)

Voraussetzung ist, dass die m theoretischen Standardabweichungen in der Grundgesamtheit gleich sind und X in jeder Gruppe nahezu normalverteilt.

Der Zähler der Prüfgröße heißt die "mittlere Quadratsumme zwischen den Gruppen" (*MSB: Mean Square Between*; auch: *MST*, d. h. *for Treatment*), der Nenner die "mittlere Quadratsumme innerhalb der Gruppen" (*MSW: Mean Square Within*; auch: *MSE*, d. h. *for Error*). Der Zähler fasst die Unterschiede zwischen den jeweiligen Gruppenmittelwerten zusammen, der Nenner ist dagegen ein Maß für die rein zufällige X-Variabilität. Bei Gleichheit der Erwartungswerte schätzen Zähler und Nenner in etwa die gleiche zufällige Gesamtstreuung, so dass F ungefähr gleich 1 ist. Die Indizien gegen H_0 werden umso stärker, je mehr die Variation zwischen den Messreihen (Unterschiede zwischen den μ_j) die Variation innerhalb der Reihen dominiert. Es ist

14 Testverfahren

Technisch gesehen funktioniert der F-Test einseitig, trotzdem ist H₁ die Gesamtalternative!

H₀ für unwahrscheinlich große F-Werte abzulehnen, d. h. wenn F eine von f_1, f_2 und dem Signifikanzniveau α abhängige Ablehnungsgrenze übersteigt:

$$F > F_{1-\alpha}(f_1; f_2)$$

(unter H₀ gibt es zu diesem F-Quantil die Überschreitungswahrscheinlichkeit α). Der F-Test stellt eine Verallgemeinerung des zweiseitigen Zweistichproben-t-Tests dar. Für m = 2 gibt es H₀: „μ₁ = μ₂" und der F-Test läuft auf die gleiche Testentscheidung hinaus als die kombinierte Variante des t-Tests.

Testentscheidung. Gehen wir in unserem Beispiel von α = 0,05 aus. Wegen

$$p = 0,008 < 0,05 = \alpha$$

kann man folgern, dass die erwarteten Quadratmeterpreise in der Grundgesamtheit sich nach der Zimmerzahl „signifikant" unterscheiden (eine Verallgemeinerung der einseitigen Testentscheidung am Ende des §14.3.1). Wir folgen einmal anhand der Prüfgröße die zugrunde liegende Auswertung. In Übung **9.6-11** gab es SSB ≈ 1802*10³ und SSW ≈ 38313*10³, so dass

$$F \approx \frac{\frac{1802}{4-1}}{\frac{38313}{261-4}} = \frac{600,67}{149,08} = 4,029 \quad (f_1 = 3; f_2 = 257).$$

Vergleicht man dieses Ergebnis mit den F-Quantilen 2,68 und 2,65 zu f_1 = 3 und f_2 = 120 bzw. f_2 = 500 Freiheitsgraden in Tabelle E1 (α = ½p = 0,05), so bestätigt sich die Testentscheidung ganz klar (Feinberechnung des rechten Quantils $F_{0,95}(3; 257)$ durch lineare Interpolation erübrigt sich hier). Dies gilt sogar für die F-Quantile 3,95 und 3,88 zu α = ½p = 0,01 in Tabelle E3!

14.4.2 Argumentation zur Ablehnung der Nullhypothese

Je kleiner α, um so klarer der Beweis für H₁!

Ähnlich wie beim Vertrauensbereich (Abb. 13-6) kann man für die Herleitung oder Interpretation einer Testentscheidung toulminsche Argumentationsschemata aufstellen. Wir fangen mit dem einfacheren Fall an: *H₀ kann zum vorgegebenen Signifikanzniveau α abgelehnt werden*: Hier darf man H₁ als statistisch bewiesen ansehen; je kleiner α, um so stärker der Beweis! Der schwierigere Fall folgt in §14.4.3 mit einem Schema für das *Beibehalten von H₀ aus Mangel an Beweis für H₁*: Darin darf man keinen Beweis für H₀ sehen!

Als Beispiel für den Fall einer abgelehnten Nullhypothese nehmen wir den F-Test auf Gleichheit der erwarteten Quadratmeterpreise für Zimmerzahl 1,

14.4 Vergleich mehrerer Mittelwerte und Argumentation

2, 3 bzw. ≥ 4. Die Hauptargumentationskette leitet aus der Begründung - dem Testergebnis „p-Wert ≤ α" (für vorgegebenes α = 0,05) - her, dass nicht alle μ_j gleich sein können (Schlussfolgerung). Die wichtigste Rechtfertigung dafür ist, dass mit dem empirischen Ablehnungsbereich kein zu hohes Fehlerrisiko verbunden ist. Im Beispiel liegt *unter H₀* die Wahrscheinlichkeit p = P_0(F > 4,029) = 0,008 weit unter α = 0,05. Dass dies in §14.4.1 auch durch den klassischen Vorgang bestätigt wird, ist eine gleichartige Rechtfertigung, die man nicht zusätzlich braucht. Wichtiger ist die Untermauerung im Hinblick auf Problemformulierung, Testwahl und Voraussetzungen. Hier tritt eine Bedingung in den Vordergrund, nämlich dass die Standardabweichungen σ_j nahezu gleich sind (j = 1, ..., m). Als mögliche Einwände gegen die Plausibilität der Schlussfolgerung führen andere Voraussetzungen eher zum einen oder anderen Vorbehalt: So sollen die Zufallsvariablen unabhängig sein und ihre Verteilungen nicht zu stark von einer Normalverteilung abweichen (sonst sind andere Testverfahren angesagt). Insbesondere darf man es sich beim Jagd auf „signifikante Ergebnisse" nicht zu leicht machen: Das zulässige Fehlerrisiko α soll relativ klein gewählt werden, vgl. §14.1.3!

Abbildung 14-2. Argumentationsschema zu einer abgelehnten Nullhypothese (Beispiel eines F-Tests auf Gleichheit mehrerer Erwartungswerte)

Argumentation zu „$\mu_i \neq \mu_j$ für mindestens ein Paar (i, j)"

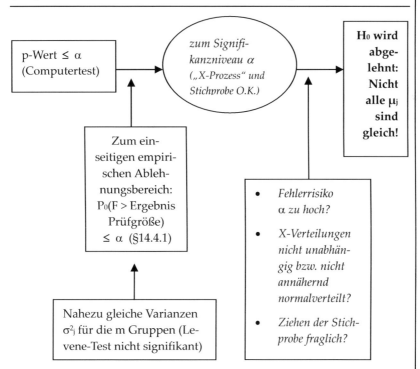

Testverfahren

Wahl von α: Mit Signifikanztests angeln im Datenteich?

Mit der Wahl des Signifikanzniveaus α sind viele methodologische Kniffe und Fallstricke verbunden. In DUBBEN UND BECK-BORNHOLDT (2006) wird ein ganzes Kapitel dem „schlecht verstandenen wissenschaftlichen Brauchtum" des Signifikanztests gewidmet. Es werden solche Anwendungen kritisiert, in denen Hypothesentests - durch keine Theorie im Hintergrund begründet - in wahlloser Wiederholung durchgeführt werden, so dass einige „zufallsbedingt signifikante Ergebnisse" wohl auftauchen müssen: Mit Hilfe des Computers angelt man leicht ein signifikantes Ergebnis aus dem Datenteich!

Falls man nämlich relativ wahllos n unabhängige Variablen (n groß, etwa n = 100) heranzieht, nach denen 2 Gruppen - für jede Variable gesondert - verglichen werden, dann findet man zum Signifikanzniveau α (Beispiel α = 0,05) unter den n Tests zufallsbedingt ungefähr α*n (5) signifikante Unterschiede, falls sich die Gruppen in Wahrheit in keiner der n Variablen unterscheiden. Eine einfache Linderung dieses Problems - auch Alpha-Inflation genannt, vgl. DUBBEN UND BECK-BORNHOLDT (2006) und ZÖFEL (2003) - besteht darin, die maximal zumutbare Irrtumswahrscheinlichkeit pro Test auf $\frac{\alpha}{n}$ fest zu legen (im Beispiel α = 0,0005). Besser noch hält man sich an einigen vorab klar begründeten Analysezielen, die eine beschränkte Anzahl von sachlogisch interessierenden Tests mit sich bringen.

14.4.3 Argumentation zu einer nicht-beweisbaren Alternativhypothese

Schwierige Argumentation: H1 nicht beweisbar, H0 kann nicht abgelehnt werden!

Als Beispiel für den Fall einer „nicht beweisbaren Alternativhypothese" nehmen wir den F-Test auf Gleichheit der erwarteten Quadratmeterpreise in der City, im Vorort bzw. auf dem Lande (vgl. Abb. 8-5; n = 36 + 184 + 41). Als Erweiterung des zweiseitigen t-Tests zum Vergleich zwischen Vorortlage und ländlicher Wohnlage (§14.3.1) führt zu α = 0,05 auch der Computer-F-Test auf H0: „$\mu_1 = \mu_2 = \mu_3$" nicht zu einem signifikanten Ergebnis:

$$p = 0{,}352 > 0{,}05 = \alpha \quad (F = 1{,}05 \text{ zu } f_1 = 2 \text{ und } f_2 = 258)$$

Dies ist auch nicht verwunderlich, da für die City μ_{x1} = 1539 (zu s = 453) gilt, ein Wert zwischen μ_{x2} = 1525 (zu s = 388; Vorort) und μ_{x3} = 1623 (zu s = 357; Land). Die Argumentation weicht nun in einigen Punkten von Abb. 14-2 ab:

Argumentation zur Unbeweisbarkeit von H1

- Der Schluss: „Signifikante Unterschiede zwischen den μ_j sind nicht nachweisbar", d. h. „H0 wird beibehalten (Gleichheit aller Erwartungswerte kann nicht ausgeschlossen werden)";

- Die Begründung „p-Wert > α" und dazu die Rechtfertigung

   „$P_0(F >$ Ergebnis Prüfgröße$) > \alpha$";

- Die lückenhafte Untermauerung des F-Tests: Die Standardabweichungen sind signifikant verschieden (für den Levene-Test gibt es p = 0,035);
- Die möglichen Einwände „n groß genug?" bzw. „α zu niedrig?" an der Stelle von „α zu hoch?". Ein Gegenbeweis gegen die Standardannahme H_0 ist nämlich für größere α- bzw. n-Werte leichter zu erbringen!

Dass H_0 beibehalten werden musste, mag an der nicht ganz angemessenen Testwahl liegen oder auch am Stichprobenumfang n (α sollte hier nicht größer als 0,05 sein). In der Tat liefert der auch zu Abb. 13-3 verwendete, erweiterte Datensatz von 500 Immobilien für die Fälle mit Angebotspreis unter 280.000 € (n = 382) einen kleinen, aber nicht ausreichenden Hinweis auf den Einfluss von n: Die erweiterte Stichprobe ergibt F = 2,06 zu $f_1 = 2$ und $f_2 = 379$, so dass p = 0,129 ($\mu_{x1} = 1488$, $\mu_{x2} = 1536$ und $\mu_{x3} = 1631$ usw.). Betrachtet man nur die hinzugekommen Immobilien, so gibt es sogar p = 0,09.

Ein viel vorkommender Interpretationsfehler ist, dass „mangelnder Beweis" für H_1 als Bestätigung von H_0 angesehen wird! Wohl darf man nach dem Motto „Im Falle des Zweifels für den Angeklagten!" argumentieren: Solange das Gegenteil (H_1) nicht bewiesen ist, behält man H_0 (Standardannahme) bei!

„Kein hinreichender Beweis für H_1" bedeutet noch keinen Beweis für H_0!

14.5 Testablauf und ausgewählte Tests

Wir fassen die wichtigsten Elemente der Hypothesenprüfung noch einmal zusammen [Schritte zwischen eckigen Klammern sind oft schon erledigt]:

1. Man formuliert *vorab* das Problem (H_0, H_1) zwei- oder einseitig.

2. Man legt *vorab* das nominelle Signifikanzniveau α (zulässiges Fehlerrisiko *unter H_0*) fest, so dass man im *klassischen Verfahren* (Punkt 5 - 7) den Ablehnungsbereich berechnen bzw. im *Computertestverfahren* (Punkt 7) den p-Wert (die empirische Signifikanz) mit α vergleichen kann.

3. Man definiert die relevanten Zufallsvariablen, hier mit einem einzigen X bezeichnet [u. U. auch den Stichprobenumfang n].

4. Man wählt eine geeignete Prüfgröße *T*, deren Ergebnis *t* aus den Stichprobenwerten zur Zufallsvariablen X berechnet werden kann (Punkt 6).

5. Im *klassischen Verfahren* berechnet man die kritische(n) Grenze(n) für *T* zum Niveau α, d. h. den ein- oder zweiseitigen Ablehnungsbereich.

6. [Man sammelt die Stichprobendaten zu X.] Aus den Stichprobendaten berechnet man (bzw. der Computer) das Ergebnis *t* zur Prüfgröße *T*.

1-2. Formulierung (H_0, H_1) mit α

3-7. Durchführung des Tests (Testwahl und -berechnungen)

14 Testverfahren

7. Im *klassischen Verfahren* sieht man nach, ob *t* im Ablehnungsbereich oder im Akzeptanzbereich liegt. Im *Computertestverfahren* berechnet oder bewertet man den *p-Wert* zum Testergebnis *t* (empirische Signifikanz, d. h. die Wahrscheinlichkeit *unter H₀* zum empirischen Ablehnungsbereich).

8-9. Testentscheidung

8. *Testentscheidung:* Man lehnt H₀ gerade dann ab, wenn - im *klassischen Verfahren* - *t* im Ablehnungsbereich liegt bzw. wenn - im *Computertestverfahren* - der *p-Wert* das zulässige Fehlerrisiko α nicht übersteigt.

9. Man interpretiert die Testentscheidung im Hinblick auf die sachlogische Bedeutung von H₀ (wenn beibehalten) oder H₁ (wenn als Alternative zu H₀ für statistisch bewiesen gehalten - d. h. für viel wahrscheinlicher).

Die wichtigsten Formeln zu den behandelten Testverfahren werden in folgenden Tabellen zusammengefasst. Nullhypothese und Prüfgröße werden nur für den *zweiseitigen* Test (2) angegeben. Es erweitert sich H₀ um den aus der Alternative herausgelassenen Teil bei einseitigen Varianten; (L1) steht für links einseitig, (R1) für rechts einseitig. An der Stelle des Ablehnungsbereiches wird der **Akzeptanzbereich** wiedergegeben. Das Ergebnis der Prüfgröße muss *außerhalb* dieses Bereichs liegen, um H₀ ablehnen zu können!

Formeln beim Vergleich zu einem angenommenen Wert

Tabelle 14-6. *Formeln für Einstichprobentests zum Signifikanzniveau* α

Test	Hypothesen	Prüfgröße; <u>Akzeptanzbereich</u>
■ **Einstichproben-Z-Test auf den Mittelwert** (σ bekannt); μx ergibt den Stichprobenmittelwert μx	H₀: „μ = μ₀" (2) H₁: „μ ≠ μ₀" (Tabelle 14-2)	$Z = \dfrac{\mu_X - \mu_0}{\dfrac{\sigma}{\sqrt{n}}}$; $[-z_{1-\frac{1}{2}\alpha}, +z_{1-\frac{1}{2}\alpha}]$
■ **Einstichproben-Z-Test, einseitig** (σ bekannt)	Erweiterung zu H₀: „μ = μ₀"; (L1) H₁: „μ<μ₀"; (R1) H₁: „μ>μ₀" (Tabelle 14-3)	(L1) $[-z_{1-\alpha}, +\infty)$; (1R) $(-\infty, +z_{1-\alpha}]$
■ **Einstichproben-t-Test auf den Mittelwert**, σ unbekannt[2]; μx ergibt μx; S ergibt Stichprobenstandardabw. s; *f* = *n* − 1 Freiheitsgrade	H₀: „μ = μ₀" (2) H₁: „μ ≠ μ₀" (Tabelle D)	$T = \dfrac{\mu_X - \mu_0}{\dfrac{S}{\sqrt{n}}}$; $[-t_{1-\frac{1}{2}\alpha}(n-1), +t_{1-\frac{1}{2}\alpha}(n-1)]$

[2] Verteilungsfreie Alternativverfahren (auch für einseitig bzw. paarweise durchgeführte t-Tests): *Zeichentest* oder *Vorzeichenrangtest nach Wilcoxon*, siehe HARTUNG ET AL. (2005) oder SCHWARZE (2009).

Testablauf und ausgewählte Tests 14.5

■ Einstichproben-t-Test, einseitig (σ unbekannt)	Erweiterung zu H₀: „$\mu = \mu_0$"; (L1) H₁: „$\mu<\mu_0$"; (R1) H₁: „$\mu>\mu_0$" (Tabelle D)	(L1) $[-t_{1-\alpha}(n-1), +\infty)$; (1R) $(-\infty, +t_{1-\alpha}(n-1)]$	
■ Einstichproben-t-Test (paarweise); $D = X - Y$ Differenz der Zufallsvariablen für Gruppe 1 (μ_1 = Erwartungswert X) und für Gruppe 2 (μ_2 = Erwartungswert Y); $f = n - 1$ Freiheitsgrade	(2) H₁: „$\mu_D = 0$" für $\mu_D = \mu_1 - \mu_2$ (Tabelle D)	$T = \dfrac{\mu_X - \mu_Y}{\dfrac{S_D}{\sqrt{n}}}$, $s_d = \sqrt{\dfrac{(d_1-d)^2 + \ldots + (d_n-d)^2}{n-1}}$ ist das Ergebnis von S_D; $[-t_{1-\frac{1}{2}\alpha}(n-1), +t_{1-\frac{1}{2}\alpha}(n-1)]$	
■ Einstichproben-t-Test (paarweise), einseitig	Analog zum **Einstichproben-t-Test**, auf Basis von **T** beim **t-Test (paarweise)**		
■ Einstichproben-Z-Test auf den Anteilswert; p_X ergibt den Stichprobenanteilswert p_x; die verwendete Normalapproximation gilt, wenn $n * p_0 * (1 - p_0) > 9$	H₀: „$p = p_0$" (2) H₁: „$p \neq p_0$" (Tabelle 14-2)	$Z = \dfrac{p_X - p_0}{\sigma_p}$, $\sigma_p = \sqrt{\dfrac{p_0 * (1 - p_0)}{n}}$; $[-z_{1-\frac{1}{2}\alpha}, +z_{1-\frac{1}{2}\alpha}]$	
■ Einstichproben-Z-Test auf den Anteilswert, einseitig	Analog zum **Einstichproben-Z-Test**, auf Basis von **Z** beim **Z-Test** auf den Anteilswert		

Tabelle 14-7. Formeln für zweiseitige Zweistichprobentests zum Signifikanzniveau α (einseitig: analog zu den einseitigen Varianten in Tabelle 14-6)

Formeln beim zweiseitigen Vergleich zweier Erwartungswerte usw.

Test	Hypothesen	Prüfgröße; Akzeptanzbereich
■ **Zweistichproben-t-Test auf Gleichheit der Mittelwerte, „kombiniert"**, $\sigma_1 \approx \sigma_2$: unbekannt, nahezu gleich)[3]; μ_{X1} (μ_{X2}) ergibt den Stichprobenmittelwert μ_{X1} (μ_{X2}) in der ersten (zweiten) Stichprobe; $f = n_1 + n_2 - 2$ Freiheitsgrade	H₀: „$\mu_1 = \mu_2$" (2) H₁: „$\mu_1 \neq \mu_2$" (Tabelle D)	$T = \dfrac{\mu_{X_1} - \mu_{X_2}}{\sqrt{\dfrac{QS_1 + QS_2}{n_1 + n_2 - 2}\left(\dfrac{n_1 + n_2}{n_1 * n_2}\right)}}$, wobei $QS_1 = \sum\limits_{i=1}^{n_1}(x_{i1} - \mu_{x1})^2$ erste Quadratsumme, QS_2 bezüglich μ_{x2}; $[-t_{1-\frac{1}{2}\alpha}(f), +t_{1-\frac{1}{2}\alpha}(f)]$ zu $f = n_1 + n_2 - 2$ Freiheitsgraden

---

[3] Verteilungsfreies Verfahren: *Wilcoxon Rangsummentest* (*Mann-Whitney U-Test*).

14 Testverfahren

Zweistichproben-t-Test auf Gleichheit der Mittelwerte, „getrennt" ($\sigma_1 \neq \sigma_2$: unbekannt, ungleich); μ_{x1} (μ_{x2}) ergibt den Stichprobenmittelwert μ_{x1} (μ_{x2}) in der ersten (zweiten) Stichprobe; *Hinweis*: Berechne f zunächst aus der Formel nebenan; Anzahl der Freiheitsgrade = die größte natürliche Zahl, die in f enthalten ist.	H₀: „$\mu_1 = \mu_2$" vs. (2) H₁: „$\mu_1 \neq \mu_2$" (Tabelle D)	$[-t_{1-\frac{1}{2}\alpha}(f), +t_{1-\frac{1}{2}\alpha}(f)]$; $$T = \frac{\mu_{x_1} - \mu_{x_2}}{\sqrt{\frac{1}{n_1} * \frac{QS_1}{n_1 - 1} + \frac{1}{n_2} * \frac{QS_2}{n_2 - 1}}}, \text{QS}_1 \text{ und QS}_2 \text{ wie}$$ zur kombinierten Variante des t-Tests; Freiheitsgrade $$f = \frac{\left(\frac{1}{n_1} * \frac{QS_1}{n_1-1} + \frac{1}{n_2} * \frac{QS_2}{n_2-1}\right)^2}{\left(\frac{1}{n_1} * \frac{QS_1}{n_1-1}\right)^2/(n_1-1) + \left(\frac{1}{n_2} * \frac{QS_2}{n_2-1}\right)^2/(n_2-1)}$$
Zweistichproben-Z-Test auf Gleichheit der Anteilswerte; p_{x1} (p_{x2}) ergibt den Stichprobenanteilswert p_{x1} (p_{x2}); p_x der gesamte Anteilswert; $n * p_x * (1 - p_x) > 9$; vgl. χ^2-Test im Kap. 15	H₀: „$p_1 = p_2$" (2) H₁: „$p_1 \neq p_2$" (Tabelle 14-2)	$$Z = \frac{p_{x_1} - p_{x_2}}{\sqrt{p_x * (1 - p_x) * \left(\frac{1}{n_1} + \frac{1}{n_2}\right)}},$$ $$p_x = \frac{p_{x1} * n_1 + p_{x2} * n_2}{n_1 + n_2};$$ $[-z_{1-\frac{1}{2}\alpha}, +z_{1-\frac{1}{2}\alpha}]$
Zweistichproben-F-Test auf Gleichheit der Varianzen; Freiheitsgrade $f_1 = n_1 - 1$ (Zähler) und $f_2 = n_2 - 1$ (Nenner)	H₀: „$\sigma_1 = \sigma_2$" (2) H₁: „$\sigma_1 \neq \sigma_2$" (Tabelle E)	$F = \frac{(s_x)^2}{(s_y)^2}$; $s_x = \sqrt{QS_1/(n_1 - 1)}$ Stichprobenstandardabw. s_x zu X, s_y zu Y

F-Test auf Gleichheit mehrerer theoretischer Mittelwerte

Tabelle 14-8. Formeln für den Vergleich mehrerer Erwartungswerte zum Niveau α

Test	Hypothesen	Prüfgröße; <u>Akzeptanzbereich</u>
F-Test für die einfaktorielle Varianzanalyse[4]; $n = n_1 + ... + n_m$; μ_x Gesamtmittel; Freiheitsgrade $f_1 = n_1 - 1$ (Zähler), $f_2 = n_2 - 1$ (Nenner); Kennzahlen Gruppe j: $\mu_x(j)$, s_j	H₀: „$\mu_1 = \mu_2 = \mu_3 = ... = \mu_m$" H₁: „$\mu_i \neq \mu_j$ für mindestens ein Paar (i, j)" (Tabelle E)	$F = \frac{SSB}{f_1} / \frac{SSW}{f_2}$, $SSB = n_1 * (\mu_x(1) - \mu_x)^2 + ... + n_m * (\mu_x(m) - \mu_x)^2$, $SSW = (n_1 - 1) * (s_1)^2 + ... + (n_m - 1) * (s_m)^2$. $F \leq F_{1-\alpha}(f_1; f_2)$: H₀ beibehalten

---

[4] Verteilungsfreies Verfahren: *Kruskal-Wallis-Test*.

14.6 Übungen

14.6-1. *Aufgabe:* Wählen Sie zu jeder der folgenden Fragestellungen eine zweiseitige, rechts einseitige oder links einseitige Formulierung des Testproblems. Ändern Sie die *Reihenfolge* der Fragestellungen derart, dass das erste Problem zweiseitig ist und das letzte links einseitig, wie in Tabelle 14-1:

- (a) „Ist unter den Hauptstudiumsklausurnoten das schlechteste Ergebnis pro Absolvent im Schnitt besser als $\mu_0 = 2,0$?"

- (b) „Weichen die Längen von der Solllänge ($\mu_0 = 100$ cm) des Metermaßstabes ab?"

- (c) „Wird der Durchschnittspreis der Lernmittel von $\mu_0 = 25$ € pro Kopf und Veranstaltung überschritten?"

Frage: In den Niederlanden laufen Noten von 1 (schlechtester Wert) über 5 (gerade durchgefallen) und 6 (gerade bestanden) bis 10 (bester Wert). Die erste Fragestellung würde daher eher so lauten: (a') „Ist unter den Noten das schlechteste Ergebnis pro Absolvent im Schnitt besser als $\mu_0 = 8,0$?" Warum ändert sich die Zwei- oder Einseitigkeit von H_1 und wie genau?

(H_0, H_1) *einseitig oder zweiseitig*

14.6-2. Betrachten Sie die standardisierte Mittelwertschätzfunktion

$$\overline{Z} = \sqrt{n} * \frac{\mu_X - \mu_0}{\sigma}$$

als Prüfgröße in Bezug auf die Füllmenge X, die für eine Kontrollstichprobe von n = 100 Literflaschen Wein ermittelt wurde (vgl. §13.3.1). Der nominelle Inhalt einer Flasche ist $\mu_0 = 1,000$ l und die Standardabweichung $\sigma = 0,027$ l ist bekannt. Um den Inhalt zu überprüfen kann, an Stelle eines 95%-Vertrauensbereichs, der zweiseitige Z-Test auf H_0: „$\mu = \mu_0$" zum Signifikanzniveau $\alpha = 0,05$ durchgeführt werden, mittels des transformierten Stichprobenmittelwerts $\overline{z}$ (das Testergebnis $\overline{z}$ wird erst in Übung **14.6-3** analysiert!).

Verteilungs- und Datentransformation für Vertrauensbereich und zweiseitigen Hypothesentest

Aufgaben: Zeigen Sie, dass die Ungleichungen $-z_{1-\frac{1}{2}\alpha} < \overline{z} < z_{1-\frac{1}{2}\alpha}$ die zum Vertrauensbereich für μ führen - falls der Erwartungswert μ gleich μ_0 ist - auch den Akzeptanzbereich des Z-Tests bestimmen, siehe Tabelle 14-6 und §14.1.3. Leiten Sie daraus Ablehnungsgrenzen für μ_X her! Erklären Sie, warum 0 die Mitte des Vertrauensbereichs für den Erwartungswert von $\overline{Z}$ bildet - oberer Teil der Abb. 14-1 - und ebenfalls die Mitte des Akzeptanzbereichs für den Stichprobenmittelwert $\overline{z}$! Vergleichen Sie mit der Mitte des Vertrauensbereichs für μ bzw. mit der Mitte des Akzeptanzbereichs für μ_X!

14 Testverfahren

p-Wert eines zwei- bzw. einseitigen Z-Tests auf den Mittelwert (σ bekannt)

14.6-3. *Fragen:* Warum kann man in Übung **14.6-2** von einer normalverteilten Mittelwertschätzfunktion μ_x ausgehen? Wie fällt der zweiseitige Z-Test auf den angenommenen Mittelwert $\mu_0 = 1{,}000$ l aus (H₀: „$\mu = \mu_0$" zu $\alpha = 0{,}05$; Stichprobenmittelwert $\mu_x = 0{,}996$ l; $\sigma = 0{,}027$ l)? Welcher p-Wert gehört zum empirischen Ablehnungsbereich des zweiseitigen Tests? Und welcher zum *rechts einseitigen* Z-Test ($\alpha = 0{,}05$)? Wie kann man den rechts einseitigen Test aus der Perspektive des Kunden begründen und zu welcher Testentscheidung kommt man so? Wie sehen dagegen aus der Perspektive des Produzenten p-Wert und Testentscheidung zum *links einseitigen* Test aus?

Überprüfung eines Standardwerts (σ bekannt); Akzeptanzbereich für μ_x

14.6-4. Für einen bestimmten Endoskoptyp wird als Sollwert für den Außendurchmesser $\mu_0 = 1{,}30$ mm angegeben. Als Erfahrungswert für σ gilt 0,03 mm. Es werden 30 Endoskope vermessen und als Durchmesser ermittelt man $\mu_x = 1{,}3115$ mm. Unterstellen Sie normalverteilte Durchmesserwerte.

Aufgabe: Führen Sie zum Niveau $\alpha = 0{,}05$ anhand der Ablehnungsgrenzen für μ_x den zweiseitigen Z-Test auf Einhaltung des Standardwerts durch!

Überprüfung eines Mindestwerts (σ bekannt)

14.6-5. Sie möchten den Benzinverbrauch beim *Fiat Cinquecento* überprüfen. Es sollte der Fiat dem Qualitätsstandard von mindestens 16 km pro Liter genügen. Vergleichbare Pkws ergeben eine Standardabweichung von 2,0 km/l. Aus einer Zufallsstichprobe von 46 Fiats berechnen Sie einen Mittelwert von 15,3 km/l. Das Verhältnis Abstand / Benzinverbrauch sei normalverteilt.

Aufgabe: Überprüfen Sie zum Signifikanzniveau $\alpha = 0{,}01$ die Einhaltung des Mindestwerts, wonach die Leistung der Fiats nicht unter 16 km/l liegt!

Überprüfung eines Mindestwerts (σ unbekannt); Akzeptanzbereich für μ_x

14.6-6. *Aufgabe:* Lösen Sie das gleiche Problem wie in Übung **14.6-5**, jetzt aber unter der Annahme, dass s = 2,0 km/l bloß ein Schätzwert aus der Stichprobe für den nunmehr unbekannten σ ist! Formulieren Sie die allgemeine Form des zweiseitigen bzw. einseitigen Akzeptanzbereichs für μ_x!

14.6-7. Wie in Übung **9.6-8** und **9.6-9** stellen unter 49 in Deutschland lebenden „Business-Englisch-Studenten" $\mu_x = 3{,}98$ und $\mu_y = 1{,}12$ die durchschnittliche Anzahl der genannten „positiven bzw. negativen Gründen" dar (X mit Erwartungswert μ_1; Y mit μ_2). Für D = X – Y gibt es $s_d = 2{,}91$ und KS = 0,13.

Differenzentest für gepaarte Merkmale

Aufgaben: Berechnen Sie Prüfgröße und p-Wert des Einstichproben-t-Tests auf H₀: „$\mu_1 = \mu_2$" (verwenden Sie die Excel-Funktion TVERT). Treffen Sie Ihre Testentscheidung zum Signifikanzniveau $\alpha = 0{,}01$!

Fragen: Warum sind die Testvoraussetzungen nahezu erfüllt? Wie kommen Sie ohne den p-Wert zur gleichen Testentscheidung? Welchen p-Wert erhält man unter der Annahme, dass die Anzahl der positiven Gründe nicht geringer sein kann als die Anzahl der negativen Gründe? Wie beweist man allgemein, dass $\mu_d = \mu_x - \mu_y$ dem Mittelwert der n Differenzen $d_i = x_i - y_i$ gleicht?

Übungen

14.6

14.6-8. Kontrollgrenzen dienen dazu, die Vereinbarkeit eines Stichprobenschätzwerts (z. B. p_x) mit einem bekannten Parameter (z. B. p) zu überprüfen, in der Regel für mehrere wiederholte Stichproben. Nehmen wir nun an, dass die Mittellinie in der p-Karte der Abb. 13-1 als Nullhypothese H$_0$: „$p = p_0$" für die jeweilige Kontrollstichprobe aufgefasst wird. Es ist $p_0 = 0{,}5728$ der Gesamtmittelwert über m = 58 Stichproben mit jeweils n = 36 Fällen.

Test auf den Anteilswert; p-Karte

Aufgabe: Berechnen Sie die Warngrenzen und Kontrollgrenzen für Abb. 13-1.

Fragen: Wenn Sie die Warngrenzen aus Abb. 13-1 als kritische Grenzen für einen zweiseitigen, annähernden Z-Test auf den Anteilswert p auffassen, wie groß ist dann das Signifikanzniveau α? Und welches Signifikanzniveau passt zu den Kontrollgrenzen? Inwiefern kann man die „Annahme" einer überprüften Kennzahl - etwa die „Akzeptanz" von p_x - mit dem Beibehalten einer Nullhypothese - etwa H$_0$: „$p = p_0$" - gleichsetzen?

14.6-9. Anhand der Kennzahlen zur Abb. 8-6 soll der theoretische Mittelwert von X = „ln(Mitarbeiterzahl)" zwischen n_1 = 23 deutschen und n_2 = 64 niederländischen Firmen verglichen werden. Die genauen Kennzahlen sind $\mu_{x1} = 3{,}9528$; $s_1 = 1{,}05878$; $\mu_{x2} = 3{,}3096$; $s_2 = 0{,}89712$. Die Schätzwerte für σ_1 und σ_2 rechtfertigen die Anwendung der kombinierten Variante des Zweistichproben-t-Tests. Entsprechend wird der Standardfehler auf 0,22892 geschätzt.

Zweistichproben-t-Test (kombinierte Variante)

Frage: Warum kann man hier - aufgrund eines F-Tests zu α = 0,10 - in der Tat von Gleichheit der Varianzen - bzw. von $\sigma_1 = \sigma_2$ - ausgehen?

Aufgabe: Berechnen Sie das Testergebnis t für den zweiseitigen t-Test!

Frage: Vergleichen Sie t mit den Quantilen in Tabelle D! Wie groß ist nach Tabelle D das kleinste Signifikanzniveau α, zu dem die Nullhypothese gleicher Personalumfänge noch abgelehnt werden kann?

14.6-10. Sie sind Finanzberater für Investoren mit (1) Euronext- und (2) TSE-Aktien (TSE = Börse von Tokio). Sie ermitteln folgende Daten in Bezug auf die Dividende von n_1 = 21 bzw. n_2 = 25 Fonds: $\mu_{x1} = 3{,}19$; $s_1 = 1{,}30$; $\mu_{x2} = 2{,}45$; $s_2 = 1{,}16$. Unterstellen Sie normalverteilte Dividende pro Börse.

Zweistichproben-t-Test (kombinierte Variante)

Frage: Gibt es zum Niveau α = 0,05 einen signifikanten Unterschied im durchschnittlichen Ertrag (kombinierte Variante des zweiseitigen t-Tests)?

14.6-11. Als interner Wirtschaftsprüfer haben Sie zum Jahresende 3 % Transaktionsfehler gefunden (n_1 = 500). Nach einem neuen Verfahren entdecken Sie 17 Fehler in einer zweiten Stichprobe von n_2 = 300 Transaktionen.

Ännähernder Vergleich zweier Anteilswerte

Frage: Ist zum Niveau α = 0,05 auf eine Änderung des Anteils der inkorrekten Transaktionen zu schließen?

Hinweis: Im Prinzip sollte man hier zweiseitig testen (u. U. aber einseitig)!

14 Testverfahren

(H₀, H₁) zum Vergleich mehrerer Mittelwerte

14.6-12. Aufgaben: Es seien Nullhypothese H₀ und Alternativhypothese H₁ durch 2 *sich gegenseitig ausschließende und ergänzende Aussagen* definiert. Erklären Sie, warum die Parameterbereiche zu H₀ bzw. H₁ eine *Zerlegung* des gesamten Parameterbereichs bilden (vgl. Kap. 4.2). Zeigen Sie, dass eine solche Zerlegung für den F-Test auf Gleichheit mehrerer Mittelwerte gilt (siehe §14.4.1)!

p-Wert *und* α

14.6-13. Aufgabe: Erklären Sie den Zusammenhang zwischen dem p-Wert für den Vergleich der mittleren Quadratmeterpreise nach der Zimmerzahl und den entsprechenden Testentscheidungen, die am Ende des §14.4.1 anhand des F-Werts und der E-Tabellen beschrieben werden!

F-test *für 3 Erwartungswerte*

14.6-14. In Abb. 9-8 wird x = „Differenz # positiver und # negativer Gründe" herunter gebrochen nach den Gruppen „Eher nicht" (n_1 = 16), „Kommt darauf an" (n_2 = 25) und „Eher wohl" (n_3 = 11) für die Variable „ExchProp" (Interesse an einem Auslandssemester, vgl. Übung **9.6-9**). Es sollen die erwarteten X-Mittelwerte für die 3 Gruppen verglichen werden (aufgrund der Stichprobenmittelwerte usw.). Das Testergebnis zum F-Test ist F = 3,86! **Fragen:** Wie viele Freiheitsgrade f_1 und f_2 gibt es zum F-Test? Wie groß ist nach den E-Tabellen das kleinste Signifikanzniveau α, zu dem die Nullhypothese H₀ noch abgelehnt werden kann (laut H₀ unterscheiden die 3 Gruppen sich nicht nach der erwarteten Differenz zwischen der Anzahl der genannten positiven Gründe und der Anzahl der negativen Gründe)?

15 Zusammenhang zweier Variablen in Kreuztabellen und in linearer Regression

Lernziele

- Um die Alternativhypothese H₁ eines Zusammenhangs zwischen den Variablen X und Y - mit nicht allzu vielen Ausprägungen - zu untersuchen, können Sie für eine Kreuztabelle den „χ^2-Test auf Unabhängigkeit von X und Y" (H₀) korrekt durchführen und interpretieren.

- Sie können die Stärke des Zusammenhangs zwischen X und Y in einer Kreuztabelle anhand eines „Kontingenzkoeffizienten" einschätzen.

- Für „metrisch angehauchte" X und Y können Sie die Stärke des Zusammenhangs anhand der „Rangkorrelation" r(Spearman) einschätzen.

- Sie können für 2 metrisch skalierte Variablen X und Y anhand des Korrelationskoeffizienten r nach Kap. 8.4 den t-Test auf H₀: „$\varrho = 0$" für die theoretische Korrelation $\varrho = \varrho(X, Y)$ zwischen X und Y durchführen.

- Sie können die theoretischen Regressionsparameter mittels „Achsenabschnitt" a und „Steigung" b korrekt schätzen (lassen) und interpretieren.

- Sie können den Korrelationskoeffizienten r in Zusammenhang mit der linearen Regression von y auf x interpretieren. Dabei verwenden Sie r², den Korrelationskoeffizienten zum Quadrat, als „Bestimmtheitsmaß".

15.1 Zusammenhang in Kreuztabellen

Die **k-mal-ℓ Kreuztabelle** mit der vertikal ausgelegten Zeilenvariablen x und der horizontal ausgelegten Spaltenvariablen y haben wir im Kap. 7.3 schon als Werkzeug der beschreibenden Statistik kennen gelernt. Einer solchen zweidimensionalen Häufigkeitsverteilung muss nicht unbedingt eine theoretische Verteilung in der Grundgesamtheit zugrunde liegen. Betrachten

15 Zusammenhang zweier Variablen in Kreuztabellen und in linearer Regression

wir etwa folgende Kreuztabelle mit 2 Kategoriensystemen (x = x_1 und y = x_2) für die Antworten auf ein und dieselbe Frage: *„Sind Sie mit dem Stadtfernsehen zufrieden?"*. Diese Frage galt dem weitesten Seherkreis zur Passantenbefragung in Tabelle 2-1 (brutto n = 163; wegen fehlender Daten netto n = 145).

Überprüfung der Umcodierung

Tabelle 15-1. Vergleich der ordinalen Variablen x_1 = „Zufriedenheit (mit dem Stadtfernsehen)" mit der umcodierten, verkürzten Version x_2 = „Zufr.-kurz" (n = 145)

Zufr.-kurz → Zufriedenheit ↓	(a) Mehr als zufrieden	(b) Zufrieden	(c) Eher unzufrieden
(1) Vollkommen zufrieden	12	0	0
(2) Sehr zufrieden	35	0	0
(3) Zufrieden	0	78	0
(4) Weniger zufrieden	0	0	14
(5) Unzufrieden	0	0	6

In Tabelle 15-1 geht es darum, dass es Nullen in den richtigen Zellen gibt, als Bestätigung für die Korrektheit der Umcodierung (vgl. §2.2.1 zu V ∪ W).

Für das Beispiel der folgenden 4-mal-3 Kreuztabelle mit k = 4 Zeilen und ℓ = 3 Spalten möchten wir nun überprüfen, ob x = „Sehdauerklasse" und y = „Zufr.-kurz" statistisch nachweisbar mit einander zusammenhängen.

Zusammenhang zwischen 2 qualitativen Variablen

Tabelle 15-2. Vergleich der klassierten Variablen x = „Sehdauerklasse" mit der ordinalen Variablen y = „Zufr.-kurz" (n = 138; vgl. Tabelle 4-1 bzw. 15-1)

Zufr.-kurz → Sehdauerklasse ↓	(a) Mehr als zufrieden	(b) Zufrieden	(c) Eher unzufrieden	Summe
(1) 0 - 14 Min.	6	34	12	52
(2) 15 - 29 Min.	17	29	5	51
(3) 30 - 59 Min.	11	6	1	18
(4) 60 -120 Min.	13	3	1	17
Summe	47	72	19	138

Zusammenhang in Kreuztabellen

15.1

15.1.1 Chi-Quadrat-Test auf Unabhängigkeit

Einführung und Notation. Um für eine k-mal-ℓ Kreuztabelle den Einfluss der y-Kategorien auf die Verteilung der x-Kategorien zu untersuchen, kann man verschiedene Spalten *nicht einfach nach den absoluten Häufigkeiten* mit einander vergleichen. In Tabelle 15-2 scheitert ein Vergleich der x-Häufigkeiten (34, 29, 6, 3) für Spalte b mit den Häufigkeiten anderer Spalten oder mit den x-Randhäufigkeiten (52, 51, 18, 17) daran, dass sich die Spalten auf verschiedene Gesamtzahlen beziehen (72 für Spalte b bzw. n = 138 für die Summenspalte). Im Kap. 7.3 haben wir für die k-mal-ℓ Kreuztabelle „bedingte Häufigkeitsverteilungen" definiert, so dass für eine bestimmte Spalte (y = y_j für fixes j) die x-Verteilung mit der x-Randverteilung in der Summenspalte verglichen werden kann. In diesem Zusammenhang schreiben wir

$$f_{+,j} = \sum_{i=1}^{k} f_{i,j};\ f_{i,+} = \sum_{j=1}^{\ell} f_{i,j};\ f_{+,+} = \sum_{j=1}^{\ell} f_{+,j} = \sum_{i=1}^{k} f_{i,+}$$

Absolute Summenhäufigkeiten

für die absoluten Häufigkeiten in der Summenzeile (j = 1, ..., ℓ), in der Summenspalte (i = 1, ..., k) bzw. im Feld rechts unten (Fallzahl $f_{+,+}$ = n). In Tabelle 15-2 gibt es z. B. $f_{+,2}$ = 72, $f_{1,+}$ = 52 und $f_{+,+}$ = 138. Entsprechend schreiben wir

$$h_{iSj} = \frac{f_{i,j}}{f_{+,j}}\ (i = 1, ..., k\ \text{für \textbf{fixes j}});\ h_{i,+} = \frac{f_{i,+}}{f_{+,+}};\ h_{iZj} = \frac{f_{i,j}}{f_{i,+}}\ (j = 1, ..., \ell\ \text{für \textbf{fixes i}});\ h_{+,j} = \frac{f_{+,j}}{f_{+,+}}$$

Bedingte (relative) Häufigkeiten

für die **bedingten (relativen) Spaltenhäufigkeiten** h_{iSj} - Bedingung „y = y_j" legt eine Spalte fest -, die relativen x-Randhäufigkeiten $h_{i,+}$, die **bedingten (relativen) Zeilenhäufigkeiten** h_{iZj} - Bedingung „x = x_i" legt eine Zeile fest - bzw. die relativen y-Randhäufigkeiten $h_{+,j}$. Zur Tabelle 15-2 gehören die h_{iS2}-Werte (0,472; 0,403; 0,083; 0,042) für Spalte b und die $h_{i,+}$-Werte (0,377; 0,370; 0,130; 0,123) für die Summenspalte. Spalte b tendiert zu kürzeren Sehdauern als es für die untersuchte Teilstichprobe im Schnitt der Fall ist. Man soll sorgfältig zwischen relativer Spalten- bzw. Zeilenhäufigkeit unterscheiden, z. B. zwischen $h_{1S2} = \frac{34}{72} = 0,472$ und $h_{1Z2} = \frac{34}{52} = 0,654$!

Testproblem. Die zugrunde liegenden Zufallsvariablen X und Y sind **unabhängig** (*independent*) von einander, wenn jede Spalte die gleiche bedingte relative Häufigkeitsverteilung hat - gleich der relativen x-Randverteilung -:

$$h_{iSj} = \frac{f_{i,j}}{f_{+,j}} = \frac{f_{i,+}}{f_{+,+}} = h_{i,+}\ \text{oder}\ \mathbf{f_{i,j}} = \mathbf{e_{i,j}} = \frac{f_{i,+} * f_{+,j}}{f_{+,+}}\ \text{für alle (i, j) - Paare};$$

Zeilenvariable X und Spaltenvariable Y unabhängig

d. h. jede Zellhäufigkeit $\mathbf{f_{i,j}}$ entspricht der **erwarteten Häufigkeit** $\mathbf{e_{i,j}}$

Zusammenhang zweier Variablen in Kreuztabellen und in linearer Regression

Multiplikationsregel für unabhängige Ereignisse

(*expected frequency*). Die Beziehung $f_{i,j} = e_{i,j}$ für alle (i, j) garantiert ebenso, dass jede bedingte relative Zeilenhäufigkeitsverteilung der relativen y-Randverteilung entspricht. Theoretisch bedeutet Unabhängigkeit von X und Y, dass

$$P(X = i \land Y = j) = P(X = i) * P(Y = j)$$

für jedes (i, j)-Paar von x- und y-Ausprägungen, siehe Übung **15.3-1**. Unter perfekter Unabhängigkeit wäre z. B. $f_{1,2}$ gleich $e_{1,2} = 72*52 / 138 = 27{,}13$.

Prüfgröße. Um die Unabhängigkeitshypothese H_0 zu testen benutze man

Chi-Quadrat Prüfgröße

$$\chi^2 = \sum_{i=1}^{k}\left(\sum_{j=1}^{\ell}(\frac{f_{i,j}-e_{i,j}}{e_{i,j}})^2\right) \sim \chi^2(f) \text{ mit } f = (k-1)*(\ell-1) \text{ Freiheitsgraden}$$

(vgl. §13.3.2). Die Kreuztabelle weicht nun umso stärker von perfekter Unabhängigkeit ab, je größer die Summe der Abweichungen - zwischen absoluter und erwarteter Häufigkeit, relativ zur erwarteten Häufigkeit - zum Quadrat ist! Zum Signifikanzniveau α führt der χ^2-**Test auf Unabhängigkeit** (*Chi-Squared Test for Independence*) zur Ablehnung von H_0, wenn χ^2 größer ist als $\chi_h^2(f)$, das Quantil zur kumulierten Häufigkeit $h = 1 - \alpha$.

Voraussetzung. Damit die Prüfverteilung *unter H_0* stimmt, sollen die $e_{i,j}$ nicht zu klein sein. Eine Faustregel: *"Für nicht mehr als 20 % der Zellen ist $e_{i,j} < 5$, während $e_{i,j} < 1$ für kein einziges Paar* (i, j)". Eine praktische Methode um diese Bedingung zu erfüllen ist gegebenenfalls die Reduktion der Anzahl der Kategorien für X oder Y, wie im Beispiel der obigen Umcodierung. Zum so genannten **Vierfeldertest** (χ^2-Test wenn $k*\ell = 2*2 = 4$) wird bei kleinerem n

Chi-Quadrat Prüfgröße für die Vierfeldertafel (k*ℓ = 2*2; oder Z-Test nach §14.2.4)

$$\chi^2 = n * \frac{(|f_{1,1}*f_{2,2} - f_{1,2}*f_{2,1}| - \frac{1}{2}f_{+,+})^2}{f_{1,+}*f_{2,+}*f_{+,1}*f_{+,2}} \sim \chi^2(1) \quad \text{(zu einem Freiheitsgrad)}$$

verwendet; wenn n > 60 lässt man $-\frac{1}{2}f_{+,+}$ (den „Yates-Korrekturfaktor") weg.

Testentscheidung. Den Vierfeldertest kann man leicht durchrechnen, vgl. Übung **15.3-2**. Für größere Kreuztabellen ist es bequemer, das χ^2-Testergebnis und den p-Wert in einem Statistikprogramm berechnen zu lassen. Im Beispiel der Tabelle 15-2 ergibt sich $\chi^2 = 33{,}165$ zu $f = (4–1)*(3–1) = 6$ Freiheitsgraden. Der Test hat nach Zeile 1 in Tabelle C einen p-Wert, der klar unter 0,005 liegt. Es gibt einen sehr signifikanten Zusammenhang zwischen Sehdauer(klasse) und Zufriedenheit, im Einklang mit der letzten Spalte der Tabelle 4-1! Im folgenden Abschnitt gehen wir auf die Frage ein, wie die *Stärke* des Zusammenhangs zu messen ist, wenn H_0 abgelehnt wird.

Zusammenhang in Kreuztabellen

15.1.2 Maße für die Stärke des Zusammenhangs

Es gibt einen Dschungel von Kennzahlen, die für die k-mal-ℓ Kreuztabelle das gleiche leisten sollen wie der Korrelationskoeffizient r für das Streuungsdiagramm, vgl. Kap. 8.4. Der Zusammenhang zwischen qualitativen Variablen wird „Kontingenz" („Assoziation") genannt und so heißen solche Kennzahlen **Kontingenzkoeffizient** („Assoziationsmaß"; *coefficient of contingency*). Die Verwendung eines Kontingenzkoeffizienten kommt erst dann zum Tragen, wenn die Unabhängigkeitshypothese abgelehnt wird. Er kann nur eine qualitative Interpretationshilfe sein. Die Kontingenzkoeffizienten erlauben zwar eine Abstufung nach der Stärke, aber meistens keine Aussage über die „Richtung" (gleich- oder gegenläufig). Die Grenzen zwischen schwachem und starkem Zusammenhang sind nicht objektiv zu ziehen. Sehr sinnvoll erscheint der Vergleich mit Erfahrungswerten zu der gleichen Kennzahl in ähnlichen Situationen. Ich bevorzuge die Faustregel von BURNS AND BUSH (2003) - wie für r im Kap. 8.4. Folgende Bedingungen sind zu beachten:

1. Der Wert 0 entspricht der Unabhängigkeit von X und Y (vgl. r = 0).
2. Der Zusammenhang nimmt bei zunehmenden Wert der Kennzahl zu.
3. Die Kennzahl „bläst sich nicht auf" bei zunehmender Tafelgröße: Der Zusammenhang soll „im Verhältnis zu k und ℓ " gemessen werden.
4. Es wird 1 als Maß für den maximalen Zusammenhang erreicht (vgl. |r|).

Assoziation (Zusammenhang) „graduell zu messen" zwischen 0 und 1

Betrachten wir nun 3 der bekanntesten Kandidaten:

- Die quadratische Kontingenz χ^2, die Prüfgröße des Unabhängigkeitstests, verletzt die Bedingungen 3 und 4, da der rechte Schweif der $\chi^2(f)$-Verteilung sich um so stärker ausdehnt, je größer $f = (k-1)*(\ell-1)$ wird.

- Die Quadratwurzel der mittleren quadratischen Kontingenz, d. h.

$$\phi = \sqrt{\frac{\chi^2}{n}} \quad \text{(Phi)},$$

ist für Vierfeldertafeln in Ordnung, verletzt aber i. Allg. Bedingung 4, genau wie $PK = \sqrt{\frac{\chi^2}{\chi^2+n}} = \sqrt{\frac{\phi^2}{\phi^2+1}}$ (Pearsonsche Kontingenzkoeffizient).

- **Cramérs V** genügt allen 4 Bedingungen:

$$V = \sqrt{\frac{\chi^2}{n*\min((k-1),(\ell-1))}} = \frac{\phi}{\sqrt{\min((k-1),(\ell-1))}},$$

Cramérs V

wobei min(a, b) die kleinste der beiden Zahlen a und b bezeichnet. Für Tabelle 15-2 gilt $\chi^2 = 33{,}165$ und $\min(4-1, 3-1) = 2$, so dass $\phi = 0{,}490$; PK = 0,440; Cramérs V = 0,347. Der χ^2-Test fällt zwar sehr signifikant aus, aber der Zusammenhang zwischen Sehdauer und Zufriedenheit ist relativ schwach.

15.1.3 Rangkorrelation

Der χ^2-Test auf Unabhängigkeit und die davon abgeleiteten Assoziationsmaße sind für Kreuztabellen mit nominalen oder ordinalen Variablen gedacht. Für 2 metrische Variablen gibt es den Korrelationskoeffizienten r nach Bravais und Pearson. Wir stellen als dritte Möglichkeit die (theoretische) **Rangkorrelation nach Spearman** (*Spearman's* ϱ) vor. Anders als beim χ^2-Test und Cramérs V wird hier der Reihenfolge der Kategorien Rechnung getragen. Die empirische Rangkorrelation errechnet sich analog zu r als

Rangkorrelation

$$r(\text{Spearman}) = \frac{\sum_{i=1}^{n}(r_i(x) \cdot r_i(y)) - n \cdot \bar{r}(x) \cdot \bar{r}(y)}{\sqrt{\sum_{i=1}^{n}(r_i(x))^2 - n \cdot \bar{r}(x)^2} \cdot \sqrt{\sum_{i=1}^{n}(r_i(y))^2 - n \cdot \bar{r}(y)^2}} = 1 - \frac{6 \cdot \sum_{i=1}^{n} d_i^2}{n \cdot (n^2 - 1)}$$

wobei die ursprünglichen x_i und y_i durch die zugehörigen Rangzahlen $r_i(x)$ und $r_i(y)$ und die Mittelwerte μ_x und μ_y durch die mittleren Rangzahlen $\bar{r}(x)$ bzw. $\bar{r}(y)$ ersetzt werden; $d_i = r_i(x) - r_i(y)$ (i = 1, ..., n). Genau wie zur Tabelle 9-3 wird hier zu jedem ursprünglichen Wert x_i in der ungeordneten x-Urliste die **Rangzahl** (*rank*) $r_i(x)$, d. h. die relative Position von x_i in der aufsteigend angeordneten Urliste, berechnet. Falls es mehrere Fälle zum gleichen x-Wert gibt, nimmt man die durchschnittliche Rangzahl. Gleiches gilt für die $r_i(y)$ in Bezug auf die ursprüngliche y-Urliste. Es eignet sich die Rangkorrelation r(Spearman) als Maß für den Zusammenhang zwischen Variablen, die weder „rein qualitativ" noch „rein metrisch" sind (oder zumindest eine).

Zusammenhang zwischen 2 „metrisch angehauchten" Variablen

Tabelle 15-3. x = „#Negative Gründe" vs. y = „#Positive Gründe" (n = 49)

x↓ y→	0	1	2	3	4	5	6	7	8	9	Summe
0	0	1	1	2	2	5	1	1	1	2	16
1	4	1	0	3	2	3	2	0	1	0	16
2	3	1	0	4	1	0	2	0	1	0	12
3	0	0	0	3	0	0	1	0	0	1	5
Summe	7	3	1	12	5	8	6	1	3	3	49

Zusammenhang in der linearen Regression **15.2**

Als Beispiel betrachten wir obige 4-mal-10 Kreuztabelle mit den absoluten Häufigkeiten zu x = „Anzahl der negativen Gründe" und y = „Anzahl der positiven Gründe" unter 49 in Deutschland lebenden Business-English-Studenten. Jetzt geht es nicht wie in Ubüng **14.6-7** um die Frage, ob sich x und y im Schnitt signifikant unterscheiden - dies ist sehr signifikant der Fall. Vielmehr wollen wir nachsehen, ob mehr (bzw. weniger) negative Gründe angekreuzt werden, je weniger (bzw. mehr) positive Gründe es gibt. Der χ^2-Test auf Unabhängigkeit schlägt hier wegen der winzigen erwarteten Häufigkeiten $e_{i,j}$ (< 12*16/49 = 3,92) fehl. Über SPSS ergibt sich r(Spearman) = –0,214 (und Pearsons r = –0,162). Ein anhand der Rangkorrelation durchgeführter Test zeigt keinen signifikanten Zusammenhang (p-Wert > 0,10). Dass die Rangkorrelation *negativ* ausfällt ist allerdings leicht zu interpretieren!

15.2 Zusammenhang in der linearen Regression

In der Korrelationsanalyse (Kap. 8.4) ist die Stärke des Zusammenhangs zweier metrischer Variablen X und Y von Interesse. Es wird die gegenseitige Abhängigkeit der beiden Variablen hinterfragt, wobei X von Y bzw. Y von X beeinflusst werden kann. Das Ergebnis r ermöglicht Aussagen über Stärke und Richtung eines „im Prinzip wechselseitigen" Zusammenhangs.

Wechselseitige Korrelation vs. einseitige Regression von y auf x

Wir wenden uns nun der **Regressionsanalyse** (*regression analysis*) zu, in der von einer einseitigen funktionalen Beziehung zwischen X und Y ausgegangen wird. Zum Beispiel kann für das Streudiagramm in Abb. 8-8 unterstellt werden, dass die Variable x = „Fläche" die Werte der Variablen y = „Angebotspreis" zu einem gewissen Grad bedingt: Diese Annahme führt zur Regression von y auf x (die umgekehrte Annahme zur Regression von x auf y). Entsprechend soll nun in der Grundgesamtheit für irgendeine Funktion f die Variable Y durch das **Modell μ(Y) = f(X)** bestimmt werden, das den theoretischen Mittelwert - den Erwartungswert - μ(Y) in Abhängigkeit von X beschreibt. Abgesehen von zufälligen Schwankungen um μ(Y) herum kann die **abhängige Variable** (*dependent variable*) **Y** aus der **unabhängigen Variablen** (*independent variable*) **X** „geschätzt", „erklärt" oder „vorhergesagt" werden. Zu einem bestimmten X-Wert müssen nicht alle Y-Werte gleich sein, es reicht wenn sie sich relativ dicht um den modellierten μ(Y)-Wert herum verteilen. Das Modell legt die Form der Funktion f bis auf einige Parameter fest, welche aus den Stichprobendaten geschätzt werden. In diesem Abschnitt konzentrieren wir uns auf den einfachsten Fall „f linear", der in der Wirtschaftsmathematik ein geläufiges Modell darstellt, z. B. für Konsumfunktionen in

Regressionsmodell für abhängige Variable Y und unabhängige Variable X

15 Zusammenhang zweier Variablen in Kreuztabellen und in linearer Regression

Lineares Regressionsmodell in der Grundgesamtheit

Abhängigkeit der Zeit - man schreibt t an Stelle von x - oder für Kosten- und Gewinnfunktionen in Abhängigkeit der Stückzahl, vgl. PETERS (2009):

$$\mu(Y) = \beta_0 + \beta_1 * X \text{ für unbekannte theoretische Parameter } \beta_0 \text{ und } \beta_1$$

(*simple linear regression*). Dieses Regressionsmodell heißt „einfach", weil

- Y von nur *einer* unabhängigen Variablen X abhängt und
- die Funktionsform *nur X selbst* einbezieht (nicht etwa X^2); f ist *linear* in X.

Für die theoretische Korrelation ϱ gibt es in §15.2.1 den t-Test auf H₀: „$\varrho = 0$". Über das Beispiel einer „Zeitreihe" behandeln wir in §15.2.2 den „Achsenabschnitt" a und die „Steigung" b als Schätzungen für β_0 bzw. β_1. In §15.2.3 wird das Bestimmtheitsmaß zum linearen Regressionsmodell vorgestellt.

15.2.1 t-Test auf Unabhängigkeit

Testproblem und Prüfgröße. Am Beispiel der n = 66 Farbproben bei der Firma „Klimt" und ihrem Konkurrenten, vgl. Kap. 14.3, betrachten wir nun den (linearen) Zusammenhang zwischen X = „Lichtempfindlichkeit" und Y = „Abnutzungsdauer". Die empirische Korrelation beträgt r = –0,6246, was auf einen mäßigen, gegenläufigen Zusammenhang hinweist: Je empfindlicher die Farbe, desto schneller verschleißt sie! Um r aber richtig einstufen zu können, muss zunächst die Nullhypothese H₀: „$\varrho = 0$" (es gibt keinen Zusammenhang) überprüft werden. Ein Test auf H₀: „$\varrho = 0$" bedeutet mehr oder weniger einen Test auf **Unabhängigkeit** (*independence*) zwischen X und Y. Sind X und Y unabhängig, dann gilt $\varrho = 0$. Die umgekehrte Folgerung ist aber nicht unbedingt richtig! Sie trifft zu, wenn die kombinierte (X, Y)-Verteilung „normal" ist (vgl. §3.1.5; im Beispiel wird diese Bedingung in etwa erfüllt sein). Als Prüfgröße bzw. Testergebnis zu H₀: „$\varrho = 0$" errechnet sich

t-Test auf H₀: „$\varrho = 0$" (in der Regel zweiseitig)

$$t = r * \sqrt{\frac{n-2}{1-r^2}}, \text{ im Beispiel } t = -0,6246 * \sqrt{\frac{66-2}{1-(0,6246)^2}} = -6,398.$$

Testentscheidung. Unter H₀ ist die Prüfgröße t(f)-verteilt mit f = n – 2 Freiheitsgraden. Im Beispiel (f = 64) erweist sich der zweiseitige Test als äußerst signifikant: Es gibt einen gegenläufigen Zusammenhang zwischen X und Y!

15.2.2 Lineare Regression

Betrachten wir nun als Beispiel folgendes Streudiagramm mit einer Punktwolke von n = 20 Beobachtungen (t_i, y_i) zu einer Gondelbahn in Rätien, die seit 5 Jahren in Betrieb ist: Es deuten t_i das Quartal und y_i den Quartalsumsatz an (i = 1, …, n). Während in Abb. 8-8 und 8-9 die einseitige bzw. möglicherweise gegenseitige Einflussnahme der einen metrischen Variablen

Zusammenhang in der linearen Regression 15.2

auf die andere dargestellt wird, haben wir es in Abb. 15-1 mit einer **Zeitreihe** (*time series*) zu tun. Darin wird eine metrische Zielvariable y einer diskreten Variablen t gegenübergestellt. Der Laufindex i bzw. t_i folgt generell dem Verlauf der gewählten Zeitpunkte oder -perioden. Im Beispiel läuft t vom ersten Quartal des ersten Jahres (t_1) bis zum vierten Quartal des fünften Jahres (t_{20}).

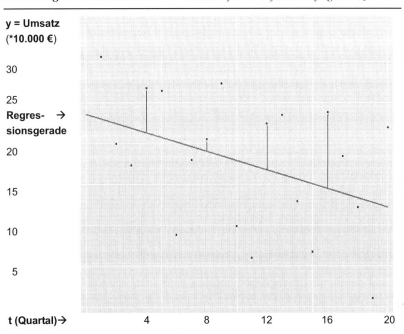

Abbildung 15-1.Umsatzdaten der Gondelbahn für 20 aufeinanderfolgende Quartale

„Kleinste-Quadrate-Schätzungsgerade" (y auf x): kleinstmögliche Summe der Abweichungsquadrate (r = –0,41)

Die Regressionsgerade wird durch die Punktwolke gezogen derart, dass die Summe der quadrierten Entfernungen - jeweils zwischen einer Beobachtung y_i und dem entsprechenden Schätzwert auf der Geraden - so klein wie möglich ist. In Abb. 15-1 sind die Abweichungen für i = 4, 8, 12 und 16 (das vierte Quartal für Jahr 1 bis 4) senkrecht eingezeichnet. Bevor wir die lineare Regressionsrechnung in Formeln vorstellen, interpretieren wir das Beispiel erst einmal mit bloßem Auge. Im Streudiagramm ist eine klare **Saisonkomponente** (*seasonal component*) zu erkennen. Der Umsatz liegt im Winter generell höher als im Sommer. Die Umsatzverringerung im Laufe der ersten Jahreshälfte (z. B. t_1 - t_2) ist nach dem Betrag meistens größer als die Umsatzsteigerung in der zweiten Jahreshälfte (t_3 - t_4 usw.). Es nimmt der Umsatz mit der Zeit (t) tendenziell ab. Wir beschränken uns hier auf die Ermittlung der **linearen Trendkomponente** oder **Trendgeraden** (*trend*) und lassen das weite Gebiet der **Zeitreihenanalyse** und **-prognose** (*forecasting*) außer Betracht.

Linearer Trend in einer Zeitreihe

15 *Zusammenhang zweier Variablen in Kreuztabellen und in linearer Regression*

Beobachtung = Schätzwert + Messfehler

Das theoretische lineare Regressionsmodell spiegelt sich nun generell in folgender empirischen **Geradengleichung** (*regression line*) wider:

$$y_i = \hat{y}_i + e_i = a + b * x_i + e_i \quad (i = 1, ..., n)$$

Dabei stehen $\hat{y}_i$ und $e_i = y_i - \hat{y}_i$ für den **Schätzwert** (*predicted value*) bzw. für die Differenz zwischen Beobachtungswert y_i (*observed value*) und Schätzwert. Man nennt e_i **Messfehler** (Residuum; *error, residual*). Die Messfehler e_i sollen wechselseitig unabhängig von einander sein und normalverteilt mit Erwartungswert 0 und konstanter Varianz. Die Schätzungen nach der **Methode der kleinsten Quadrate** (*Least-Squares Method*) für β_1 bzw. β_0 sind

Schätzungen für Steigung und Achsenabschnitt

$$b = \frac{(x_1 - \mu_x)*(y_1 - \mu_y) + ... + (x_n - \mu_x)*(y_n - \mu_y)}{(x_1 - \mu_x)*(x_1 - \mu_x) + ... + (x_n - \mu_x)*(x_n - \mu_x)} = r * \frac{s_y}{s_x},$$

$$a = \mu_y - b * \mu_x.$$

(siehe Kap. 8.4; vgl. die mathematische Herleitung in PETERS (2009, Kap. 4.2)). Man nennt β_1 bzw. b den **Steigungsparameter** (*slope*) und β_0 bzw. a das Absolutglied bzw. den **Achsensabschnitt** (*intercept*). Die Schätzungsgerade

$$y = a + b * t = 23,57025 - 0,56822 * t \quad \text{(in Einheiten von 10.000 €)}$$

in unserem Beispiel - mit t an Stelle von x - kann man nun so interpretieren:

- Durch eine Änderung der unabhängigen Variablen um eine Einheit - vom einen Zeitpunkt bis zum nächsten - nimmt die abhängige Variable im Schnitt um b = −0,56822 Einheiten zu, d. h. sie nimmt mit 5682,20 € ab;

- Zum Schnittpunkt mit der y-Achse - im letzten Quartal vor Anfang der Zeitreihe - hat die abhängige Variable 235.702,50 € als Erwartungswert.

15.2.3 Richtung der Geraden und Bestimmtheitsmaß

Schätzungsgerade parallel zur x-Achse ⇔ r = 0; r > 0: steigend; r < 0: fallend (Steigung b und Korrelation r hängen zusammen)

Wenn im linearen Regressionsmodell $\beta_1 = 0$ gilt - d. h. Steigung(sverhältnis) gleich 0 -, ist $\mu(Y) = \beta_0$ eine Konstante und hängt somit nicht von x ab: Die theoretische Regressionsgerade verläuft parallel zur x-Achse. Betrachtet man die Schätzung b für den Steigungsparameter β_1, so folgt aus der Formel in §15.2.2, dass b = 0 gleichwertig ist zu r = 0: Ein waagerechter Verlauf der Schätzungsgeraden und eine Korrelation gleich 0 bedingen einander. Es haben b und r das gleiche Vorzeichen, so dass ein gleichläufiger Zusammenhang (r > 0) mit einer steigenden Schätzungsgeraden (b > 0) übereinstimmt: $\hat{y}$ (x) nimmt mit größer werdendem x zu. Zu „gegenläufig" (r < 0) passt ein fallender Verlauf (b < 0). Der t-Test auf Unabhängigkeit (§15.2.1) ist gleichwertig zum t-Test auf H_0: „$\beta_1 = 0$", auf den wir hier nicht weiter eingehen.

Zusammenhang in der linearen Regression 15.2

Bis jetzt gehen unsere Überlegungen von der Annahme aus, dass die Daten (x_i, y_i), $i = 1, \ldots, n$, das Regressionsmodell $\mu(Y) = f(X)$ mit $f(x) = \beta_0 + \beta_1*x$ rechtfertigen. Wie gut passen aber Modell und Daten zusammen? Wenn wir uns auf *eine* unabhängige Variable X beschränken, betrifft diese Frage die Plausibilität des linearen Zusammenhangs: Lässt sich die Punktwolke wohl so recht auf eine *Gerade* reduzieren? Die „Güte der Anpassung" des linearen Modells an die Daten hängt vom Ausmaß der senkrechten Abweichungen ab, im Vergleich zur y-Variabilität. In diesem Sinne wird die (über die Funktion f) **aus X erklärte Varianz** (SSR: *Regression Sum of Squares*) zur **Gesamtvarianz** (SST: *Total Sum of Squares*) der Variablen Y ins Verhältnis gesetzt:

$$\frac{(\hat{y}_1 - \mu_y)^2 + \ldots + (\hat{y}_n - \mu_y)^2}{(y_1 - \mu_y)^2 + \ldots + (y_n - \mu_y)^2} = \frac{\text{Varianz der Schätzwerte in Bezug auf } \mu_y}{\text{Varianz der Beobachtungen in Bezug auf } \mu_y} = r^2$$

Bestimmtheitsmaß: %-Anteil der erklärten Varianz in Bezug auf die Gesamtvarianz von y

Dieses **Bestimmtheitsmaß** (*coefficient of determination*) ist gleich r^2 und nimmt Werte zwischen 0 (kein linearer Zusammenhang) und 1 (perfekter linearer Zusammenhang) an. So kann man über die r^2-Werte die Qualität der Regressionsgeraden für die Punktwolken der Abb. 8-8, 8-9 und 15-1 vergleichen: $(0{,}8380)^2 = 0{,}702$; $(-0{,}3896)^2 = 0{,}152$ bzw. $(-0{,}4123)^2 = 0{,}170$. In der Regel drückt man das Bestimmtheitsmaß in Prozenten aus: „*In Abb. 15-1 wird durch die lineare Regression ca. 17 % der Gesamtvarianz erklärt.*" Nur im Falle des Angebotspreis-Fläche-Zusammenhangs passt das lineare Modell recht gut! Ausgehend von einer Prüfgröße gleichwertig zum Bestimmtheitsmaß - man teilt die Varianz der Schätzwerte durch die „Restvarianz", die aus quadrierten Abweichungen der Schätzwerte zu den Beobachtungen besteht - bieten Statistikprogramme häufig einen „F-Test auf linearen Zusammenhang" an.

Als Beispiel für eine Erweiterungsmöglichkeit zur einfachen linearen Regression betrachten wir noch mal die Farbproben der Firma „Klimt" bzw. eines Konkurrenten, siehe §14.3.2 (n = 66; vgl. §9.2.3). Die abhängige Variable y = „Abnutzungsdauer" soll aus x_1 = „Lichtempfindlichkeit" (%) und gleichzeitig aus 2 weiteren unabhängigen Variablen erklärt werden: x_2 = „Marke" (Code 0 = Konkurrent und 1 = „Klimt") und x_3 = „Firnis" (0 = „nein", 1 =„ja"):

$$y_i = \hat{y}_i + e_i = a + b * x_{1i} + c * x_{2i} + d * x_{3i} + e_i \quad (i = 1, \ldots, n),$$

Multiple lineare Regression

gemäß eines „multiplen Regressionsmodells" (*multiple linear regression*) $\mu(Y) = f(X)$ mit $f(x) = \beta_0 + \beta_1*x_1 + \beta_2*x_2 + \beta_3*x_3$. Über „Kleinste-Quadrate-Schätzungen" für β_0 bis β_3 erhält man nun die Schätzungsgerade

$$y = 4{,}202 - 0{,}07 * x_1 + 0{,}204 * x_2 - 0{,}099 * x_3.$$

Tests auf H_0: „$\beta_1 = 0$" usw. belegen nur für x_1 einen signifikanten Einfluss.

15 *Zusammenhang zweier Variablen in Kreuztabellen und in linearer Regression*

15.3 Übungen

Multiplikations-regel (§3.1.5)
⇔ X und Y unabhängig

15.3-1. *Aufgabe*: Zeigen Sie, dass die Unabhängigkeitsbedingung $f_{i,j} = e_{i,j}$ gleichwertig ist zu $P(X = i \wedge Y = j) = P(X = i)*P(Y = j)$ - für jedes Paar (i,j) -, falls man theoretische Wahrscheinlichkeiten durch relative Häufigkeiten ersetzt!

Chi-Quadrat Test zum Vergleich zweier Anteils-werte in 2 Gruppen

15.3-2. *Aufgaben*: Zeigen Sie, dass die Gleichheit zweier Erfolgswahrscheinlichkeiten in einer 2-mal-2 Kreuztabelle der Unabhängigkeit von Vergleichsvariablen X und Gruppenvariablen Y entspricht. Führen Sie für Tabelle 14-5 den Vierfeldertest durch! *Hinweis*: Es sei $p_1 = p_2 = p$ die gemeinsame Erfolgswahrscheinlichkeit in Bezug auf das interessierende Merkmal 1 der Vergleichsvariablen X, für die Gruppen Y = 1 und Y = 2 zum Umfang n_1 bzw. n_2.

Existenz und Stärke des Zusammenhangs in einer 2-mal-2 Kreuztabelle

15.3-3. In einer Berghütte unterhalb vom Rittner Horn wird an einem sonnigen Herbsttag der Konsum von Weizenbier bzw. Almdudler gezählt. Von den 100 Gästen die kein Weizenbier trinken bestellen 30 Almdudler. Von den 120 Gästen die keinen Almdudler trinken bestellen 50 Weizenbier (n = 190).

Fragen: Wie sieht die 2-mal-2 Kreuztabelle zur Art der bestellten Getränke für die 190 Gäste aus? Zu welchem Signifikanzniveau α kann man die Unabhängigkeitshypothese noch ablehnen (α = 0,05; 0,025 oder 0,01)? Wie groß ist der p-Wert zum χ^2-Test (Excel-Funktion CHIVERT)? Und Cramérs V?

Linearer Zusammenhang zwischen Fracht- und Personenvolumen

15.3-4. *Aufgaben*: Ordnen Sie die Daten der Tabelle 9-10 zu x = „Personen-" und y = „Frachtvolumen" in (x_i, y_i)-Paaren für n = 17 Länder an. Berechnen Sie den Korrelationskoeffizienten r (Excel-Funktion KORREL) und das Bestimmtheitsmaß. Führen Sie den zweiseitigen t-Test auf H_0: „ϱ = 0" durch!

Lineare Regression von y auf x und umgekehrt

15.3-5. Zu den Variablen m = „#Min (Sehdauer)" und z = „Zufriedenheit" (Note 1 bis 5) - vgl. Variable b bzw. c zur Tabelle 4-1 - gibt es folgende Kennzahlen: $\mu_m = 35{,}01$; $\mu_z = 2{,}75$; $s_m = 34{,}21$; $s_z = 0{,}89$ sowie r = –0,37 (n = 138).

Aufgaben: Es werden für m und z folgende Geradengleichungen in der abhängigen Variablen y und der unabhängigen Variablen x aufgestellt:

$$(1)\ y = 74{,}121 - 14{,}222 * x$$

$$(2)\ y = 3{,}087 - 0{,}00963 * x$$

Fragen: Welche Gleichung stellt die Regression von m auf z dar - Sehdauer in Abhängigkeit der Zufriedenheit - und welche die Regression von z auf m? Warum haben die Gleichungen das gleiche Bestimmtheitsmaß? (*Hinweis*: Berechnen Sie in beiden Fällen die Koeffizienten b und a!) Warum ist die Regression von m auf z angemessener als die Regression von z auf m?

Musterlösungen

Kapitel 6. Statistische Grundbegriffe

6.4-1. Der Wertebereich {1, 2, 3, 4, 5} enthält die m = 5 *möglichen* Noten, d. h. die Werte die es im Prinzip geben kann. Die Urliste (4, 5, 3, 3, 5) listet die n = 5 *vorkommenden* Ergebnisse für die 5 Fälle auf. Die Ergebnismenge {3, 4, 5} gibt sie ohne Wiederholung und ungeachtet der Reihenfolge wieder!

6.4-2. Der Wertebereich für x = „Anzahl der beanspruchten *halben* Tage" ist { x | x ∈ [30, 40] ∩ ℕ } = {30, 31, 32, 33, 34, 35, 36, 37, 38, 39, 40}; in *ganzen* Tagen gemessen { x | x = ½n für ein n ∈ [30, 40] ∩ ℕ } = {15; 15,5; 16; 16,5; 17; 17,5; 18; 18,5; 19; 19,5; 20} (m = 11). Die Variable x ist quantitativ und man kann sie als diskret (Ähnlichkeit zu ℕ) oder als quasi-stetig ansehen. Abhängig davon, ob sich die vorkommenden x-Werte im Streubereich [30, 40] dünn oder dicht streuen, kann man x ordinal oder metrisch skalieren. Anders gesagt: x kann als ordinal mit metrischer Verschlüsselung aufgefasst werden (Grenzfälle!).

6.4-3. Alle 3 Variablen in Tabelle 2-1 sind qualitativ und diskret; x und y sind dichotom und nominal. Ohne die ungültigen Codes 0 und 5 ist z eine klassierte Variable und ordinal. Mit qualitativen Antwortkategorien wie (a) „Gerade noch"; (b) „Vor kurzem"; (c) „Vor einiger Zeit"; (d) „Vor langer Zeit" hätte z eine ordinale Verschlüsselung. Eine metrische Verschlüsselung gäbe es mit Werten wie (1) „Heute noch"; (2) „Gestern"; (3 usw.) „Vor ___ Tagen"!

6.4-4. Es enthält {(Ja, Ja); (Ja, Nein); (Nein, Ja); (Nein, Nein)} die m = 4 *möglichen* (x, y)-Kombinationen. Die geordnete Urliste fängt mit 303 mal (Ja, Ja) an, gefolgt durch 192 mal (Ja, Nein), 2 mal (Nein, Ja) und 6 Mal (Nein, Nein)!

6.4-5. Es enthält {[18, 25] ∩ ℕ; [26, 35] ∩ ℕ; [36, 45] ∩ ℕ; [46, ∞) ∩ ℕ} die 4 Klassen mit den natürlichen Zahlen zwischen 18 und 25, zwischen 26 und 35, zwischen 36 und 45 und von 46 aufwärts. Damit sind die in Tabelle 6-1 vorkommenden Altersdaten ohne Überschneidungen oder Lücken abgedeckt. Möglicherweise gab es den Code 0 für „fehlende Angabe"!

6.4-6. *Nominal* sind v1 und v3 (v1 dichotom). *Ordinal* sind die qualitativen Variablen v5 bis v7 und die klassierte Variable v2. Mit (a) „Durchaus jung"; (2) „Noch relativ jung"; (c) „Nicht mehr so ganz jung" wäre v2 ordinal verschlüsselt, mit der Vorgabe „___ Jahre" annähernd metrisch (quasi-stetig)!

Musterlösungen

Kapitel 7. Häufigkeitsverteilungen

7.5-1. Die prozentualen Häufigkeiten finden sich in der rechten Spalte der folgenden Tabelle. Man erhält z. B. $h'_2 = \frac{f_2}{n} * 100 = \frac{800}{20} = 40\%$ für Andreas!

Ergänzungen: Obwohl nur die h'_j gefragt sind, tut man gut daran, auch die absoluten Häufigkeiten f_j wiederzugeben: „40 %" sieht anders aus bei insgesamt 5 Stimmen als bei 100 Stimmen. Man kontrolliere die Berechnungen u. a. an der absoluten bzw. relativen Summe. Kumulierte Häufigkeiten ergeben hier wegen der nominalen Skala keinen Sinn.

Lösung 7.5-1

Tabelle Ü7.5-1. Absolute und prozentuale Häufigkeiten (n = 20)

Wert (Wertelabel)	Code (j)	Anzahl (f_j)	%-Anteil (h'_j)
Helmut	1	9	45
Andreas	2	8	40
Hans	3	3	15
Summe		20	100

7.5-2. Man kann Häufigkeitstabellen auch horizontal auslegen: Folgende Tabelle enthält oben die relativen Häufigkeiten zur Skala A bzw. unten zu B. Die relative Häufigkeitsverteilung ist hier für beide Skalen die gleiche!

Lösung 7.5-2

Tabelle Ü7.5-2. Relative Häufigkeiten zu 2 Antwortskalen (n = 100 bzw. n = 200)

Anteil (h_j)	$\frac{10}{100}$ (0,1)	$\frac{5}{100}$ (0,05)	$\frac{20}{100}$ (0,2)	$\frac{35}{100}$ (0,35)	$\frac{30}{100}$ (0,3)	1,00
Werte Skala A ↑	−2	−1	0	1	2	↑ Summe ↓
Code (j)	1	2	3	4	5	
Werte Skala B ↓	sehr unzufrieden	unzufrieden	neutral	zufrieden	sehr zufrieden	
Anteil (h_j)	$\frac{20}{200}$ (0,1)	$\frac{10}{200}$ (0,05)	$\frac{40}{200}$ (0,2)	$\frac{70}{200}$ (0,35)	$\frac{60}{200}$ (0,3)	1,00

7.5-3. In Tabelle Ü7.5-2 gibt es j = 1, …, m für m = 5 Codes, da „ungültig" ausgeschlossen ist. Für den Statistiker (A) gilt n = 100, für seine Frau (B) n = 200!

Musterlösungen

7.5-4. Für das Wahlergebnis der Übung **7.5-1** gibt es ein Kreisdiagramm mit 3 Segmenten, durch Mittelpunktswinkel $\alpha_1 = 162°$, $\alpha_2 = 144°$ und $\alpha_3 = 54°$ bestimmt. Der Statistiker der Übung **7.5-2** bekommt ein Balkendiagramm mit 5 Balken der Länge 10, 5, 20, 35 bzw. 30, falls man die Verschlüsselung der Skala A als ordinal auffasst; ein ähnliches Säulendiagramm im Falle einer metrischen Verschlüsselung. Die Längen sind hier sowohl als absolute wie als prozentuale Häufigkeiten zu interpretieren, da n = 100. Das gleiche Balkendiagramm mit prozentualen Häufigkeiten gilt für die Frau des Statistikers! *Ergänzung:* Übrigens passt zu den recht qualitativen Daten der Frau auch ein Kreisdiagramm ($\alpha_1 = 36°, \alpha_2 = 18°, \alpha_3 = 72°, \alpha_4 = 126°, \alpha_5 = 108°$).

7.5-5. Im Kreisdiagramm selbst erkennt man weder die Fallzahl (Stichprobenumfang n) noch die einzelnen absoluten Häufigkeiten (f_0, f_1, f_2 und f_3)!

7.5-6. Die relative Häufigkeit h_j ist gleich $\frac{f_j}{n}$, d. h. hier $h_3 = \frac{7}{56} = 0,125$!

7.5-7. $\sum_{j=1}^{m}(h_j * 360°) = (\sum_{j=1}^{m} h_j) * 360° = 360°$, da die Summe der h_j gleich 1 ist!

7.5-8. In folgender Abbildung informiert die auf x_K-Daten basierende Treppenfunktion über die ursprüngliche Mitarbeiterzahl x. Es repräsentiert die untere Grenze a_j die Klasse [a_j, b_j): Den Sprung h'_j gibt es zu a_j (j = 1, ..., 4).

Abbildung Ü7.5-8. Treppenfunktion für x_K = „Mitarbeiterzahl" (D, n = 26)

Lösung 7.5-8

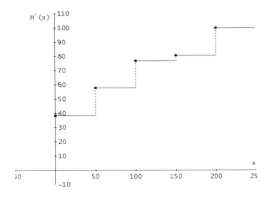

Aus den Zahlen über den Säulen der Abb. 7-4 für x_K ermittelt man

$H'_1 = h'_1 = 38,5$;
$H'_2 = 57,7$; $H'_3 = 76,9$;
$H'_4 = 80,7$ und $H'_5 = 99,9$ %!

Ergänzung: Wegen mehrerer Rundungsfehler erhält man hier nicht exakt $H'_5 = 100$ %.

7.5-9. Da es sich hier um ganzzahlige, nicht-negative Werte für x = „Mitarbeiterzahl" handelt, sollten die Labels insgesamt die ganzen Zahlen ≥ 0 umfassen. Daher kann man ein Label wie „50 - 99" mit [50, 100) $\cap \mathbb{N}$ gleichsetzen!

Musterlösungen

7.5-10. Die Klassengrenzen sind $a_1 = 0$, $a_2 = 10$, $a_3 = 50$, $a_4 = 250$ ($b_4 = \infty$; $m = 4$). So erhält man $B_1 = 10$, $B_2 = 40$ und $B_3 = 200$ bzw. $m_1 = 5$, $m_2 = 30$ und $m_3 = 150$ für die ersten 3 Klassen! Ein x-Kontinuum gehört zu einer metrischen Skala für die quasi-stetige Variable x = „Mitarbeiterzahl". Die x_K-Achse in Abb. 7-6 täuscht nun ein solches Kontinuum vor, obwohl die nach dem Aussehen gleich breiten Klassen Bereiche ganz verschiedenen Umfangs darstellen!

7.5-11. Es gibt $m = 7$ Klassen, $n_1 = 27$ deutsche Unternehmen und $n_2 = 71$ niederländische Unternehmen. Die Klassenlabels deuten in der Mehrzahl auf linksoffen-rechtsabgeschlossene Intervalle hin („bis"). Die erste Klasse sollte eher mit „0 - ≤ 5 Mill. (von 0 bis 5 Mill.)" beschriftet sein, die Klassen 2 bis 6 jeweils mit „von über (5, 10, 50, 100 bzw. 500) Mill. bis..." (Mio. = Mill.)!

7.5-12. Die Ergänzungen zur Tabelle 7-10 sind in folgender horizontal ausgelegten Häufigkeitstabelle enthalten. Die Fläche des Histogramms zur letzten Zeile wäre $B = 100$ Mill., siehe Tabelle 7-8!

Lösung 7.5-12

Tabelle Ü7.5-12. Ergänzungen zur Häufigkeitsverteilung für x_K = „Umsatzklasse"

Wertelabel	Un-gültig	0 - ≤ 5 Mill.	5 - ≤ 10 Mill.	10 - ≤ 50 Mill.	50 - ≤ 100 Mill.	100 - ≤ 500 Mill.	0,5 - ≤ 1 Mrd.	> 1 Mrd.	Summe
%-Anteil von „gültig" (h'$_j$)	-	52,17	13,04	24,64	5,80	1,45	1,45	1,45	100
Kumulativer[1] %-Anteil (H'$_j$)	-	52,17	65,22	89,86	95,65	97,10	98,55	100	
Besetzungsdichte (B=100)	-	720	180	42,50	8,00	0,25	0,20	-	

7.5-13. Die rechte Spalte der Tabelle 7-11 enthält absolute Anzahlen für die untersuchten Haushalte (pro Zeile und insgesamt) und gehört damit nicht direkt zu den prozentualen Zeilenhäufigkeiten von x = „Haushalttyp" vs. y = „Mietpreisklasse". Die Prozentangaben in den beiden Zeilen stellen für die Mietpreisklassen bedingte Häufigkeiten dar, jeweils bei fixem Haushalttyp (x = 1 bzw. x = 2: Haushalte mit bzw. ohne Kinder). Sie summieren sich pro Zeile zu einer Randhäufigkeit von 100 %, abgesehen von Rundungsfeh-

---

[1] Die unterstrichenen kumulierten Häufigkeiten (Klasse $j = 2$ bzw. $j = 3$) entstehen, wenn man sie als Summe aus „100 mal f_i geteilt durch 69" ($i = 1, ..., j$) berechnet. Addiert man die entsprechenden h'$_j$-Werte, so kommt man auf 0,01 weniger.

Musterlösungen

lern. Zeilenhäufigkeiten kann man pro Spalte nicht sinnvoll addieren, dafür bräuchte man bedingte Spaltenhäufigkeiten (absolut oder relativ)!

7.5-14. Für die Haushalte mit Kindern (x = 1) gibt es zu den 3 Mietpreisklassen die kumulierten prozentualen Häufigkeiten 11,0; 77,5 bzw. 100,1 %, für die Haushalte ohne Kinder (x = 2) 33,0; 90,5 bzw. 100,1 %. Ohne Kinder tendieren Haushalte stärker zu niedrigeren Mietpreisklassen als mit Kindern!

7.5-15. Die absoluten Häufigkeiten zu den Kombinationen von x = „Haushalttyp" und y = „Mietpreisklasse" und die zugehörigen Spaltenprozente gibt es in folgender Tabelle. Dabei weichen die Zeilensummen wegen Rundungsfehler von den Angaben der rechten Spalte in Tabelle 7-11 ab. Im Vergleich zum *gesamten* Anteil (77,6 % für x = 2) sind die Haushalte ohne Kinder in der niedrigsten Mietpreisklasse überrepräsentiert und in der höchsten Klasse unterrepräsentiert. Die prozentualen „Spaltenanteile" für Haushalte ohne Kinder (x = 2) kann man zusammen mit den „komplementären Anteilen" für x = 1 in einem gruppierten Balkendiagramm wiedergeben. Dabei ist es hier die Zeilenvariable x, welche die Gruppen bestimmt (*vertikal ausgelegte Gruppenvariable*). Pro Haushalttyp kann man auf *eine* Säule verzichten, da Prozente für x = 2 Prozente für x = 1 bedingen (100 % – Spaltenanteil x = 2)!

Tabelle Ü7.5-15. 2-mal-3 Kreuztabelle mit absoluten Häufigkeiten und *(zwischen Klammern)* Spaltenprozenten

Lösung 7.5-15

x↓ y→ (Anzahl *1000)	unter 300 € (1)	300 €–< 600€ (2)	ab 600 € (3)	Zeilensumme
Haushalte mit Kindern (1)	407,385 (8,8 %)	2462,828 (25,0 %)	836,991 (40,5 %)	3707,204 (22,4 %)
Haushalte ohne Kinder (2)	4232,283 (91,2 %)	7374,433 (75,0 %)	1231,210 (59,5 %)	12.837,925 (77,6 %)
Summe	4639,668	9837,260	2068,201	16.545,129

7.5-16. Bezogen auf die Gesamtsumme 16.545.129 gibt es die Gesamtprozente 2,5; 14,9 bzw. 5,1 % für x = 1 sowie 25,6; 44,6 bzw. 7,4 % für x = 2, jeweils für 3 Mietpreisklassen. Am wenigsten gibt es „Haushalte mit Kindern bei einer Miete unter 300 €" (2,5 %) und am meisten „Haushalte ohne Kinder bei Mieten von 300 bis unter 600 €" (44,6 %)!

Musterlösungen

Kapitel 8. Kennzahlen

8.6-1. Anders als in der vorigen Tabelle (Lösung **7.5-15**) setzt sich der Modalwert der (x, y)-Kombinationen in Tabelle 8-7 *nicht* aus den gesonderten x- und y-Modalwerten zusammen: Es gibt x_{Mo} = „ab 26" (maximale Randhäufigkeit 27) und y_{Mo} = „3" (maximale Randhäufigkeit 22), dagegen $(x, y)_{Mo}$ = („ab 26", „1-2") bzw. $(x, y)_{Mo}$ = („18-25", „3") mit maximaler Häufigkeit 12. So ist die modale Kombination nicht eindeutig! Nach Tabelle 7-5 gibt es keine fehlenden Angaben zur Altersklasse, so dass die fehlende Angabe in Tabelle 8-7 auf eine fehlende Englischnote zurückzuführen ist!

8.6-2. An der Tabelle zur Lösung **7.5-12** erkennt man, dass die Besetzungsdichte (720) sowie die prozentuale Häufigkeit (52,17 %) maximal ist für die Klasse „0 - ≤ 5 Mill. €". Im Falle ungleicher Klassenbreiten geht man für die Einfallsklasse des Modalwerts generell von den Besetzungsdichten aus!

8.6-3. Sucht man innerhalb der Einfallsklasse [25, 35) eine „Punktschätzung" für den Modus, so erweist sich die Mitte 30 als plausibler Schätzwert für x_{Mo}, da für x = „Alter" die Häufigkeitsdichte f(x) unweit von x = 30 gipfelt!

8.6-4. Tabelle 8-2 enthält für x = „Zimmerzahl" nur kumulierte prozentuale Häufigkeiten. Zwar erkennt man sofort den Median (erstmals die 50 % überschritten: x_{Me} = 4), aber für den Modalwert x_{Mo} und den Mittelwert μ_x braucht man zunächst die prozentualen Häufigkeiten h'_j, d. h. die Sprünge in der Treppenfunktion. Diese kann man über die Formel

$$h'_0 = H'_0 \text{ und } h'_j = H'_j - H'_{j-1} \quad (j = 1, \ldots, m - 1)$$

berechnen, vgl. Tabelle 7-7 (für x gibt es hier m = 8 Gruppen). Aus der folgenden Tabelle liest man den Modus ab: x_{Mo} = 4 (maximale Häufigkeit 38,39 %). Gewogen nach den prozentualen Häufigkeiten errechnet sich μ_x als

$$\frac{0,00*0+5,73*1+13,18*2+26,94*3+38,39*4+6,88*5+4,58*6+4,30*13,5}{100} = 3,864$$

(im Zähler $h'_j = h_j *100$). Wegen der ordinalen Verschlüsselung ist μ_x fraglich!

Lösung 8.6-4

Tabelle Ü8.6-4. Prozentuale Häufigkeiten zu x = „Zimmerzahl" (n = 349)

j = Anzahl der Zimmer	0	1	2	3	4	5	6	7 - 20
h'_j = %-Anteil	0,00	5,73	13,18	26,94	38,39	6,88	4,58	4,30

8.6-5. Das 50 %-Niveau wird für j = 2 überschritten ($H'_1 < 50 < H'_2$): x_{Me} = 2!

Musterlösungen

8.6-6. Die Anzahl der bemängelten Items liegt für Rubrik 1 zwischen 0 und 8 und für Rubrik 2 zwischen 0 und 11. Für Rubrik 1 ergeben sich die Quartile

$$Q'_1 = 0,5 + \frac{25,00 - 17,05}{39,60 - 17,05} * 1 = 0,853, \quad Q'_3 = 3,5 + \frac{75,00 - 72,25}{80,64 - 72,25} * 1 = 3,828,$$

$$Q'_2 = 1,5 + \frac{50,00 - 39,60}{56,65 - 39,60} * 1 = 2,110 \text{ und den Quartilsabstand } Q' = Q'_3 - Q'_1 = 2,975$$

Für Rubrik 2 ergeben sich die Quartile

$$Q'_1 = -0,5 + \frac{25,00 - 0,00}{32,95 - 0,00} = 0,259, \quad Q'_3 = 2,5 + \frac{75,00 - 72,54}{84,39 - 72,54} * 1 = 2,708,$$

$$Q'_2 = 0,5 + \frac{50,00 - 32,95}{56,65 - 32,95} * 1 = 1,219 \text{ und den Quartilsabstand } Q' = Q'_3 - Q'_1 = 2,449.$$

Die Verteilungsprofile geben nun das folgende Bild ab (Q steht hier für Q'):

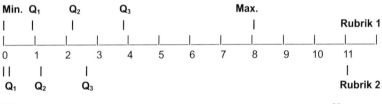

Am meisten kritisiert wurden die Items der Rubrik 1, obwohl da nur 8 Aspekte zu bewerten waren, gegen 12 Aspekte für Rubrik 2. Nach dem Median wird im Schnitt ungefähr ein Item mehr bemängelt für Rubrik 1 als für Rubrik 2. Die Schachtel des Box-Plots - der mittlere Bereich [Q'₁, Q'₃] - liegt für Rubrik 2 auch weiter links als für Rubrik 1; die Schachtelbreiten Q' sind vergleichbar. Die Säulendiagramme kann man zeichnen, nachdem man pro Rubrik die einzelnen prozentualen Häufigkeiten berechnet hat. Beide Verteilungen sehen sehr linkssteil (rechtsschief) aus, Rubrik 2 noch mehr als 1!

8.6-7. Da bis unter $x = 35$ genau $H'_2 = 50\%$ zusammenkommt, wird die Verteilung durch $Q'_2 = 35$ *exakt* halbiert. Aus der Interpolationsformel (§8.2.4)

$$x_{Me} = Q'_2 = a_j + v(50; j) * (b_j - a_j) \quad \text{mit} \quad v(50; j) = \frac{50 - H'_{j-1}}{h'_j}$$

- mit Einfallsklasse $[a_j, b_j) = [25, 35)$ für $j = 2$ - folgt, dass $x_{Me} = 25 + 10 = 35$, da $v(50; 2) = 1$. Die Formel trifft genau so zu, wenn man vielmehr $j = 3$ als die Einfallsklasse betrachtet, so dass $x_{Me} = 35$, da $v(50; 3) = 0$!

Musterlösungen

8.6-8. Die Schätzformel für Q'₁ in Abb. 8-10 lässt sich daraus erklären, dass das kleinere Dreieck dem größeren Dreieck wegen Gleichheit zweier Winkel *ähnlich* ist. Für solche Dreiecke sind nach dem „Ähnlichkeitssatz" die Verhältnisse entsprechender Seiten gleich. Somit verhält sich die Entfernung Q'₁ – a_j des gesuchten Quartils zur linken Grenze der Einfallsklasse j gerade so zur gesamten Klassenbreite b_j – a_j, wie sich die fehlende prozentuale Häufigkeit 25–H'_{j-1} zur gesamten prozentualen Häufigkeit h'_j verhält! *Ergänzung:* Eine ähnliche Erklärung gibt es für die Interpolationsformel in Lösung **8.6-7**!

8.6-9. Zunächst berechnet man aus den prozentualen Häufigkeiten zur Abb. 7-9 die kumulierten prozentualen Häufigkeiten 7,7; 38,5; 84,7 und 100,1 % (D) bzw. 5,6; 63,3; 92,9 und 99,9 % (NL). Dann gibt es über Feinberechnung:

$$Q'_1 = 10 + \frac{25,0-7,7}{38,5-7,7} * 40 = 32,47, \quad Q'_3 = 50 + \frac{75,0-38,5}{84,7-38,5} * 200 = 208,01,$$

$$Q'_2 = 50 + \frac{50,0-38,5}{84,7-38,5} * 200 = 99,78 \text{ und } Q' = Q'_3 - Q'_1 = 175,54 \text{ für D } (n_1 = 26);$$

$$Q'_1 = 10 + \frac{25,0-5,6}{63,3-5,6} * 40 = 23,45, \quad Q'_3 = 50 + \frac{75,0-63,3}{92,9-63,3} * 200 = 129,05,$$

$$Q'_2 = 10 + \frac{50,0-5,6}{63,3-5,6} * 40 = 40,78 \text{ und } Q' = Q'_1 - Q'_3 = 105,60 \text{ für NL } (n_2 = 71)!$$

Ergänzung: Da es nur 4 Klassen gibt, die zudem ungleich breit sind, sind diese Werte sehr ungenau im Vergleich zu den jeweiligen x-Quartilen. Die Schätzwerte für die x-Mittelwerte μ_{x1} und μ_{x2} sind

$0,077*5 + 0,308*30 + 0,462*150 + 0,154*850 = 209,83$ für D ($n_1 = 26$), bzw.
$0,056*5 + 0,577*30 + 0,296*150 + 0,07*850 = 121,49$ für NL ($n_2 = 71$).

Die Klassenmitte „m₄ = 850" wird hier nur als mutmaßlicher Wert verwendet. Sie folgt aus dem angenommenen Verhältnis 1 : 6 der Klassenbreiten 200 und „1200", im Vergleich zum Verhältnis 1 : 5 für die Breiten der mittleren Klassen und 1 : 4 für die ersten beiden Breiten!

Insgesamt bestätigt der Vergleich der Mittelwerte und der Verteilungsprofile die Schlussfolgerung, dass für die NL-Firmen die x-Verteilung weiter links liegt als für die D-Firmen. Wenn auch die 7 bzw. 3 Ausreißer hier nicht ausgeschlossen wurden, so stimmt der Logarithmus des Verhältnisses der x-Mittelwerte, nämlich $\ln(\mu_{x2}) - \ln(\mu_{x1}) = 4,80 - 5,35 = -0,55$, gut mit $3,31 - 3,95 = -0,64$ nach Abb. 8-6 überein!

8.6-10. Wegen x = (j + 0,5) * 12.288 € gibt es μ_x = (11,49 + 0,5)* 12.288 = = 147.333,12, Q₁ = 91.668,48, Q₂ = 132.956,16, Q₃ = 192.798,72, Q = 101.130,24 und s = 5,28*12.288 = 64.880,64 € (Q steht hier für Q' usw.). In der Formel für s heben sich die Erhöhungen von x_i und μ_x um 0,5 in jedem Term $x_i - \mu_x$ auf! Der 1-Standardstreubereich ist (82.452,48; 212.213,76). Dieses Intervall ist ca. 1,28 mal so breit als der mittlere Bereich $[Q_1, Q_3]$. *Ergänzung*: Bei einer perfekten Normalverteilung wäre 2*s gleich ca. 1,5 mal Q, siehe Übung **12.5.7**. Grafisch sieht es so aus (in Einheiten von 1000 €):

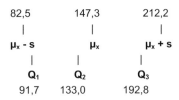

8.6-11. Nach Tabelle 8-9 gibt es $\mu_x = 413{,}90$, $\mu_y = 2{,}27$, $s_x = 5{,}03$, $s_y = 1{,}07$ sowie $r = -0{,}39$ ($r = -0{,}3896$; aufwendige Berechnungen wie hier werden am besten mit Unterstützung eines Statistikprogramms durchgeführt). Am negativen Vorzeichen der Korrelation r erkennt man den gegenläufigen Zusammenhang zwischen Absatzmenge x und Stückpreis y: Je mehr x zunimmt, desto mehr tendiert y zu den kleineren Werten. Die Stärke des Zusammenhangs richtet sich nach $|r|$: Liegt r im Bereich (20, 40], so ist der Zusammenhang als sehr schwach anzusehen. Man erhält $(\mu_x - s_x, \mu_x + s_x) = (408{,}87; 418{,}93)$ und $(\mu_y - s_y, \mu_y + s_y) = (1{,}20; 3{,}34)$ als 1-Standardstreubereich für x bzw. y. Die Menge $\{(x, y) \mid 408{,}87 < x < 418{,}93$ und $1{,}20 < y < 3{,}34\}$ ist das durch diese Bereiche bedingte Rechteck. Dieses enthält 19 der 47 Punkte, d. h. entspricht einem relativen Anteil der Stichprobe gleich 0,404. Dagegen wäre bei „Unabhängigkeit zweier normalverteilter Variablen x und y" der Anteil 0,466![2]

Kapitel 9. Verteilungsdiskussion

9.6-1. Für Abb. 9-1 (Rubrik 1) reicht es, pro Teilstichprobe zu überprüfen, ob das Minimum oder das Maximum ein x_1-Ausreißer ist. Für „Grund" gilt

$$\frac{Q'_1 - \text{Minimum}}{Q'} = \frac{0{,}84}{3{,}86 - 0{,}84} = 0{,}28 \quad \text{und} \quad \frac{\text{Maximum} - Q'_3}{Q'} = \frac{8 - 3{,}86}{3{,}86 - 0{,}84} = 1{,}37$$

(beide < 1,5), so dass es hier keine Ausreißer gibt (gleichfalls wenn gemessen nach der Box für die „Insgesamt"-Zeile mit $Q' = 2{,}98$ usw.). Für „Haupt" gibt es ähnliche Zahlen (0,31 bzw. 1,14) und die gleichen Schlussfolgerungen!

---

[2] Gleich der Wahrscheinlichkeit dafür, dass die Koordinaten eines „zufälligen Punktes [x, y]" in den jeweiligen 1-Standardstreubereich fallen, falls die Variablen x und y „unabhängig normalverteilt sind". (Für normalverteilte x und y ist Unabhängigkeit gleichwertig zu $\varrho = 0$ für die Korrelation ϱ, vgl. §3.1.5.)

Musterlösungen

Für Abb. 9-3 (Rubrik 2) gibt es rechts von der jeweiligen Box die Ausreißergrenzen 2,77 + 1,5*(2,77 − 0,33) = 6,43 und 2,52 + 1,5*(2,52 − 0,15) = 6,08 für „Grund" bzw. „Haupt", so dass beide Teilstichproben x_2-Ausreißer haben, und zwar 7, 8, 9 und 10 bzw. 7, ..., 11 (gleichfalls wenn gemessen nach der Box für die „Insgesamt"-Zeile mit Q' = 2,45: Ausreißergrenze 6,39). *Extreme* Ausreißer gibt es für „Grund" ab 2,77 + 3*(2,77 − 0,33) = 10,09 und für „Haupt" ab 2,52 + 3*(2,52 − 0,15) = 9,63. Daraus folgt, dass der Ausreißer x_2 = 10 für „Grund" *mild*, für „Haupt" aber *extrem* ist (siehe Tabelle 9-8)!

9.6-2. (1) Die statistischen Einheiten oder Fälle zur Abb. 7-3 sind die 13 Größenklassen der Tabelle 9-7. Im Vergleich zu den ursprünglichen Unternehmen zeigt diese Tabelle „aggregierte Daten", nämlich kumulierte Häufigkeiten und kumulierte Anteile bezogen auf ganze Klassen. Die prozentualen Häufigkeiten über dem Säulendiagramm der Abb. 7-3 entsprechen 2, 4, 4, 2 bzw. 1 Klasse(n), geordnet nach dem jeweiligen Jahresumsatz! (2) Aus der zweiten Spalte der Tabelle folgt, dass die Variable x (Jahresumsatz der Klasse) in Abb. 7-3 sehr grob eingeteilt wurde, nämlich gemäß Einheiten von 100.000 Mill. €. Im Säulendiagramm stellt jeder x-Wert das Vielfache von 100.000 Mill. dar, das im Jahresumsatz enthalten ist. So gibt es z. B. für die Klassen 7, 8, 10 und 11 abgerundet den Jahresumsatz 200.000 Mill. €!

9.6-3. Die (obere) Ausreißergrenze eines einzelnen Unternehmens für x = Jahresumsatz ist also gleich 803.916 €. Die 8 Größenklassen mit Jahresumsätzen von über 1 Mill. € enthalten bloß Ausreißer und sind in diesem Sinne als „reine Ausreißerklassen" aufzufassen (die Klasse von über 500.000 bis 1 Mill. enthält nur zum Teil solche Ausreißer). Dass 8 aus 13 Klassen so gesehen Ausreißer darstellen, hat mit folgender *10 % - 90 % Regel* zu tun: Ca. 90 % des Jahresgesamtumsatzes wird von bloß ca. 10 % der Unternehmen erbracht (vgl. die fünfte Zeile in Tabelle 9-7, bzw. die empirische Lorenzkurve in Abb. 9-7). Daher bestimmt die große Masse der Unternehmen in den kleinsten Umsatzklassen die Schachtel im Box-Plot für x: Die Klassen 6 bis 13 mit den großen Unternehmen werden so leicht zum Ausreißer!

9.6-4. Q_1 = 1, da in Klasse 1 mehr als 25 % der Unternehmen enthalten ist (27,64 %). Die Klasse 4 ist die erste Umsatzklasse, für welche die kumulierte prozentuale Häufigkeit (nämlich 82,10 %) die 75 % überschreitet: Q_3 = 4. Stur weiter rechnend gäbe es die Ausreißergrenze 4 + 1,5*(4 − 1) = 8,5, so dass wir es erst ab Klasse 9 (von über 10 bis 25 Mill. €) mit Ausreißern zu tun hätten. Diese Argumentation scheitert aber an der nichterfüllten Voraussetzung einer metrisch angehauchten Variablen: Der Laufindex j entspricht einer *ordinalen Verschlüsselung* (Klassencodes j = 1, ..., 13)! Man müsste sich an den durch die Klassierung zusammengefassten Unternehmen und deren Umsätzen orientieren, um eine sinnvolle Box-Plotanalyse durchführen zu können!

Musterlösungen

9.6-5. In §8.2.4 wurden aus den Daten für x_K = „Altersklasse" die Quartile für x = „Alter" geschätzt (und der Mittelwert μ_x = 36,36). Daraus ergibt sich

$$\frac{Q'_1 - \text{Minimum}}{Q'} = \frac{28,42 - 15}{15,23} = 0,88 \quad \text{und} \quad \frac{\text{Maximum} - Q'_3}{Q'} = \frac{65 - 43,65}{15,23} = 1,40$$

(beide < 1,5), so dass es keine Ausreißer gibt. Der Box-Plot sieht nun so aus:

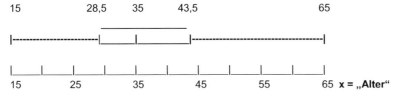

Die x-Verteilung ist (schwach) rechtsschief, da die Box sich überwiegend im linken Teil [15, 40] des Streubereichs befindet und da $35 = x_{Me} < \mu_x = 36,4$. *Ergänzung:* Vgl. die Häufigkeitsdichte der Abb. 8-4!

9.6-6. Im punktierten Box-Plot (Abb. Ü9.6-6) sind 2 der 3 extra x-Werte wiedergegeben: 71,03 und 75,74. Diese Werte liegen, wie auch das ursprüngliche Maximum (73,18), mehr als 1,5*Q aber weniger als 3*Q weg von der Box: Es sind *milde* Ausreißer, wie auch 80,45. *Extreme* Ausreißer gibt es erst ab 85,07.

Abbildung **Ü9.6-6.** *Punktierter Box-Plot für x = „Kurswert"* (n = 30 plus 2 der 3 extra Fälle; 80,45 ist nicht sichtbar)	Lösung 9.6-6

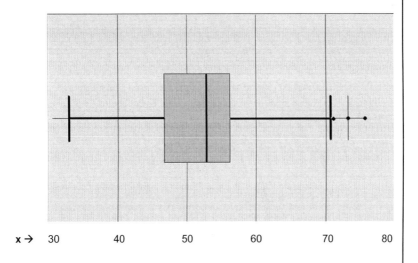

Musterlösungen

Die 3 Quartile findet man jeweils als den kleinsten x-Wert mit kumulierter Häufigkeit $\geq \frac{r}{n}$, d. h. mit Rangzahl r derart, dass $\frac{r}{n}$ mindestens 25 % (r = 8), 50 % (r = 15) bzw. 75 % (r = 23) beträgt. Die Symmetrie erkennt man an der zentralen Lage der Box im regulären Streubereich [32,95; 73,18], vgl. Q_1 – Min. = 13,72 mit Max. – Q_3 = 16,91; außerdem 52,32 = x_{Me} ≈ μ_x = 52,19. Die Verteilung ist weder zu flach noch zu spitz, da KW – 3 nahezu 0 ist!

9.6-7. Q' im Zähler und s im Nenner bleiben unverändert, wenn man jeden x_i-Wert um a Einheiten nach links verschiebt: $x_i \rightarrow x_i - a$ (i = 1, ..., n). Da Q' die *Differenz* zweier Quartile ist und s^2 proportional zur Summe der Terme $(x_i - \mu_x)^2$, hebt die eine Verschiebung - von Q'_1 bzw. μ_x - die andere Verschiebung - von Q'_3 bzw. x_i - auf. Somit ändert sich das Verhältnis von Q' zu 1,35*s bei einer Verschiebung nicht. Auch bei einer Veränderung des x-Maßstabs bleibt dieses Verhältnis unverändert. Multipliziert man nämlich die x_i mit einer Konstante c (> 0), so ändert sich Q' in c* Q' und s in c*s!

9.6-8. Betrachten wir zunächst die Trefferquoten *pro Item* für die 9 negativen Gründe (oben in folgender Tabelle) und für die 9 positiven Gründe (unten):

Lösung 9.6-8

Tabelle Ü9.6-8. Trefferquoten: Relative Häufigkeit der Nennungen, bezogen auf die Gesamtzahl der Nennungen, getrennt für 9 negative bzw. 9 positive Gründe

Negativ	0,036	0,018	0,218	0,073	0,055	0,018	0,200	0,382	0,000	1,00
Item	**1**	**2**	**3**	**4**	**5**	**6**	**7**	**8**	**9**	**Summe**
Positiv	0,062	0,133	0,103	0,179	0,138	0,144	0,036	0,067	0,138	1,00

Unter den insgesamt 55 Nennungen negativer Gründe ist Item 8 - „Mehrkosten (*extra costs*)" - das häufigste Argument *gegen* einen Auslandsaufenthalt: Es kam in 38 % der Fälle vor; ein Fall bedeutet hier eine Nennung! Der häufigste Grund *für* einen Auslandsaufenthalt ist Item 4 - „Sprachliche Entwicklung (*developing my foreign language skills*)" - mit 18 % unter 195 Nennungen!

Die Trefferquoten *pro Person* beziehen sich nicht auf eine Gesamtzahl von Nennungen, sondern auf den Umfang der Stichprobe (n = 49) oder auf den Umfang einer Teilstichprobe (33 bzw. 42). Bezogen auf n = 49 gab es je Befragten im Schnitt ungefähr 1 negativer Grund (Median; Mittelwert = 1,12) gegen 4 positive Gründe (Median; Mittelwert = 3,98)! Bezieht man sich nur auf Personen, die überhaupt einen negativen bzw. positiven Grund nannten, dann gibt es natürlich höhere Trefferquoten. Diese Quoten kann man hier als bedingte relative Häufigkeiten auffassen: 1,67 gegen 4,64 Gründe unter denjenigen, die zumindest *einen* negativen bzw. positiven Grund nannten!

Ergänzung: Die relative Häufigkeit dafür, dass *überhaupt ein negativer Grund* genannt wurde, betrug 33 auf 49 oder 0,67. *Überhaupt einen positiven Grund* gab es in 42 Fällen: relative Häufigkeit 0,86!

9.6-9. Aus den 3 Box-Plots folgt, dass x = „Differenz # positiver und # negativer Gründe" im Schnitt, d. h. nach dem Median Q'_2, um so größer ist, je mehr man sich für einen Auslandsaufenthalt interessiert. Je größer das Interesse, desto mehr positive bzw. desto weniger negative Argumente man hat. Die x-Streuung wird, gemessen nach der Breite Q' der Box, bei größerem Interesse kleiner. Ausreißer gibt es wohl nicht, egal in welcher Gruppe. (Für Gruppe 3 noch am ehesten, aber auch hier gilt Maximum – $Q'_3 < 1{,}5^* Q'$.)

Ergänzung: Die x-Verteilung ist überall etwas rechtsschief. Nach einem Test (Übung **14.6-14**) erweisen sich die Verteilungen als signifikant verschieden!

9.6-10. VK_1 = (388 / 1525) * 100 = 25,4 % und VK_2 = (357 / 1623) * 100 = 22,0 %. Die Streuung s ist für „Vorort" größer als für „Land", der Mittelwert dagegen kleiner. Teilt man „einen größeren s-Wert" durch einen „kleineren Mittelwert", so gibt es einen umso größeren Variationskoeffizienten!

9.6-11. In der *Gesamtvarianz* zu x wird, unabhängig von der y-Gruppe, die absolute Entfernung (zum Quadrat) der einzelnen x-Werte zum Gesamtmittelwert in Betracht gezogen: $(n-1)^*s^2$ = 260*154291,84 = 40115878,4. Die Binnenvarianz stellt sich aus den Varianzen für die einzelnen y-Gruppen (Code j = 1, …, 4) zusammen. Sie stellt die *rein zufällige x-Variabilität* dar, welche man nicht dem Gruppenbildungsfaktor y zuschreiben kann:

19*103561,68 + 45*141067,85 + 91*133582,94 + 102*174916,33 = 38313238,37.

Die Zwischenvarianz basiert auf absoluten Entfernungen der einzelnen Mittelwerte zum Gesamtmittelwert μ_x, gewogen nach den Gruppenumfängen. Sie gilt als statistischer Einfluss oder *Wirkung des Gruppenbildungsfaktors*:

20*(–248,84)² + 46*(–67,98)² + 92*(32,54)² + 103*(49,61)² = 1801918,82.

In der Tat gilt nun, dass die gesamte Quadratsumme 40115878,4 der Summe

38313238,37 + 1801918,82 = 40115157,19

in etwa gleicht. Umgerechnet in x-Einheiten handelt es sich hier um eine Differenz gleich 26,86 € / m², die durch Rundungsfehler in den Tabellenwerten und in den Berechnungen der Quadratsummen verursacht wird.

Der Aufwärtstrend der Mediane ist weniger ausgeprägt als der für die Mittelwerte, da die Mediane weniger empfindlich sind auf sehr niedrige oder sehr hohe Werte in den einzelnen Gruppen.

Aus Tabelle 9-6 kann man den gesamten Quartilsabstand Q = 540,18 herleiten, sowie folgende gruppenspezifische Quartilsabstände: Q(1) = 293,33;

Musterlösungen

Q(2) = 574,84; Q(3) = 566,69; Q(4) = 582,63. Letztere verhalten sich zu Q gemäß den Faktoren *0,54*; 1,06; 1,05; 1,08. Auf ähnliche Art verhalten sich die gruppenspezifischen Standardabweichungen zu s gemäß *0,82*; 0,96; 0,93;1,06. Es hat Gruppe 1 eine deutlich geringere Streuung als die anderen Gruppen!

9.6-12. Für x sowie y hantieren Sie die Reihenfolge der Länder nach deren jeweiligem Volumenanteil G_j gemäß Tabelle 9-10 (j = 1, ..., 17). Die kumulierten Häufigkeiten H_j betragen in beiden Fällen 0,059; 0,118; 0,176; 0,235; 0,294; 0,353; 0,412; 0,471; 0,529; 0,588; 0,647; 0,706; 0,765; 0,824; 0,882; 0,941; 1,000. Die relative Häufigkeit h_j für Land j ist konstant gleich ≈ 0,059 (1 auf 17).

Die kumulierten Anteile G_j zum gesamten Passagiervolumen sind 0,0021; 0,0167; 0,0314; 0,0501; 0,0704; 0,0907; 0,1132; 0,1366; 0,1608; 0,1868; 0,2221; 0,2803 (bis Land 4); 0,3565; 0,4725; 0,6036 (bis Land 5); 0,7834 (bis Land 3); 1,000 (bis Land 1). Es kommen Spanien (13 %), Deutschland (18 %) und Groß-Brittannien (22 %) zusammen für ca. 53 % des Passagiervolumens auf (zu einem Anteil 1 – 0,4725). Der Gini-Index beträgt hier 52 %! (Aufwendige Berechnungen wie hier führe man mittels eines Statistikprogramms durch.)

Die kumulierten Anteile G_j zum gesamten Frachtvolumen sind 0,006; 0,014; 0,023; 0,033; 0,044; 0,057; 0,071; 0,096; 0,122; 0,160; 0,212; 0,265; 0,349; 0,460 (bis Land 4); 0,617 (bis Land 2); 0,797 (bis Land 1); 1,000 (bis Land 3). Es kommen Frankreich (16 %), Groß-Brittannien (18 %) und Deutschland (20 %) zusammen für 54 % des Frachtvolumens auf (zu einem Anteil 1 – 0,46)! Die 3 Topländer sind hier nicht ganz die gleichen wie bei der Abhandlung des Passagierverkehrs, aber die Anteile für die Top 3 sind ähnlich. Die relative Konzentration nach dem Gini-Index ist hier mit 55 % so gemäßigt wie oben!

Land 4 (Niederlande) nimmt im Frachtverkehr einen besseren Rangplatz ein als im Personenverkehr: Rang 4 mit 11 % gegen Rang 6 mit 6 %. In Tabelle 9-10 zählt man diese Ränge von unten nach oben ab; dagegen werden die h_j und die x- bzw. y-Anteile in aufsteigender Reihenfolge kumuliert, j = 1,...,17.

Auffallend ist der starke Unterschied in Rangplätzen für Luxemburg (17): Rang 7 mit 5,25 % im Frachtverkehr gegen Rang 17 mit 0,2 % für Personen!

Kapitel 10. Verhältnis- und Indexzahlen

10.3-1. Es sind (3) und (8) Gliederungszahlen; (1), (5) und (7) Beziehungszahlen; (2), (4) und (6) Messzahlen und zwar mit sachlichem, zeitlichem bzw. räumlichem Bezug. Die Beziehungszahlen sind alle Entsprechungszahlen oder „Dichteziffern". Fremdkapitalquote und Eigenkapitalquote bilden 2 sich ergänzende Gliederungszahlen (m = 2), so dass deren Summe 100 ist!

Musterlösungen

10.3-2. Der Wert des Vorrats an einer bestimmten Ware wird als relativer Anteil des Gesamtwerts durch eine Gliederungszahl ausgedrückt!

10.3-3. In der jährlichen Zinseszinsrechnung *mit konstantem Zinssatz* i gilt

$$K_0 * q^t = K_0 * (1+i)^t = K_t$$

(K_0 = Anfangskapital; q = Aufzinsungsfaktor; K_t = Kapital am Ende des Jahres t; t = Laufzeit). Für *veränderliche* Zinssätze i_t folgt aus $K_1 = K_0 * q_1$ usw., dass

$$\frac{K_t}{K_{t-1}} = (1+i_t) = q_t \quad (t = 1, ..., n;\ i_t \text{ Zinssatz im Jahre t; hier n = 5})$$

der jeweilige Wachstumsfaktor ist und $i_t = q_t - 1$ die Wachstumsrate. Nun errechnet sich $\overline{m_G} = \left(\prod_{t=1}^{n} q_t\right)^{\frac{1}{n}} = 1{,}037974$ und daraus der konstante Zinssatz i = 0,037974, zu dem aus $K_0 = x_0 = 10.000$ € das gleiche Endkapital $K_n = x_n = 12.048{,}5$ € wächst wie bei der tatsächlichen Verzinsung (zu den i_t). Dies leistet der mittlere Zinssatz 0,038 nicht; $x_0 * (1{,}038)^5 = 12.050{,}0$ €: 1,5 € zu viel!

10.3-4. Mit $g_1 = 55 / 141 = 0{,}390$; $g_2 = 0{,}362$; $g_3 = 0{,}128$ bzw. $g_4 = 0{,}121$ (Gliederungszahlen!) gibt es $g_1 * 9{,}58 + g_2 * 26{,}39 + g_3 * 55{,}56 + g_4 * 115{,}88 = 34{,}42 \approx 34{,}35$!

10.3-5. Aus Tabelle **Ü10.3-5** wird klar, dass der Händler mit der Zeit weniger lohnende Umsätze erzielt, da die Kosten schneller zunehmen als die Erlöse!

Tabelle Ü10.3-5. Messreihen zu Kosten, Erlösen und zum Erlöse/Kosten-Verhältnis — *Lösung 10.3-5*

Jahr	Kosten	K: Basis t = 2	Erlöse	E: Basis t = 2	Erlöse / Kosten	E/K: Basis t = 2
1	1020	85	1350	90	1,3235	105,88
2	1200	100	1500	100	1,2500	100,00
3	1380	115	1620	108	1,1739	93,91
4	1560	130	1800	120	1,1538	92,31

10.3-6. Der Laspeyres-Mengenindex ist $\Sigma q_t p_0 / \Sigma q_0 p_0$. Man erhält genau diesen Ausdruck nach Vereinfachung von $v_{0,t}^U / v_{0,t}^P = \frac{\Sigma p_t q_t}{\Sigma p_0 q_0} / \frac{\Sigma p_t q_t}{\Sigma p_0 q_t}$. Die Werte sind: 1,000; 362 / 400 = 0,905; 324 / 400 = 0,810 für t = 0, 1, 2. Diese erhält man auch als die Quotienten 1,0 / 1,0; 0,993 / 1,097 bzw. 0,930 / 1,148!

Musterlösungen

Kapitel 12. Wahrscheinlichkeitsberechnungen

12.5-1. Aus der allgemeinen Dichte $f_N(x;\mu,\sigma)$ folgt für $\mu = 0$ und $\sigma = 1$:

$$f_N(x;0,1) = \frac{1}{\sqrt{2\pi}} * \exp(-\tfrac{1}{2}x^2) \quad (x \in \mathbb{R})$$

12.5-2. In der brutto Stichprobe von n = 484 Kunden gibt es die relativen Anteile $h_0 = \frac{137}{484} = 0,2831$; $h_1 = \frac{169}{484} = 0,3492$; $h_2 = \frac{178}{484} = 0,3678$ als Schätzwerte für die Wahrscheinlichkeiten p_0, p_1 bzw. p_2 in der Grundgesamtheit U. (Es ist $p_j = p(x_j)$ der *theoretische* relative Anteil für Ausprägung j; j = 0, 1, 2.) Man kann die 169 Nutzer bzw. die 178 Nichtnutzer durch Multiplikation mit dem Kehrwert der Auswahlquote „hochrechnen", so dass es schätzungsweise $\frac{3350}{484} * 169 \approx 1170$ Nutzer und $\frac{3350}{484} * 178 \approx 1232$ Nichtnutzer gibt. Jeder Fall in der Stichprobe steht sozusagen für ca. 7 (6,92) Kunden in der Grundgesamtheit. Es ist $\frac{169}{169+178} = 0,487 \,(= \frac{h_1}{h_1+h_2})$ der gefragte Nutzungsgrad.

12.5-3. Y = „Stückpreis" erzeugt für Fall i einen Wert, den wir mit y_i an Stelle von x_i bezeichnen. Der Median der z-Werte hat Rangzahl 24 (24 / 47 =51,1 %), so dass z_{Me} = –0,1019. Ausgehend von den standardisierten Werten gibt es

$$X = \mu + \sigma * Z \text{ bzw. } x_i = \mu + \sigma * z_i,\ i = 1,\ldots,n\,,$$

um die ursprüngliche Zufallsvariable X und deren Ergebnisse x_i zu rekonstruieren. Aus der zweiten Formel wird klar, dass x-Werte und z-Werte die gleiche Reihenfolge haben ($\sigma > 0$). Mit 2,2689 – 1,06906*0,1019 = 2,16 errechnet sich daher exakt der Median y_{Me} mit Rangzahl 24 (vgl. Tabelle 8-9). Geht man nun aber von $z_{Me} = \mu_z = 0$ aus, so erhält man den falschen Schätzwert 2,27, nämlich μ_y! Es gilt deutlich $\mu_y \neq y_{Me}$, da die Stückpreisverteilung nicht sonderlich symmetrisch ist (KS = 0,98). Die Normalverteilungsannahme wird in §12.2.2 für Y nicht bestätigt. Man kann sich daher nicht unbedingt auf die N(0;1)-Standardisierung oder deren „Umkehrtransformation" verlassen!

12.5-4. Das mittlere Quartil und das obere Quartil liegen für Y = „Stückpreis" nicht so hoch wie es bei einer perfekten Normalverteilung der Fall wäre: Die Stückpreisverteilung konzentriert sich in der Mitte etwas „zu stark" (zu spitze Verteilung). Das untere Quartil liegt „richtig". Die höchsten y-Werte im rechten Schweif liegen relativ weit nach außen (rechtsschiefe Verteilung). Die kleinsten y-Werte liegen im Vergleich zu den z-Werten relativ „zentral"!

12.5-5. Der 1σ-Bereich für $X \sim N(\mu;\sigma)$ wird begrenzt durch $x_1 = \mu - \sigma$ (links) und $x_3 = \mu + \sigma$ (rechts). Standardisierung liefert $z_1 = -1$ bzw. $z_3 = +1$. Aus der

Musterlösungen

Formel für die Fläche zum symmetrischen Einfallsbereich - kurz vor dem Ende des §12.2.3 - folgt $P_Z(-2, +2) = 2*(0{,}5 + 0{,}4772) - 1 = 95{,}44\%$ (Tabelle B). Für den 3σ-Bereich brauchen wir die Excel-Funktion NORMVERT, da die Tabellen A und B bei 2,99 aufhören: $P_Z(-3, +3) = 2*(0{,}99865) - 1 = 99{,}73\%$.

12.5-6. Wir suchen die Wahrscheinlichkeit für die Fläche zwischen 7,8 und 8,2 zu der Stichprobenverteilung der Mittelwertschätzfunktion μ_X, wenn jeder Mittelwert μ_X auf n = 25 Anrufen basiert. Der Standardfehler ist gleich

$$\sigma_\mu = \frac{\sigma}{\sqrt{n}} = \frac{2}{\sqrt{25}} = 0{,}4$$

. Es geht der μ_X-Bereich $(m_1, m_2) = (7{,}8; 8{,}2)$ durch die μ_X-Datentransformation (σ bekannt!) in das z-Intervall (z_1, z_2) mit Grenzen

$$z_1 = (m_1 - \mu)/\sigma_\mu = (7{,}8 - 8)/0{,}4 = -0{,}5 \text{ und } z_2 = (8{,}2 - 8)/0{,}4 = +0{,}5$$

über. Nach Tabelle B erhält man für (0; 0,5) die Trefferwahrscheinlichkeit 0,1915; aufgrund der Symmetrie ist dies auch die Trefferwahrscheinlichkeit für (–0,5; 0). Der gesuchte Anteil ist daher 2*0,1915 = 0,3830 (38,3 %).

12.5-7. Nach Tabelle A ist $\Phi(0{,}00) = 0{,}5$, so dass das mittlere Quartil $z_{Me} = 0$ ist. Weiter folgt aus Tabelle A, dass $\Phi(-0{,}67) = 0{,}2514$ und $\Phi(-0{,}68) = 0{,}2483$, so dass das untere z-Quartil Q_1 ungefähr gleich –0,675 ist (über lineare Interpolation erhält man 0,6745). Aus der Symmetrie der N(0;1)-Verteilung folgt $Q_3 = +0{,}675$ und daher Q = 2*0,675 = 1,35 oder auch Q / σ = 1,35 (σ = 1 !). Der mittlere Bereich $[Q_1, Q_3]$ ist 1,35-mal so breit als der halbe 1σ-Bereich, so dass der 1σ-Bereich ungefähr 1,5-mal ($\frac{2}{1{,}35} = 1{,}48$) so breit ist als $[Q_1, Q_3]$. Der 2σ-Bereich ist folglich ca. 3 mal so breit als der Interquartilbereich! Aus der Umkehrtransformation $q_h(X) = \mu + \sigma*q_h(Z)$ für h = 0,25 und h = 0,75 folgt, dass $Q(X) = Q_{0{,}75}(X) - Q_{0{,}25}(X) = \sigma*1{,}35$, so dass „PSA = Q / 1,35 = σ" für eine beliebige normalverteilte X gilt und somit auch alle obigen Ergebnisse!

12.5-8. Da der ungültige Wert 0 = „Trifft nicht zu" einbezogen wird, gibt es in W_x keine natürliche Reihenfolge, so dass $F(x) = P(X \leq x)$ nicht sinnvoll ist!

12.5-9. Der Erwartungswert zur T_X-Verteilung ist $n*p = 346*0{,}313 \approx 108$ (somit gäbe es in der ursprünglichen Befragung 184 – 108 = 76 Personen zu viel, die Item 2 beanstanden). Die annähernde Normalverteilung für p_X ist $N(0{,}313; 0{,}025)$ da $\sigma_p = \sqrt{0{,}313*(1-0{,}313)/346} = 0{,}025$. Die Binomialverteilung trifft auf x_1 nicht zu, da die 8 Aspekte unterschiedliche „Erfolgswahrscheinlichkeiten" haben! (Sogar bei gleichen Wahrscheinlichkeiten wären die Itembeurteilungen pro Person vermutlich nicht unabhängig von einander.)

Musterlösungen

Kapitel 13. Schätzverfahren

13.6-1. Im engeren Sinne ist gemäß Tabelle 13-2 nur beim Vertrauensbereich von einem Schätzverfahren die Rede, da der Zielparameter µ (*p* oder σ) in der Grundgesamtheit unbekannt ist. Bei Kontrollkarten geht man dagegen im Prinzip von einem „bekannten Normwert" für µ usw. aus. Für regelmäßig wiederholte Kontrollstichproben wird die Vereinbarkeit des Stichprobenschätzwerts µx usw. mit diesem Parameter überprüft. Schätzverfahren werden hier gebraucht um die momentane Stichprobenverteilung mit der Normverteilung vergleichen zu können. Die Annahme- oder Ablehnungswahrscheinlichkeit hängt von der Stichprobenverteilung des Mittelwerts µx usw. ab. Im Beispiel zur *p*-Karte in §13.1.2 wird auch der Normwert $\overline{p}$ geschätzt. Bei Toleranzgrenzen werden höchstens *vorab* Eigenschaften einer Wahrscheinlichkeitsverteilung geschätzt, die im Übrigen als bekannt angesehen wird, so dass man Trefferwahrscheinlichkeiten berechnen kann!

13.6-2. Für α = 0,05 liefert Tabelle 13-1 $z_{1-\frac{1}{2}\alpha} = z_{0,975} = 1,96$. Daher gibt es

$$50 - 1,96 * \frac{10}{\sqrt{25}} < \mu < 50 + 1,96 * \frac{10}{\sqrt{25}},$$

$$46,08 < \mu < 53,92$$

nach der allgemeinen Formel in §13.3.1. Die Breite des Vertrauensbereichs für µ beträgt 53,92 − 46,08 = 7,84.

13.6-3. Diesmal ist die Standardabweichung σ unbekannt und wird durch s geschätzt. Für die allgemeine Formel in §13.3.3 wird der t-Wert zur kumulierten Häufigkeit 1 − ½α = 0,975 und zu n − 1 = 24 Freiheitsgraden gebraucht. Aus Tabelle D erhält man den Wert 2,0639, so dass

$$50 - 2,0639 * \frac{10}{\sqrt{25}} < \mu < 50 + 2,0639 * \frac{10}{\sqrt{25}},$$

$$45,87 < \mu < 54,13.$$

Die Breite des Vertrauensbereichs für µ beträgt nun 54,13 − 45,87 = 8,26, d. h. ca. 1,054-mal so viel als zuvor. Dieses Verhältnis schreibt man allgemein als

$$\frac{2 * t_{1-\frac{1}{2}\alpha}(f) * \frac{s}{\sqrt{n}}}{2 * z_{1-\frac{1}{2}\alpha} * \frac{\sigma}{\sqrt{n}}}, \text{ hier } \frac{t_{1-\frac{1}{2}\alpha}(24) * s}{z_{1-\frac{1}{2}\alpha} * \sigma} = \frac{2,0639}{1,96} = 1,053,$$

Musterlösungen

so dass dadurch, dass σ geschätzt werden muss, die Ungenauigkeit mit ca. 5 % zunimmt (die t-Verteilung mit $f = 24$ hat längere Schweifen).

13.6-4. Die Punktschätzung μ_x is nur scheinbar genau, da sie bei der nächsten Stichprobe wieder anders ausfallen kann. Man sollte dem Zufallsfaktor Recht tun, d. h. der Stichprobenverteilung der Mittelwertschätzfunktion μ_x!

13.6-5. Die x-Toleranzgrenzen in Abb. 12-3 sind $52{,}19 - 1{,}96*9{,}42 = 33{,}73$ und $52{,}19 + 1{,}96*9{,}42 = 70{,}65$. Die Ausschusswahrscheinlichkeit $p = 0{,}05$ entspricht der Summe der extremen Flächen links und rechts von den Toleranzgrenzen. Wegen der Datentransformation $z_i = (x_i - \mu) / \sigma$ (i = 1, ..., 30) kann man die Argumentation für die $N(52{,}19; 9{,}42)$-Verteilung auf analoge Betrachtungen für die $N(0;1)$-Verteilung zurückführen: Die z-Quantile $z_{½p} = -z_{1-½p}$ und $z_{1-½p}$ umfassen $(1-p)*100$ % der $N(0;1)$-Verteilung. Die Fläche rechts von $z_{1-½p}$ hat die halbe Ausschusswahrscheinlichkeit $½p = 0{,}025$. Entsprechend liest man für $p = 0{,}05$ aus Tabelle A den Wert $z_{0{,}975} = 1{,}96$ ab. Für die Kurswertverteilung erhält man $q_{½p} = \mu - z_{1-½p} * \sigma$ und $q_{1-½p} = \mu + z_{1-½p} * \sigma$ durch Umrechnung der z-Quantile! Geht man nun umgekehrt vom etwas breiteren Einfallsbereich (33,35; 71,03) aus, so muss für die gefragte Trefferwahrscheinlichkeit berechnet werden, welcher Abstand zwischen den Grenzen und der Mitte $\mu = 52{,}19$ liegt, gemessen in „Standardeinheiten" gleich $\sigma = 9{,}42$. Diese Entfernung beträgt $18{,}84 = 2*\sigma$. Über dem 2σ-Bereich liegt eine Wahrscheinlichkeitsmasse mit Trefferwahrscheinlichkeit 0,9544. Aus Tabelle B erhält man nämlich 0,4772 für die halbe zentrale Fläche bis $z = 2{,}0$ (eine alternative Berechnung ist $2*\Phi(2) - 1 = 0{,}9544$, vgl. Übung 12.5-5)!

13.6-6. Im Hinblick auf die μ_x-Verteilung arbeiten wir mit dem Standardfehler $\frac{\sigma}{\sqrt{n}} = \frac{3}{\sqrt{41}} = 0{,}469$ g. Die Toleranzgrenzen $\mu \pm z_{1-½p} * \frac{\sigma}{\sqrt{n}}$ zu der μ_x-Verteilung entsprechen einer Trefferwahrscheinlichkeit von 99 %, wenn $p = 0{,}01$ $(1 - p = 0{,}99)$ oder $½p = 0{,}005$. Aus Tabelle 13-1 ergibt sich $z_{1-½p} = z_{0{,}995} = 2{,}576$. Die *Fehlermarge* (= *halbe Toleranzbreite*) ist daher $\pm 2{,}576*0{,}469 = \pm 1{,}21$ g. (Das gleiche Ergebnis erhält man mit z-Wert 2,575 nach Tabelle B oder A.)

13.6-7. Die Vertrauensgrenzen errechnen sich als $\mu_x \pm t_{1-½p}(f) * \frac{s}{\sqrt{n}}$, hier $198{,}5 \pm 2{,}7045 * \frac{3{,}6}{\sqrt{41}}$, so dass (196,98; 200,02) das gesuchte Konfidenzintervall ist (das t-Quantil aus Tabelle D basiert auf $½p = 0{,}005$ und $f = n - 1 = 40$). Da das nominelle Gewicht $\mu = 200$ im 99 %-Vertrauensbereich enthalten ist, ist der Abfüllprozess wohl in Ordnung. Es wird hier der Unsicherheit in den

Musterlösungen

Schätzungen für µ und σ Rechnung getragen! Die entsprechenden Schätzwerte werden eingesetzt und wegen n < 52 wird ein t-Quantil verwendet. Mit dem Toleranzbereich der Übung **13.6-6** bliebe man, dank der Annahmen „s = σ und µ = µₓ", gerade auf der „sicheren Seite": Wegen 198,5 + 1,21 = 199,71 wäre das durchschnittliche Abfüllgewicht noch weiter zu justieren!

13.6-8. Die Breite des Toleranzbereichs $(\mu - z_{1-½p} * \frac{\sigma}{\sqrt{n}}, \mu + z_{1-½p} * \frac{\sigma}{\sqrt{n}})$ ist gleich $2 * z_{1-½p} * \frac{\sigma}{\sqrt{n}}$, so dass hier gilt: $2 * z_{1-½p} * \frac{\sigma}{\sqrt{n}} = 2 * z_{1-½p} * \frac{22,86}{\sqrt{64}} = 2*5$. Daraus folgt $z_{1-½p}$ = 1,75, so dass nach Tabelle B ½*(1 – p) = 0,4599 und 1 – p = 0,9198, d. h. die Trefferwahrscheinlichkeit ist ca. 92 % (p = 0,0802). Der Toleranzbereich (–5, 5) für die Fehlermarge um µ herum (vielmehr µₓ) ist als Kontrollbereich für eine einzige Kontrollstichprobe auf zu fassen!

13.6-9. Nach der allgemeinen Formel im Kap. 13.4 gibt es zum Schätzwert $p_x = \frac{52}{225} = 0,2311$ den Standardfehler $\frac{\sqrt{0,2311 * (1 - 0,2311)}}{\sqrt{225}} = 0,0281$, so dass

$$0,2311 - 1,96 * 0,0281 - \frac{1}{2 * 225} < p < 0,2311 + 1,96 * 0,0281 + \frac{1}{2 * 225},$$

$$0,1738 < p < 0,2884.$$

Die geschätzte Erfolgswahrscheinlichkeit liegt zwischen 17,38 und 28,84 % (225*p_x*(1 – p_x) = 39,98 > 9; die Stetigkeitskorrektur darf ignoriert werden).

13.6-10. Es stellen p_x und p Fehlerwahrscheinlichkeiten dar, nämlich den empirischen bzw. theoretischen Anteilswert für die nichtkonformen Rechnungen (nicht rechtzeitig bezahlt); dagegen ist 1 – p der Sicherheitsgrad des Toleranzbereichs und p die Ausschlusswahrscheinlichkeit. Für die Binomialverteilung B(80; p) mit „Erfolgswahrscheinlichkeit" p = 0,15 - wo „Erfolg" einem nichtkonformen Testfall gleichkommt - werden Näherungswerte für die Quantile zu h = ½ p = 0,025 bzw. h = 1 – ½ p = 0,975 gesucht. Man erhält $q_{½p}$ = 6 und $q_{1-½p}$ = 19 als die kleinste Anzahl der Erfolge, für die mindestens 2,5 % bzw. 97,5 % der kumulierten Häufigkeitsverteilung eingeschlossen wird (über KRITBINOM). Schauen wir uns die tatsächlichen kumulierten Häufigkeiten H für 4, 5, 6, 18 bzw. 19 Erfolge mal genau an: 0,005; 0,0140; 0,0345; 0,9741 bzw. 0,9868 (über BINOMVERT). Es ist [7, 19] oder vielleicht [6, 18] der am besten passende, möglichst symmetrische Toleranzbereich für Tₓ. Zu [7, 19] gibt es eine Ausschlusswahrscheinlichkeit gleich 0,035 links, 0,013 rechts und insgesamt p = 0,048. Für [6, 18] gibt es 0,014 links, 0,026 rechts und insgesamt p = 0,040. Daraus ergibt sich der

Toleranzbereich [0,075; 0,225] oder vielmehr [0,088; 0,2375] für die Fehlerquote p_x. Im Kap. 13.4 dagegen ergab sich den 95 %-Vertrauensbereich (0,0655; 0,2345), indem die annähernde Stichprobenverteilung von p_x berücksichtigt wurde.

13.6-11. Anders als in Übung **13.6-8** handelt es sich hier um einen Vertrauensbereich, so dass die Formeln von §13.3.4 Anwendung finden für $e = 0{,}1*\sigma$:

$$n \geq \frac{z_{1-\frac{1}{2}\alpha}^2}{k^2} = \frac{1{,}96^2}{0{,}1^2} = 384{,}16 \quad (k = 0{,}1)$$

Der Kontrolleur kann sich an den benötigten 385 Stück mehr als satt essen!

13.6-12. Nehmen wir an, n genügt nach den Formeln von §13.3.4 gerade der absoluten Marge e bzw. der relativen Marge $k*\sigma$. Setzt man ½ e (½ k) an Stelle von e (k) in diesen Formeln ein, so wird für 4*n die halbe Fehlermarge erreicht (Umformung). Wird umgekehrt n zweimal so groß, so ergibt sich aus e die neue Fehlermarge $e/\sqrt{2} = 0{,}7071 * e$: Verdoppelung des Stichprobenumfangs bewirkt eine Verringerung der Fehlermarge um ca. 30 %! Gleiches gilt in Bezug auf p, da die Formeln im Kap. 13.4 ähnlich funktionieren!

13.6-13. Aufgrund der Einwände - der Schluss kann anders aussehen, wenn „n = 30 und $\alpha = 0{,}05$" oder „wenn n > 50 und $\alpha = 0{,}01$" - würde man zur konträren Schlussfolgerung kommen, dass $\mu_0 = 179$ € sehr unwahrscheinlich ist wegen eines nunmehr engeren Vertrauensbereichs. Zum ersten Einwand ergab sich in §13.3.4 schon der 95 %-Vertrauensbereich (155,05; 178,95) als Gegenbeweis zu dem Schluss der Abb. 13-7: Mit etwas weniger Sicherheit ist μ_0 aus zu schließen! Es geht das Schema in ein Schema analog zu Abb. 13-6 über und dadurch ändert sich die ganze Hauptargumentationskette: U. a. wird der Schluss umgedreht und besteht der Hauptgrund aus dem neuen Konfidenzintervall. Auch die Liste der möglichen Einwände rechts unten ändert sich! Wir haben α erhöht, so dass jetzt die Frage - neuer Einwand! - gerechtfertigt ist, ob der aktuelle Sicherheitsgrad $1 - \alpha = 0{,}95$ nicht zu gering ist. Dieser neue Wert wird daher unter den Einschränkungen in die Hauptkette aufgenommen (allerdings scheint $\alpha = 0{,}05$ akzeptabel zu sein). Zum zweiten Einwand gibt es analog zu §13.3.4

$$n \geq \frac{(t_{0{,}995}(50) * s)^2}{e^2} = \frac{(2{,}6778 * 32)^2}{12^2} = 50{,}99,$$

so dass zumindest für n > 50 die halbe Breite des 95 %-Vertrauensbereichs gleich e = 12 sein wird: Der entsprechende Bereich hat genau die Grenzen 155 und 179 usw.

Musterlösungen

Kapitel 14. Testverfahren

14.6-1. Die richtige Reihenfolge ist (b) - (c) - (a) wie in folgender Tabelle:

Lösung 14.6-1   *Tabelle Ü14.6-1. Zweiseitige und rechts bzw. links einseitige Testprobleme*

Angenommener Wert μ_0 *unter* H_0	H_1 = interessierender Sachverhalt	Richtung H_1	Bezeichnung des Problems (H_0, H_1): Test auf ...
(1) μ_0 als *Sollwert* H_0: „μ = 100,00 cm"	H_1: Weichen die Längen von der Solllänge (μ_0 = 100,00 cm) des Metermaßstabes ab?"	$\mu \neq 100{,}00$ cm (*zweiseitiger Test*)	*Vorliegen eines Standardwertes* μ_0 (gegen das Verfehlen von μ_0)
(2) μ_0 als *Höchstwert* H_0: „$\mu \leq 25{,}00$ €"	H_1: „Wird der Durchschnittspreis der Lernmittel von μ_0 = 25,00 € überschritten?"	$\mu > 25{,}00$ € (*rechts einseitiger Test*)	*Einhaltung eines Höchstwertes* μ_0 (gegen Überschreitung von μ_0)
(3) μ_0 als *Mindestwert* H_0: „$\mu \geq 2{,}0$"	H_1: „Ist unter den Klausurnoten das schlechteste Ergebnis im Schnitt besser als μ_0 = 2,0?"	$\mu < 2{,}0$ (*links einseitiger Test*)	*Einhaltung eines Mindestwertes* μ_0 (gegen Unterschreitung von μ_0)

In der niederländischen Version der Fragestellung (a') ist die Reihenfolge des Notenbereichs umgedreht, so dass die Alternative nun rechts einseitig wird: Hier muss H_0: „$\mu_0 \leq 8{,}0$" gegen H_1: „$\mu_0 > 8{,}0$" getestet werden!

14.6-2. Die Prüfgröße $\overline{Z}$ zum Vertrauensbereich (§13.3.1) wird jetzt *unter H_0* betrachtet, d. h. für $\mu = \mu_0$. Es ist $(-z_{1-\frac{1}{2}\alpha}, z_{1-\frac{1}{2}\alpha})$ der $(1-\alpha)$ %-Einfallsbereich für die $N(0;1)$-verteilte $\overline{Z}$. Dieses Intervall stellt den Akzeptanzbereich zum Z-Test dar, weil $\overline{Z}$ unter H_0 mit Wahrscheinlichkeit α in den komplementären Ablehnungsbereich $(-\infty, -z_{1-\frac{1}{2}\alpha}) \cup (+z_{1-\frac{1}{2}\alpha}, \infty)$ fällt: Das Signifikanzniveau α stimmt! Aus $\overline{z} > z_{1-\frac{1}{2}\alpha}$ folgt $\mu_x > \mu_0 + z_{1-\frac{1}{2}\alpha} * \sigma/\sqrt{n}$ (rechte Ablehnungsgrenze); genauso die linke Ablehnungsgrenze $\mu_0 - z_{1-\frac{1}{2}\alpha} * \sigma/\sqrt{n}$ aus $\overline{z} < -z_{1-\frac{1}{2}\alpha}$. Für $\mu_x = \mu$ ergibt sich 0 als die Mitte des Vertrauensbereichs für den Erwartungswert von $\overline{Z}$; „rückwirkend" ist μ_x die Mitte des Vertrauensbereichs für μ, vgl. die Formeln direkt vor Tabelle 13-1. Da 0 die Mitte des Akzeptanzbereichs für $\overline{z}$ ist, ist μ_0 die Mitte des Akzeptanzbereichs für μ_x!

Musterlösungen

14.6-3. Wegen n > 51 sind μ_x bzw. $\overline{Z}$ in guter Annäherung normalverteilt (in §13.3.1 wurde sogar die Füllmenge X selbst als normalverteilt bezeichnet). Wir schreiben nun z, an Stelle von $\overline{z}$, für das Ergebnis der Prüfgröße Z (= $\overline{Z}$). Ähnlich wie beim 95 %-Vertrauensbereich (§13.3.1) errechnet sich

$$z = \sqrt{100} * \frac{\mu_x - \mu_0}{0,027} = \frac{0,996 - 1}{0,0027} = -1,481,$$

so dass z im Akzeptanzbereich (−1,96; −1,96) liegt. Es führt der zweiseitige Z-Test zum Beibehalten von H₀: „$\mu = 1$", in Übereinstimmung damit, dass der Sollwert $\mu_0 = 1$ innerhalb der Vertrauensgrenzen für μ liegt. Die beidseitige Überschreitungswahrscheinlichkeit p = P₀(Z < −1,481 oder Z > 1,481) ist nach Tabelle A gleich 2*0,0694 = 0,1388 > 0,05 = α. Der rechtseinseitige Test auf H₀: „$\mu \leq 1$" gegen H₁: „$\mu > 1$" überprüft eine Art Standardsituation für den Kunden, als ob er davon ausgehen darf, dass die Weinflaschen *nicht* voll genug sind. Zum Testergebnis z = −1,481 ist die rechts einseitige Überschreitungswahrscheinlichkeit größer als 0,50, so dass H₀ hier bei weitem nicht abgelehnt werden kann und der Kunde unzufrieden bleibt! Aus der Perspektive des Produzenten erscheint es aber angemessener, so lange von seiner „Unschuld" (H₀: „$\mu \geq 1$": er füllt die Flaschen hinreichend voll ab) aus zu gehen, bis das Gegenteil H₁: „$\mu < 1$" bewiesen ist, d. h. dass die Flaschen im Schnitt weniger als einen Liter Wein enthalten. Der einseitige p-Wert P₀(Z < −1,481) ist nun gleich 0,0694 > 0,05 = α und der Produzent wird entlastet, da H₀ nicht abgelehnt werden kann: μ ist nicht signifikant kleiner als 1!

14.6-4. Nach Übung **14.6-2** hat der zweiseitige Z-Test den *Akzeptanzbereich*

$$[\mu_0 - z_{1-\frac{1}{2}\alpha} * \frac{\sigma}{\sqrt{n}}, \mu_0 + z_{1-\frac{1}{2}\alpha} * \frac{\sigma}{\sqrt{n}}],$$

d. h. hier $[1,30 - 1,96 * \frac{0,03}{\sqrt{30}} ; 1,30 + 1,96 * \frac{0,03}{\sqrt{30}}] = [1,2893; 1,3107]$.

Es liegt $\mu_x = 1,3115$ rechts davon, so dass H₀ zu α = 0,05 abgelehnt wird: Der Normwert für den Durchmesser wird nicht eingehalten. In der Tendenz sind die Endoskope zu dick! (Man kann auch, wie in Übung **14.6-3**, Z berechnen.)

14.6-5. Der *Akzeptanzbereich* des links einseitigen Z-Tests ist

$$[\mu_0 - z_{1-\alpha} * \frac{\sigma}{\sqrt{n}}, \infty),$$

d.h. hier $[16 - 2,326 * \frac{2,0}{\sqrt{46}} ; \infty) = [15,314; \infty)$,

Musterlösungen

so dass mit $\mu_x = 15{,}3$ H₀ zu $\alpha = 0{,}01$ gerade abgelehnt wird: Die Leistung der *Cinquecentos* liegt signifikant unterhalb des Standards von 16 km/l!

14.6-6. Analog zu Übung **14.6-4** erhält man den Akzeptanzbereich

$$[\mu_0 - t_{1-\frac{1}{2}\alpha}(f) * \frac{s}{\sqrt{n}}, \mu_0 + t_{1-\frac{1}{2}\alpha}(f) * \frac{s}{\sqrt{n}}]$$

für den zweiseitigen t-Test zu $f = n - 1$ (hier 45) Freiheitsgraden. Es ist

$$[\mu_0 - t_{1-\alpha}(f) * \frac{s}{\sqrt{n}}, \infty),$$

d.h. hier $[16 - 2{,}4121 * \frac{2{,}0}{\sqrt{46}}, \infty) = [15{,}289; \infty)$,

dagegen der Akzeptanzbereich für den *links einseitigen* t-Test, so dass H₀ gerade nicht (mehr) abgelehnt werden kann - eben weil hier auch die Unsicherheit im Schätzwert für die Standardabweichung σ berücksichtigt wird!

14.6-7. Für den paarweise durchgeführten t-Test gibt es als Testergebnis

$$t = \sqrt{n} * \frac{\mu_x - \mu_y}{s_d} = \sqrt{49} * \frac{3{,}98 - 1{,}12}{2{,}91} = 6{,}8797$$

mit p-Wert gleich $1{,}124 * 10^{-8}$ oder $0{,}00000001124$. Es unterscheiden sich die durchschnittliche Anzahl der positiven bzw. negativen Gründe ganz klar! Da $n = 49$ nicht weit unter 52 liegt und die D-Verteilung nahezu symmetrisch ist (KS = 0,13), kann man für D annähernd eine Normalverteilung unterstellen. Ohne genaue Berechnung des p-Werts erkennt man in Tabelle D für $f = 45$ bzw. $f = 50$ (als Annäherung für $f = n - 1 = 48$), dass das Testergebnis t = 6,8797 zum strengen Signifikanzniveau $\alpha = 0{,}01$ (½p = 0,005) weit über den kritischen Wert - ca. 2,68 - hinausgeht! Wenn man von vornherein weiß, dass die Anzahl der positiven Gründe mindestens so groß ist als die Anzahl der negativen Gründe, ist ein rechts einseitiger Test angebracht: Der p-Wert ist nun halb so groß, die Testentscheidung bleibt die gleiche. Es gilt schließlich

$$\mu_d = \mu_x - \mu_y = \frac{1}{n}\sum_{i=1}^{n} x_i - \frac{1}{n}\sum_{i=1}^{n} y_i = \frac{1}{n}\sum_{i=1}^{n}(x_i - y_i) = \frac{1}{n}\sum_{i=1}^{n} d_i \,!$$

14.6-8. Da $p = p_0$ als wahrer Anteilswert gesehen wird, berechnet man hier *unter* H₀ die theoretische Standardabweichung σ_p, so wie man im Kap. 13.1 s_p berechnet: Setzt man $p_0 = 0{,}5728$ in die Formel für σ_p ein und so erhält man die Warngrenzen

$p_0 \pm 2 * \sigma_p$ = 0,5728 ± 2*0,0824 oder 0,4080 bzw. 0,7376; die Kontrollgrenzen $p_0 \pm 3 * \sigma_p$ = 0,5728 ± 3*0,0824 oder 0,3256 bzw. 0,8200. Der Akzeptanzbereich des entsprechenden Z-Tests beruht hier auf dem 2σ- bzw. 3σ-Bereich der Standardnormalverteilung, mit Trefferwahrscheinlichkeit 1 – p = 0,9544 bzw. 0,9973 (vgl. Übung **12.5-5**)! Für den Hypothesentest ist somit α = p = 0,0456 bzw. 0,0027. Ein Stichprobenanteilswert p_x liegt gerade dann innerhalb der Warn- bzw. Kontrollgrenzen, wenn die Nullhypothese der Konformität zur p-Mittellinie (H₀: „$p = p_0$") zum Niveau von 4,56 % bzw. 0,27 % beibehalten werden kann. Statistisch gesehen sind die Akzeptanzbereiche für Kontrollkarte und Hypothesentest zu diesen Ablehnungswahrscheinlichkeiten exakt gleich. Der Ansatz der Qualitätskontrolle ist aber anders motiviert als die Hypothesenprüfung: Bei der $\bar{x}$-Karte etwa darf μ ruhig ungleich μ₀ sein, wenn nur die absolute Entfernung |μ – μ₀| nicht allzu groß ist. Beim Hypothesentest fokussiert man auf die reine Entscheidung zwischen Ablehnung und Beibehalten der Annahme „μ = μ₀"!

14.6-9. Man darf von σ₁ = σ₂ ausgehen, da das quadrierte Verhältnis der Standardabweichungen gleich 1,393 ist. In einer F-Verteilung zu $f_1 = n_1 - 1$ = = 22 bzw. $f_2 = n_2 - 1 = 63$ Freiheitsgraden liegt die (obere) kritische Grenze zu α = 0,10 nämlich in der Nähe von 1,75 (vgl. Tabelle E1 für $f_1 = 20$ und $f_2 = 60$)! Das Testergebnis zur kombinierten Variante des Zweistichproben-t-Tests ist

$$t = \frac{\mu_{x1} - \mu_{x2}}{\text{Standardfehler}} = \frac{0,6432}{0,22892} = 2,8097 ,$$

so dass nach Tabelle D - zu $f = n_1 + n_2 - 2 = 85$ (nahezu $f = \infty$) - die zweiseitige Überschreitungswahrscheinlichkeit (der p-Wert) kleiner als α = 0,01 ist. Die Nullhypothese kann bereits zu diesem niedrigen Niveau abgelehnt werden!

14.6-10. Es errechnet sich zunächst der kombinierte Schätzwert für die quadrierte Standardabweichung als

$$((n_1 - 1)*s_1^2 + (n_2 - 1)*s_2^2) / (n_1 + n_2 - 2) = 1,502145$$

und daraus der Standardfehler s = $1,22562 * \sqrt{\frac{n_1 + n_2}{n_1 * n_2}}$ = 0,36279. Das Ergebnis der Prüfgröße ist t = (3,19 – 2,45) / 0,36279 = 2,0397. Zu $f = n_1 + n_2 - 2 = 44$ Freiheitsgraden und α = 0,05 entnimmt man der Tabelle D die interpolierten Ablehnungsgrenzen ± ((4/5)*2,0141 + (1/5)*2,0211) = ± 2,0155. Daher unterscheiden sich die durchschnittlichen Dividende der beiden Börsen gerade signifikant!

Musterlösungen

14.6-11. Es ist $p_x = (15 + 17) / (500 + 300) = 0,04$ die durchschnittliche „Erfolgsquote". Der entsprechende quadrierte Standardfehler ist

$$p_x * (1 - p_x) * (\frac{1}{n_1} + \frac{1}{n_2}) = 0,04 * 0,96 * \frac{500+300}{500*300} = 0,0002048,$$

so dass $z = (0,03 - 0,05667) / \sqrt{0,0002048} = -0,02667 / 0,01431 = -1,864$! Da $z > -1,96$, gibt es keinen Hinweis darauf, dass sich die relative Häufigkeit der Transaktionsfehler signifikant geändert hat ($\alpha = 0,05$; dies wäre anders beim links einseitigen Test: $z < -1,645$ bedeutet eine signifikante Änderung).

14.6-12. Nennen wir a_0 die Aussage, die H_0 bedingt und a_1 die Aussage, die H_1 bedingt. Nehmen wir an, dass μ der zu überprüfende Parameter ist (σ ist möglicherweise unbekannt), so dass a_0 und a_1 von μ abhängen. Es sind nun $A_0 = \{\mu \mid a_0(\mu)\}$ und $A_1 = \{\mu \mid a_1(\mu)\}$ die 2 Parameterbereiche zu H_0 bzw. H_1. Diese Mengen bilden eine Zerlegung des gesamten Parameterbereichs: Erstens sind sie überschneidungsfrei, da a_0 und a_1 sich gegenseitig ausschließen ($A_0 \cap A_1 = \emptyset$). Zweitens bildet $A_0 \cup A_1 = \{\mu \mid a_0(\mu) \text{ oder } a_1(\mu)\}$ den gesamten Parameterbereich, da a_0 und a_1 sich ergänzen. Für den F-Test in §14.4.1 gibt es eine solche Zerlegung für folgende Aussagen a_0 und a_1:

a_0 = „Die m Erwartungswerte μ_j sind alle gleich (j = 1, ..., m);"

a_1 = „Es gibt mindestens ein Paar (i, j) mit ungleichen Erwartungswerten μ_i und μ_j (i, j = 1, ..., m; i ≠ j)."

Diese Aussagen schließen einander offensichtlich aus und ergänzen sich!

14.6-13. Am Ende des §14.4.1 wird das Testergebnis (F = 4,029) mit Quantilen der Tabellen E3 und E1 verglichen, woraus sich ergibt, dass F = 4,029 für $\alpha = 0,01$ die kritische Grenze übersteigt (um so mehr für $\alpha = 0,05$). Zum Niveau $\alpha = 0,01$ kann man H_0 - Gleichheit der erwarteten mittleren Quadratmeterpreise - ablehnen. In Übereinstimmung damit ist die empirische Signifikanz p = 0,008 kleiner als $\alpha = 0,01$! In Tabelle E4 erkennt man dagegen, dass die kritische Grenze für $\alpha = 0,005$ zwischen 4,41 und 4,50 liegt: Zu diesem Niveau muss man H_0 beibehalten und in der Tat gilt hier $p > \alpha = 0,005$!

14.6-14. Mit n = 52 Befragten und m = 3 Gruppen gibt es für den F-Test $f_1 = m - 1 = 2$ und $f_2 = n - m = 49$. Nach Tabelle E1 ($\alpha = 0,05$) liegt die kritische Grenze zwischen 3,15 und 3,32, so dass H_0 wegen F = 3,86 zum Signifikanzniveau von 5 % abgelehnt werden kann. In der Tat erweist sich die empirische Signifikanz gleich p = 0,0278 < 0,05. Für $\alpha = 0,025$ (Tabelle E2) dagegen liegt die kritische Grenze über 3,93, so dass H_0 beibehalten werden muss!

Musterlösungen

Kapitel 15. Kreuztabellen und Regressionsanalyse

15.3-1. An die Stelle der genannten Multiplikationsregel tritt nun die entsprechende Eigenschaft für die relativen Randhäufigkeiten $h_{i,+}$ und $h_{+,j}$ - als Schätzungen für $P(X = i)$ bzw. $P(Y = j)$ - und für die kombinierte relative Häufigkeit $h_{i,j} = h'_{i,j} / 100$ als Schätzung für $P(X = i \wedge Y = j)$, vgl. die Gesamtprozente $h'_{i,j}$ in §7.3.3. Aus $f_{i,j} = e_{i,j}$ errechnet sich für alle i und j Folgendes:

$$f_{i,j} = \frac{f_{i,+} * f_{+,j}}{f_{+,+}} \text{ (teilen durch } n = f_{+,+}) : h_{i,j} = \frac{f_{i,j}}{n} = \frac{n * f_{i,j}}{n^2} = \frac{f_{i,+}}{n} * \frac{f_{+,j}}{n} = h_{i,+} * h_{+,j}!$$

15.3-2. Wenn die theoretische Erfolgswahrscheinlichkeit p sich in exakt denselben Stichprobenanteilswert niederschlägt, erhält man folgende Tabelle:

Tabelle Ü15.3-2A. Kreuztabelle für X (0 oder 1) und Y (1 oder 2), wenn $p_1 = p_2 = p$ — *Lösung 15.3-2A*

x↓ y →	Gruppe (1)	Gruppe (2)	Summe
Übrige Kategorie(n) (0)	$(1-p)*n_1$	$(1-p)*n_2$	$(1-p)*(n_1 + n_2)$
Interessierendes X-Merkmal (1)	$p*n_1$	$p*n_2$	$p*(n_1 + n_2)$
Summe	n_1	n_2	$n_1 + n_2$

Daraus ergibt sich z. B. im Feld links oben für die erwartete Häufigkeit

$$e_{0,1} = \frac{f_{0,+} * f_{+,1}}{f_{+,+}} = \frac{(1-p)*(n_1+n_2)*n_1}{(n_1+n_2)} = (1-p) * n_1 = f_{0,1} \text{ usw.}$$

Die absoluten Häufigkeiten für das Beispiel der Tabelle 14-5 sind in folgender Tabelle enthalten. Daraus errechnet sich das Testergebnis wie folgt:

$$\chi^2 = 66 * \frac{(18*20 - 13*15)^2}{31*35*33*33} = 1{,}5207$$

Tabelle Ü15.3-2B. Kreuztabelle für x = „Lichtempfindlichkeit" vs. y = „Marke" mit absoluten Häufigkeiten (nach Tabelle 14-5) — *Lösung 15.3-2B*

x↓ y →	Konkurrent (1)	Klimt (2)	Summe
Niedrige Lichtempfindlichkeit (0)	18	13	31
Hohe Lichtempfindlichkeit (1)	15	20	35
Summe	33	33	66

Musterlösungen

Zu einem Freiheitsgrad folgt aus der ersten Zeile der Tabelle C im Anhang, dass die kritische Grenze sogar für α = 0,10 noch nicht überschritten wird. Die Excel-Funktion CHIVERT liefert die empirische Signifikanz 0,2175, bis auf Rundungsfehler vollkommen gleichwertig zum p-Wert in §14.3.3!

15.3-3. Folgende Tabelle enthält die absoluten Zahlen zum Konsum von Weizenbier und Almdudler (n = 190; die unterstrichenen Zahlen werden wohl als erste aus den Daten berechnet; $f_{22} = 40$ als letzte Zahl). So errechnen sich

$$\chi^2 = 190 * \frac{(70*40 - 30*50)^2}{100*90*120*70} = \frac{32110}{7560} = 4,247 \text{ und Cramérs V} = \phi = 0,1495,$$

so dass es zum Niveau α = 0,05 noch einen signifikanten Zusammenhang zwischen Weizenbier- und Almdudlerkonsum gibt (nicht unbedingt nach der Menge, aber auf jeden Fall „nach dem Geschmack"). CHIVERT liefert den p-Wert 0,039. Die Stärke des Zusammenhangs ist allerdings sehr gering!

Lösung 15.3-3

Tabelle Ü15.3-3. Kreuztabelle für x = „Weizenbier" vs. y = „Almdudler"

x↓ y →	Kein Almdudler (1)	Almdudler (2)	Summe
Kein Weizenbier (1)	70	30	100
Weizenbier (2)	50	40	90
Summe	120	70	190

15.3-4. Für den aggregierten Datensatz mit n = 17 Fällen läuft das Rechnen mit Hilfe von Excel und Taschenrechner wohl am schnellsten ab: r = 0,8314 (stark!); r^2 = 0,691 (gut!); t = 0,831* $\sqrt{(17-2)/(1-0,691)}$ = 5,79. Zu 15 Freiheitsgraden überschreitet t die kritische Grenze 2,9467 (α = 0,01; Tabelle D) klar!

15.3-5. An den Einheiten des y-Maßstabs erkennt man schon, dass Gleichung (1) die Regression von m auf z bzw. (2) die von z auf m darstellt. Für Gleichung (1) kann man mit y = m und x = z herleiten, dass

$$b = r*s_y/s_x = -0,37*34,21/0,89 = -14,222;$$
$$a = \mu_y - b*\mu_x = 35,01 - (-14,222*2,75) = 74,121.$$

Die Korrelation r = –0,37 errechnet sich aus einer Formel, in der die Rollen von x und y getauscht werden können, ohne den Parameterwert zu ändern. Somit sind die Korrelation und das Bestimmtheitsmaß r^2 = 0,137 für beide Geraden gleich. Die Regression von m auf z ist zu bevorzugen, da hier die Bedingungen zum „Messfehler in der unabhängigen Variablen y" eher erfüllt sind: Es ist y eine metrisch verschlüsselte, quantitative Variable, während x nur ordinal verschlüsselt und qualitativ ist!

Tabellen A bis E

Tabelle A. Kumulierte Häufigkeit $\frac{1}{2}p = \Phi(z) = P(Z \leq z)$ für $z < 0$ bzw. **rechte Überschreitungswahrscheinlichkeit** $\frac{1}{2}p = 1 - \Phi(z) = P(Z > z)$

für $z \geq 0$ zur standardnormalverteilten Zufallsvariablen $Z \sim N(0;1)$; negative z: $-2{,}99 \leq z \leq 0{,}00$; positive z: $0{,}00 \leq z \leq 2{,}99$.

A: Normalverteilung: Fläche links von –z (rechts von z) - Seite 288

Tabelle B. Trefferwahrscheinlichkeit $\frac{1}{2}(1 - p) = P(-z \leq Z \leq 0) = P(0 \leq Z \leq z)$ zum *halben* Toleranzbereich (symmetrischen Einfallsbereich) zu $Z \sim N(0;1)$;

negative z: $-2{,}99 \leq z \leq 0{,}00$; positive z: $0{,}00 \leq z \leq 2{,}99$.

B: Normalverteilung: Fläche zum halben Toleranzbereich - Seite 289

Tabelle C. Quantile $\chi_h^2(f)$ der $\chi_h^2(f)$**-Verteilung** zur kumulierten Häufigkeit $h = 1 - \frac{1}{2}p = 0{,}005; 0{,}010; 0{,}025; 0{,}05; 0{,}10; 0{,}25; 0{,}50; 0{,}75; 0{,}90; 0{,}95;$ $0{,}975; 0{,}990; 0{,}995$, d.h. zur rechten Überschreitungswahrscheinlichkeit $\frac{1}{2}p = 0{,}995; 0{,}990; 0{,}975; 0{,}95; 0{,}90; 0{,}75; 0{,}50; 0{,}25; 0{,}10; 0{,}05; 0{,}025; 0{,}010; 0{,}005$, so dass

C: Chi-Quadratverteilung zur Quadratsumme QS: Quantile - Seite 290-291

$$P(QS \leq \chi_h^2(f)) = h = 1 - \tfrac{1}{2}p \quad \text{bzw.} \quad P(QS > \chi_h^2(f)) = 1 - h = \tfrac{1}{2}p$$

für die $\chi^2(f)$-verteilte Quadratsumme QS; für folgende Auswahl von Freiheitsgraden: $f = 1, \ldots, 30$. Anhand von $Z = \sqrt{2*QS} - \sqrt{2*f - 1}$ greift man für $f > 30$ auf Tabelle A zurück!

Tabelle D. Quantile $t_h(f)$ **der t(f)-Verteilung** zur kumulierten Häufigkeit $h = 1 - \frac{1}{2}p = 0{,}75; 0{,}90; 0{,}95; 0{,}975; 0{,}990; 0{,}995$, d. h. zur rechten Überschreitungswahrscheinlichkeit $\frac{1}{2}p = 0{,}25; 0{,}10; 0{,}05; 0{,}025; 0{,}010; 0{,}005$, so dass

D: t-Verteilung, Quantile - Seite 292-293

$$P(T \leq t_h(f)) = h = 1 - \tfrac{1}{2}p \quad \text{bzw.} \quad P(T > t_h(f)) = 1 - h = \tfrac{1}{2}p;$$

für folgende Auswahl von Freiheitsgraden: $f = 1, \ldots, 30; 35; 40; 45; 50$ und ∞. Für $f > 50$ greift man auf die z-Quantile zurück, als ob $f = \infty$!

Tabellen E1 bis E4. F-Quantile $F_{1-\frac{1}{2}p}(f1, f2)$ zur rechten Überschreitungswahrscheinlichkeit (rechten Fläche) $\frac{1}{2}p = 0{,}05; 0{,}025; 0{,}01$ bzw. $0{,}005$, d. h. zur kumulierten Häufigkeit $h = 1 - \frac{1}{2}p = 0{,}95; 0{,}975; 0{,}990$ bzw. $0{,}995$; $f1$ zum Zähler der Prüfgröße (Zeilenindex), $f2$ zum Nenner der Prüfgröße (Spaltenindex); für $f1, f2 = 1, \ldots, 10; 12; 15; 20; 30; 60; 120$; für diese $f1$-Werte $f2 = 500, \infty$.

F-Verteilung, Quantile -
E1: $\frac{1}{2}p = 0{,}05$, Seite 293-294;
E2: $\frac{1}{2}p = 0{,}025$, Seite 295-296;
E3: $\frac{1}{2}p = 0{,}01$, Seite 296-297;
E4: $\frac{1}{2}p = 0{,}005$, Seite 297-298

Tabellen A bis E

**Tabelle A.
Kumulierte
Häufigkeiten (h)**

zur N(0; 1) -
Verteilung *für –z:
negatives
Vorzeichen* lesen:
„*von* –∞ *bis* –z";

= rechte Fläche
für positive z:
„*von* z *bis* +∞ "

z	-,-0	-,-1	-,-2	-,-3	-,-4	-,-5	-,-6	-,-7	-,-8	-,-9
2,9	,0019	,0018	,0018	,0017	,0016	,0016	,0015	,0015	,0014	,0014
2,8	,0026	,0025	,0024	,0023	,0023	,0022	,0021	,0021	,0020	,0019
2,7	,0035	,0034	,0033	,0032	,0031	,0030	,0029	,0028	,0027	,0026
2,6	,0047	,0045	,0044	,0043	,0041	,0040	,0039	,0038	,0037	,0036
2,5	,0062	,0060	,0059	,0057	,0055	,0054	,0052	,0051	,0049	,0048
2,4	,0082	,0080	,0078	,0075	,0073	,0071	,0069	,0068	,0066	,0064
2,3	,0107	,0104	,0102	,0099	,0096	,0094	,0091	,0089	,0087	,0084
2,2	,0139	,0136	,0132	,0129	,0125	,0122	,0119	,0116	,0113	,0110
2,1	,0179	,0174	,0170	,0166	,0162	,0158	,0154	,0150	,0146	,0143
2,0	,0228	,0222	,0217	,0212	,0207	,0202	,0197	,0192	,0188	,0183
1,9	,0287	,0281	,0274	,0268	,0262	,0256	,0250	,0244	,0239	,0233
1,8	,0359	,0351	,0344	,0336	,0329	,0322	,0314	,0307	,0301	,0294
1,7	,0446	,0436	,0427	,0418	,0409	,0401	,0392	,0384	,0375	,0367
1,6	,0548	,0537	,0526	,0516	,0505	,0495	,0485	,0475	,0465	,0455
1,5	,0668	,0655	,0643	,0630	,0618	,0606	,0594	,0582	,0571	,0559
1,4	,0808	,0793	,0778	,0764	,0749	,0735	,0721	,0708	,0694	,0681
1,3	,0968	,0951	,0934	,0918	,0901	,0885	,0869	,0853	,0838	,0823
1,2	,1151	,1131	,1112	,1093	,1075	,1056	,1038	,1020	,1003	,0985
1,1	,1357	,1335	,1314	,1292	,1271	,1251	,1230	,1210	,1190	,1170
1,0	,1587	,1562	,1539	,1515	,1492	,1469	,1446	,1423	,1401	,1379
0,9	,1841	,1814	,1788	,1762	,1736	,1711	,1685	,1660	,1635	,1611
0,8	,2119	,2090	,2061	,2033	,2005	,1977	,1949	,1922	,1894	,1867
0,7	,2420	,2389	,2358	,2327	,2297	,2266	,2236	,2206	,2177	,2148
0,6	,2743	,2709	,2676	,2643	,2611	,2578	,2546	,2514	,2483	,2451
0,5	,3085	,3050	,3015	,2981	,2946	,2912	,2877	,2843	,2810	,2776
0,4	,3446	,3409	,3372	,3336	,3300	,3264	,3228	,3192	,3156	,3121
0,3	,3821	,3783	,3745	,3707	,3669	,3632	,3594	,3557	,3520	,3483
0,2	,4207	,4168	,4129	,4090	,4052	,4013	,3974	,3936	,3897	,3859
0,1	,4602	,4562	,4522	,4483	,4443	,4404	,4364	,4325	,4286	,4247
0,0	,5000	,4960	,4920	,4880	,4840	,4801	,4761	,4721	,4681	,4641

Tabellen A bis E

z	-,-0	-,-1	-,-2	-,-3	-,-4	-,-5	-,-6	-,-7	-,-8	-,-9
0,0	,0000	,0040	,0080	,0120	,0160	,0199	,0239	,0279	,0319	,0359
0,1	,0398	,0438	,0478	,0517	,0557	,0596	,0636	,0675	,0714	,0753
0,2	,0793	,0832	,0871	,0910	,0948	,0987	,1026	,1064	,1103	,1141
0,3	,1179	,1217	,1255	,1293	,1331	,1368	,1406	,1443	,1480	,1517
0,4	,1554	,1591	,1628	,1664	,1700	,1736	,1772	,1808	,1844	,1879
0,5	,1915	,1950	,1985	,2019	,2054	,2088	,2123	,2157	,2190	,2224
0,6	,2257	,2291	,2324	,2357	,2389	,2422	,2454	,2486	,2517	,2549
0,7	,2580	,2611	,2642	,2673	,2704	,2734	,2764	,2794	,2823	,2852
0,8	,2881	,2910	,2939	,2967	,2995	,3023	,3051	,3078	,3106	,3133
0,9	,3159	,3186	,3212	,3238	,3264	,3289	,3315	,3340	,3365	,3389
1,0	,3413	,3438	,3461	,3485	,3508	,3531	,3554	,3577	,3599	,3621
1,1	,3643	,3665	,3686	,3708	,3729	,3749	,3770	,3790	,3810	,3830
1,2	,3849	,3869	,3888	,3907	,3925	,3944	,3962	,3980	,3997	,4015
1,3	,4032	,4049	,4066	,4082	,4099	,4115	,4131	,4147	,4162	,4177
1,4	,4192	,4207	,4222	,4236	,4251	,4265	,4279	,4292	,4306	,4319
1,5	,4332	,4345	,4357	,4370	,4382	,4394	,4406	,4418	,4429	,4441
1,6	,4452	,4463	,4474	,4484	,4495	,4505	,4515	,4525	,4535	,4545
1,7	,4554	,4564	,4573	,4582	,4591	,4599	,4608	,4616	,4625	,4633
1,8	,4641	,4649	,4656	,4664	,4671	,4678	,4686	,4693	,4699	,4706
1,9	,4713	,4719	,4726	,4732	,4738	,4744	,4750	,4756	,4761	,4767
2,0	,4772	,4778	,4783	,4788	,4793	,4798	,4803	,4808	,4812	,4817
2,1	,4821	,4826	,4830	,4834	,4838	,4842	,4846	,4850	,4854	,4857
2,2	,4861	,4864	,4868	,4871	,4875	,4878	,4881	,4884	,4887	,4890
2,3	,4893	,4896	,4898	,4901	,4904	,4906	,4909	,4911	,4913	,4916
2,4	,4918	,4920	,4922	,4925	,4927	,4929	,4931	,4932	,4934	,4936
2,5	,4938	,4940	,4941	,4943	,4945	,4946	,4948	,4949	,4951	,4952
2,6	,4953	,4955	,4956	,4957	,4959	,4960	,4961	,4962	,4963	,4964
2,7	,4965	,4966	,4967	,4968	,4969	,4970	,4971	,4972	,4973	,4974
2,8	,4974	,4975	,4976	,4977	,4977	,4978	,4979	,4979	,4980	,4981
2,9	,4981	,4982	,4982	,4983	,4984	,4984	,4985	,4985	,4986	,4986

Tabelle B. Trefferwahrscheinlichkeiten

halber N(0; 1) - Toleranzbereich: „von 0,00 bis z"; in Fläche gleich zu

„von –z bis 0,00"

Tabellen A bis E

Tabelle C.
χ^2 *-Verteilung:*
Quantile $\chi_h^2(f)$
zur rechten Fläche ½p,

d. h. zur kumulierten Häufigkeit
$h = 1 - ½p$

f↓ ½p →	,995	,990	,975	,950	,900	,750	,500
1	0,000	0,000	0,001	0,004	0,016	0,102	0,455
2	0,010	0,020	0,051	0,103	0,211	0,575	1,386
3	0,072	0,115	0,216	0,352	0,584	1,213	2,366
4	0,207	0,297	0,484	0,711	1,064	1,923	3,357
5	0,412	0,554	0,831	1,145	1,610	2,675	4,351
6	0,676	0,872	1,237	1,635	2,204	3,455	5,348
7	0,989	1,239	1,690	2,167	2,833	4,255	6,346
8	1,344	1,647	2,180	2,733	3,490	5,071	7,344
9	1,735	2,088	2,700	3,325	4,168	5,899	8,343
10	2,156	2,558	3,247	3,940	4,865	6,737	9,342
11	2,603	3,053	3,816	4,575	5,578	7,584	10,341
12	3,074	3,571	4,404	5,226	6,304	8,438	11,340
13	3,565	4,107	5,009	5,892	7,042	9,299	12,340
14	4,075	4,660	5,629	6,571	7,790	10,165	13,339
15	4,601	5,229	6,262	7,261	8,547	11,037	14,339
16	5,142	5,812	6,908	7,962	9,312	11,912	15,339
17	5,697	6,408	7,564	8,672	10,085	12,792	16,338
18	6,265	7,015	8,231	9,390	10,865	13,675	17,338
19	6,844	7,633	8,907	10,117	11,651	14,562	18,338
20	7,434	8,260	9,591	10,851	12,443	15,452	19,337
21	8,034	8,897	10,283	11,591	13,240	16,344	20,337
22	8,643	9,542	10,982	12,338	14,041	17,240	21,337
23	9,260	10,196	11,689	13,091	14,848	18,137	22,337
24	9,886	10,856	12,401	13,848	15,659	19,037	23,337
25	10,520	11,524	13,120	14,611	16,473	19,939	24,337
26	11,160	12,198	13,844	15,379	17,292	20,843	25,336
27	11,808	12,879	14,573	16,151	18,114	21,749	26,336
28	12,461	13,565	15,308	16,928	18,939	22,657	27,336
29	13,121	14,256	16,047	17,708	19,768	23,567	28,336
30	13,787	14,953	16,791	18,493	20,599	24,478	29,336

Tabellen A bis E

$f\downarrow$ $\frac{1}{2}p \rightarrow$	,500	,250	,100	,050	,025	,010	,005
1	0,455	1,323	2,706	3,841	5,024	6,635	7,879
2	1,386	2,773	4,605	5,991	7,378	9,210	10,597
3	2,366	4,108	6,251	7,815	9,348	11,345	12,838
4	3,357	5,385	7,779	9,488	11,143	13,277	14,860
5	4,351	6,626	9,236	11,071	12,833	15,086	16,750
6	5,348	7,841	10,645	12,592	14,449	16,812	18,548
7	6,346	9,037	12,017	14,067	16,013	18,475	20,278
8	7,344	10,219	13,362	15,507	17,535	20,090	21,955
9	8,343	11,389	14,684	16,919	19,023	21,666	23,589
10	9,342	12,549	15,987	18,307	20,483	23,209	25,188
11	10,341	13,701	17,275	19,675	21,920	24,725	26,757
12	11,340	14,845	18,549	21,026	23,337	26,217	28,300
13	12,340	15,984	19,812	22,362	24,736	27,688	29,819
14	13,339	17,117	21,064	23,685	26,119	29,141	31,319
15	14,339	18,245	22,307	24,996	27,488	30,578	32,801
16	15,339	19,369	23,542	26,296	28,845	32,000	34,267
17	16,338	20,489	24,769	27,587	30,191	33,409	35,718
18	17,338	21,605	25,989	28,869	31,526	34,805	37,156
19	18,338	22,718	27,204	30,144	32,852	36,191	38,582
20	19,337	23,828	28,412	31,410	34,170	37,566	39,997
21	20,337	24,935	29,615	32,671	35,479	38,932	41,401
22	21,337	26,039	30,813	33,924	36,781	40,289	42,796
23	22,337	27,141	32,007	35,172	38,076	41,638	44,181
24	23,337	28,241	33,196	36,415	39,364	42,980	45,559
25	24,337	29,339	34,382	37,652	40,646	44,314	46,928
26	25,336	30,435	35,563	38,885	41,923	45,642	48,290
27	26,336	31,528	36,741	40,113	43,195	46,963	49,645
28	27,336	32,620	37,916	41,337	44,461	48,278	50,993
29	28,336	33,711	39,087	42,557	45,722	49,588	52,336
30	29,336	34,800	40,256	43,773	46,979	50,892	53,672

Tabelle C. Fortsetzung: Quantile $\chi_h^2(f)$ *zur rechten Fläche* $\frac{1}{2}p$

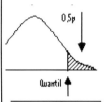

Tabellen A bis E

**Tabelle D.
t-Verteilung:
Quantile $t_h(f)$
zur rechten
Fläche ½p,**

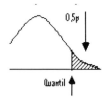

d. h. zur kumulierten Häufigkeit
$h = 1 - ½p$

$f\downarrow$ ½p $\to$	0,25	0,1	0,05	0,025	0,01	0,005
1	1,0000	3,0777	6,3138	12,7062	31,8205	63,6567
2	0,8165	1,8856	2,9200	4,3027	6,9646	9,9248
3	0,7649	1,6377	2,3534	3,1825	4,5407	5,8409
4	0,7407	1,5332	2,1318	2,7765	3,7470	4,6041
5	0,7267	1,4759	2,0150	2,5706	3,3649	4,0321
6	0,7176	1,4398	1,9432	2,4469	3,1427	3,7074
7	0,7111	1,4149	1,8946	2,3646	2,9980	3,4995
8	0,7064	1,3968	1,8595	2,3060	2,8965	3,3554
9	0,7027	1,3830	1,8331	2,2622	2,8214	3,2498
10	0,6998	1,3722	1,8125	2,2281	2,7638	3,1693
11	0,6974	1,3634	1,7959	2,2010	2,7181	3,1058
12	0,6955	1,3562	1,7823	2,1788	2,6810	3,0545
13	0,6938	1,3502	1,7709	2,1604	2,6503	3,0123
14	0,6924	1,3450	1,7613	2,1448	2,6245	2,9768
15	0,6912	1,3406	1,7531	2,1315	2,6025	2,9467
16	0,6901	1,3368	1,7459	2,1199	2,5835	2,9208
17	0,6892	1,3334	1,7396	2,1098	2,5669	2,8982
18	0,6884	1,3304	1,7341	2,1009	2,5524	2,8784
19	0,6876	1,3277	1,7291	2,0930	2,5395	2,8609
20	0,6870	1,3253	1,7247	2,0860	2,5280	2,8453
21	0,6864	1,3232	1,7207	2,0796	2,5177	2,8314
22	0,6858	1,3212	1,7171	2,0739	2,5083	2,8188
23	0,6853	1,3195	1,7139	2,0687	2,4999	2,8073
24	0,6849	1,3178	1,7109	2,0639	2,4922	2,7969
25	0,6844	1,3163	1,7081	2,0595	2,4851	2,7874
26	0,6840	1,3150	1,7056	2,0555	2,4786	2,7787
27	0,6837	1,3137	1,7033	2,0518	2,4727	2,7707
28	0,6834	1,3125	1,7011	2,0484	2,4671	2,7633
29	0,6830	1,3114	1,6991	2,0452	2,4620	2,7564
30	0,6828	1,3104	1,6973	2,0423	2,4573	2,7500

Tabellen A bis E

$f\downarrow$ ½p →	0,25	0,1	0,05	0,025	0,01	0,005
35	0,6816	1,3062	1,6896	2,0301	2,4377	2,7238
40	0,6807	1,3031	1,6839	2,0211	2,4233	2,7045
45	0,6800	1,3006	1,6794	2,0141	2,4121	2,6896
50	0,6794	1,2987	1,6759	2,0086	2,4033	2,6778
∞	0,6745	1,2816	1,6449	1,9600	2,3264	2,5758

Tabelle D.
Fortsetzung:
Quantile $t_h(f)$
zur rechten
Fläche ½p

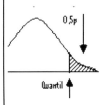

Anhang D′. Anwendung der t(f)-Verteilung für die Mittelwertschätzfunktion μ_X geteilt durch den geschätzten Standardfehler

Wenn $Z \sim N(0;1)$ und die Quadratsumme $QS \sim \chi^2(f)$ unabhängig voneinander sind, dann gilt $T = \dfrac{Z}{\sqrt{\dfrac{QS}{f}}} \sim t(f)$ ($\sim$ bedeutet „verteilt nach").

Ausgehend von n unabhängigen, normalverteilten Zufallsvariablen $X_i \sim N(\mu;\sigma)$ (i = 1, …, n) bildet man die unabhängigen Zufallsvariablen

$\sqrt{n} * \dfrac{(\mu_X - \mu)}{\sigma} \sim N(0;1)$ und $\dfrac{(n-1)*S^2}{\sigma^2} \sim \chi^2(n-1)$, so dass

$$T = \sqrt{n} * \dfrac{\mu_X - \mu}{S} = \dfrac{\sqrt{n} * \dfrac{\mu_X - \mu}{\sigma}}{\sqrt{\dfrac{1}{(n-1)} * \dfrac{(n-1)*S^2}{\sigma^2}}} \sim t(n-1).$$

Tabelle E1. F-Verteilung: Quantile $F_{0,95}(f1, f2)$ zur rechten Fläche ½p = 0,05

$f1\downarrow$ $f2$→	1	2	3	4	5	6	7	8	9
1	161,4	18,51	10,13	7,71	6,61	5,99	5,59	5,32	5,12
2	199,5	19,00	9,55	6,94	5,79	5,14	4,74	4,46	4,26
3	215,7	19,16	9,28	6,59	5,41	4,76	4,35	4,07	3,86
4	224,6	19,25	9,12	6,39	5,19	4,53	4,12	3,84	3,63
5	230,2	19,30	9,01	6,26	5,05	4,39	3,97	3,69	3,48
6	234,0	19,33	8,94	6,16	4,95	4,28	3,87	3,58	3,37
7	236,8	19,35	8,89	6,09	4,88	4,21	3,79	3,50	3,29

Tabelle E1.
F-Verteilung
Quantile
$F_{0,95}(f1, f2)$
zur rechten
Fläche ½p = 0,05

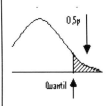

d. h. zur kumulierten Häufigkeit
h = 1 − ½p

Tabellen A bis E

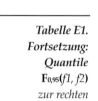

Tabelle E1.
Fortsetzung:
Quantile
$F_{0,95}(f1, f2)$
zur rechten
Fläche ½p = 0,05

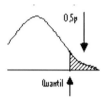

f1↓ f2→	1	2	3	4	5	6	7	8	9
8	238,9	19,37	8,85	6,04	4,82	4,15	3,73	3,44	3,23
9	240,5	19,39	8,81	6,00	4,77	4,10	3,68	3,39	3,18
10	241,9	19,40	8,79	5,96	4,74	4,06	3,64	3,35	3,14
12	243,9	19,41	8,75	5,91	4,68	4,00	3,58	3,28	3,07
15	246,0	19,43	8,70	5,86	4,62	3,94	3,51	3,22	3,01
20	248,0	19,45	8,66	5,80	4,56	3,87	3,45	3,15	2,94
30	250,1	19,46	8,62	5,75	4,50	3,81	3,38	3,08	2,86
60	252,2	19,48	8,57	5,69	4,43	3,74	3,30	3,01	2,79
120	253,3	19,49	8,55	5,66	4,40	3,71	3,27	2,97	2,75

f1↓ f2→	10	12	15	20	30	60	120	500	∞
1	4,97	4,75	4,54	4,35	4,17	4,00	3,92	3,89	3,84
2	4,10	3,89	3,68	3,49	3,32	3,15	3,07	3,04	3,00
3	3,71	3,49	3,29	3,10	2,92	2,76	2,68	2,65	2,60
4	3,48	3,26	3,06	2,87	2,69	2,53	2,45	2,42	2,37
5	3,33	3,11	2,90	2,71	2,53	2,37	2,29	2,26	2,21
6	3,22	3,00	2,79	2,60	2,42	2,25	2,18	2,14	2,10
7	3,14	2,91	2,71	2,51	2,33	2,17	2,09	2,06	2,01
8	3,07	2,85	2,64	2,45	2,27	2,10	2,02	1,99	1,94
9	3,02	2,80	2,59	2,39	2,21	2,04	1,96	1,93	1,88
10	2,98	2,75	2,54	2,35	2,17	1,99	1,91	1,88	1,83
12	2,91	2,69	2,48	2,28	2,09	1,92	1,83	1,80	1,75
15	2,85	2,62	2,40	2,20	2,02	1,84	1,75	1,72	1,67
20	2,77	2,54	2,33	2,12	1,93	1,75	1,66	1,62	1,57
30	2,70	2,47	2,25	2,04	1,84	1,65	1,55	1,52	1,46
60	2,62	2,38	2,16	1,95	1,74	1,53	1,43	1,39	1,32
120	2,58	2,34	2,11	1,90	1,68	1,47	1,35	1,30	1,22

Tabelle E2. F-Verteilung: Quantile $F_{0{,}975}(f1, f2)$ zur rechten Fläche $\tfrac{1}{2}p = 0{,}025$

f1↓ f2→	1	2	3	4	5	6	7	8	9
1	647,8	38,51	17,44	12,22	10,01	8,81	8,07	7,57	7,21
2	799,5	39,00	16,04	10,65	8,43	7,26	6,54	6,06	5,72
3	864,2	39,17	15,44	9,98	7,76	6,60	5,89	5,42	5,08
4	899,6	39,25	15,10	9,60	7,39	6,23	5,52	5,05	4,72
5	921,8	39,30	14,89	9,36	7,15	5,99	5,29	4,82	4,48
6	937,1	39,33	14,74	9,20	6,98	5,82	5,12	4,65	4,32
7	948,2	39,36	14,62	9,07	6,85	5,70	5,00	4,53	4,20
8	956,7	39,37	14,54	8,98	6,76	5,60	4,90	4,43	4,10
9	963,2	39,39	14,47	8,91	6,68	5,52	4,82	4,36	4,03
10	968,6	39,40	14,42	8,84	6,62	5,46	4,76	4,30	3,96
12	976,7	39,42	14,34	8,75	6,53	5,37	4,67	4,20	3,87
15	984,9	39,43	14,25	8,66	6,43	5,27	4,57	4,10	3,77
20	993,1	39,45	14,17	8,56	6,33	5,17	4,47	4,00	3,67
30	1001,4	39,47	14,08	8,46	6,23	5,07	4,36	3,89	3,56
60	1009,8	39,48	13,99	8,36	6,12	4,96	4,25	3,78	3,45
120	1014,0	39,49	13,95	8,31	6,07	4,90	4,20	3,73	3,39

f1↓ f2→	10	12	15	20	30	60	120	500	∞
1	6,94	6,55	6,20	5,87	5,57	5,29	5,15	5,05	5,02
2	5,46	5,10	4,77	4,46	4,18	3,93	3,81	3,72	3,69
3	4,83	4,47	4,15	3,86	3,59	3,34	3,23	3,14	3,12
4	4,47	4,12	3,80	3,52	3,25	3,01	2,89	2,81	2,79
5	4,24	3,89	3,58	3,29	3,03	2,79	2,67	2,59	2,57
6	4,07	3,73	3,42	3,13	2,87	2,63	2,52	2,43	2,41
7	3,95	3,61	3,29	3,01	2,75	2,51	2,40	2,31	2,29
8	3,86	3,51	3,20	2,91	2,65	2,41	2,30	2,22	2,19

Tabelle E2.
F-Verteilung:
Quantile
$F_{0{,}975}(f1, f2)$
zur rechten
Fläche $\tfrac{1}{2}p = 0{,}025$

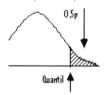

d. h. zur kumulierten Häufigkeit
$h = 1 - \tfrac{1}{2}p$

Tabellen A bis E

Tabelle E2. Fortsetzung: Quantile $F_{0,975}(f1, f2)$ zur rechten Fläche ½p =0,025

f1↓ f2→	10	12	15	20	30	60	120	500	∞
9	3,78	3,44	3,12	2,84	2,58	2,33	2,22	2,14	2,11
10	3,72	3,37	3,06	2,77	2,51	2,27	2,16	2,07	2,05
12	3,62	3,28	2,96	2,68	2,41	2,17	2,06	1,97	1,94
15	3,52	3,18	2,86	2,57	2,31	2,06	1,95	1,86	1,83
20	3,42	3,07	2,76	2,46	2,20	1,94	1,83	1,74	1,71
30	3,31	2,96	2,64	2,35	2,07	1,82	1,69	1,60	1,57
60	3,20	2,85	2,52	2,22	1,94	1,67	1,53	1,42	1,39
120	3,14	2,79	2,46	2,16	1,87	1,58	1,43	1,31	1,27

Tabelle E3.
F-Verteilung:
Quantile
$F_{0,99}(f1, f2)$
zur rechten
Fläche ½p = 0,01

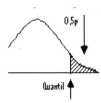

d. h. zur kumulierten Häufigkeit
h = 1 − ½p

↓ **Tabelle E3. F-Verteilung: Quantile $F_{0,99}(f1, f2)$ zur rechten Fläche ½p = 0,01**

f1↓ f2→	1	2	3	4	5	6	7	8	9
1	4.052	98,51	34,12	21,20	16,26	13,75	12,25	11,26	10,56
2	4.999	99,00	30,82	18,00	13,27	10,93	9,55	8,65	8,02
3	5.403	99,17	29,46	16,69	12,06	9,78	8,45	7,59	6,99
4	5.624	99,25	28,71	15,98	11,39	9,15	7,85	7,01	6,42
5	5.763	99,30	28,24	15,52	10,97	8,75	7,46	6,63	6,06
6	5.858	99,34	27,91	15,21	10,67	8,47	7,19	6,37	5,80
7	5.928	99,36	27,67	14,98	10,46	8,26	6,99	6,18	5,61
8	5.981	99,38	27,49	14,80	10,29	8,10	6,84	6,03	5,47
9	6.022	99,39	27,35	14,66	10,16	7,98	6,72	5,91	5,35
10	6.055	99,40	27,23	14,55	10,05	7,87	6,62	5,81	5,26
12	6.105	99,42	27,05	14,37	9,89	7,72	6,47	5,67	5,11
15	6.156	99,43	26,87	14,20	9,72	7,56	6,31	5,52	4,96
20	6.208	99,45	26,69	14,02	9,55	7,40	6,16	5,36	4,81
30	6.260	99,47	26,51	13,84	9,38	7,23	5,99	5,20	4,65
60	6.313	99,48	26,32	13,65	9,20	7,06	5,82	5,03	4,48
120	6.339	99,49	26,22	13,56	9,11	6,97	5,74	4,95	4,40

Tabellen A bis E

Tabelle E3. Fortsetzung: Quantile $F_{0,99}(f1, f2)$ zur rechten Fläche $\frac{1}{2}p = 0{,}01$

f1↓ f2→	10	12	15	20	30	60	120	500	∞
1	10,04	9,33	8,68	8,10	7,56	7,08	6,85	6,76	6,63
2	7,56	6,93	6,36	5,85	5,39	4,98	4,79	4,71	4,61
3	6,55	5,95	5,42	4,94	4,51	4,13	3,95	3,88	3,78
4	5,99	5,41	4,89	4,43	4,02	3,65	3,48	3,41	3,32
5	5,64	5,06	4,56	4,10	3,70	3,34	3,17	3,11	3,02
6	5,39	4,82	4,32	3,87	3,47	3,12	2,96	2,89	2,80
7	5,20	4,64	4,14	3,70	3,30	2,95	2,79	2,73	2,64
8	5,06	4,50	4,00	3,56	3,17	2,82	2,66	2,60	2,51
9	4,94	4,39	3,90	3,46	3,07	2,72	2,56	2,50	2,41
10	4,85	4,30	3,81	3,37	2,98	2,63	2,47	2,41	2,32
12	4,71	4,16	3,67	3,23	2,84	2,50	2,34	2,28	2,18
15	4,56	4,01	3,52	3,09	2,70	2,35	2,19	2,13	2,04
20	4,41	3,86	3,37	2,94	2,55	2,20	2,04	1,97	1,88
30	4,25	3,70	3,21	2,78	2,39	2,03	1,86	1,79	1,70
60	4,08	3,54	3,05	2,61	2,21	1,84	1,66	1,58	1,47
120	4,00	3,45	2,96	2,52	2,11	1,73	1,53	1,45	1,32

Tabelle E3. Fortsetzung: Quantile $F_{0,99}(f1, f2)$ zur rechten Fläche $\frac{1}{2}p = 0{,}01$

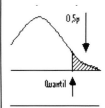

Tabelle E4. F-Verteilung: Quantile $F_{0,995}(f1, f2)$ zur rechten Fläche $\frac{1}{2}p = 0{,}005$

f1↓ f2→	1	2	3	4	5	6	7	8	9
1	16205	198,5	55,55	31,33	22,79	18,64	16,24	14,69	13,61
2	19992	199,0	49,80	26,28	18,31	14,54	12,40	11,04	10,11
3	21606	199,2	47,47	24,26	16,53	12,92	10,88	9,60	8,72
4	22491	199,3	46,20	23,16	15,56	12,03	10,05	8,81	7,96
5	23047	199,3	45,39	22,46	14,94	11,46	9,52	8,30	7,47
6	23428	199,3	44,84	21,98	14,51	11,07	9,16	7,95	7,13
7	23705	199,4	44,44	21,62	14,20	10,79	8,89	7,69	6,89

Tabelle E4. F-Verteilung: Quantile $F_{0,995}(f1, f2)$ zur rechten Fläche $\frac{1}{2}p = 0{,}005$

Tabellen A bis E

Tabelle E4.
Fortsetzung:
Quantile
$F_{0,995}(f1, f2)$
zur rechten
Fläche
$\frac{1}{2}p = 0{,}005$

d. h. zur kumulier-
ten Häufigkeit
$h = 1 - \frac{1}{2}p$

f1↓ f2→	1	2	3	4	5	6	7	8	9
8	23916	199,4	44,13	21,35	13,96	10,57	8,68	7,50	6,69
9	24082	199,4	43,88	21,14	13,77	10,39	8,51	7,34	6,54
10	24216	199,4	43,69	20,97	13,62	10,25	8,38	7,21	6,42
12	24418	199,4	43,39	20,71	13,38	10,03	8,18	7,02	6,23
15	24620	199,4	43,09	20,44	13,15	9,81	7,97	6,81	6,03
20	24826	199,5	42,78	20,17	12,90	9,59	7,75	6,61	5,83
30	25034	199,5	42,47	19,89	12,66	9,36	7,53	6,40	5,63
60	25244	199,5	42,15	19,61	12,40	9,12	7,31	6,18	5,41
120	25349	199,5	41,99	19,47	12,27	9,00	7,19	6,07	5,30

f1↓ f2→	10	12	15	20	30	60	120	500	∞
1	12,83	11,75	10,80	9,94	9,18	8,50	8,18	8,06	7,88
2	9,43	8,51	7,70	6,99	6,36	5,80	5,54	5,44	5,30
3	8,08	7,23	6,48	5,82	5,24	4,73	4,50	4,41	4,28
4	7,34	6,52	5,80	5,17	4,62	4,14	3,92	3,84	3,72
5	6,87	6,07	5,37	4,76	4,23	3,76	3,55	3,47	3,35
6	6,55	5,76	5,07	4,47	3,95	3,49	3,29	3,21	3,09
7	6,30	5,53	4,85	4,26	3,74	3,29	3,09	3,01	2,90
8	6,12	5,35	4,68	4,09	3,58	3,13	2,93	2,86	2,74
9	5,97	5,20	4,54	3,96	3,45	3,01	2,81	2,73	2,62
10	5,85	5,09	4,42	3,85	3,34	2,90	2,71	2,63	2,52
12	5,66	4,91	4,25	3,68	3,18	2,74	2,54	2,47	2,36
15	5,47	4,72	4,07	3,50	3,01	2,57	2,37	2,30	2,19
20	5,27	4,53	3,88	3,32	2,82	2,39	2,19	2,11	2,00
30	5,07	4,33	3,69	3,12	2,63	2,19	1,98	1,91	1,79
60	4,86	4,12	3,48	2,92	2,42	1,96	1,75	1,66	1,53
120	4,75	4,02	3,37	2,81	2,30	1,83	1,61	1,51	1,36

Literaturverzeichnis

AKKERBOOM, HANS UND PETERS, HORST (2008). *Wirtschaftsmathematik - Übungsbuch*. Stuttgart: Kohlhammer Verlag.

BURKSCHAT, M., E. CRAMER, U. KAMPS (2004). *Beschreibende Statistik: Grundlegende Methoden*. Berlin: Springer Verlag.

BURNS, ALVIN C. AND BUSH, RONALD F. (2003, 4. Ed.). *Marketing Research. Online Research Applications*. New Jersey: Pearson Education (Prentice Hall).

DEVLIN, KEITH (2003, 2. Aufl.). *Das Mathe-Gen oder wie sich das mathematische Denken entwickelt und warum Sie Zahlen ruhig vergessen können*. München: Deutscher Taschenbuch Verlag.

DEVLIN, KEITH (2005). *Der Mathe-Instinkt. Warum Sie ein Genie sind und Ihr Hund und Ihre Katze auch!* Stuttgart: Klett-Cotta Verlag.

DUBBEN, HANS-HERMANN und BECK-BORNHOLDT, HANS-PETER (2005). *Mit an Wahrscheinlichkeit grenzender Sicherheit. Logisches Denken und Zufall*. Reinbek bei Hamburg: Rowohlt Verlag.

DUBBEN, HANS-HERMANN und BECK-BORNHOLDT, HANS-PETER (2006: erweiterte und überarbeitete Auflage). *Der Hund, der Eier legt. Erkennen von Fehlinformationen durch Querdenken*. Hamburg: Rororo Sachbuch.

EVANS, JAMES R. (2003). *Essentials of Business Statistics*. New Jersey: Prentice Hall.

FISCHER, STEVEN ROGER (1999). *Eine kleine Geschichte der Sprache*. München: Deutscher Taschenbuch Verlag.

GINSBORG, PAUL (1990). *A History of Contemporary Italy, Society and Politics, 1943 - 1988*. London: Penguin Books.

GINSBORG, PAUL (2001). *Italy and Its Discontents, Family, Civil Society, State, 1980 - 2001*. London: Penguin Books.

HARTUNG, JOACHIM, BÄRBEL ELPELT, KARL-HEINZ KLÖSENER (2005, 14. Aufl.). *Statistik. Lehr- und Handbuch der angewandten Statistik*. München: R. Oldenbourg Verlag.

KEHLMANN, DANIEL (2005). *Die Vermessung der Welt*. Reinbek bei Hamburg: Rowohlt Verlag.

Literaturverzeichnis

KRÄMER, WALTER (2011a, Neuausgabe). *So lügt man mit Statistik.* München: Piper Verlag.

KRÄMER, WALTER (2011b, Neuausgabe). *Denkste: Trugschlüsse aus der Welt des Zufalls und der Zahlen.* München: Piper Verlag.

MCLEISH (1991). *Number.* London: Bloomsbury, 1991.

MÜLLER-FONFARA, ROBERT UND SCHOLL, WOLFGANG (2004). *Mathematik verständlich.* München: Bassermann.

NEWTON, RAE R. AND RUDESTAM, KJELL ERIK (1999). *Your statistical consultant: answers to your data analysis questions.* Thousands Oaks, California: Sage.

PAULOS, JOHN ALLEN (2000, 2001). *Innumeracy. Mathematical Illiteracy and its Consequences.* London: Penguin Books (first published by Penguin Books in 1990, after the 1988 hardcover edition by Hill and Wang); Simon & Schuster.

PETERS, HORST (2009, 3. Aufl.). *Wirtschaftsmathematik.* Stuttgart: Kohlhammer Verlag.

POGUNTKE, W. (2010, 4. Aufl.). *Keine Angst vor Mathe. Hochschulmathematik für Einsteiger.* Wiesbaden: Vieweg + Teubner / GWV Fachverlage GmbH.

SCHWARZE, JOCHEN (2005a, 10. Auflage). *Grundlagen der Statistik I: Beschreibende Verfahren.* Berlin: NWB-Verlag.

SCHWARZE, JOCHEN (2009, 9. Auflage). *Grundlagen der Statistik II: Wahrscheinlichkeitsrechnung und Induktive Statistik.* Berlin: NWB-Verlag.

TOULMIN, STEPHEN E. (1958). *The uses of argument.* Cambridge: Cambridge University Press.

TOULMIN, S., RIEKE, R., AND JANIK, A. (1984). *An introduction to reasoning.* New York: Macmillan Publishing.

VAN STRIEN, P. J. (1986). Praktijk als wetenschap. Methodologie van het sociaal-wetenschappelijk handelen [*Praxis als Wissenschaft. Methodologie des sozialwissenschaftlichen Handelns*]. Assen: Van Gorcum.

ZEIT-LEXIKON (2005). *Die Zeit. Das Lexikon in 20 Bänden. Mit dem Besten aus der Zeit.* Hamburg: Zeit Verlag Gerd Bucerius GmbH & Co KG.

ZÖFEL, PETER (2003). *Statistik für Wirtschaftswissenschaftler im Klartext.* München: Pearson Studium.

Stichwortverzeichnis

Ablehnungsbereich 214

Achsensabschnitt 256

Additionsregel 21

Akzeptanzbereich 214

Alternativhypothese 208

Anteilswert 16, 24

    Stichproben- 176

Äquivalenz (gleichwertig) 7

Argumentation, allgemeine 25

Argumentation, spezifische 26

Ausprägung .... *Siehe* Wert

Ausreißer 121, 122, 128

Aussagenlogik 4

Aussagenverbindungen 4, 6

Auswahlquote 164

Balkendiagramm 57

    gruppiertes 73

Begründung (Grund) 27

Besetzungsdichte 68

Bestimmtheitsmaß 257

Beziehungszahl 152

Binomialkoeffizient 11

Binomialverteilung 24

Box-Plot 119

    Breite ...... *Siehe* Quartilsabstand

punktierter 122

Schnurrhaare 120

Chi-Quadrat-Test 230, 250

Chi-Quadrat-Verteilung .. 191, 290

Codes 12, 36, 54, 59, 77, 248

Cramérs V 251

Daten

    aggregierte 97, 151

    -aufbereitung 34

    -auswertung 34, 41

    -dokumentation 34

    fehlende oder ungültige 37

    qualitative / quantitative 42

Datenmatrix 29

Datenquelle, primäre 31

Datenquelle, sekundäre 31

Datenreduktion 32, 149

Datentransformation 168, 175

Datentyp .... *Siehe* Messniveau

Dezimalposition 16

Dichtefunktion 91, 166

    geschätzte 98

Differenzmenge 12

Disjunktion 7

Diskret 41, 165

301

Stichwortverzeichnis

Durchschnitt (Schnittmenge).... 11

Einfallsbereich 173, 181

Einheit, statistische 36, 164

Element einer Menge.................. 9

Elementarereignis 18

Endlichkeitskorrektur 195, 201

Ereignis....................................... 18

    sicheres vs. unmögliches....... 19

Ereignisraum 18

Erfolg................................. 23, 199

    -swahrscheinlichkeit...... 24, 200

Ergebnismenge....................... 9, 41

Erwartungswert ..24, 162, 167, 176

Excel.. 31

Experiment (Versuch).......... 18, 24

Explorative Datenanalyse 118

Fall .... *Siehe* Einheit, statistische

Fallzahl....................................... 37

Fehlermarge............................. 197

Form .... *Siehe* Verteilungsform

Frage

    mit gestuften Antworten....... 57

    offene.. 38

F-Test

    auf gleiche Varianzen 233

    in der Varianzanalyse 234

F-Verteilung...................... 231, 293

Ganze Zahlen 14

Geradengleichung 256

Gesamtprozente 75

Gini-Koeffizient....................... 141

Gleichverteilung...................... 166

Gliederungszahl...................... 151

Glockenkurve 92, 167

Grenze

    Ablehnungs- (kritische)....... 213

    Kontroll- bzw. Warn-... 180, 183

    Toleranz- 180

    Vertrauens- 184, 188

Grenzwertsatz 174

Grundgesamtheit............... 36, 164

Grundmenge 8

Gruppe .... *Siehe* Teilgesamtheit

Häufigkeit 46

    absolute 46, 49

    bedingte........................... 74, 249

    erwartete 249

    kumulierte (prozentuale)...... 56

    kumulierte (relative)...... 55, 172

    prozentuale............................ 50

    Rand- 72

    relative..................... 46, 50, 92

    zweidimensionale 72

Häufigkeitsdichte .... *Siehe* Dichtefunktion

Häufigkeitspolygon............. 89, 91

Häufigkeitstabelle..................... 49

Häufigkeitsverteilung

Stichwortverzeichnis

eindimensionale 49, 76

zweidimensionale 70, 78

Histogramm 66

Hypothesentest 209

   Computertestverfahren 210

   Höchst-, Mindest-, Sollwert 211

   klassisches Verfahren... 210, 213

   Testablauf 239

   Testentscheidung.......... 209, 214

Identifikationsmerkmal 5, 32

Implikation (Folgerung) 7

Indexzahl

   einfache (Messzahl) 152

   Preisindex 155

   zusammengesetzte 155

Interquartilbereich 99

Intervalle 13

Irrationale Zahlen 15

Kategorie 37, 71

Kennzahl 84, 150, 162, 171

Klasse

   Breite 64

   Mitte 64, 97

   Obergrenze 62

   Untergrenze 62

Klassierung 59, 77

Klassifikation 61

Kombination 11

Komplementärmenge 12

Konfidenzintervall .... *Siehe* Vertrauensbereich

Konjunktion 6

Kontingenzkoeffizient 251

Kontrollbereich 182, 202

Konzentration 141

Korrelationskoeffizient 108

Kreisdiagramm 53

Kreuztabelle 70, 247

Kurtosis .... *Siehe* Wölbung

Lage 84, 109

Laufindex 11, 15

Linksschief 131

Lorenzkurve 139

Maximum .... *Siehe* Streubereich

Median 85, 86, 120

Mehrfachnennungen 124

Menge 8

   leere Menge 10

   Teilmenge 10

   überschneidungsfreie -n 12

Mengenindex 157

Mengenoperationen 11

Merkmal 36, 164

Merkmalsindikator .... *Siehe* Variable, dichotome

Messfehler 256

Messniveau 41

Minimum .... *Siehe* Streubereich

Mittel

303

Stichwortverzeichnis

arithmetisches. *Siehe* Mittelwert
geometrisches 153
gewogenes 94, 154
Mittelwert 93, 99
-schätzfunktion..... 162, 174, 175
Modalwert (Modus) 85, 99, 126
Multiplikationsregel 22, 250
Nachkommastelle 16
Natürliche Zahlen 14
Negation (Verneinung) 6
Normalapproximation 174
Normalverteilung 167
  Dichte 167, 170
  Standard- 168, 169
  Überprüfung 169
  Verschiebung 168
NSDstat 31
Nullhypothese 208
Parameter 84, 162
Preisindex
  Fischer 157
  Laspeyres 156
  Paasche 157
Prozentzahl 16
Prüfgröße 213
Punktschätzung 162, 180
Quadratsumme 191
Quantil 87
  h- 172

z- 190, 214, 288, 289
Quartil 99
  Einfallsklasse 96
  Feinberechnung 94, 95
  mittleres .... *Siehe* Median
  unteres und oberes 86
  z- 169
Quartilsabstand 87, 99, 120
Rangkorrelation (Spearman) .. 252
Rangzahl 127, 252
Rationale (Bruch-) Zahlen 14
Rechtfertigung 28
Rechtsschief 131
Regression 253
Restmenge.. *Siehe* Differenzmenge
Rohdaten 34
Säulendiagramm 58
Schachteldiagramm *Siehe* Box-Plot
Schiefe 131
Schluss(folgerung) 27
Sigma Bereich .... *Siehe* Standardstreubereich
Signifikante Ziffer 16
Signifikanz, empirische .... *Siehe* Wert, p-
Signifikanzniveau 209, 213, 215
  Alpha-Inflation 238
Signifikanztest .... *Siehe* Hypothesentest
Skala 41

Stichwortverzeichnis

metrische (Intervall-) 42

nominale 42

ordinale 42

Spannweite 88, 99

Sprung ...... *Siehe* Treppenfunktion

SPSS 31

Stamm- und Blattdiagramm 39

Standardabweichung 100, 176

    Pseudo- 133

Standardfehler

    empirischer 175

    theoretischer 174

Standardisierung, empirische 168 (*Siehe* Wert, z-)

Standardnormalverteilung.... *Siehe* Normalverteilung

Standardstreubereich 101

Statistik, beschreibende 29, 159

Statistik, schließende 29, 159

Steigung 256

stetig (oder quasi-) 41, 165

Stetigkeitskorrektur 200

Stichprobe 37, 164

    geschichtete 132

    Teil- 37

    Zufalls- 164

Stichprobenverteilung 162

Streubereich 41, 86, 120

Streubreite .... *Siehe* Spannweite

Streuung 84, 109

Streuungsdiagramm 106

Streuungszerlegung 136

Teilgesamtheit 37, 165

Teilmenge 10

Toleranzbereich 181, 202

Trendgerade 255

Treppenfunktion 69, 70

t-Test

    auf Unabhängigkeit 254

    Einstichproben- 220

    paarweise 222

    Zweistichproben- 226, 228

t-Verteilung 192, 292

Umbasierung 155

Umcodierung .... *Siehe* Codes

Umgruppierung .... *Siehe* Codes

Unabhängigkeit 22, 249, 254

Universum *Siehe* Grundmenge oder Grundgesamtheit

Urliste 37

Variable 36

    (un)abhängige 253

    abgeleitete 150

    dichotome 24, 43, 124

    Vergleichs- vs. Gruppen- 32

    Zeilen- vs. Spalten- 70

    Ziel- vs. Hilfs- 32

    Zufalls- 165

Varianz 24, 100, 257

Stichwortverzeichnis

Variationskoeffizient 138
Vereinigung 12
Verhältniszahl 150
Verschlüsselung
    ordinale vs. metrische 42
Verteilung
    ein- oder zweigipflige 127
    flache 133
    Modell- oder Prüf- 166
    -sform 129
    spitze 134
Verteilungsdiskussion 125, 142
Verteilungsfunktion 23
    empirische 105, 166, 171
    theoretische 165, 171
Verteilungsprofil 87, 99
Verteilungstransformation 168, 175
Vertrauensbereich 180, 188, 203
    Präzision (1 / Breite) 196
Vertrauensniveau 184, 188
Vierfeldertest 250
Vorbehalt (Einschränkung) 28
Wachstum 152
Wahrscheinlichkeit 18
    Annahme- / Ablehnungs- ... 184
    Aussch(l)uss- 181
    bedingte 22
    Einfalls-, Treffer- 166, 181

    Irrtums- 188
    komplementäre 21
    Sicherheits- .... *Siehe* Vertrauensniveau
    theoretische 166
    Überschreitungs- 172
Wahrscheinlichkeitsplot 171
Wahrscheinlichkeitsverteilung 19, 23, 165
Wert 37
    p-   216
    p- (einseitig) 216, 227
    z-   168, 169
Wertebereich 9, 13, 28, 37, 164
Wertelabel 36
Wertindex 157
Widerlegung (Einwand) 28
Wölbung (Exzess) 133
Zahlenstrahl 8
Zeitreihe 152, 255
Zelle (Feld) 72
Zerlegung 27, 151
Z-Test
    auf Anteilswert 223
    auf gleiche Anteilswerte 230
    Einstichproben- 217
Zusammenhang
    gegenläufiger 108
    gleichläufiger 107
    in der Kreuztabelle 251

Strategien für den Erfolg
↗

Von Spitzensportlern lernen und jede Prüfung erfolgreich bestehen

Am Beispiel der sieben Sportlegenden Muhammad Ali, Steffi Graf, Hermann Maier, Jürgen Klinsmann, Franziska van Almsick, Boris Becker und Michael Schumacher lernt der Leser sieben Strategien für die erfolgreiche Prüfung kennen. Sie sind einfach umsetzbar und stehen zugleich für hocheffizientes Herausforderungsmanagement. Das Buch besticht durch seine Kürze und Übersichtlichkeit. Mit zehn Arbeitsbögen und echten Praxisbeispielen. Wirkung garantiert!

Gaby Mortan / Florian Mortan
Bestanden wird im Kopf!
Von Spitzensportlern lernen und jede Prüfung erfolgreich bestehen
2009. 184 S.
Br. EUR 19,90
ISBN 978-3-8349-1579-5

Stark trotz Prüfungsstress und Lampenfieber

Für viele Menschen bedeuten Prüfungen, Vorträge oder wichtige Verhandlungen willkommene Karrierechancen, bei anderen lösen solche Bewährungsproben geradezu Panikattacken aus. Ein gesundes Maß an Aufregung ist hilfreich, weil es besondere Kräfte mobilisiert, übersteigerte Ängste verursachen jedoch Blockaden und machen langfristig krank. Die Autorin erläutert die psychischen Hintergründe von Angstreaktionen in Studium und Beruf

Elke Pohl
Keine Panik vor Blackouts
Wie Sie Bewährungsproben meistern
2010. 172 S.
Br. EUR 25,95
ISBN 978-3-8349-2339-4

Vom vagen Jobwunsch zum konkreten Karriereweg

„Karriere am Campus" bietet einen Überblick sowie umfassende Details über die Hierarchien und beruflichen Positionen an den Hochschulen und zeigt, wie interessierte Anwärter den sprichwörtlichen Fuß in die nicht immer weit geöffnete Tür zur Welt der Wissenschaftsberufe bekommen. Zahlreiche Selbsttests, Tipps, Checklisten und Interviews zeigen dem Leser, für welche Hochschultätigkeit er sich selbst am besten eignet. „Karriere am Campus" öffnet den Zugang zur Berufswelt an den Hochschulen und macht vage Berufsvisionen konkret erreichbar.

Regine Rompa
Karriere am Campus
Traumjobs an Uni und FH
2010. 200 S.
Br. EUR 27,95
ISBN 978-3-8349-2088-1

Änderungen vorbehalten. Stand: Februar 2011.
Erhältlich im Buchhandel oder beim Verlag
Gabler Verlag . Abraham-Lincoln-Str. 46 . 65189 Wiesbaden . www.gabler.de

Das Wissen der Experten

Die Fülle verlässlichen Wirtschaftswissens in 8 handlichen Kompaktbänden – wie ehedem: aktuell, kompetent, zuverlässig!

Zu Betriebswirtschaft, Volkswirtschaft, Wirtschaftsrecht, Recht und Steuern lässt das Gabler Wirtschaftslexikon keine Fragen offen. Denn mit mehr als 25.000 Stichwörtern offeriert es nicht nur quantitativ die größte Zusammenstellung relevanter Wirtschaftsbegriffe, auch in qualitativer Hinsicht bietet es substantielles Wissen kompetent und zuverlässig von über 150 Spezialisten auf Ihrem jeweiligen Fachgebiet. Zahlreiche Schwerpunktbeiträge ergänzen die Erläuterungen und geben einen Überblick über die aktuellen, aber auch über Basisthemen in der Wirtschaftswissenschaft und -praxis.

Die Autoren:

Dieses Standardwerk für die Wissenschaft und Praxis vereint das Wissen von mehr als 150 Autoren - ausgewiesenen Experten auf ihrem Fachgebiet.

Zielgruppe:

- Fach- und Führungskräfte in Unternehmen
- Präsenzbibliotheken
- Dozenten der Wirtschaftswissenschaften an Universitäten und Fachhochschulen
- Studenten der Wirtschaftswissenschaften an Universitäten und Fachhochschulen

Gabler Wirtschaftslexikon
Die ganze Welt der Wirtschaft: Betriebswirtschaft, Volkswirtschaft, Wirtschaftsrecht, Recht und Steuern
17., komplett akt. und erw. Aufl. 2010. 3.662 S. Br. 8 Bände im Schuber.
EUR 79,95
ISBN: 978-3-8349-0152-1

Änderungen vorbehalten. Stand: Februar 2011.
Erhältlich im Buchhandel oder beim Verlag
Gabler Verlag . Abraham-Lincoln-Str. 46 . 65189 Wiesbaden . www.gabler.de

GABLER

Printed by Publishers' Graphics LLC